oasis

Belas Letras.

MÚSICA CULTURA POP CINEMA

Paolo Hewitt

VOANDO ALTO
AS AVENTURAS DO OASIS

Tradução
PAULO ALVES

1ª reimpressão/2025

Belas Letras

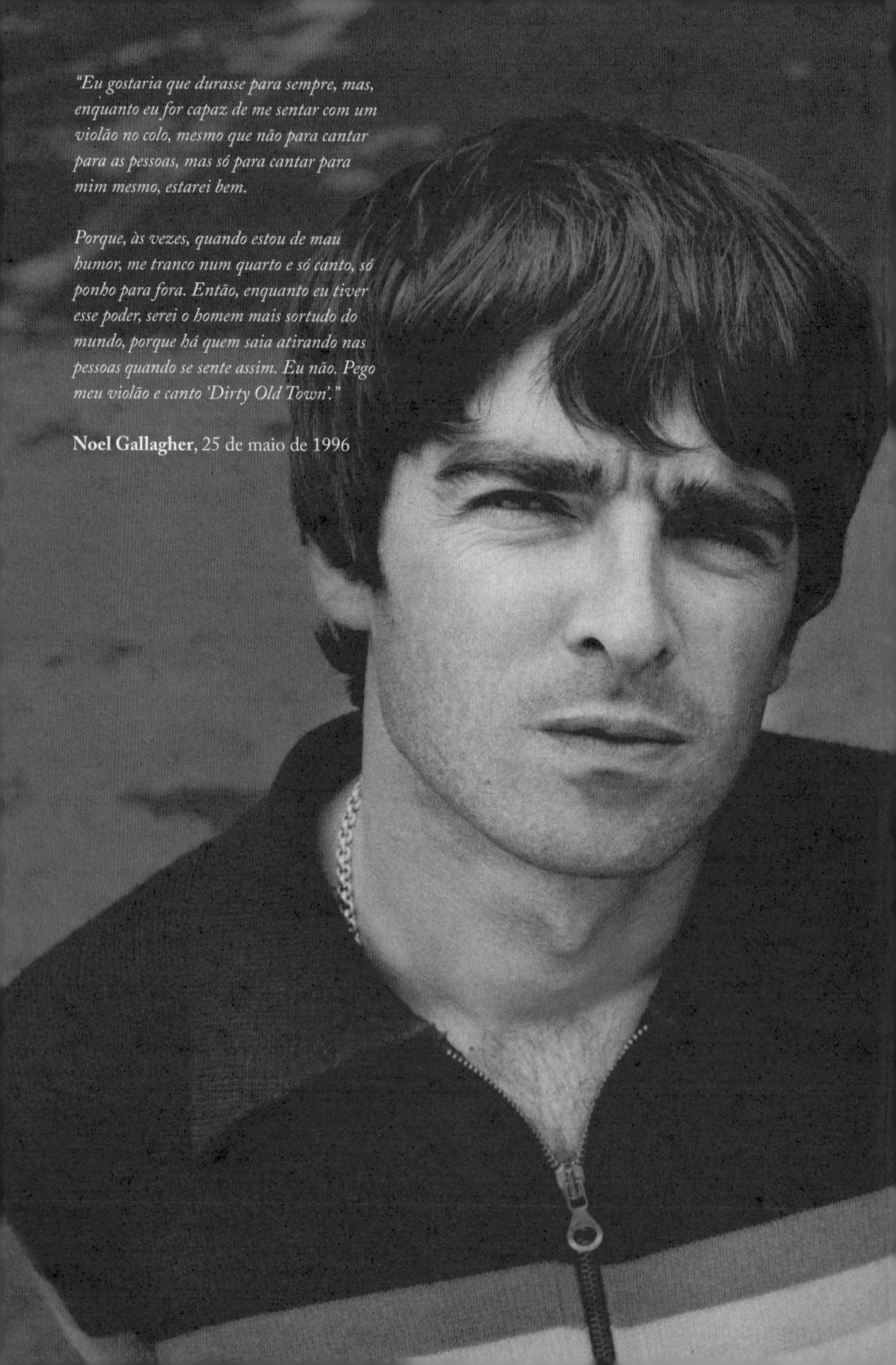

"Eu gostaria que durasse para sempre, mas, enquanto eu for capaz de me sentar com um violão no colo, mesmo que não para cantar para as pessoas, mas só para cantar para mim mesmo, estarei bem.

Porque, às vezes, quando estou de mau humor, me tranco num quarto e só canto, só ponho para fora. Então, enquanto eu tiver esse poder, serei o homem mais sortudo do mundo, porque há quem saia atirando nas pessoas quando se sente assim. Eu não. Pego meu violão e canto 'Dirty Old Town'."

Noel Gallagher, 25 de maio de 1996

"Vai durar enquanto as pessoas mantiverem a cabeça no lugar. Depois de seis álbuns, que é o que diz o contrato, depois que fizermos seis álbuns – bem, se fizermos seis álbuns, então tivemos sorte –, assim que sair o sexto álbum, eu estou fora."

Liam Gallagher, 12 de agosto de 1996

Este livro é o resultado de um trabalho feito com muito amor, diversão e gente finice pelas seguintes pessoas:

Gustavo Guertler (edição), Fernanda Fedrizzi (coordenação editorial), Germano Weirich (revisão), Celso Orlandin Jr. (capa e projeto gráfico) e Paulo Alves (tradução)
Obrigado, amigos.

2025
Todos os direitos desta edição reservados à
Editora Belas Letras Ltda.
Rua Coronel Camisão, 167
CEP 95020-420 – Caxias do Sul – RS
www.belasletras.com.br

Dados Internacionais de Catalogação na Fonte (CIP)
Biblioteca Pública Municipal Dr. Demetrio Niederauer
Caxias do Sul, RS

H611v Hewitt, Paolo
Voando alto: as aventuras do Oasis / Paolo Hewitt; tradutor: Paulo Alves. - Caxias do Sul: Belas Letras, 2020.
512 p.

978-65-5537-497-1
978-65-5537-494-0
Título original: Getting high: the adventures of Oasis

1. Oasis (Conjunto musical). 2. Músicos de rock - Inglaterra -Biografia. I. Alves, Paulo. II. Título.

20/80 CDU 784.4(420)

Catalogação elaborada por Vanessa Pinent, CRB-10/1297

Este livro é dedicado à
minha mãe, Maria Supino (1921–1995),
e às crianças que apanham e sofrem, em qualquer lugar.
Que a música um dia possa ajudá-las
a ver a luz.

sumário

12 Prefácio

16 Introdução

27 **PARTE UM**

171 O Lado Ruim de Fumar Maconha

179 **PARTE DOIS**

323 No Olho do Furacão

341 **PARTE TRÊS**

498 Conclusão

502 Agradecimentos

507 Bibliografia

SALFORD QUAYS
OLD TRAFFORD
manc
STRETFORD

COLLYHURST
MANCHESTER
SALFORD
NEW ISLINGTON
BESWICK
ARDWICK
HULME
FALLOWFIELD
nester

prefácio

COMEÇOU EM 1994. VI O OASIS TOCAR NO KENTISH TOWN FORUM NA TERÇA-FEIRA, E DEPOIS NO THE ASTORIA, NA QUINTA. CONHECI NOEL BREVEMENTE NUMA FESTA NO BACKSTAGE APÓS ESSE SEGUNDO SHOW. MESES DEPOIS, RECEBO UM TELEFONEMA E ELE ME PERGUNTA SE QUERO VISITÁ-LO EM SEU APARTAMENTO EM FULHAM, CUJO SENHORIO É UM TAL DE JOHNNY MARR.

Noel e eu tínhamos muito em comum – música, futebol, uma certa atitude em relação à vida. Para ser sincero, suspeitei que fôssemos nos dar bem. Já havia lido uma declaração dele na *ID* em que ele dizia saber que ia acabar falido, porém, contanto que seu nome entrasse para a história ao lado de Townshend, Lennon, Marriott e Davies, acabaria feliz. Uma baboseira sem tamanho, mas eu adoro esses ideais românticos, sempre adorei.

Além disso, tive sorte. Foi uma época ótima para fazer amizade com a banda. O Oasis estava em ascendência quando me envolvi com eles, e não há momento mais empolgante do que esse para um grupo. Magicamente, tudo com o que você sempre sonhou se torna realidade. Para o seu absoluto assombro, respeito, dinheiro, garotas, drogas – tudo o que você quer chega aos montes. E, ao contrário de outras bandas, o Oasis contava isso ao mundo; suas atividades noturnas não eram escondidas.

O Oasis se moldou na tradição dos *outsiders* do rock clássico, dos rebeldes. Liam era quem empunhava essa tocha. O trabalho de Noel era providenciar músicas que queimassem com velocidade e excitação.

A combinação era revigorante e perigosa, singular. Nos anos 1980, eu encontrava emoção principalmente na música negra americana, especificamente no hip-hop e no acid house. No meu entendimento, o rock, na época, ia do nada para lugar nenhum. Porém, o Oasis mudou isso para mim, me pegou pelo pescoço e me relembrou à força do poder que há em uma banda, uma banda que parecia uma gangue e agia como uma, uma banda que permanecia imóvel no palco enquanto criava um imenso oceano de som. A guitarra de Noel era encorpada e barulhenta e complementava com perfeição o estilo vocal único de Liam.

Nas entrevistas, a abordagem deles era sem censura, batiam boca na frente de jornalistas que não acreditavam na própria sorte, e tanto Noel quanto Liam exibiam ótimos lampejos de humor enquanto suas posturas alternavam entre inspiradas, engraçadas, estúpidas, arrogantes e provocativas.

Havia muitos e muitos anos que uma banda não se apresentava de maneira tão impertinente e brilhante.

Foi o segundo álbum, *(What's the Story) Morning Glory?* que os levou a estourar mundialmente. Noel me disse certa vez que eles pensavam que se tornariam tão grandes quanto os Stone Roses. Para seu enorme choque e espanto, o Oasis se tornou umas cem vezes maior que os Stone Roses. E, depois, mais um pouco.

Para mim, tudo culminou nos dois dias em Knebworth. Duzentas e cinquenta mil pessoas vieram de todos os cantos do país para celebrar essa banda singular, para dar a ela seu grito de aprovação.

Na época, eu quis – como ainda gostaria – que o Oasis tivesse terminado bem ali, entrado para a história de verdade bem ali. Mas, é claro, era um passeio de montanha-russa incrível demais para terminar naquele momento.

No ano dos shows em Knebworth, me isolei em janeiro para escrever este livro e só emergi em outubro, exceto para ir ao já mencionado festival e por uma semana de folga, em julho.

O resto do tempo, foquei por completo no trabalho que eu tinha em mãos. Não assumiria essa tarefa de maneira leve. O Oasis merecia uma grande biografia e, numa observação pessoal, eu precisava provar que estava à altura do trabalho.

Este foi meu primeiro livro importante e ainda sou grato aos rapazes por terem me dado a prioridade para escrevê-lo. Foi uma época fantástica e espero que este livro capture parte daquele espírito. A época da *Loaded*, do *The Fast Show*, a época do Britpop, da cocaína e do Jack Daniel's, a época da diversão e da aventura, a época, de fato, do Oasis.

Paolo Hewitt, Londres
Outono de 2014

introdução

SEMPRE NESSAS. SEMPRE. OS DOIS. NOEL E LIAM, LIAM E NOEL. OS IRMÃOS GALLAGHER. SERÁ QUE UM DIA ISSO VAI PARAR? ESSA BRIGA POR CONTROLE. PROVAVELMENTE NÃO. PROVAVELMENTE NUNCA. ESTA NOITE, É CLARO, NÃO É EXCEÇÃO.

É uma sexta-feira, 8 de setembro de 1995, e o país todo ainda sua num verão de calor incomum. Os últimos dias têm sido grudentos, até insuportáveis, mas as noites trazem uma brisa morna acalentadora.

Enquanto Londres esfria lentamente nessa noite, Noel Gallagher está sentado na recepção do Maison Rouge Studios, em Fulham. O Stamford Bridge, estádio de futebol do Chelsea, se encontra a algumas centenas de metros na mesma rua.

Na mesa diante de Noel há um prato de comida chinesa, que ele devora avidamente. O relógio na parede marca oito e meia, e há três mulheres em sua companhia. São elas sua namorada, Meg Matthews, e duas amigas dela, Fran e Jess, e elas estão comendo também.

Noel conhece as três há cerca de um ano, na verdade, desde que se mudou para Londres e começou a sair com Meg. Acima deles, a TV está ligada, mas sem som.

No estúdio ao lado, o produtor Owen Morris está ocupado mixando duas músicas novas do Oasis. São elas "Round Are Way" e "The Masterplan". Noel escreveu esta última há apenas duas semanas e planeja lançar ambas no próximo single do Oasis, "Wonderwall".

Noel é o líder da banda, o compositor. Nada acontece no Oasis sem o aval dele. Seu apelido na banda é "O Chefe", e ele mantém o grupo em rédeas curtas com pulso firme e inabalável.

De repente, literalmente do nada, o homem que ostenta o título de *frontman* mais carismático da década assoma sobre todo mundo na mesa. Sua entrada foi tão desenvolta, tão inconscientemente dramática, que todos foram pegos de surpresa. Porém, antes que alguém pudesse reagir, Liam Gallagher deu seu pontapé inicial.

– Que porra você pensa que está fazendo?

O cantor conhece todo mundo à mesa, mas não dá atenção a ninguém. Só permanece ali parado, com os olhos lançando brasas no rosto de Noel.

– Perguntei que porra você pensa que está fazendo.

Liam está usando um casaco Adidas pesado, vermelho e azul, com o zíper fechado até o pescoço, como de costume. Abaixo do casaco, jeans largos de um azul pálido que se amontoam na altura do calcanhar e têm o trajeto interrompido pelos tênis brancos.

O cabelo castanho está penteado para a frente e os olhos desafiam seu irmão a dar uma resposta satisfatória. Há suor em sua testa.

Atrás de Liam, apoiada desconfortavelmente no vão da porta, há uma garota. Ela é alta, magérrima, tem cabelos pretos longos e brilhantes e um rosto fino, pálido e sexy. Olha para o chão, ignorando a todos.

Noel olha para cima, segurando o garfo. Seu rosto é discretamente mais redondo que o de Liam, e seus olhos não são tão grandes. Isso significa que sua aparência não é tão adaptável quanto a de Liam, que, num minuto, parece um *hooligan*, e, no minuto seguinte, um rapaz jovial e desejável.

O rosto de Noel é mais severo, menos camaleônico, é até surrado. Há rugas ao redor de seus olhos, rugas que não deveriam marcar um rosto de vinte e oito anos, e seu nariz pende um pouco para a direita. Ainda assim, ele tem uma aparência estranhamente bonita.

Esta noite, está vestindo uma camisa branca de botão, jeans que chegam até os calcanhares e um par de sapatos pretos sem cadarço.

– De que porra você está falando? – retruca. Quando Noel confronta o irmão, é notável que sua voz tende a ficar mais aguda.

– Da voz, cara. É disso que estou falando.

– O que tem a voz?

– Está errada.

– Como assim, errada?

– Está errada.

– Olha só – afirma Noel –, se você não me disser o que está rolando com a voz, caralho, como é que eu vou saber do que você está falando?

Ele olha para suas companhias em busca de confirmação da verdade que acabou de afirmar, mas as três mulheres estão concentradas na comida. De cabeça baixa, elas permanecem em silêncio, fora daquela discussão.

– A mixagem está toda errada – replica Liam.

– Não está, não.

– Está, sim.

– O caralho que está – diz Noel com desdém, antes de voltar a atenção para a comida à sua frente.

A canção de que Liam está falando é "Round Are Way", um rompante conduzido por metais a que Noel se refere, quando a toca para as pessoas, como "a homenagem do Oasis ao *Northern soul*".[1]

– Não dá pra ouvir a porra da minha voz direito – Liam diz então. Noel o ignora, continua a comer.

– É uma música massa – prossegue Liam – e você conseguiu foder direitinho com ela.

Olha para a garota no vão da porta e acena com a cabeça. "Vamos vazar" é o que ele quer dizer.

Enquanto os dois estão saindo, Noel olha para cima e grita para ele:

– Eu tenho conhecimento de como mixar uma música, sabe? Faz dois anos que venho fazendo isso, caso você não tenha notado, seu cabeção.

---

1 Movimento cultural e musical que emergiu em meio à cena *mod* britânica do final dos anos 1960 no norte da Inglaterra, influenciado pelo soul estadunidense. (N. do T.)

Noel volta a comer, mas o incidente o está incomodando tanto agora que ele não consegue desfrutar da comida. Larga o garfo na mesa, empurra o prato, se levanta e, sem dizer palavra, vai para o estúdio.

Segue determinado pelo corredor, que tem discos de ouro pendurados na parede, e abre a pesada porta à prova de som. Ao entrar, a primeira coisa que vê é Owen na mesa de som.

Ao redor do produtor, estão espalhadas embalagens de comida para viagem, latas de cerveja e maços de cigarros. Owen, um homem corpulento de cabelo curto e rosto ovalado, está sentado numa cadeira com rodinhas, com a qual corre pela mesa para apertar botões coloridos diversos.

Disparos de música saem das caixas de som acima dele. Owen aperta um botão e a música para. O choro de uma fita rebobinando pode ser ouvido num canto distante. Owen então aperta outro botão, e a música volta a tocar. O estúdio está à meia-luz, meio escurecido.

Liam e a garota estão sentados num sofá atrás de Owen. Não estão se olhando, nem tocando um ao outro. Ninguém diz uma palavra.

– O cabeção acha que a voz não está mixada direito – Noel anuncia a Owen. – Ele acha que não sabemos o que estamos fazendo.

Owen sorri brevemente e continua a apertar botões, percorrendo a mesa com as rodinhas da cadeira. Está óbvio que ele também não quer se envolver. Já passou muitas horas com os irmãos no estúdio e conhece essa cena do começo ao fim.

– Eu não falei que você não sabe mixar uma porra de uma música – replica Liam. – O que eu falei foi que a voz não está alta o bastante na mix. Não dá para ouvir.

– Você não consegue ouvir o vocal? – retruca Noel.

– Não, não consigo ouvir a minha voz, e acho que isso estraga a música – Liam enuncia como se estivesse falando com uma criança burra.

– Todo mundo consegue ouvir o vocal, mas você não? – pergunta Noel, usando o mesmo tom de voz do irmão.

A garota ao lado de Liam parece incomodada, mas ele ri alto.

– Quem é “todo mundo”? – pergunta ele.

– Bem, todo mundo nessa sala, para começo de conversa – diz Noel.

– Bem, eu não sou todo mundo. E de quem mais você está falando? Bonehead? Guigsy?

– É, isso, Guigsy – diz Noel, pegando um maço de cigarros. – Como anda o Guigsy? – pergunta ele sobre o baixista do Oasis.

– Ele está ótimo, duas vezes ótimo.

– É mesmo?

– É isso mesmo. O Guigsy está duas vezes massa.

– Não foi o que eu ouvi falar. Ouvi uma história diferente dessa.

– Ah, é? – pergunta Liam, sarcástico. – Bem, eu não.

– Bem, eu sim – retruca Noel, com uma irritação real na voz.

Owen para de apertar botões e passa a encarar a mesa. A garota ao lado de Liam cruza as longas pernas.

– Marcus diz que ele está meio esquisito – continua Noel. – E é engraçado, né? O Guigsy está ótimo, então lá vão vocês para a França enquanto eu fico aqui tentando aprender a mixar um disco e, surpresa, ele volta para casa mais cedo porque não está se sentindo muito bem. Engraçado, né?

– É, engraçado em dobro.

– É o que você acha disso, então? Que é engraçado em dobro.

– Olha, isso não tem porra nenhuma a ver comigo, cara. Já te contei o que aconteceu. Cansei de contar.

– É mesmo? Pois vamos ouvir novamente.

Noel tira um cigarro do maço e acende. Estranhamente, ele segura o cigarro entre o segundo e o terceiro dedos da mão direita e o aponta acusadoramente para Liam.

– Porque eu sei que você teve alguma coisa a ver com isso. Sei pra caralho que você teve, sim.

– Não tive, não – protesta Liam. – Tudo o que eu fiz...

– Tudo o que você fez foi foder com as coisas.

– Peraí, peraí, você não ouviu o que eu tenho para falar, ouviu?

Agora as palavras estão ficando inflamadas, as vozes estão se erguendo. Ninguém mais sabe para onde olhar; só sabem que não querem se envolver. Porém, nesse momento, Noel e Liam só se dão conta um do outro. Só escutam um ao outro.

– Vamos lá, então – diz Noel. – Vamos ouvir o que você tem para falar. Vai ser é bom.

– Já te contei uma vez.

– Bom, então me conta de novo, caralho.

Liam, na defensiva, dá uma fungada e começa sua história.

– Fomos para Paris, estamos no hotel tal, falando merda para a imprensa e essas porras assim e, de repente, cadê o Guigsy? Ninguém sabe onde ele foi parar. Então subimos até o quarto dele, batemos na porta e falamos para o desgraçado levantar da cama.

– Tudo o que você fez foi bater na porta.

– Foi tudo o que a gente fez. Bater na porta dele. Aí o desgraçado estava lá de barriga pra cima, e a gente entrou...

– Peraí – ordena Noel. – Vocês bateram na porta e entraram, mesmo com a porta fechada.

– Não, seu doidão – responde Liam. – O Guigsy abriu a porta pra nós. OK?

Noel assente. Liam prossegue:

– Aí perguntamos, "O que você tá fazendo?", e ele, "Vou ficar na cama". Então o levantamos...

– Como vocês o levantaram?

– Puta merda – diz Liam. – A gente não bateu nele, nem nada assim – ele sacode a cabeça, incrédulo que o irmão pense dessa forma. – Só dissemos para ele sair conosco, certo? Então fomos para um bar, e tinha um idiota lá e o Guigsy diz: "Vou socar aquele cara".

– E você disse o quê?

– Tudo o que eu disse foi, "Bom, vai lá", porque, pra ser sincero, estou de saco cheio dos caras dessa banda dizerem que vão bater em alguém e não baterem. Se você vai bater em alguém, então bata. Se não vai, cale a boca.

– E foi tudo o que você disse a ele?

– Foi tudo o que eu disse a ele.

– Você é uma porra de um mentiroso, cara. Você falou mais do que isso pra ele. Eu sei que falou. Te conheço. Sei como você é.

– Não sou mentiroso, cabeção. Eu disse...

– Ah, puta que pariu! – Owen estava farto e então explodiu. Gira na cadeira e diz: – Puta que pariu vocês dois, não conseguem ficar sem inventar problema, né?

– Bom, diz isso a ele, porra – berra Liam, apontando para Noel, que agora tem um sorriso sarcástico, feliz em ver Liam irritado. – Não é pra mim que você tem que dizer isso, porra. Estou falando a verdade. Esse cabeção não acredita em mim.

Noel aponta o cigarro acusadoramente para o irmão mais uma vez e diz:

– Tem mais coisa aí. Eu sei e vou descobrir tudo.

– Olha só – intervém Owen, levantando as mãos como um juiz de boxe que quer interromper uma luta –, a gente pode, por favor, só ouvir a mix?

Antes que Noel ou Liam possam responder, Owen se volta para a mesa, aperta um botão grande e o som suave de um violão surge, a melodia contraposta pelas notas delicadas e cintilantes de uma guitarra. Uma onda lenta de cordas de uma orquestra se junta aos instrumentos, acrescentando mais uma melodia até a entrada da voz de Noel, contemplativa, mas firme. É "The Masterplan". Ele canta:

"Take the time to make some sense / Of what you want to say / And cast your words away upon the waves / And sail them home with acquiesce upon a ship of hope today / And as they land upon the shore / Tell them not to fear no more"[2].

A orquestra então fica mais alta, à medida que a voz de Noel passa da suavidade a uma determinação esperançosa.

2 "Tire um tempo para fazer sentido / Daquilo que você quer dizer / E conjure suas palavras sobre as ondas / Mande-as para casa com aquiescência, num navio de esperança, hoje / E quando elas desembarcarem na costa / Diga-lhes para não mais temer".

"*Say it loud and sing it proud today*",[3] suplica ele antes de chegar ao verso contagiante do refrão, "*Dance if you wanna dance / Please brother take a chance*",[4] ao que uma seção de sopros é introduzida, contribuindo para a majestade da música enquanto a canção chega a seu primeiro clímax.

Inesperadamente, uma guitarra distorcida, como a de John Lennon em "I'm Only Sleeping", surge cortante por entre as cordas, nos conduzindo à ponte da canção. E então, quando Noel novamente suplica "*Say it loud and sing it proud today*", a música mergulha no segundo refrão, propulsionada pelo *spiccato* das cordas.

Depois da segunda estrofe, que contém os versos "*Because everything that's been has passed / The answer's in the looking glass / There's four and twenty million doors on life's endless corridor*",[5] a canção retorna ao refrão triunfante antes de atingir seu auge, o solo de guitarra de Noel acompanhado por backing vocals, cordas, sopros, todos esses elementos num crescendo até a chegada do violão, que nos traz de volta à terra firme. É uma obra-prima. A música termina com a guitarra de Noel carregada de reverb, lançando arrepios prateados de notas e acordes.

Há um silêncio momentâneo no estúdio e então Liam se levanta, vai até Noel e diz:

– Isso é tão bom quanto qualquer música dos Beatles, estou te dizendo, cara, é mesmo. Você não sabe o quanto você é bom pra caralho.

Noel olha timidamente para o chão, dá um trago do cigarro.

Liam se volta entusiasmado para Owen e para a garota, um sorriso enorme no rosto. Mais uma vez, a música apaziguou os irmãos Gallagher.

– E é um lado B – exclama Liam, empolgado. – O quão bom pra caralho é isso?

3 "Fale em voz alta e cante com orgulho hoje".

4 "Dance se quiser dançar / Por favor, irmão, se arrisque".

5 "Porque tudo o que se foi já passou / A resposta está no espelho / Há quatro e vinte milhões de portas no corredor sem fim da vida".

Say it loud
and sing
it proud
today

parte um

- Um -

AMANHÃ ELA COMEÇA A TRABALHAR. TRABALHO DE VERDADE, NO CASO. A ESCOLA ACABOU, TERMINOU DE VEZ. ASSIM COMO SUA JUVENTUDE. AGORA, ELA É ADULTA, COM UM EMPREGO E RESPONSABILIDADES.

O ano é 1956 e o lugar é o condado de Mayo, situado no oeste da Irlanda. Seu nome é Peggy Sweeney e, um dia, ela irá se casar e adotar o sobrenome Gallagher. Tem apenas treze anos de idade.

Neste momento, ela não está pensando na escola. Seus pensamentos estão na casa em Charlestown, onde, amanhã, ela vai se ajoelhar, limpar e esfregar, cozinhar e varrer. É uma casa grande, uma casa imponente, até onde ela vai caminhar na neblina fria da aurora, uma casa repleta de objetos e relíquias dos quais ela já ouviu falar, mas nunca viu. Ela espera que essas pessoas ricas, os O'Haras, sejam legais.

Por certo, ela mal consegue imaginar tamanha fortuna. Porém, um dia, quantias incríveis, impressionantes de dinheiro estarão ao alcance de seus dedos, para ela fazer o que desejar. Os filhos que ela terá ficarão mundialmente famosos, ganharão milhões e então levarão essas riquezas a ela, mas tudo o que ela vai pedir é uma TV a cores maior.

Hoje, não há trabalho. Hoje, Peggy vai se sentar à beira do riacho que passa pelo fundo de seu jardim e encarar seu reflexo na água. Está com um vestido de algodão sujo e seus pés estão descalços. Seus olhos são como conchas e seu cabelo é castanho-escuro. Acima dela, o céu é azul-celeste e o sol é uma bola de bilhar amarela.

Ao redor dela, os campos e espaços abertos que ela conhece tão bem; neles, ela brincou, riu, chorou e caiu sobre a terra.

Atrás de Peggy, encontra-se a casa de sua mãe, um sobradinho minúsculo com dois cômodos térreos e dois no andar de cima, que abriga dez crianças e uma adulta sob o mesmo teto. Vacas, frangos, galinhas e porcos cercam a casa. Por entre a cacofonia intermitente dos bichos, o som de sua mãe a cantar pode ser ouvido pela janela aberta. A melodia é irlandesa, a letra é gaélica.

A voz de sua mãe é potente e vibrante, uma voz que sempre traz prazer. No vilarejo, o povo diz: "Ah, aquela senhora Sweeney, já ouviu ela cantar? Que mulher feliz, que som feliz". Quando Peggy ouve essas palavras a respeito de sua mãe, se sente muito orgulhosa.

Um vento leve bate e passa pelos cabelos de Peggy. Ela sente um arrepio discreto e olha para a água para tentar ver um lampejo de seu futuro. De vez em quando, ela já pressentiu o que viria a acontecer. Mas, hoje, tudo o que consegue ver é trabalho e pilhas minúsculas de moedas desgastadas.

Desde muito nova ela soube que sua vida nunca seria fácil. É como o mundo funciona, é como sua família diz que, na vida, há duas realidades: seus sonhos e os fatos – você tem direito a uma e o dever à outra.

Nos sonhos de Peggy, ela gostaria de ter ficado na escola. Adorava ler e aprender sobre a língua e a cultura irlandesas. Mas o destino estava contra ela.

A família volta-se para Peggy. Agora, são em onze. Se Peggy permanecer na escola e viver seus sonhos, como eles vão comer?

Seu irmão Paddy já se foi e hoje está em Yorkshire. Todos os dias, ele adentra a terra para minerar carvão por longas e doloridas horas. Quando chega o pagamento, sua mão encardida de fuligem rasga o envelope frágil e seus dedos calejados extraem cuidadosamente um valor determinado. Ele então caminha devagar até o correio e envia o dinheiro para sua mãe, seus irmãos e irmãs. Paddy faz isso toda semana. É um bom homem, seu irmão, um grande homem. Ao contrário do pai, ele não os abandonou.

Agora é a vez de Peggy ajudar. Ela não questiona esse fato, nem se permite arrependimento algum. É como o mundo funciona, e isso ela não pode mudar.

Você se vira da melhor forma que puder com as coisas. A vida é dura, mas é simples, se, como Peggy e todos os outros habitantes do vilarejo, você não tiver a chance de torná-la complexa. Além disso, sua mãe diz que ela é a mais responsável entre os filhos, e isso deve significar alguma coisa.

Peggy contempla o riacho mais uma vez. Estuda a água límpida que passa, em busca de sinais, mas não há nenhum. Como ela poderia saber que a voz de sua mãe, tão forte e tão clara, ecoaria ao longo dos anos? Que essa voz nunca morreria? Que seria, na verdade, imortalizada?

Por meio de Peggy, essa voz viajaria até Manchester e, lá, seria passada para seus filhos. E eles, anos depois, levariam essa voz ao redor do mundo, e gente de todo lugar seria hipnotizada e inspirada pelo som dela; suas mentes se encheriam de cores e de esperança.

Como Peggy poderia saber de algo tão fantástico aos treze anos? Na véspera de começar um trabalho de verdade.

Tais possibilidades ainda nem haviam sido inventadas.

Assim, Peggy Sweeney, ainda hipnotizada pela água infinda que corre diante de seus pés, fita o rio e observa o reflexo de seu rosto, que bruxuleia e cintila, e, embora hoje não haja sinal algum, isso não importa, porque ela nunca se sentiu mais feliz por estar ali sentada, uma filha orgulhosa e feliz, uma pecinha minúscula da obra divina.

—— // ——

São duros, os irlandeses: trabalham duro, são cabeça-dura, jogam duro. Deus os fez assim porque a terra deles é uma terra de extremos, um país de esperança inundado pelo sofrimento. Fome, invasões, guerra e pobreza, tudo isso, feito uma *banshee*[6] vingativa, devastou a terra irlandesa, derrubando tudo o que encontrava pela frente. Porém, mesmo diante de tais atrocidades, o povo cantou e, ainda assim, persistiu.

“Os irlandeses cantam as músicas mais tristes do universo e então seguem a vida”, escreveu certa vez o *frontman* dos Sex Pistols, John Lydon. Posteriormente, num fraseado mais pertinente, ele apontou que “os irlandeses estão pouco se fodendo”. Isso também era verdade, e entre essas duas afirmações se encontravam Noel e Liam Gallagher.

Os irlandeses fizeram uma pausa, não por autocomiseração, mas para encontrar uma saída daquelas situações desesperadoras. Seus olhos se lançaram ao norte e viram a terra prometida que os livraria. Seu nome: Estados Unidos da América.

Ao longo dos anos, milhões e milhões de irlandeses viajaram até lá para se tornarem policiais, trabalhadores braçais e políticos. Aqueles que escalaram até o topo e tornaram o sonho realidade tiveram de ser bem versados em técnicas de sobrevivência.

O lado de fora é um lugar frio e inútil de se estar. Ficar para fora mata. Literalmente. A Irlanda e o capitalismo, a pobreza e a discriminação lhes ensinaram isso. Lições que foram aprendidas rapidamente. Na virada para o século 20, o Tammany Hall, centro do poder político de Nova York, era gerido por irlandeses.

Porém, os EUA não estavam ao alcance de todos. Havia outros paraísos mais perto de casa para aqueles que desejavam escapar, mas que não possuíam nem a força, nem os meios financeiros para cruzar o Atlântico. Muito mais perto dali se encontrava a Grã-Bretanha.

Os britânicos, insulares e desconfiados de todo mundo menos deles mesmos, não viam os irlandeses com bons olhos. Desde 1413, a Coroa já contava com leis de deportação para remover “irlandeses vadios” de seu solo.

---

6 Criatura mítica do folclore irlandês, caracterizada por seu grito lamurioso extremamente agudo e cortante e que, segundo a lenda, prenuncia a morte de alguém. (N. do T.)

Nos séculos 16 e 17, tropas inglesas eram enviadas rotineiramente em campanhas contra os irlandeses. Muitos dos soldados nessas missões eram de Manchester, embora, mais tarde, uma conexão mais pacífica entre os manchesterianos e os irlandeses fosse se estabelecer. Naturalmente, o dinheiro seria o pacificador.

A habilidade da Irlanda de fornecer lã bruta e linho, e depois gado, laticínios e peixe para os ingleses travou um forte elo econômico e cultural entre a Irlanda e Manchester, que persiste até hoje.

Porém, a imagem do indivíduo irlandês que foi forjada nas mentes dos ingleses por uma mídia excessivamente ávida em agradar o governo da época não era boa, nada boa.

Uma forma potente de escárnio era o humor; os principais jornais veiculavam com frequência charges de conteúdo anti-irlandês. Retratavam os irlandeses como trambiqueiros chucros, bárbaros, estúpidos, incapazes de qualquer coisa que não fosse fraude e enganação. "Sabe aquela do irlandês..." não é uma "piada" nova.

Em 1780, os ventos da "sorte" mudaram. De repente, os irlandeses eram requisitados: em busca de auxílio para sua indústria de algodão, que se expandia rapidamente, Manchester voltou-se para os hábeis tecelões irlandeses, prometendo-lhes salários consideravelmente mais altos e melhores condições de vida.

Não foi uma escolha difícil. Na Irlanda, a vida é dura até para os fazendeiros. Em muitas regiões, o solo não é particularmente fértil; no condado de Mayo, por exemplo, a terra espartana está exposta demais aos elementos naturais, em especial à chuva, e só capim, aveia e batata crescem. E, assim como a terra lavrada por eles, a cultura irlandesa também era conservadora, firmada em torno dos ensinamentos restritivos da Igreja Católica Romana.

A primeira grande onda de migração irlandesa para a Grã-Bretanha protestante se deu em 1780. Um choque cultural imenso aguardava esses primeiros viajantes, que desembarcaram no momento em que a Revolução Industrial começava a tomar forma.

Foi um *timing* ruim para eles. Novos desenvolvimentos em maquinaria estavam prestes a causar a maior convulsão já vista pela sociedade inglesa, e o impacto desses tempos turbulentos se abateria sobre os irlandeses, forçados a extremos de pobreza que chocariam o mundo.

Manchester estava prestes a se tornar o primeiro centro industrial moderno do mundo. E esse tipo de mudança não se dá de forma branda.

—— // ——

Paddy foi o primogênito. Depois vieram John e Bridie. No dia 30 de janeiro de 1943, Margaret Sweeney deu à luz sua segunda filha. A menina foi batizada de Peggy e levada de volta à minúscula casa de Margaret e de seu marido, William, em Mayo. Ao longo dos anos seguintes, haveria mais irmãos e irmãs, sendo eles Kathleen, Helen, Ann, Una, Pauline, Billy e Den.

A casa em que os Sweeney moravam se erguia sobre uma região plana e pantanosa, em meio a uma paisagem bela, porém dura. Fora legada a Margaret por John e Mary, seus tios. A própria Margaret vinha de uma família de onze pessoas. Ainda bem pequena, foi morar com os tios, que não tinham filhos e receberam bem sua chegada.

Quando eles faleceram, Margaret herdou a casa. Depois, casou-se com William e se estabeleceu a fazer o que todas as mulheres da região faziam, que era trazer vida ao mundo, e então nutrir essa vida o melhor que pudesse. William era um trabalhador braçal, mas, infelizmente, nem sempre estava do lado da esposa.

Margaret suportou não um, mas dois abandonos do marido. O primeiro ocorreu depois do nascimento de Una; o segundo, depois que o décimo primeiro filho, Den, nasceu. Como a maioria dos habitantes de Mayo, os Sweeneys eram pobres, desesperadamente pobres. A vida era uma batalha dura, de uma dificuldade exacerbada ainda mais pelos elementos naturais. Quando o inverno severo chegava e a terra se recusava a dar comida, bem, isso era o pior. Sem falar na falta de aquecimento.

Todos os dias, Peggy e sua família se levantavam cedo das camas em que se amontoavam, machucados pelos chutes inconscientes durante o sono. Depois de horas de sono interrompido e de arrepios violentos de frio, vestiam as mesmas roupas do dia anterior e se perguntavam se pelo menos hoje teriam comida suficiente para o café da manhã. Em algumas manhãs, não havia nada com o que forrar o estômago para caminhar até a escola.

Cada filho tinha sua respectiva tarefa para realizar na pequena casa, embora o próprio tamanho apertado do imóvel significasse que havia pouco a fazer. Ainda assim, aos meninos era designado o trabalho manual, ao passo que as meninas lavavam, costuravam, limpavam e cozinhavam. Uma das primeiras lições que Peggy aprendeu foi que as mulheres cuidavam da casa e os homens saíam para o mundo para fazer o trabalho braçal.

Esse modo de vida era entusiasticamente endossado pela Igreja Católica. Deus colocara as mulheres na Terra para dar à luz e criar filhos. Filhos católicos. Bons filhos católicos. Esse dogma era tão severamente engendrado neles que tais ensinamentos jamais eram questionados.

Depois do café, os casacos eram colocados e, com o sol da manhã começando a nascer, as crianças caminhavam os cerca de dois quilômetros e meio até a escola, que se chamava Chorton. Na Irlanda, na época, não havia separação por idade, nem escola primária ou secundária.

A Chorton era uma escola nacional: você ficava nela até que as circunstâncias o forçassem a sair. A maioria dos alunos saía prematuramente. Na escola, Peggy adorava ler. Gostava especialmente de revistas em quadrinhos de meninas, títulos tais como *Secrets*. Quando ela estava envolvida nessas revistas ou com a cabeça enfiada num livro, era como se o mundo e todas as suas dificuldades se desfizessem magicamente.

Ler combinava com Peggy. Não era uma garota bagunceira e nunca chamava atenção para si mesma. Era quieta, reservada, um pouco sonhadora, mas com um forte senso de responsabilidade.

As aulas que mais cativavam sua mente eram as de língua gaélica (embora, no futuro, ela viesse a ter muita dificuldade para se lembrar de alguma frase) e as de língua inglesa, em que podia satisfazer seu amor pela leitura. Não era boa em esportes, mas adorava tricô e bordado, nos quais era excelente. Essas eram outras atividades que lhe permitiam libertar-se de si mesma.

Ao fim da aula, voltava a pé para casa. Em muitas dessas ocasiões, sua barriga doía por ela ter passado o dia sem comer. Ao chegar em casa, haveria uma refeição, geralmente leite e batatas, à sua espera.

Se Peggy passava por privações financeiras, o mesmo não podia ser dito do ponto de vista emocional. As crianças Sweeney pertenciam a uma família unida e amorosa, a quem nunca faltava amor. É claro que as irmãs tendiam a se unir em bando contra os meninos, o que era nada menos do que natural, mas não havia crueldade, nem violência. Os pais lhes davam muito amor e disciplina, preparando-as por completo para o mundo ao não permitir que nutrissem ilusões. William e Margaret sabiam o quão duras eram as coisas, e não enganariam os filhos.

Quando Peggy tinha sete anos, recebeu a primeira comunhão. Daí em diante, os finais de semana pertenciam à igreja: confissão aos sábados, missa aos domingos. A pequena igreja, de nome Bushfield, ficava a oeste do vilarejo, e foi nela, bem como na escola, que Peggy foi doutrinada numa religião obcecada por pureza sexual e comportamento moral rígido.

No catolicismo, padres não se casam, e filhos ilegítimos não podem entrar para o sacerdócio. Perder a virgindade antes do casamento é um pecado e, até hoje, métodos contraceptivos são estritamente proibidos. A homossexualidade era vista como prova absoluta da obra do Diabo.

A Igreja Católica instigava culpa sexual e moral eterna em todas as crianças, e com Peggy não foi diferente. Ela aprendeu sobre o bem e o mal, sobre o céu e o inferno. Aprendeu que uma das piores coisas que poderiam acontecer a ela era ser excomungada da Igreja: isso significaria danação eterna.

Ao pensar em seu Deus, Peggy imaginava um Deus vingativo e colérico, precisamente como a Igreja queria, controle social total. A Igreja pegava os jovens e roubava suas mentes. Ensinava que todas as pessoas nascem em pecado e devem passar a vida em penitência. Dizia que ninguém é desprovido de maldade.

Quando Peggy saísse para o mundo e se casasse, deveria ter filhos e nunca, nunca, jamais se divorciar; deixar o marido significaria romper com a Igreja. O Vaticano nunca sancionaria um divórcio, que, portanto, era considerado um pecado mortal, para o qual não poderia haver perdão. Ideias de tamanha potência invadem uma mente jovem e impressionável. Desde muito nova, Peggy jurava que permaneceria ao lado de seu futuro marido, por bem ou por mal.

Ninguém perdia a missa em Mayo, era algo impensável. Todo mundo ia. Sob chuva, granizo, neve e o vento gelado que uivava pela paisagem desolada no inverno, Peggy e sua família caminhavam pelo *bordeen* (estrada rural) e atravessavam os campos até a igreja todos os finais de semana.

E, mesmo assim, os bebês continuavam a chegar, um por ano, até que por fim havia crianças demais na casa. Peggy, Kathleen, Una, Helen, Ann e Bridie foram postas nas mãos de uma escola-convento em Ballaghaderreen, onde passaram seis anos e meio e foram ainda mais expostas às escrituras e restrições do catolicismo. No entanto, Margaret sabia que, de toda a sua prole, Peggy era a mais confiável e a mais esforçada. Mais do que isso, Peggy tinha uma afinidade natural para cuidar de crianças. Muitas vezes, com a irmãzinha Pauline nos braços, ela sonhava com o dia em que estaria ninando seu próprio bebê. O único sonho que era incentivada a ter.

—— // ——

O que jazia no âmago da ascensão dramática de Manchester eram as forças gêmeas da invenção e da austera determinação humanas.

Energia hídrica, os primeiros motores a vapor, a máquina de fiar hidráulica, a mula giratória e o tear de potência, tudo isso revolucionou a indústria algodoeira de Manchester; tornou-a, com efeito, a primeira indústria britânica totalmente mecanizada.

Para concretizar tal visão, as pessoas por trás dessas mudanças tinham de pertencer a uma estirpe dinâmica. Precisavam ter uma força de vontade intensa e ser absolutamente obstinadas na busca pelo Novo Mundo que vislumbravam, uma nova era que pudessem, e somente elas poderiam, definir e tornar própria.

Os arquitetos dessa visão eram empresários manchesterianos jovens e poderosos, determinados a erguer uma Jerusalém sobre a terra verde e aprazível da Inglaterra, para então serem reconhecidos como os salvadores do país.

O primeiro passo foi varrer do mapa o velho sistema feudal. Sob tal disposição, um lorde daria a seus trabalhadores terras para cultivar, habitação e um salário, que era rapidamente devolvido a ele como pagamento de aluguel.

No caso de Manchester, quem detinha o poder era a família Moseley, poder este supostamente absoluto, porém ilegítimo para os novos manchesterianos. Os Moseleys eram tidos como mestres fracos, vacilões sem pulso firme ou visão. Manchester não contava com infraestrutura municipal e mal tinha uma organização administrativa. Abriu largamente o caminho para a mudança. Em outras palavras, se você quisesse construir uma fábrica e tivesse dinheiro, poder e visão, que então o fizesse. Ninguém poderia impedir.

Livres das amarras das leis locais ou do governo, os novos manchesterianos se puseram zelosamente ao trabalho, construindo fábricas imensas e abastecendo-as com todo o maquinário novo. Deliberadamente, começaram uma campanha para criar um clima de empreendedorismo, um *éthos* de "cada um por si" que rivalizava com o Thatcherismo em fanatismo descarado.

Como disse o professor John Davies num discurso no Instituto de Mecânica de Manchester, "o homem deve ser o arquiteto de sua própria fama". A mensagem era clara: era cada um por si.

Para muitos dos tecelões recém-chegados da Irlanda, esse foi um desenvolvimento inesperado. Até conseguirem se estabelecer, já haviam sido literalmente substituídos por máquinas e forçados a trabalhar nas fábricas. Para esses interioranos que enfrentaram e amaram a natureza por toda a vida, era o inferno na Terra.

Primeiro, seu estilo de vida rural não os havia preparado para a vida na cidade. Notava-se que muitos caminhavam descalços pelas ruas, enquanto que seu fervor católico flagrante não caía nada bem para com os vizinhos protestantes. Além disso, seu consentimento em receber salários tão baixos (e, ainda assim, o dobro do que ganhariam na terra natal) incomodava intensamente as organizações que surgiram numa tentativa de reformar as condições de trabalho da cidade. Para essas sociedades secretas preocupadas, geridas por liberais de classe média, as fábricas simbolizavam todo o mal que havia naquele admirável mundo novo. Não era difícil ver o porquê.

Feias, imundas e perigosas, as fábricas não contavam com ventilação, tampouco com aquecimento no inverno. Os funcionários eram forçados a cumprir turnos de dezenove horas por um salário de apenas quatro xelins[7] por semana, do qual a maior parte era gasta com aluguel e comida.

Além disso, as acomodações não melhoravam muito essas condições. Os irlandeses se apinhavam em chalés diminutos, cujas paredes, em sua maioria, tinham a espessura de apenas um tijolo. No inverno, eles se amontoavam abraçados contra os ventos cortantes que uivavam pelos pequenos cômodos e apagavam o fogo que os aquecia. Não havia ventilação e as dependências sanitárias eram precárias.

Os irlandeses e seus filhos estavam sendo devastados e, com a pobreza severa e as doenças, sacrificados à ganância e à desumanidade dos novos manchesterianos. Muitas crianças, de até mesmo sete anos de idade, trabalhavam em fábricas; era frequente morrerem antes de completarem dois dígitos. Muitos bebês morriam pela administração de remédios para dormir, dados a eles por mães desesperadas que simplesmente não tinham o tempo necessário para niná-los. Essas mães eram forçadas às fábricas e para longe de seus bebês; caso contrário, todos morreriam de fome.

A cólera proliferava na água e derrubava famílias inteiras indiscriminadamente. Assim como a natureza cíclica do capitalismo, em que um *boom* de prosperidade é sempre seguido por uma crise econômica.

À medida que Manchester se expandia, tornava-se uma cidade esquizofrênica, com duas realidades gritantemente distintas. A primeira era aquela que os empresários estavam ávidos em promover: isto é,

7 Moeda que, até fevereiro de 1971, representava a vigésima parte da libra esterlina britânica. (N. do T.)

Manchester como a primeira cidade industrializada do mundo. Sua fama era mundial, e observadores vinham de muitos continentes para estudar aquele sucesso cívico. Infelizmente, eles quase sempre voltavam para casa deprimidos e chocados com a segunda realidade, a das condições de vida atrozes, das quais não puderam desviar o olhar.

Henry Coleman, um visitante americano, descreveu os pobres de Manchester como "a natureza humana miserável, fraudada, oprimida e esmagada, disposta em fragmentos sangrentos diante da face da sociedade".

Friedrich Engels chegou da Alemanha, enviado por seu pai, um rico industrial, para cuidar dos interesses da família em alguns moinhos de algodão da região. Engels passou os vinte e três anos seguintes na cidade e, em 1845, publicou seu famoso tratado *A Situação da Classe Trabalhadora na Inglaterra*, em que dedicou um capítulo inteiro a Manchester, valendo-se das experiências de Mary e Lizzie Burns, duas filhas de imigrantes irlandeses, com quem conviveu por muitos anos.

Engels descreveu os pobres da cidade como "uma raça fisicamente corrompida, que teve toda sua humanidade roubada". Engels e Coleman não estavam sozinhos nesse desgosto.

Contudo, os novos manchesterianos se provaram insensíveis a tais situações ou às súplicas por compaixão que incitavam. A eles, preocupavam muito mais os assuntos do momento; e nenhum mais do que a introdução da Lei dos Cereais, aprovada inicialmente pelo Parlamento em 1815 e recebida primeiro com incredulidade e, depois, com raiva. Com efeito, a Lei dos Cereais impunha tarifas pesadas aos cereais importados, o que manteve o preço do pão, um elemento básico na dieta dos trabalhadores, artificialmente alto, aumentando também, assim, o custo de vida desses trabalhadores.

Manchester e outras cidades nortistas viram essa lei como uma tentativa deliberada do governo de proteger os grandes produtores sulistas de cereais, o sul invejoso a tolher o progresso dos novos manchesterianos.

O homem de Manchester tinha a crença fervorosa de que a Inglaterra poderia prosperar se seguisse o exemplo de sua cidade. De que, enquanto os que dominavam no Sul, com seus trajes de dândi e seus refinamentos, causavam balbúrdia ao aprovar leis estúpidas, era seu próprio tipo de gente, o homem de verdade, que formava a espinha dorsal do país, cuja visão e fruto era o futuro.

"O que Londres faz com um soberano, Manchester faz sem nenhum" era um ditado muito popular na comunidade empreendedora de Manchester.

E agora, com a Lei dos Cereais, Londres havia mudado as traves de lugar, por pura inveja. Bem, que Londres se foda, vamos mostrar a eles. E mostraram.

A primeira coisa que fizeram para deixar claro seu desprezo foi roubar alguns dos nomes mais célebres de Londres, Piccadilly e Oxford Street, e plantá-los em sua própria cidade. Em seguida, formaram a Liga Anti-Lei dos Cereais. Ao longo dos trinta e um anos seguintes, fizeram uma campanha vigorosa contra a lei restritiva e, nisso, deram o tom para a desunião entre Norte e Sul que nunca foi satisfatoriamente resolvida. Quando, em 1846, a Lei dos Cereais foi revogada, a vitória não poderia ser mais saborosa. Por meio de sua própria força política, os manchesterianos humilharam o Sul e quebraram as pernas do governo, forçando-o a voltar atrás. Rebelaram-se e venceram.

Agora, iriam mais longe na realização de seu destino e mostrariam ao Sul um pouco do que era classe de verdade. Ao brindar o sucesso, alguém pode muito bem ter dito: "Viram só? Os ultrapassados não devem nunca desafiar os promissores".

—— // ——

Em 1846, a Irlanda foi assolada por uma fome de natureza tão implacável que suas repercussões perduram até hoje. A Grande Fome persistiu por cinco anos, ao fim dos quais um milhão de pessoas havia imigrado, e um milhão de pessoas morreram.

Muitos irlandeses partiram para Liverpool ou Manchester. Quando essa segunda onda chegou, encontraram em Manchester uma cidade agora atenta às críticas ferrenhas direcionadas àquela obsessão onipresente por dinheiro.

Para rebater essas acusações, um pequeno grupo de homens de negócios viajou à França em 1850. Lá, convidaram a Orquestra de Charles Hallé a deixar Paris e se estabelecer em Manchester. Hallé aceitou, sem dúvida seduzido pela grande quantia de dinheiro apresentada a ele. Manchester agora tinha sua própria orquestra, assim como Londres.

Em 1853, a conclusão da Catedral deu a Manchester o status permanente e oficial de município. Em 1856, o Free Trade Hall foi inaugurado, construído sobre o local do infame Massacre de Peterloo, no qual onze pessoas foram mortas e 400 outras feridas ao demandar o direito de votar. O novo edifício era uma afronta ao proletário, mas a mensagem era clara – o novo manchesteriano estava se tornando independente.

O ano seguinte viu a estreia de uma enorme exposição de arte, a maior exibição até então de tesouros artísticos privados. O prestígio foi tamanho que a rainha Vitória, seu príncipe consorte e o Príncipe de Gales viajaram até lá para vê-la.

A exposição também foi aberta ao público, mais um passo para dar à cidade uma profundidade cultural refinada, outra forma de contra-atacar a imagem que se tinha de Manchester como uma cidade erguida sobre casebres esquálidos e fábricas exploradoras.

Essa atividade certamente pareceu funcionar. O *Illustrated London News* escreveu que a exposição "revida aos detratores da cidade a acusação de que ela [Manchester] é absorta demais na busca por riquezas materiais para dedicar energias às artes mais nobres".

Vieram outras melhorias. Melhores condições sanitárias, a criação da força policial própria da cidade, o projeto e criação de parques e a construção da Universidade de Manchester, que existe até hoje.

Em 1894, o Canal de Manchester foi aberto, um desenvolvimento importante para estabelecer de uma vez por todas um sistema de transporte que evitasse as taxas portuárias de Liverpool e que deixasse Manchester mais próxima de fornecedores e consumidores estrangeiros.

Nesse mesmo ano, aconteceu uma partida histórica de futebol. Foi um jogo da segunda divisão da liga inglesa de futebol, e o Manchester City, então conhecido como Ardwick FC, jogou contra o Newton Heath, que, mais tarde, se tornaria o Manchester United.

No primeiro dérbi de sua história, o Ardwick perdeu de 5 a 2, em casa, para o Newton Heath. Depois, o primeiro dérbi em seu novo campo, o Maine Road, em 1923, terminaria em 1 a 1. Uma derrota, um empate. O City já estava estabelecendo um padrão.

Entretanto, do outro lado do canal, na Europa continental, nuvens mais escuras se formavam no horizonte. Na primeira metade do século 20, a Europa Ocidental se enredaria em duas guerras mundiais. Milhões de pessoas perderiam a vida e países inteiros seriam dizimados.

Porém, essas guerras, na verdade, sustentariam Manchester economicamente. Eram boas para os negócios, as guerras. E a nova economia de Manchester, baseada em metal e engenharia, viu um mercado ávido por armamentos, munição e aeronaves.

—— // ——

Ela entra no pequeno café em Mayo e, ao sentar-se, deixa escapar um suspiro. São sete da noite, seus ossos doem e sua mente está cansada. Teve mais um longo dia faxinando e cuidando das crianças na casa dos O'Haras, e agora Peggy Sweeney está esperando a mãe chegar.

Quando ela chega, Peggy lhe entrega o salário da semana: uma libra. Dependendo das necessidades da família naquela semana, Peggy recebe um troco ínfimo. Talvez um oitavo de libra, se tiver sorte.

Ao seu lado, há um pequeno rádio transistorizado que ela conseguiu economizar para comprar. Peggy adora o rádio porque ele lhe dá música e, às vezes, ouvir música é exatamente como ler; você consegue desaparecer de si mesmo. Mais importante, a música lhe permite libertar-se por um momento daquela voz interior cruel que ameaça todos os filhos e filhas da Igreja Católica.

A voz interior de Peggy não fica quieta. Religiões rígidas sempre produzem grandes medos. Os crentes passam a vida inteira perturbados. E ninguém é mais rigoroso consigo mesmo do que os católicos. Não é uma religião feliz, tampouco é feita para encher os fiéis de confiança e de uma autoestima imensa. Ao contrário, ameaça-os com a danação, tenta colocá-los em seus devidos lugares.

Como é possível não ter medo quando o inferno está a apenas um pecado de distância e todos os dias você luta contra seus impulsos, desejos e pensamentos que aparecem do nada para provocar e atormentar?

Você vai se confessar aos sábados e, pelo menos por aquela noite, sua alma parece purificada. É possível sentir a pureza. Até a tarde de segunda-feira, você já estará em guerra consigo mesmo de novo. Mas a música, aquela música irlandesa que Peggy ouve, conversa com ela, liberta-a.

Às vezes, o rádio toca a música mais triste do universo – e então, as rabecas, violões e *pennywhistles* começam a soar, e entra uma canção empolgante para lhe ajudar em seu caminho. The Dubliners, Big Tom, Dicky Rock, Miami Show Band, Peggy conhecia os nomes e as músicas de todos os principais artistas e sempre vibrava quando o *disc jockey* anunciava uma delas.

A porta do café se abre e Peggy levanta o olhar em expectativa. Porém, não é a sua mãe, é um policial local. Instintivamente, ela desvia o olhar, na esperança de não ter sido notada, não porque tem algo a esconder, mas porque é terrivelmente tímida.

Detesta multidões, seu temperamento não se adequa a elas. Ao contrário, ama silêncio, paz e tranquilidade. Na maior parte do tempo, tudo o que quer é ficar sozinha. Mesmo quando há companhia, quando os parentes visitam ou quando está com amigos, há sempre aqueles momentos em que ela viaja.

É por isso que seu trabalho não a incomoda muito. Os O'Haras, donos de uma confeitaria bem-sucedida, são bons para com ela. Quase sempre, Peggy fica sozinha na casa com os filhos dos O'Haras e isso está ótimo para ela. O resto do tempo ela passa em casa. Não há muito o que fazer no condado de Mayo e, mesmo se houvesse, como bailes e coisas assim, Peggy preferiria ficar dentro de casa, lendo ou ouvindo seu amado rádio.

Perto do trabalho há um cinema, mas ela não se interessa muito por filmes. Além disso, ir ao cinema significaria gastar dinheiro que poderia ser melhor utilizado de outra forma.

Leva uma vida de hábitos rotineiros, trabalho duro e, quando consegue encontrar, solitude, e isso era exatamente o que queria.

//

Depois da Primeira Guerra Mundial, os americanos chegaram e carros e roupas passaram a ser a principal produção de Manchester. Quando a década de 1930 chegou, havia mais de 200 empresas americanas na cidade. A famosa Ford Motor Car Company inaugurou sua primeira fábrica em Trafford Park, onde o Model-T, o carro mais barato da Grã-Bretanha, era construído em massa.

No ramo da confecção houve uma explosão semelhante. Charles Macintosh abriu seu negócio de capas de chuva em 1824 e, 110 anos depois, graças a uma proliferação de *sweatshops*,[8] o setor de trajes para chuva agora prosperava.

O advento da Segunda Guerra Mundial suspendeu as atividades normais dos negócios. Mais uma vez, Manchester descobriu que as guerras são ótimas para o comércio.

Por um tempo, as indústrias têxteis e de engenharia floresceram. Milhares de homens manchesterianos se juntaram ao exército, ao passo que milhares de mulheres assumiram o lugar deles nas fábricas. Porém, em 1940, a cidade, atingida severamente por bombardeios alemães, perdeu muitos de seus prédios históricos.

Em 1950, as indústrias alimentícia e química se estabeleceram, enquanto Manchester se tornou o principal centro de distribuição de suprimentos do Norte, com ajuda da ferrovia e do sistema do canal.

O governo britânico do Pós-Guerra também se tornou um grande empregador, enviando comunicados ao Caribe para atrair trabalhadores para reconstruir a Grã-Bretanha. A mesma oferta foi estendida aos irlan-

8 Fábricas ou locais de trabalho coletivo e em série cujas condições são precárias e envolvem práticas trabalhistas injustas. (N. do T.)

deses. Logo, milhares e milhares de imigrantes começaram a chegar para vivenciar o estilo de vida britânico.

Porém, na década de 1960, apesar de todos os esforços, outro ciclo terminava. A popularidade de Manchester começou a cair. E cair. E cair. A cidade não conseguia segurar esse declínio, e o motivo era simples: estava cada vez mais difícil encontrar empregos. O Canal de Manchester era pequeno demais para comportar os novos navios de contêineres, e o advento das autoestradas assinalava o final dos canais marítimos e das ferrovias como as principais vias de transporte. E, notadamente, a indústria manufatureira de Manchester levou um sério baque quando a economia local passou a se voltar para o setor terciário. De 1961 a 1983, mais de 150 mil empregos na área de manufatura foram perdidos.

A indústria gráfica também decaiu, e teve seu fim simbolizado pela mudança do *Manchester Guardian* para o Sul, para a cidade que Manchester passara a desprezar e que roubaria todas as atenções nos anos 1960. A capital se tornaria a "Swinging London", e ninguém falaria de Manchester. Os novos manchesterianos se reviraram nos túmulos, e seus filhos e filhas planejaram a vingança.

—— // ——

No hospital, garantiram a Peggy que sua mãe ficaria bem. Tudo o que ela precisava era de descanso, um pouco de paz e tranquilidade.

Isso já vinha sendo assim há alguns meses, e Peggy começava a se dar conta de que a mãe estava envelhecendo, e de que os anos de dureza, tanto física quanto mental, começavam a cobrar sua dívida.

Por causa das enfermidades frequentes de Margaret, Peggy fora forçada a abandonar o trabalho para os O'Haras para cuidar de seus irmãos e irmãs. Contou com Paddy, John e Bridie para fornecer dinheiro para a comida. A mãe logo retornaria e Peggy sabia que, quando isso acontecesse, o dia que ela temera por toda a vida chegaria.

Era hora, sua mãe diria, de Peggy ir embora do condado de Mayo. Não havia nada a que se apegar.

– Você precisa ir, Peggy – disse Margaret Sweeney – e ponto final.

Porém, ir para onde, e com quem? Perto dali, vivia a família MacIntyre, perto o bastante para ser considerada vizinha.

Peggy havia feito amizade com Angela, filha dos MacIntyres, e as duas andavam juntas. Peggy não tinha muitos amigos, mas podia contar com Angela.

A lealdade era algo muito importante para Peggy, que levava muito tempo para confiar em alguém que não fosse de sua família. Um dia, enquanto tomavam café, Peggy contou a Angela o desejo de sua mãe.

A amiga acabara de voltar de férias em Manchester, onde morava sua irmã mais velha, Teresa. Em breve, Angela retornaria a Manchester, dessa vez em definitivo, então que tal se Peggy fosse junto? Tinha certeza de que Teresa não se importaria em hospedá-la também, até que se estabelecesse.

Lá, havia trabalho de sobra. Ora, incentivou Angela, você poderia começar um emprego de manhã, pedir demissão na hora do almoço e, à tarde, já ter outro emprego. E arrumar um lugar para morar não deveria ser um problema. Vamos, Peggy, o que me diz?

Margaret aprovou o plano, confiava nos MacIntyres. Porém, ao conversar com a mãe, no fundo, o coração de Peggy se partia. Não quero ir, repetia ela à mãe, não quero deixá-la; sei que não há nada aqui, mas não importa, eu fico.

Mas Margaret, calejada pela vida e pelos golpes terríveis desta, não deu ouvidos. A longo prazo, ir embora seria melhor para a filha, disso ela não tinha dúvida. Em seguida, Margaret ia para a cozinha e fingia assar pão e cantava bem alto para esconder as próprias lágrimas.

Relutante, Peggy chegou na Inglaterra em 1961, aos dezoito anos, nervosa e assustada, com lágrimas sempre borbulhando sob as pálpebras. Passou a primeira noite no apartamento de Teresa MacIntyre e, quando as luzes se apagaram e todos deram boa-noite, afundou o rosto no travesseiro e chorou até não poder mais. Na noite seguinte, também. Na verdade, chorou pelo que pareceu uma eternidade, até que um dia acordou e percebeu que um sentimento, algo lá no fundo, havia se perdido. Agora, só havia a vida cotidiana com que lidar. Vida que segue.

Ironicamente, Teresa era casada com um certo Thomas Gallagher, com quem tinha uma filha, Patricia, de idade próxima à de Peggy, e era ela quem levava Peggy para passear e conhecer a cidade. A prioridade era conseguir um emprego e um lugar para morar para Peggy, já que a residência dos MacIntyres era pequena demais para ela passar muito tempo lá.

Perto da estação central, havia um bloco de apartamentos, onde Peggy foi morar primeiro, depois de ser contratada como garçonete/faxineira na estação. Recebia três libras por semana.

"E eu colocava uma libra num envelope e mandava para casa", diz ela, "porque mamãe ficava à espera daquela libra".

Peggy ficou um ano na estação central. Nesse período, localizou em Manchester uma velha amiga de escola, Mary, e as duas passaram a andar juntas.

Certa vez, Peggy fez uma alegre viagem de volta à Irlanda para visitar a família e, ao retornar a Manchester, sua irmã Kathleen a acompanhou. As duas, juntamente com Mary, se mudaram para a região de Plymouth Grove.

Um novo trabalho surgiu, desta vez numa fábrica de papelão que pagava melhor do que a estação central.

Entretanto, justo quando Peggy estava se adaptando a uma nova vida, chegou uma notícia séria e alarmante: sua mãe estava muito doente e fora novamente internada. Peggy largou o emprego no ato e voltou para a Irlanda, onde assumiu o controle da família, garantindo que seus irmãos e irmãs mais novos (todos abaixo dos dez anos de idade) recebessem os devidos cuidados. Muitas vezes, seus irmãos matavam aula e Peggy os repreendia, mas compreendia o desinteresse deles. Quem não compreenderia?

//

Depois de deixar as crianças na escola, Peggy caminhava até um seminário, onde trabalhava como lavadeira, cozinheira e faxineira para os cinco padres que lá viviam. Certo dia, 22 de novembro de 1963, ela ouviu uma comoção na sala de TV.

Intrigada, entrou no cômodo e descobriu que o presidente dos EUA, John Kennedy, fora assassinado. Não conseguia acreditar. Para sua geração, Kennedy representava esperança, mudaria o mundo, tornaria o futuro melhor. E tinha ascendência irlandesa.

E o assassinato de um presidente? Aquilo não tinha precedentes. Incompreensível. Apontava para algo tão maligno e tão sinistro que apavorou Peggy até a alma. Ao caminhar para casa naquela noite, ela realmente acreditava que o mundo estava prestes a acabar. Na verdade, o mundo estava mudando num ritmo vertiginoso.

Os enfadonhos anos 1950 estavam acabados, assim como a ideia de uma sociedade administrada por homens de reputação incontestável. O caso Profumo, naquele mesmo ano, em que um ministro da Coroa mentiu para o Parlamento e derrubou o primeiro-ministro conservador Harold Macmillan, marcou o fim da suposta santidade das figuras públicas. Apenas a família real permaneceu sacrossanta, e mesmo ela, dali a um tempo, seria exposta. O fogo branco dos anos 1960 se espalhava rapidamente.

Depois de quase doze meses no hospital, Margaret retomou suas tarefas familiares e Peggy retornou a Manchester. Logo encontrou um novo emprego, em que fazia trabalhos administrativos simples para um negócio de vendas por catálogo localizado no centro da cidade.

À noite, ela raramente saía. Preferia ficar em casa, assistindo TV ou escrevendo cartas para a família. Novamente, todas essas três ocupações lhe permitiam desligar-se e relaxar.

É claro, ir a um clube e encher a cara era outra forma de se desligar e relaxar, mas, até aí, Peggy preferia morrer a desfrutar de álcool e dança.

Porém, ao seu redor, uma cena próspera de clubes surgira em Manchester, o que era bom. Ao longo dos anos seguintes, a cidade perderia muitos dos empregos em manufatura e, aos poucos, o foco se voltaria para os músicos, os funcionários dos clubes, os trambiqueiros e os jogadores de futebol.

Noel Gallagher, um dia, diria a um entrevistador que "em Manchester, você se tornava ou músico, ou jogador de futebol, ou traficante de drogas, ou ia trabalhar numa fábrica. E, você sabe, não sobraram muitas fábricas".

Em Londres, no final da década de 1950, houvera uma febre de *skiffle*, cujo centro era um clube na velha Compton Street, no Soho, chamado Two I's, onde, mais tarde, artistas pop britânicos mais sofisticados, tais como Adam Faith e Tommy Steele, tomariam o lugar dos Lonnie Donegans[9] da vida e atrairiam um público mais jovem.

A atmosfera era fumacenta, a bebida era o café. Perto dali, em Notting Hill Gate, uma forma mais sedutora de vida noturna poderia ser experimentada, com as festas de blues realizadas em segredo pelos caribenhos. Christine Keeler, a garota de programa envolvida no escândalo Profumo, preferia esse tipo de empreitada.

Em Manchester, no dia 15 de julho de 1960, Jack Johnson, dono do Mogambo Coffee Bar, e John Collier, um construtor da região, abriram o Two J's. A atração estelar da noite de inauguração foi Ray Ellington, com abertura de Dave Wilson e sua Original Dixieland Band.

O clube, situado na Lloyd Street, fora um armazém têxtil e restringia sua política musical ao jazz. Porém, no mês seguinte, Jackson decidiu contar com artistas pop da região para atrair uma clientela maior. Sua primeira atração pop foi Johnny Martin and the Paiges, que fizeram seu show de estreia no dia 4 de outubro de 1960.

Alguns dias depois, Jackson realizou a primeira festa que duraria a noite inteira no clube. Para aqueles jovens que queriam dançar a noite toda, foi uma bênção. A festa fez um sucesso enorme, e o recado estava dado.

Ainda funcionando como casa de jazz, o clube agora promovia festas nas tardes dos finais de semana para atender à demanda, mas logo o rock'n'roll roubou a cena. Foi uma devastação musical que ocorreu por toda a Grã-Bretanha: milhares de adolescentes abandonaram o *skiffle* e o jazz tradicional e deram a alma ao rock'n'roll.

---

9 O escocês Lonnie Donegan foi o principal expoente do *skiffle*, estilo musical muito popular no Reino Unido nos anos 1950 e 1960, e provavelmente o artista britânico de maior sucesso e mais influente antes dos Beatles. (N. do T.)

O Two J's foi então comprado por três empresários, John Orr, Rick Dixon e Hugh Goodwin, que fecharam o clube para uma reforma considerável e o reinauguraram no dia 4 de outubro de 1961.

Goodwin estivera recentemente em Londres. Numa mesa do restaurante Beachcomber, em Mayfair, cujo tema era o Pacífico Sul, as palmeiras pintadas na parede lhe deram uma ideia para o nome do clube, ideia essa que foi apresentada aos sócios e acatada.

Foi assim que o The Oasis, "O Mais Fabuloso Clube Para Jovens de Manchester", abriu suas portas. Apenas três meses depois, em 2 de fevereiro de 1962, foi onde os Beatles tocaram pela primeira vez em Manchester. The Oasis, The Beatles. Essa foi a primeira relação entre esses dois nomes de que se tem notícia.

O ano de 1962 foi significativo para os Beatles – foi o ano em que a Decca os dispensou e eles assinaram contrato com a EMI, o ano em que o costureiro Beno Dorn, de Birkenhead, recebeu um pedido de quatro ternos de *tweed* para substituir as jaquetas de couro, os jeans e os tênis do grupo, e o ano em que tiveram seu primeiro compacto no Top 20, *Love Me Do/P.S. I Love You*. Foi o ano de plantar as sementes do sucesso.

Dentro de doze meses, os Beatles se tornariam a maior banda do mundo. Milhares de garotas adolescentes gritariam e desmaiariam ao ouvir os discos ou vê-los tocar. Peggy Sweeney, porém, não fazia ideia do que estava acontecendo.

Esse tipo de histeria pop a intrigava por completo. Ela se perguntava o que se passava na cabeça daquelas garotas, nunca compreendia. Parecia tudo tão... bobo, se jogar daquele jeito em público.

Apesar disso, Peggy gostava de assistir ao *Top of the Pops*. Seu amor pela música era instintivo, e a música pop estava se encarregando de se inventar. Como poderia ela não se interessar pelo programa que começou a ser transmitido em 1º de janeiro de 1964 de uma igreja em Manchester? Entre os artistas que se apresentaram nesse dia estavam os Rolling Stones, The Hollies e Dusty Springfield. Todos ótimos. Sim, *Top of the Pops*, ela gostava do programa. E pensar que era gravado pertinho dali.

O motivo da locação original do programa em Manchester era simples: a maioria dos grupos que faziam sucesso nas paradas eram do Norte. Liverpool tinha os Beatles, The Searchers, Gerry and the Pacemakers, Billy J. Kramer, o som *merseybeat.*[10] Manchester era o lar dos Hollies, Freddie and the Dreamers, Herman's Hermits, Wayne Fontana and the Mindbenders – no ano seguinte, esses três últimos arrematariam um sucesso espetacular nos EUA.

Entretanto, para falar a verdade, quando Peggy queria curtir uma noite fora, preferia muito mais ver uma das bandas tradicionais irlandesas que tocavam aos sábados no Astoria.

E foi lá, em janeiro de 1964, que Peggy, sentada tranquilamente numa mesa, foi apresentada a um jovem quieto e discreto. Não bebia, não falava muito.

Trabalhava em construção, mas, para Peggy, parecia ser exatamente como ela: quieto e contido. Disse a ela que seu nome era Thomas, Thomas Gallagher, e que sua família vinha do condado de Meath – que era muito mais perto de Dublin do que o condado de Mayo. Thomas saíra de casa aos dezessete anos, deixando para trás uma família de cinco irmãos e uma irmã. Tinha, agora, vinte anos.

Namoraram pelos nove meses seguintes e, então, em 27 de março de 1965, na Igreja do Santo Nome, em Chorlton-on-Medlock, Peggy Sweeney se casou com Thomas Gallagher.

Os Beatles estavam prestes a lançar seu primeiro compacto daquele ano, *Ticket to Ride*, que o segundo filho de Peggy um dia declararia ser o maior compacto de todos os tempos.

Naquele dia, o sol apareceu brevemente e, mais tarde, Peggy e Thomas deram uma festa no Plymouth Hotel, em Plymouth Grove.

Três semanas depois, Peggy se deu conta de que tinha cometido o maior erro de sua vida.

---

10 Como era chamado o som precursor do rock'n'roll feito em Liverpool. (N. do T.)

- Dois -

DE ALGUM MODO, 1º DE OUTUBRO DE 1995 SE TORNOU O PRIMEIRO DIA DA TURNÊ BRITÂNICA DE UMA SEMANA DO OASIS PARA DIVULGAR SEU SEGUNDO ÁLBUM, *(WHAT'S THE STORY) MORNING GLORY?*. É VERDADE QUE NÃO HAVIA SHOW – O SHOW OCORRERIA NA NOITE SEGUINTE, EM BLACKPOOL – E É VERDADE QUE A BANDA NEM ESTAVA TODA NA MESMA CIDADE, UMA VEZ QUE GUIGSY E BONEHEAD ESTAVAM EM MANCHESTER E NOEL, LIAM E ALAN WHITE, EM LONDRES.

Porém, houve uma festa de lançamento do álbum. E foi nessa festa no Pavilion, um refinado e suntuoso clube de cavalheiros em Knightsbridge, que Alan White e os irmãos Gallagher, além da gravadora, dos assessores de imprensa e dos amigos mais próximos, entraram a sério no modo turnê.

A festa, organizada por Meg Matthews, namorada de Noel havia um ano e meio, deveria começar ao meio-dia, mas ela chegou cedo ao local, às nove da manhã, na verdade, ansiosa em garantir que tudo estivesse em seu devido lugar.

Meg queria que a festa fosse especial. Não só para Noel e a banda, mas para mostrar à sua nova empregadora, a Creation Records, que esta havia tomado a decisão certa ao contratá-la.

Ao aceitar a proposta de emprego na Creation, ela sabia que falariam por suas costas; que diriam que ela só estava ali por conta de Noel. Esse tipo de calúnia seria inevitável, isso Meg aceitava. Porém, compreensivelmente, ela queria provar que seus detratores estavam errados.

Noel chegou pouco depois do meio-dia. Adentrou o saguão espaçoso e foi conduzido à festa no andar de cima. Vestia uma jaqueta de camurça marrom, jeans e tênis. A primeira coisa que viu ao entrar na festa foi um bloco de gelo enorme esculpido com o nome da banda.

Na sala ao lado, havia um grande buffet e um quarteto de cordas que tocava versões orquestradas das músicas do novo álbum. Todas as salas eram decoradas com quadros de bom gosto nas paredes, as cadeiras eram forradas com chita, havia sofás longos e tudo tinha cores pastel. Os garçons tinham sotaque de escola de elite e havia jornais de domingo espalhados por todo canto. Era um cenário estranho para o Oasis, que não era associado a um ambiente tão rarefeito e polido.

A Creation Records não economizou um centavo na festança, mas também, o pessoal da gravadora ouvira o álbum e, bem, ninguém queria tentar o destino, mas estava bem óbvio que havia algo muito especial em suas mãos. *Morning Glory* excedia suas expectativas. A palavra "clássico" insistia em vir à mente.

Se o Oasis não fodesse com tudo, se todo mundo preocupado em vender esse álbum mantivesse os nervos firmes, havia uma grande chance de superar as vendas do *Definitely Maybe*, o álbum de estreia da banda, que já batera três milhões de cópias ao redor do mundo.

Havia um senso real de expectativa no ar. Todos sentiam cheiro de glamour, sucesso e dinheiro. Esses três elementos pareciam estar ligados o tempo inteiro à banda, apesar do verão relativamente ruim, uma época em que o Oasis recebeu duas avarias inesperadas em sua armadura.

A primeira foi na participação no festival de Glastonbury.

O Oasis foi chamado para ser a atração principal da noite de sexta-feira. Era o vigésimo quinto aniversário do festival e a organização queria algo especial.

Porém, o show não chegou a decolar. Uma combinação de problemas de som e nervos frágeis frustrou a banda.

Em dado momento, Liam convidou o público, a céu aberto, para uma briga. Em outro, convidou Robbie Williams, então membro da *boy band* sensação *teen* britânica Take That, ao palco por um minuto e pouco. Em menos de duas semanas dessa aparição, Robbie deixaria o Take That.

O segundo incidente ocorreu dois meses depois, quando o Oasis se viu enredado na briga histórica com o Blur pelo primeiro lugar nas paradas de singles.

O Blur venceu. Fez tudo o que foi preciso, ultrapassou o Oasis com um soco certeiro no queixo que a banda não esqueceria com facilidade.

De imediato, o Oasis retaliou ao anunciar dois shows em Earls Court. Seriam os maiores shows em locais fechados já vistos na Europa. Ingressos para ambos esgotaram em questão de horas.

Esses shows em Earls Court serviram para dar um grande impulso à banda. Eram um chute no Blur, mas também relembraram a imprensa da enorme popularidade do Oasis, já que ela também os havia alfinetado. No geral, o tom das resenhas de *Morning Glory* não era encorajador, em especial quando todos aqueles que se preocupavam quanto a isso estavam de fato *ansiosos* pelas resenhas. Alguns jornalistas usaram termos como "preguiçoso" ou "cansativo".

Foi a primeira vez que a imprensa e a banda não se entenderam. A imprensa via o Oasis como os Sex Pistols, Noel não. Aquele era apenas um elemento do Oasis, e foi por isso que ele se distanciou do clima que predominara no primeiro álbum.

Muitas das músicas novas foram compostas com violão, algumas ele ousou até orquestrar por completo. Outras, tais como "Don't Look Back in Anger", já eram clássicos, até onde ele sabia; e isso não era ser arrogante, era declarar fatos.

Os críticos discordaram, especialmente ao ouvir versos como "*And please don't put your life in the hands / Of a rock'n'roll band / Who'll throw it all away*".[11] Isso era uma total heresia. Esse tipo de papo demolia por completo

11 "E, por favor, não ponha sua vida nas mãos / De uma banda de rock'n'roll / Que vai jogar tudo fora".

a mitologia do rock. Banda e imprensa agora discordavam drasticamente a respeito de como o Oasis deveria soar e o que deveria representar.

– O senhor gostaria de uma bebida? – o garçom olhou para Noel.

– Não, cara – respondeu ele. – Sei exatamente o que vai acontecer aqui. Preciso forrar o estômago primeiro.

Foi até o buffet e começou a mandar cereal e leite goela abaixo. Pouco depois, Liam chegou. Estava de óculos escuros e vestia um sobretudo impermeável branco impecável. Com ele, a cantora Lisa M. Porém, mesmo com a presença tempestuosa de Liam, a atmosfera permaneceu anestesiada.

As conversas eram educadas, o volume das vozes nunca ultrapassava a sonoridade sóbria e suave de "Wonderwall", "Cast No Shadow", "Don't Look Back in Anger" e outras músicas de *Morning Glory* tocadas pelo quarteto de cordas.

O álcool de graça ainda só era bebericado e os banheiros, a essa altura, usados para a função tradicional.

Por volta da uma da tarde, a festa começou a encher. O empresário da banda, Marcus Russell, chegou com sua então namorada, Dinny. Alan White, o baterista da banda, chegou com Kass, sua namorada havia muito tempo e, hoje, ex. Tim e Chris Abbott, ex-funcionários da Creation e os nomes por trás da Better Records (que havia assinado com o Smaller, banda liderada por Digsy, imortalizado na música "Digsy's Dinner", do primeiro álbum do Oasis), apareceram, bem como Paul Mathur, jornalista da *Melody Maker* e um dos primeiros a levantar a bandeira do Oasis. Tanto ele quanto Tim Abbott viriam a publicar livros sobre a banda.

Também estavam presentes o chefe da Creation, Alan McGee, que assinou com o grupo apenas dois anos antes; o assessor de imprensa da banda, Johnny Hopkins; e outros funcionários da Creation, como Jane Fisher, a contadora que aparece na capa do single "Cigarettes & Alcohol".

Havia um pessoal da Sony e um fotógrafo, Tom Sheehan, para registrar momentos alegres da ocasião. Porém, havia também uma presença surpresa: Peggy Gallagher, a mãe de Noel e Liam, fora convidada.

Meg providenciou secretamente sua vinda, que foi a primeira visita de Peggy a Londres. Mais tarde naquele dia, Meg e Lisa M. a levariam para passear e ver os pontos turísticos.

Quando Noel a viu no meio da multidão na festa, pensou: "Meu Deus, parece a minha mãe ali". No momento seguinte, já a estava abraçando e apresentando orgulhosamente a todos os amigos. Por toda a festa, ele e Liam permaneceram ao lado dela, protetores.

Duas horas depois da chegada de Peggy, a festa finalmente esquentou. O champanhe começava a bater e os garçons já ficavam mais ocupados. Os convidados então começaram a se juntar ao redor do quarteto de cordas. Meio altos, agora queriam ouvir mais música.

– Vai, continuem – gritou Liam. – Toquem "Champagne Supernova".

– "Eleanor Rigby" – gritou outro convidado.

– "Live Forever" – disse mais um.

Incapazes de tocar uma música sem a partitura à frente, os membros do quarteto começaram a pegar mais pesado na execução, como se eles também tivessem tomado umas. Quanto mais os convidados encorajavam, mais alto tocavam. Houve berros encorajadores, pedido atrás de pedido e um falatório bem-intencionado correu solto.

– Vamos pegá-los no auge – disse Liam, a ninguém em particular.

– O que você achou deles? – perguntou Meg a Noel, por cima do barulho. O quarteto fora ideia dela.

– Massa pra caralho – respondeu ele, entusiasmado, enquanto Liam começava a cantar "Wonderwall". – Eu disse ao Marcus para gravá-los, lançar um álbum instrumental com as nossas músicas. Seria maneiro.

Às três da tarde, a festa acabou, e táxis chegaram para levar todo mundo a um bar na Parkway, em Camden. A Sky TV transmitia uma partida importante de futebol, Manchester United versus Liverpool, o jogo do retorno de Eric Cantona, depois de seu infame chute de kung fu num torcedor do Crystal Palace.

O bar estava lotado e a presença da banda não passou despercebida. Uns caras tentaram tirar Liam do sério, sem sucesso. Fran, amiga de Meg, e Lisa M. discutiram no balcão. Drink atrás de drink. Todos ficaram seriamente trêbados. A partida terminou num empate de 2 a 2. Cantona marcou um pênalti. Robbie Fowler fez dois gols. Peggy não parava de pedir mais bebidas. Seu primeiro dia em Londres estava indo extremamente bem.

Meg, Noel, Alan White, Kass, Liam, Jess, Peggy e Lisa M. então deram uma curta caminhada até o apartamento de Noel, num subsolo na Albert Street.

Mais drinks, mais cerveja, mais Jack Daniel's com Coca-Cola. Então Meg, Lisa e Peggy saíram para passear por Londres, deixando Liam e Jess conversando na pequena cozinha. Liam havia conhecido Jess por meio de Noel, ela era uma amiga próxima de Meg e trabalhava para Kate Moss. Os dois não estavam discutindo, mas o álcool deixava suas vozes altas.

– Olha só, você é sortudo – anunciou Jess.

– Como assim, sortudo? – retrucou Liam, no automático. Ele sempre rejeitou a noção de que haveria outros fatores responsáveis por seu sucesso além de habilidade e trabalho duro.

– Porque você sabia o que queria fazer desde o início.

– Sim, eu queria ser cantor.

– Você sabe que muita gente não tem isso.

– Não tem o quê?

– Esse conhecimento do que quer fazer desde muito cedo.

– Por que não tem? Você não sabe o que você quer ser?

Antes que Jess pudesse responder, Noel estava no vão da porta. Parecia furioso.

– Vocês calem a boca antes que eu chute vocês daqui. Dá pra ouvir vocês da sala, caralho.

– Qual é, você vai chutar a gente daqui? – desafiou Liam.

– Vou, pra caralho. Deem o fora daqui.

– Esse apartamento nem é seu. Metade é minha.

– O caralho que é. Agora vazem. Vocês dois. Estou falando sério pra caralho. Saiam.

Por um segundo, os dois tentaram raciocinar, com a cabeça bêbada, se Noel os estava sacaneando. Mas a expressão dele era perigosamente séria.

– Beleza, se é isso que você quer, babacão – disse Liam.

– É, é isso mesmo – disse Noel, dando as costas pelo corredor estreito que levava até a sala de estar.

– Então vai se foder – berrou Liam. – Vamos, vamos deixar esse otário chorão.

Ele e Jess foram embora, deixando Noel com Alan White e Kass, que estavam sentados no sofá, apreensivos.

– Beleza, então.

Noel olhou para trás para se certificar de que eles haviam ido.

– E assim nos livramos deles – disse com um tom triunfante ao tirar um pequeno pacote de cocaína do bolso. Alan e Kass não usavam. Nunca usaram, nunca usariam.

– Caralho – gritou Noel ao se dar conta disso –, sobra mais ainda pra mim.

Uma hora depois, Noel e Meg foram para a festa Sunday Social, de Jeff Barrett, que agora acontecia em Farringdon, depois de se mudar do local original, o pub The Albany, na frente da estação de metrô de Great Portland Street. Era uma das melhores festas de Londres, tocava desde o início música de todo tipo, contando com uma vasta gama de DJs.

Uma semana poderia trazer um set de *Northern soul*, e a seguinte, um de hip-hop. Ao adotar essa política, a festa capturava o espírito dos tempos. Os únicos DJs fixos eram os Chemical Brothers, que fechavam cada noite. Na segunda semana, já havia centenas de pessoas se amontoando para entrar.

Depois de beber mais, a turma seguiu para a Virgin Megastore, no final da Oxford Street. Noel concordara em tocar músicas de *Morning Glory*, acompanhado apenas de Alan White, na loja onde o disco começaria a ser vendido à meia-noite. Noel tocaria violão e Alan uma percussão discreta.

Havia cerca de 500 pessoas presentes quando eles chegaram, mais centenas do lado de fora.

No backstage, Liam insistiu que ele é quem deveria apresentar Noel e Alan ao público. Quanto a isso, eles concordavam.

Ainda usando o casaco branco, Liam cambaleou até o palco enquanto Noel se posicionava num banquinho com um violão e Alan logo atrás dele, com as congas. Porém, em vez de apresentar a dupla, soltou uma surpresa.

– Aí, vamos lá, vou cantar umas.

– Não – disse Noel.

– Por que não, caralho?

– Porque aí a gente não vai poder tocar nenhuma das novas.

– Por que não, caralho? – repetiu Liam. Ambos os irmãos bebericavam garrafas de cerveja Becks. Porém, Liam já começava a virar os olhos.

– Porque você não vai lembrar a letra das músicas novas.

– Vou sim, vou lembrar pra caralho.

– Não vai, não.

– Fala qualquer uma, então.

– Aposto cinquenta pratas que, se eu falar o nome de uma música, você não vai conseguir cantá-la na frente dessa galera – o público aplaudiu, curtindo imensamente o bate-boca.

– OK, vai, então. Beleza. Qualquer uma. Vou cantar. Tá apostado – os dois meteram a mão no bolso e sacaram notas de £50.

– Certo. "Rockin' Chair".

Era uma das duas músicas excelentes que constituíam o lado B de "Roll With It", a outra era "It's Better People". Quando Noel compôs "Rockin' Chair", a música foi tocada pela banda toda, mas, por algum motivo, não soou bem. Noel então mudou a instrumentação para apenas violões e agora a canção respirava como deveria.

– OK – concordou Liam – "Rockin' Chair", então.

Noel tocou os acordes de abertura, um sorriso sabichão aberto no rosto enquanto encarava Liam.

Liam voltou-se para o mic e começou a cantar:

– *I'm older than I wish to be... This town holds... nah nah nah...*

Sua voz perdeu o rumo e Noel parou de tocar.

– Muito obrigado – disse ele, estendeu o braço e pegou o dinheiro da mão de Liam. O público aplaudiu com força, pedindo mais.

– Aqui, aqui. Aqui vai uma música que eu lembro – disse Liam, voltando-se para a plateia. – Vocês conhecem essa. Cantem junto.

E então, regendo o público com as mãos, cantou:

– *Kumbaya my Lord, kumbaya. Kumbaya my Lord, kumbaya...*

A plateia começou a cantar de volta com muito vigor, e Liam voltou-se para o irmão como para dizer: "Viu só?".

Noel tocou "Wonderwall", "Don't Look Back in Anger" e "Cast No Shadow". Acabou. Agora era meia-noite. Eles estavam bebendo havia doze horas.

—— // ——

Às dez e meia da manhã seguinte, Noel chegou aos escritórios da Ignition, onde seu empresário trabalhava, no West End, em Londres. Era dali que os planos do Oasis eram elaborados e executados.

À sua espera estavam Marcus Russell e Alan White. Russell concordara em levar os dois até o aeroporto de Heathrow, de onde pegariam um voo para Manchester e, lá, encontrariam o ônibus da turnê e nele partiriam para Blackpool para o primeiro show.

Noel estava com uma certa ressaca.

– A que horas é o voo? – perguntou, azedo.

– À uma e meia – respondeu Marcus, distraído, sentado na mesa examinando alguns documentos.

– Então por que caralhos a gente está aqui tão cedo? Eu podia ter ficado na cama.

– Porque vocês precisam estar lá no mínimo uma hora antes do voo – respondeu Marcus pacientemente. – Sei que eu sou empresário de vocês e que posso fazer muitas coisas, mas mudar a forma como companhias aéreas e aeroportos funcionam há muitos anos não é uma delas.

– Por que não? – brincou Noel. – Você fica com 20%. Devia se esforçar mais. Fazer a gente ser transportado com mais rapidez ao invés dessa encheção de saco nos aeroportos.

– Eu gostaria de poder fazer isso – respondeu Marcus ao se levantar e vestir o casaco.

– Inclusive – disse Noel a ninguém em particular –, eu costumava pensar muito em viagem no tempo quando tinha seis anos.

– Onde está o Liam, porra? – Marcus perguntou a Chris, um dos assistentes.

– Vamos nos atrasar.

– No estado em que ele estava ontem à noite, de jeito nenhum ele vai chegar até aqui.

– Bom, nós precisamos ir logo.

– Ninguém atende no hotel – disse Chris.

– Bem, o que a gente deve fazer? – perguntou Marcus, olhando para Noel.

– Ah, não se preocupe – respondeu Noel. – A gente não precisa de vocalista, mesmo. Eu canto todas. Já fiz isso antes.

– OK – disse Marcus, olhando mais uma vez para o relógio –, se ele aparecer, coloquem ele num táxi para o aeroporto imediatamente. Se não aparecer, lido com isso quando voltar.

– Marcus, não se preocupe – reforçou Noel. – Ele vai estar no show hoje à noite – disse isso com uma certeza absoluta na voz.

Marcus, Alan e Noel partiram então para Heathrow. Marcus distribuiu as passagens e então se despediu. Ele se juntaria à turnê em Stoke, na noite seguinte.

A viagem de avião não teve intercorrências. Noel dormiu a maior parte do tempo, Alan leu os jornais. Só levou uma hora. No aeroporto, os dois esperaram pela bagagem ao lado das esteiras. Noel havia despachado a guitarra, mas ela não aparecia. Por fim, ele se dirigiu até um balcão de informações e descobriu que o instrumento havia embarcado no voo seguinte vindo de Londres. A companhia concordou em transportá-la até Blackpool assim que chegasse.

Noel e Alan saíram na área de desembarque, onde Maggie, a *tour manager*, Bonehead e Scott McLeod, substituto temporário de Guigsy no baixo, esperavam por eles pacientemente.

– E aí – Bonehead acenou.

– Perderam a minha guitarra – contou Noel. – Cuzões, é melhor que encontrem. Como vai, Maggie?

– Ah, tudo bem – disse ela, sorrindo simpaticamente.

Caminharam até o ônibus, com algumas pessoas reconhecendo-os no trajeto.

Bonehead estava de bom humor.

– Ah – disse a Alan White ao se aproximarem do ônibus –, respire esse ar, esse bom ar do norte. Não? Encha os pulmões.

– Por quê? Vai fazer bem pra mim?

– Claro que vai, filho. Vai, Whitey. Puxe um pouco desse ar do norte pros seus pulmões, livre-se daquela merda *cockney*[12] que você é obrigado a respirar – Bonehead respirou fundo. – Faça um mundo de bem a você mesmo.

Whitey imitou Bonehead.

– Hmmmm – disse ele – posso sentir o cheiro de chouriço.

O ônibus era comprido, com camas no meio e uma sala nos fundos com videocassete, TV e aparelho de som. Todos foram direto para lá. Uma vez acomodados, Bonehead perguntou a Noel:

– Você vai fazer a parte acústica hoje?

– Pode apostar que vou. Não tive a mínima chance de fazê-la ontem à noite por causa do babaca.

– Por que, o que aconteceu?

Noel contou a história da aposta de cinquenta pratas da noite anterior e Bonehead sorriu ao longo de todo o relato.

– Meu Deus – disse Noel ao concluir a história e alongar o corpo –, quero muito tomar um banho. É uma das melhores coisas da turnê.

– Você não tomou banho em casa? – perguntou Bonehead.

– Não.

– Por que não?

– Porque o banheiro é pequeno pra caralho. Só tem uma porcaria de um chuveiro. Eu gosto de banheira. Dá pra ficar sentado lá por séculos sem fazer absolutamente nada.

---

12 Termo que designa, de forma ampla, o londrino médio e seus costumes, estilo de vida e sotaque. (N. do T.)

– Você deveria fazer o que o Jason fez – disse Bonehead, acendendo um cigarro e passando o maço.

– Por que, o que ele fez?

– Ele comprou uma banheira enorme de ferro fundido, e ele e mais um amigo não conseguiram carregar a banheira pela escada. Então ele disse, "que se foda", e instalou a banheira na sala de estar. Isso mesmo, ele tem uma banheira na sala. Coloca uma bandeja por cima e fica lá sentado, jantando, assistindo TV e tomando banho. A mulher dele ficou puta. Dá pra imaginar? Ela sentada lá, no banho, e os amigos chegam pra uma visita. Não se preocupem, caras, é só a patroa. Ele despirocou.

O tempo todo, Scott ficou sentado quieto nos fundos. Quando o ônibus encostou na frente do hotel, que ficava de frente para o mar em Blackpool, seus nervos fervilhavam, relembrando-lhe que faltavam cerca de quatro horas para o seu primeiro show como baixista da maior banda do país.

—— // ——

Na frente do Empress Ballroom havia alguns fãs aguardando e, lá dentro, Liam ainda não tinha aparecido.

Assim que Noel entrou na casa, a primeira coisa que fez foi correr até o palco, plugar a guitarra e começar a tocar. Bonehead, Whitey e Scott o seguiram.

Terminada a passagem de som, os quatro desceram para comer alguma coisa. Agora que tinham dinheiro e os shows eram cada vez maiores, o Oasis conseguia bancar uma companhia de alimentação para as turnês. Contrataram a Cat and Mouse, cuja equipe era formada em sua maioria por mulheres.

Enquanto estavam terminando de comer, Liam chegou. Tinha vindo de carro com Les, também de Manchester, que trabalha como *promoter* e, ocasionalmente, como motorista da banda.

– Puta merda – disse Liam ao entrar –, vocês têm que ver o carrão do Les. Um puta Rolls-Royce fodido. Acabamos de chegar nele. Maneiro pra caralho. O que tem pra jantar?

– Você tem um Rolls, é? – perguntou Noel. – Porra, então estamos te pagando dinheiro demais, companheiro.

Les sorriu timidamente e explicou:

– Consegui um preço bom.

Às sete da noite, as portas se abriram e uma torrente de jovens correu para dentro, direto para a frente do palco. Lá ficariam até a banda entrar. Meia hora depois, o lugar estava abarrotado. Do lado de fora, cambistas pediam £50 por um ingresso.

A primeira banda a tocar foi o Smaller, que o público recebeu com educação.

– Comprem o meu single – disse Digsy a eles. – Tenho uma esposa e três filhos pra alimentar.

Música ambiente preencheu o espaço entre o Smaller e o Oasis. Noel foi o primeiro a entrar no palco, seguido por Bonehead, Whitey e Scott. O público reagiu como torcedores que acabaram de ver seu time marcar e vencer no último minuto do jogo. Era um som que o Oasis ouviria por um futuro indefinido, o som de gente em êxtase só por vê-los, só por estar ali.

Abriram com "The Swamp Song", e na metade dela Liam fez sua entrada triunfal, ao ritmo da meia-lua que batia contra a perna. Mais uma erupção do público.

Pelo resto do show, na verdade pelo resto da turnê, o público não parou de pular, pular, pular, uma massa incessante e fervilhante de gente movida a alegria, álcool, drogas e o prazer da pura despreocupação na música do Oasis.

A banda manteria aquele mesmo *setlist* por quase um ano: a primeira metade era pra cima e majestosa: "The Swamp Song", "Acquiesce", "Supersonic", "Hello", "Some Might Say", "Roll With It", "Shakermaker", "Round Are Way", "Cigarettes & Alcohol" e "Champagne Supernova".

Cinco singles de sucesso, cinco lados B brilhantes e faixas dos álbuns.

Então a banda saía, deixando Noel sozinho na banqueta que Jason, seu roadie, colocava no palco. Noel pegava o violão e mandava "Wonderwall", "Talk Tonight" e "Cast No Shadow".

Morning Glory fora devidamente lançado naquele dia, e a maior parte da plateia já conhecia as músicas. Obviamente, tinham tirado o dia para decorar as letras, fazer uma lição de casa de verdade.

Depois de "Cast No Shadow", o resto da banda voltou, sem Liam. Noel agora decidira dar sequência a seu momento solo cantando mais uma música, mas desta vez com guitarra.

Assim, "Don't Look Back in Anger" ressoava antes de Liam retornar para "Live Forever", e então vinha o encerramento com a versão do Oasis para "I Am the Walrus", de John Lennon.

Não houve bis. Raramente havia. O público se retirou, ainda fervilhando de emoção. No backstage, Alex Higgins, ex-campeão mundial de sinuca, conversava com Bonehead no camarim. Dizia ao guitarrista que eles deveriam fazer um cover de "I Can't Control Myself", dos Troggs.

– Vocês mandam bem, rapazes – disse, com seu sotaque irlandês carregado. – Reg Presley é um grande cara, ele curte muito agroglifos – como se isso fosse mais um motivo cativante.

– É, o Noel curte um pouco também essas coisas – respondeu Bonehead.

Liam se aproximou e cumprimentou Higgins.

– Como você tem andado? Tipo, o que você tem feito?

– Ainda jogo. A próxima partida é no dia 15.

– Contra quem?

– É um amistoso. Venha ver.

– Se estiver na área, vou, sim – respondeu Liam. – Faria qualquer coisa por você.

Higgins ficou radiante. Já morara em Burnage, e Noel se lembrava de cantar canções de Natal na frente da casa dele, que tinha janelas triangulares.

– Sem dúvida ele te disse, "sim, eu me lembro do Noel cantando, na época já dizia que ele seria um grande astro, naquela época eu já sabia, sério mesmo" – disse Noel, agora conversando com Johnny Hopkins, seu assessor de imprensa.

– Por que vocês não tocaram "Morning Glory"? – perguntou Hopkins.

– Liam não consegue alcançar as notas, são muito agudas – respondeu Noel, lacônico, e então saiu do camarim e foi para a sala da produção.

Noel Gallagher adora controlar seu espaço, quem entra e quem não entra nele. Camarins pós-show são um anátema para ele. Amigos demais, gente demais.

Prefere muito mais relaxar em lugares tais como a sala da produção. Lá, conversa com a *tour manager*, Maggie, ou com Marcus, ou talvez com o então *road manager*, Trigger, de aparência ameaçadora, ou com roadies como Jason ou Jacko.

A banda, depois de a adrenalina baixar, fazia diferente. Quase sempre recebiam as pessoas, principalmente por conta de Liam. É ele quem gosta de entreter, conversar, flertar, dar umas risadas. Silêncio, para ele, é algo mortal. Assim como não estar no centro das atenções. Ele não suporta estar com a cabeça a mil, os ouvidos zunindo e não ter ninguém para quem pôr tudo isso para fora. Assim, o silêncio se torna seu inimigo. Ele quer vida e barulho ao seu redor. Noel só quer seu próprio espaço.

De volta ao hotel, o bar estava cheio e drinks foram pedidos, mas, da parte do hotel, não houve do que reclamar. Nenhuma briga, nenhuma destruição de mesas ou cadeiras, nenhum insulto a outros hóspedes.

A certa altura, Alex Higgins abordou Noel.

– Quando eu me livrar, Noel – perguntou –, você consegue me arrumar um quarto?

Um amigo de Noel se intrometeu e perguntou a Alex se ele ainda jogava.

– Sim. Dia 15. Em King's Cross.

– Em que lugar de King's Cross?

Higgins olhou incrédulo para o cara.

– Na porra da sinuca. Onde mais?

Noel quase caiu para trás de tanto rir. À sua direita, outro cara o cutucou e começou a mostrar as cicatrizes que tinha no rosto.

– Essa foi em 1981, numa briga com navalhas. Essa, jogando futebol...

Noel assentia nos momentos certos, e então anunciou que ia pegar um drink. Não foi mais visto pelo resto da noite.

//

Na manhã seguinte, no ônibus, Noel explicou o desaparecimento.

– Eu precisava fugir do cara das cicatrizes. Estava me dando nos nervos – disse a Bonehead.

– E aquele Alex Higgins? – disse Liam. – Ele despirocou. Tanto dinheiro e tanta fama e o cara desperdiçou tudo. Que porra foi essa? Espero que aconteça comigo. Uma puta de uma explosão. Massa.

– Você foi bem ontem à noite – disse Bonehead a Scott. Houve um murmúrio geral em concordância.

– Foi só quando a gente entrou no palco que eu me dei conta de onde tinha me metido – revelou ele. – Até então não tinha pensado nisso, tipo... E voltou a contemplar a paisagem que passava pela janela.

O ônibus rumava para Stoke. No hotel, Robbie Williams estava no lobby à espera da banda. Era sua cidade natal e, agora, desde que saíra do Take That (ou o Take That saiu com ele, que seja), tinha dinheiro no banco e tempo nas mãos.

Recebeu a banda e levou os caras para beber num pub na esquina do hotel. No caminho, alguns moradores reconheceram Williams. As garotas lançavam olhares de admiração, e os garotos, expressões de "quem-você-pensa-que-é-porra?".

Porém, todo mundo que reconhecia o Oasis dava um sorriso e um joia com o polegar.

No pub, um quarto lotado, Robbie usou a palavra "ironia".

– Não sei o que quer dizer, amigo.

– É o que dizem quando um irlandês está com raiva.

Noel interrompeu:

– Não, não, é *irla-do* – os irmãos riram. A banda sorriu. O clima estava bom, numa ansiedade animada.

Um *pint* depois, a banda voltou para o hotel e então embarcou no ônibus a caminho de Trentham Gardens.

Lá, uma equipe de TV do programa *The O Zone*, da BBC2, esperava por eles. Estavam fazendo um documentário de meia hora sobre a banda.

Mais uma vez, assim que chegaram ao salão, Noel correu para o palco, pegou a guitarra e começou a bater acordes em alto volume, perdido do resto do mundo de novo.

Ao contrário dele, Liam detestava passagens de som. Chegava e cantava uma música, talvez duas, e ficava nisso. Passar som era chato. Contanto que seu mic e seu monitor (a caixa de som no palco que permite à banda se ouvir) estivessem em ordem, tudo certo. Os outros poderiam se ajeitar.

Às vezes, Liam andava pelo recinto para conferir o som. Fazia isso em shows de prestígio. Outras vezes, parecia simplesmente sumir.

Nessa noite, a comida foi servida no andar de cima. Era um salão amplo, onde o pessoal do *The O Zone* tinha tomado conta de um canto e se ocupava em montar as luzes e câmeras.

Nesse especial de TV, Liam e Noel seriam entrevistados separadamente pela apresentadora Jayne Middlemiss, e Bonehead, Whitey e Scott juntos.

Noel foi o primeiro a ser entrevistado, mas, sempre que uma pergunta ia ser feita, o operador de som interrompia. A voz de Liam não parava de vazar do outro lado do salão.

– Você poderia falar mais baixo? – perguntou o produtor, meio alto, ao cantor.

Liam, como se ainda estivesse na escola, chutou uma cadeira.

– Não está recebendo atenção o suficiente, não? – Noel gritou amargamente para o irmão. Liam deu uma risadinha e fingiu chutar a cadeira de novo.

– Estou te avisando – ameaçou Noel.

Enfim estavam prontos. Noel vestiu sua jaqueta de camurça marrom-escura e deu a entrevista animado. Quando perguntaram quem eram seus heróis, ele imediatamente citou os quatro Beatles, sua mãe e Paul Weller, ex-*frontman* do The Jam e do Style Council. Negou ter discutido com Liam a respeito de "Don't Look Back in Anger". Então, para provar, berrou para Liam do outro lado do salão:

– A gente teve uma discussão a respeito de "Don't Look Back in Anger"? Não, né?

– Teve, sim – foi a resposta rabugenta.

Voltando-se para a entrevistadora, Noel disse:

– É, tivemos, sim – fez uma pausa. – E isso vai virar um bate-boca agora.

Noel falou sobre como carregava a responsabilidade nos ombros ("alguém precisa carregar esse peso"), e então fez uma observação reveladora a respeito de sua obra:

– Não escrevo músicas porque quero ou porque preciso – afirmou com firmeza –, escrevo músicas porque tenho de escrevê-las.

Pediu para ser lembrado como alguém que faz coisas bobas, torce para um time meio merda, usa sapatos excelentes "e chegou lá".

Agora era a vez de Liam, e ele parecia adequadamente blasé e desinteressado. Estava de óculos escuros, uma camisa azul-escura e bebia incessantemente de uma garrafa d'água. Sua voz estava seca e rude.

– Você não sente vontade de dançar no palco? – perguntou a entrevistadora.

– Não entrei numa banda para dançar. Se eu quisesse dançar, teria entrado no Take That.

Sobre o Blur, Liam disse:

– Não vou jogar contra um time de aprendizes. Eles não são dignos de ser mencionados junto com a gente.

Sobre ser um "*sex symbol*", ele bufou:

– Sem interesse. Eu? Eu sou cantor.

É claro que o jeito casualmente amargo com que ele disse essas palavras fez um milhão de corações acelerarem quando o programa foi ao ar.

Dos outros três, Bonehead foi quem falou mais. Culpou a imprensa pela rivalidade Oasis/Blur, e pelo hype em torno do lado confrontador da relação de Liam e Noel.

– O lance é que as pessoas vão à loucura completa – disse a respeito dos shows –, tudo gira em torno disso.

Entretanto, a parte mais reveladora da filmagem daquela tarde não estava em nenhuma das respostas. Ocorreu durante a entrevista de Noel. Enquanto ele falava, uma pessoa da equipe tropeçou num cabo que, de algum modo, se enganchou num suporte de iluminação pesado.

O cabo apertou e o suporte caiu bem na cabeça da entrevistadora, com um baque feio.

– Ai, meu Deus – alguém gritou enquanto a lâmpada retumbava desajeitadamente no chão e a mulher levava a mão à cabeça, em choque e agonia.

Enquanto corriam até ela, Noel caiu na gargalhada diante daquele infortúnio.

– Desculpe... – conseguiu balbuciar no meio do riso – mas é... – era como se ele tivesse um ataque de riso.

Um dos membros da equipe, ajoelhado para ajudar a mulher, lançou um olhar acusador para ele.

– Bem, você teria rido se fosse comigo. Não? – alegou Noel, ao olhar todo inocente para a equipe de TV, e ninguém fazia a mínima ideia do que responder a ele.

//

O show em Stoke foi mais afiado e melhor do que o de Blackpool. E, pela primeira vez, quando Noel entrou no palco, andou até a guitarra com as palmas das mãos voltadas para o alto, pedindo ao público, feito um jogador de futebol, que o aplaudisse ainda mais.

A banda e o público se divertiram horrores. Ninguém saiu desapontado daquela noite. No mezanino, no meio de "Supersonic", um jovem abordou Digsy para parabenizá-lo pelo show de abertura do Smaller daquela noite.

– Gostei muito de algumas das músicas – disse o fã. – Você é um bom compositor.

No ato, Digsy apontou para Noel no palco e disse, com seu sotaque de Liverpool pronunciado:

– *Nah*, amigo, aquele ali é que é um compositor. Eu sou um contador de canções. Ele é um compositor.

Uma hora depois de a última nota acabar de soar, o Oasis, sem Noel, se encontrava no camarim. Robbie Williams também estava presente.

Bonehead tinha um exemplar do *New Musical Express*. Naquela semana, o semanário musical mais vendido da Grã-Bretanha publicara uma carta de um fã do Oasis que reclamava por ter ficado horas na fila para comprar ingressos para os shows em Earls Court, para então descobrir que "Guigsy, aquele-que-nunca-se-move-no-palco, não ia tocar porque estava exausto. Bem, e eu então, que cheguei em Earls Court às seis da manhã?".

– Errado o sujeito não está – disse Liam, com um sorriso cara de pau.

– Quando isso aconteceu – disse Robbie sobre a saída temporária de Guigsy devido à exaustão severa –, eu sabia exatamente como ele se sentia. Já estive na mesma posição que ele.

Do lado de fora, enquanto os roadies capengavam por vielas empurrando caixas enormes, Marcus Russell e Noel contemplavam a casa.

– Puta merda – disse Marcus, olhando para a equipe de cinquenta pessoas formada pelo pessoal da turnê e pelos trabalhadores contratados localmente no dia. – Lembro de quando os shows não tinham isso nem de público.

Agora, é claro, tudo havia mudado. Marcus trazia notícias fantásticas: *(What's the Story) Morning Glory?* estava vendendo muito mais do que o esperado.

Trezentas mil cópias chegaram às lojas na segunda-feira de manhã e, à tarde, já havia novos pedidos para mais 17 mil. Hoje, esse número subira para 48 mil. Parecia que as vendas do álbum eram as mais rápidas de todos os tempos no Reino Unido. Outro tapa na orelha dos descrentes.

– Então, falei com Johnny Hopkins – disse Marcus – e, de verdade, acho que agora vocês só deveriam dar entrevistas aos grandes jornais diários, e talvez para algum grande de domingo, o *Times* ou alguma coisa assim.

– Beleza, que seja – disse Noel, que então viu Digsy atravessando a rua. Noel o chamou e contou sobre as vendas do LP.

– Posso trocar de banda? – perguntou Digsy.

– Não dá pra trocar de músicas – respondeu Noel.

– Ah, é aí que a gente descobre quem são nossos amigos.

– Que tal trocar de irmãos? – sugeriu Noel.

– *Nah*, trocamos de instrumento, cara.

Os dois riram, já se conheciam há muito tempo.

No ônibus, Noel pegou o *Sun* e berrou:

– Liam, chega aqui.

– O que foi?

– Dá uma olhada nisso.

Noel abriu a página de fofoca, onde havia uma foto de Liam no show na Virgin Megastore. Seus olhos estavam virados para dentro, ele parecia meio cego.

– Tá, e daí? Eu estava fodido de E. O que você esperava?

– Eu espero que cantores pop tenham uma aparência melhor do que essa – disse Noel, com grande deleite.

No hotel, todos foram direto para o bar, exceto Noel, que foi esperar o elevador com sua mala branca da Adidas na mão. Um amigo o abordou:

– O que você está fazendo, Noel?

– Indo para o meu quarto.

– Quer um teco?

– *Nah*, quero não.

– Tem certeza? – o amigo obviamente nunca tinha ouvido Noel recusar cocaína.

– Preciso acordar cedo e voltar para Londres – explicou Noel. – Vou tocar num programa aí da XFM [uma rádio independente] só com violão e não quero fazer merda. Você vai ao show em Bournemouth? Te vejo lá.

Enquanto isso, no bar, Liam carregava Digsy nos ombros e Scott conversava com uma mulher. Era por volta das cinco da manhã quando a última pessoa foi embora.

—— // ——

O dia seguinte era dia de viagem. Noel saiu do hotel com Marcus, por volta das dez. Duas horas depois, a banda embarcou no ônibus com Maggie. Liam tinha uma fita de *Os Monkees Estão Soltos*, filme deliberadamente psicodélico de 1968, escrito por Jack Nicholson, o astro de Hollywood, numa tentativa de acabar com a imagem de certinhos dos Monkees.

Enquanto aspiradores gigantes lançavam os Monkees em cavernas ou eles, inexplicavelmente, conversavam com soldados italianos no deserto, Liam disse:

– Esse é o tipo de merda que a gente deveria fazer. Fazer uma porra de um filme doido pra bagunçar a cabeça de todo mundo. Seria massa pra caralho.

Disse isso em tom de ameaça.

Numa parada num posto na estrada, Liam, Alan e Bonehead descobriram uma máquina que simulava uma foto com alguma celebridade. Surpreendentemente, Liam apareceu posando com Eric Cantona, assim como Alan. Bonehead foi inserido numa foto do Take That.

– Vou pedir pro escritório lançar uma nota na imprensa e mandar essa foto pro *NME* – brincou. – Dizer a eles que eu entrei no lugar do Robbie Williams no Take That. Imagina, "Bonehead entra para o Take That".

– Não faça isso. Os otários vão acreditar – disse Liam.

Bonehead voltou-se para Scott:

– Como foi com aquela garota ontem à noite?

Scott balançou a cabeça, numa negativa:

– Não foi. Ela disse umas coisas sem noção. Pensei, "essa aí é doida", então fui dormir.

– Você bateu uma?

Scott enrubesceu um pouco, a voz meio na defensiva.

– Não.

– Escuta, camarada – disse Bonehead, adotando o tom de um sargento ao aconselhar um soldado raso –, nessa banda, ou você está trepando, ou batendo uma. Tem que ser feito, certo? – olhou ao redor à procura de confirmação, e todos assentiram solenemente. – Tem que ser feito.

O ônibus enfim chegou a Bournemouth, por volta das sete da noite. Foi uma longa viagem. Jason, o roadie de guitarra de Noel, apareceu no lobby enquanto todos faziam o check-in.

– Muito boa noite a todos – anunciou, fingindo um sotaque aristocrático caricato. – Não há muito o que fazer por aqui, rapazes – a equipe viajara ao longo da noite e já estava na cidade.

– Há um bar que parece ser bom. Se os senhores puderem, encarecidamente, se reunir no bar do hotel dentro de aproximadamente uma hora, podemos começar os trabalhos daí.

– Positivo – disse Bonehead.

Uma hora depois, a equipe de estrada e os membros do Oasis estavam no bar. Havia três garotas de Birmingham sentadas perto deles. Planejaram uma viagem de férias de uma semana em torno do show em Bournemouth.

Duas eram bonitas, e essas é que estavam recebendo muita atenção. A outra amiga, percebendo a situação, optou por bancar a mãe e ficar de olho nas outras. Achou que isso era recomendável, porque Liam era a atração óbvia e ele acabara de descobrir um drink potente. Em vinte minutos, virou três e estava bem espirituoso.

– Você já percebeu que letras podem virar palavras? – disse a Bonehead.

– Como assim?

– Bem, olha só. V. C. É. G. T. A.

– Puta que pariu, podem mesmo.

Bonehead pensou por um momento, e Liam pareceu satisfeito consigo mesmo. Palavras não eram muito seu forte. Detestava assinar o próprio nome, por exemplo. A escola tinha feito isso com ele, o deixara com medo de papel e caneta.

Era capaz de se apresentar diante de 20 mil pessoas e comandá-las com facilidade. Problema algum. Porém, seu calcanhar de Aquiles eram as palavras. As palavras o assustavam. As palavras diziam a ele que há dois tipos de pessoas nesse mundo: aquelas que sabem soletrar música e as que sabem tocar música. Liam fazia parte desse último tipo. Era instintivo, sem pensar.

– Liam? – chamou Bonehead.

– O quê?

– V. C. É. O. K.

Pouco depois, todos foram embora do bar. Alguns foram atrás de comida. Liam e cia. ficaram com as garotas, que conheciam um bar que vendia bebida barata. Quando Liam entrou, muita gente parou para encará-lo, mas poucos o abordaram. Meia hora depois, ele sumiu para dentro do banheiro com Paul, um roadie.

Acabavam de cheirar um pouco de cocaína quando foram surpreendidos por uma batida na porta. Era o segurança. Tinha visto eles entrando no banheiro.

– Porra!

Liam e Paul se entreolharam.

– O que foi? – gritou Liam para o segurança.

– É melhor vocês não estarem em dois aí dentro.

Paul reagiu primeiro. Destrancou a porta e os dois saíram.

– Olha só – argumentou –, sei o que você está pensando, mas não é nada disso. Ele acabou de terminar com a namorada e eu estava conversando com ele sobre isso, em particular, você sabe como é. Quer dizer, aí no meio ele não vai ter sossego, e está muito aborrecido.

Paul e o segurança olharam para Liam. Havia partículas de cocaína caindo de sua narina. Paul então soube que era inútil argumentar.

– Não acredito nisso – disse o segurança.

– OK, então é o seguinte, cara, o papo é o seguinte – disse Liam –, eu e ele somos gays e estávamos mandando ver.

– Certo, vocês dois, pra fora – o segurança fez menção de pegar o braço de Liam, que deu um passo para trás e lançou-lhe um olhar frio.

– Olha só, amigo, a gente vaza dessa sua espelunca, mas nem ouse tocar na porra do meu casaco. Só isso. Não toca no meu casaco.

O segurança considerou a situação, se afastou e deixou Liam passar por ele e sair para o ar frio de outubro.

No hotel, passava futebol na TV. O Manchester City disputava a Copa Coca-Cola. Paul, Liam e as três garotas se recolheram num quarto para assistir. Havia duas camas de solteiro: Liam sentou-se em uma com as duas bonitinhas, e Paul ficou conversando com a "mãe".

Porém, apesar de todas as sugestões sutis de Liam, não haveria ação naquela noite. A "mãe" da turma não ia embora sem as crias, que, sem dúvida, estavam dispostas a ficar, diziam isso toda vez que a amiga ia ao banheiro. Mas a "mãe" foi intransigente. Não iria embora sem elas.

Por fim, relutantemente, partiram para a casa onde estavam hospedadas. Liam prometeu colocar todas elas na lista de convidados do show.

– Mas não vou colocar a feia – disse, maldosamente, depois que elas saíram. – Ela pode ir muito bem se foder.

Liam agora se encontrava numa situação em aberto. E estava puto e trincado. De jeito nenhum iria dormir. Não nesse estado, não a essa hora. Pegou o telefone e pediu bebidas, providenciou a cocaína que sobrara, começou a esticar e, então, a falar. De todos os assuntos possíveis, falou primeiro de seu nome.

Detestava "William". Muito longo. Longo demais. Mas ele tinha "John" e "Paul" entre "William" e "Gallagher", e esses eram os melhores compositores de todos os tempos, era um bom sinal.

E então surgiu o assunto do nome de seu irmão. Inevitavelmente.

– Onde já se viu, ele me chutar do apartamento – disse Liam, com um certo nojo, como se falasse de alguém que não toma banho há dias. – Metade daquele apartamento é minha. Sou irmão dele, metade é minha – essa era a lógica de Liam.

No entanto, a injúria principal não dizia respeito à expulsão. Não. Tinha a ver com dinheiro. A forma como a coisa funcionava era simples: os membros do Oasis recebiam todos a mesma parcela das vendas dos discos e das bilheterias e cachês dos shows, e recebiam salários semanais. Exceto por Noel, que recebia o dinheiro dos royalties das composições. Essa fatia do bolo não era compartilhada. Para Liam, isso era errado.

– Se eu fosse o compositor – não sou, mas se eu fosse –, dividiria esse dinheiro também. Distribuiria entre todo mundo. Não ficaria com tudo pra mim.

Afinal, por que a banda tinha sucesso? Eram só as músicas? Ou havia outras coisas? Como a contribuição de Liam. Ou o trabalho duro deles na estrada. Ele não gostou quando Noel se envolveu com o lado financeiro da banda. Isso o mudou.

Foi como em 1994, quando eles foram a Nova York pela primeira vez. A gravadora os levou para comer e um imbecil da Epic os chamou de "sortudos". Sortudos? Sortudos por terem assinado contrato com aquela gravadora. Sortudos, caralho? A gente?

Liam lançou a ele o seguinte:

– Vocês é que são sortudos de terem a gente, não o contrário.

E Noel ficou lá sentado, sem dizer nada, todo sério, a negócios. Liam ficou incomodado e cutucou Noel também.

Liam amava o irmão, óbvio, né? Porém, às vezes, sentia que Noel não dava nada em troca.

Balançou a cabeça e começou a falar do show em Newcastle, aquele em que bateram em Noel no palco. Nesse ponto, Liam ficou indignado, seu lado novo manchesteriano se incendiou à medida que as lembranças do show surgiam.

A atitude inicial da banda em relação ao público era basicamente "vocês têm sorte de ouvir todas essas músicas".

– E aí você sobe no palco e bate no cabra que escreveu as músicas? *Nah*, cara, isso é errado. Errado demais. Então eu agarrei o sujeito e o empurrei pro *pit*. Chutei o cuzão na cabeça – Liam se levanta e simula um chute raivoso e extremamente ágil.

– Bah! Noel queria continuar o show. Eu disse "*nah*, chega". Noel disse que estava bem, que a gente daria conta. Eu disse que não, chega, vamos vazar. Então saímos do palco e aí eu pensei: "*Nah*, não vou engolir isso". Voltei pro palco, fui até o mic e disse: "Beleza, vou encarar vocês todos. Não trinta de uma vez, mas um de cada vez. E vou arrebentar a cabeça de vocês no chute. Quem vai encarar?".

A voz de Liam ficou mais grave:

– Nenhum deles subiu no palco. "Vamos lá, quem vai encarar?". Nenhum.

A amargura, com uma pitada de decepção, chegou a sua boca:

– E ainda se dizem fãs.

Liam se sentou e balançou a cabeça, lembrando de outra coisa.

Como o clipe de "Some Might Say", e toda a merda que ele ouviu por causa dele. Foi brutal aquela porra.

Voltaram de Nova York, foram para o hotel onde tinham reservas, e foi lá que ele viu pela primeira vez o roteiro do clipe.

– E era um lixo. Eu no banco traseiro de um carro, cantando. Depois, corta, sou eu num café comendo feijão e ovos. Que merda, certo? Pois então, eu li e falei, "vão se foder, não vou fazer". Essa música, "Some Might Say", é muito importante. Pra mim, essa música é tipo "Imagine".

Liam então canta:

– "*Some might say, they don't believe in Heaven / Go and tell it to the man who lives in Hell*".[13] Essa música é importante demais.

Assim, no dia da filmagem, Liam toca o foda-se e se recusa a ir ao set. Fica no quarto do hotel. Isso custa 20 mil à banda, porém, foda-se. Liam diz que paga. Guigsy e Bonehead conversam com ele. Dizem que também não gostam do roteiro.

– Mas, pra vocês, tudo bem – aponta Liam. – Vocês só precisam ficar lá parados tocando seus instrumentos. Eu preciso *cantar* essa porra. Então o que eu digo é que essa música vai chegar ao primeiro lugar de qualquer jeito. A gente não precisa de um clipe vagabundo.

Segundo Liam, ao longo das duas semanas seguintes, a banda e os empresários o ignoraram. E então o single foi direto para a primeira posição das paradas. Marcus ligou para Liam no dia.

– Parabéns – disse o empresário.

– Eu falei – replicou Liam.

São incidentes como esse que fazem Liam confirmar sua afinidade espiritual com John Lennon. Os dois compartilham do mesmo espírito rebelde.

Liam obedece a esse espírito sem questionar e, sem dúvida, parte do sucesso do Oasis se deve a isso. Mas também é esse espírito que constantemente ameaça partir o Oasis.

Não que Liam queira conhecer os Beatles remanescentes. Foda-se isso. Se ele conhecesse Paul McCartney, diria, "Beleza", e pronto. Respeitava, gostava, mas não se importava com isso, na verdade.

---

13 "Alguns podem dizer que não acreditam no Paraíso / Vá dizer isso para o homem que mora no Inferno".

Some might say, they don’t believe in Heaven / Go and tell it to the man who lives in Hell

Quanto aos Rolling Stones, depois do que eles fizeram com Brian Jones, chutá-lo da banda, sendo que ele *era* a banda, e depois dar uma entrevista, uma porra de uma entrevista no dia em que ele morreu, isso era vergonhoso, vergonhoso pra caralho.

Nah, o Oasis nunca seria desse jeito. É a banda mais aberta de todos os tempos e o álbum seguinte, esse vai ser "o" álbum. Vai derreter cérebros. Literalmente. Sem embromação. Vão gastar seis meses nessa merda, para acertar tudo, cada nota.

E então? E então, um dia, vai sair um disco do Oasis e, lá embaixo, onde vão os créditos dos compositores, estará escrito "Gallagher/Gallagher", porque essa é a principal ambição de Liam. Essa é sua missão. Escrever uma música e lançá-la. Assim, ele vai aprender a tocar violão.

– Pode levar quatro meses ou dez anos, mas, um dia, vou mostrar pra eles. Vou aumentar o som e dizer: "Olha aí, tomem essa".

Liam imita jogar alguma coisa no chão e diz:

– Ah, que se foda! – e então sai do quarto para ver se as garotas ainda estão por ali e, se não estiverem, tentar dormir.

Para Liam, a noite ainda não tinha acabado. Nunca acabaria.

—— // ——

George Michael, Keren Woodward e Sarah Dallin, o ex-*frontman* do Wham! e as ex-integrantes do Bananarama encontram-se no Bournemouth International Centre para ver o Oasis. Os anos 1980 vendo os anos 1990.

Um fã do Oasis reconhece George, o resto do público está fixo na banda.

O Oasis acaba de começar "Champagne Supernova", e então acontece.

Alguém lança um *pint* inteiro de cerveja em Liam. O álcool ensopa sua camisa azul de caxemira, e todo mundo no recinto sente a mesma pergunta surgir na mente: O que ele vai fazer? Como ele vai reagir? Consideremos. Há duas opções básicas: primeira, sair do palco; segunda, cair para o meio do público e achar o desgraçado.

Liam não faz nem uma coisa, nem outra. Começa a andar em círculos, como um abutre. A banda continua a tocar, de olho nele, que não para de circular.

A tensão do momento permeia todo o público, que está em ponto de bala. Liam rodeia e rodeia. E então dá a jogada.

Vai até o mic e começa a cantar como se nada tivesse acontecido. O público aplaude e comemora a todo volume. É o melhor momento do show.

—— // ——

No bar do hotel, uma fã quer ler o horóscopo de Bonehead.

– Qual é o seu signo? – ela pergunta.

– Bunda caída peluda – responde ele.

Atrás dele, o ex-astro do Wham! está sentado com Keren e Sarah. Liam chega e se junta a eles. Já conhecera Keren e Sarah no Japão, numa festa em um hotel em que eles invadiram a piscina, enquanto os gerentes e garçons gritavam para que parassem.

Depois que as bebidas foram pedidas e as saudações feitas, Liam diz a George:

– Você já percebeu como as letras podem formar palavras sozinhas, tipo...?

– Como assim? – pergunta George.

– Bem, V. C. É...

Noel entra e acena para George. Já conversou com ele no show. Não porque seja fã da música do cara, mas porque acha que vale a pena bater um papo com qualquer um que esteja ao menos *tentando* ser compositor.

Noel respeita a maioria das pessoas desse ramo. Calcula que quem passa por metade do que ele passa já é digno de reconhecimento.

Apenas com os compositores cuja música de fato inspirou Noel é que ele quer mais do que somente tomar uma e um bate-papo rápido. Essas pessoas – os Marrs, os Wellers – ele quer decifrar. Assim, talvez comece a obter algumas respostas a respeito de si mesmo.

Depois de dar um alô a George, Noel vai até o bar. O salão está lotado e barulhento. Alguns fãs conseguiram entrar e Noel conversa com eles, que o observam com absoluta admiração.

George Michael vai embora e, pouco depois, de repente, duas garotas vomitam na frente de todos. Cada uma acabara de engolir um comprimido de ecstasy. Quando as convulsões passam, elas se agacham, recolhem os comprimidos da sujeira e os engolem de novo.

– Acho que agora vai – diz uma delas, alegremente.

– Fãs do Oasis – murmura o barman, com nojo.

Alguns minutos depois, Digsy aborda Noel:

– E aí, Noel, você quer uma bebida, mano?

Noel sorri. Já ouviu essa antes.

– Sim, vou tomar um *pint* de lager, Digsy – e então se vira para o fã com quem conversava. – E agora ele vai dizer: "Ótimo, vê uma pra mim também".

– Não – protesta Digsy. – Sem sacanagem, mano. Vou pegar as brejas. Deixa comigo, cara.

– Com o quê? – pergunta Noel. – Você tá sempre sem grana.

– Não se preocupe com isso.

Digsy vai até o bar e retorna com as bebidas. Coloca um *pint* diante de Noel.

– Aí está. Olha só... – ele então se senta e sussurra num tom conspiratório – acabei de afanar o cartão do quarto do George Michael. Botei as cervejas na conta dele.

– Mas o George Michael não está hospedado aqui, Digsy – diz Noel. – Ele acabou de ir pra casa.

– Bom, de quem é esse cartão, então?

Nesse momento, um dos grandalhões da equipe de palco da turnê, na mesa em frente, pergunta em voz alta:

– Alguém aí viu meu cartão?

– Ai, caralho – diz Digsy.

— // —

Noel Gallagher acorda na cama do ônibus, boceja e abre a cortina. São duas da tarde e ele está a cinco minutos do local do último show da semana, o Leisure Centre, em Gloucester.

Nos fundos do ônibus, a conversa é sobre uma matéria que saiu em um dos jornais de música que alega que o lucro de um dos shows em Earls Court vai ser destinado à associação Terence Higgins Trust, em reparação à declaração de Noel de que gostaria que Damon e Alex, do Blur, pegassem AIDS e morressem.

Na verdade, houve um contato entre o Oasis e a fundação a respeito de uma doação por parte da banda, com a condição de que fosse mantida em segredo. Agora, a história vazara. Se o negócio fosse fechado, seria uma surpresa.

– Caguei – afirma Bonehead. – Ninguém vai ficar com o meu dinheiro.

Enquanto Noel coça os olhos, e depois que a chuva que martelava o teto do ônibus para, Liam passa pelo irmão para pegar suas coisas no fundo do ônibus.

– Minha voz está fodida – diz ele.

– O que você quer que eu faça? – retruca Noel.

– Você só está com inveja porque a minha é melhor que a sua.

– Não, no momento, não é. Você deveria parar de vagabundagem e ser profissional.

Liam pega sua mala, retorna pelo corredor em direção à porta e grita em resposta:

– Você sabe tudo sobre isso, né?

– Sei, sim – replica Noel. – Sabe qual é o seu problema?

Liam para e olha para o irmão.

– Beleza, vamos lá. Qual é o meu problema? – demanda.

– Você devia parar de ficar por aí implorando pela atenção de todo mundo. É isso o que você deveria fazer.

– Ah, vai cagar – diz Liam, e sai andando. Até mesmo ele está exausto demais para bater boca. Noel pula para o chão do ônibus, recolhe sua bagagem e caminha preguiçosamente pelo corredor.

Assim como para os outros, o esgotamento da semana chegou para ele. Noites de mais acordado até tarde, sono de menos.

Para piorar, Meg deve chegar essa noite e, para ser sincero, Noel simplesmente não está no clima. Não porque não queira vê-la, mas porque é isto que viajar em turnê causa: te coloca numa bolha e exige um estado mental que é muito difícil para pessoas de fora penetrarem, não importa o quão próximas elas sejam.

Noel só quer fazer o show, e então ir para casa e descansar. A próxima parada são os EUA. O voo é na segunda-feira, e a viagem é importante. Há sinais de que a banda está ganhando território lá. Tudo tem de estar correto.

Na passagem de som em Gloucester, Alan McGee observa do fundo do recinto com a namorada. Liam ignora o grupo e chuta uma bola enquanto a banda toca, e então todos vão comer alguma coisa.

Na mesa, Alan White pede *beans on toast*. Quando o pedido chega, ele enche a comida de molho madeira.

– Você não está fazendo isso – reclama Liam. – Isso é nojento.

– Se reclamar, eu ponho mais – retruca Alan.

A princípio, a banda estava incerta quanto a Alan, tão obviamente londrino, tão obviamente *cockney*, na ideia deles. Porém, ele vinha da mesma classe, do mesmo lado da rua, e agora havia apenas amizade e respeito. Não só por suas habilidades na bateria, que trouxeram uma nova e clara dimensão às canções de Noel, mas também por ele ser alguém que se garantia.

– Estávamos no Japão – dissera Liam, em Bournemouth – e eu não conseguia dormir. Então comecei a bater na porta de todo mundo, do tipo, vamos, seus cuzões, vamos sair. Bati na porta do Whitey, ele abriu e falou: "Não sei você, mas eu tenho uma porra de um show pra fazer amanhã, pelo qual vou ser pago e, se eu não dormir nada, não vou conseguir tocar direito, então você poderia, por gentileza, ir se foder?".

Liam adorava essas merdas. Na lata. Essa atitude de "foda-se", atitude essa que era a base da banda.

No que diz respeito a Noel, a parte mais fascinante do show dessa noite é que Bruce Foxton, ex-baixista do The Jam, que não desfruta de uma convivência pacífica com o líder, Paul Weller, desde que a banda se separou, está na lista de convidados. Aparentemente, Bruce também deu a entender que teria interesse em substituir Guigsy no Oasis.

– Dá pra imaginar? – disse Noel, sorrindo. – Meu camarada Paul Weller vem nos ver. Ah, Paul, você conhece o nosso novo baixista...

O show foi bom. O público foi à loucura. A banda tocou bem. Depois, a banda não ficou na área por muito tempo. Estavam cansados demais. O ônibus percorreu o curto trajeto de volta ao hotel e, pouco depois, Noel e Meg entraram em uma discussão.

Meg chegara com Fran, a irmã de Fran, Charlotte, além de Amanda, que trabalhava na Creation, a garota da capa do single "Wonderwall". Meg estava de bom humor, feliz em ver Noel, feliz de estar com as amigas.

Além delas, também de Londres vieram Jess e um amigo de Noel, Sean Rowley, cuja foto agora estava espalhada por todo o país. Sean, mais conhecido como Travis, é um dos dois caras na capa de *Morning Glory*.

Meg estava a fim de festa, já que se encontrava na companhia de Noel e de amigos próximos. Como estava bem-humorada, bebeu bastante, e Noel começou a ficar cada vez mais incomodado. Por fim, virou-se para ela e disse que detestava quando ela ficava bêbada.

– Por quê?

– Porque você não para de se repetir. Você fala a mesma coisa cinco vezes.

– Bem, por quanto tempo você vai ficar puto comigo? – Meg exigiu saber, seus olhos azuis penetrantes se estreitando enquanto ela aguardava a resposta.

– Até a turnê acabar – disparou Noel.

Isso seria dali a duas semanas. Meg só o encarou. Pouco depois, Noel foi dormir. Liam o seguiu. Para todo mundo que estava na turnê, aquele era o tipo de noite em que o corpo finalmente diz: "Basta, não importa o que você quiser aprontar, eu vou descansar".

Meg deixou Noel ir embora e ficou acordada a noite toda no bar, para então voltar para casa no ônibus da equipe. Mais tarde naquele dia, a banda viajou de volta para Londres.

Noel e Alan foram para suas casas e os outros três se hospedaram num hotel em Kensington. Na segunda-feira, se reuniriam para voar para os EUA.

No domingo, foi revelado que 350 mil cópias de *(What's the Story) Morning Glory?* passaram pelos balcões das lojas.

- Três -

PAI E FILHO, ESTE DE ONZE ANOS, ESTÃO NA PEQUENA SALA DE ESTAR ASSISTINDO TV. O FILHO SENTADO NO SOFÁ, O PAI EM SUA POLTRONA, COMO DE COSTUME.

O aquecedor a gás está ligado e há fotos da família penduradas na parede que sugerem harmonia, mas essa seria uma ideia enganosa. O pai não é querido. Sua raiva e seu jeito dominador são insuportáveis.

Pai e filho estão em silêncio. Porém, Thomas Gallagher está fumando um cigarro e a forma como ele traga está começando a incomodar seu filho, Noel, até o osso.

Sempre que Thomas dá uma tragada do cigarro sem filtro, cospe um pequeno resíduo de tabaco. *Phut, phut, phut*. O barulho é muito irritante.

– Pai, o que é que você está fazendo?

– Estou cuspindo o tabaco.

– Por que você não fuma uns pigas com filtro? – pergunta Noel. – Assim não ficaria com tanto tabaco na boca.

Há um silêncio momentâneo.

– E como é que você sabe que não? O que você sabe de cigarro? – pergunta Thomas, maliciosamente. Sua voz é tranquila, mas ameaçadora. – Vamos lá, Noel. Me diga. Como é que você entende de filtro se você nem mesmo fuma?

"Merda", pensa Noel, tentando furiosamente imaginar um jeito de escapar da armadilha que armou para si mesmo.

– Não – responde Noel, com a maior calma que consegue –, não fumo.

– Então como é que você entende de filtros? – insiste o pai.

– Não entendo – Noel mantém o olhar fitado na TV. Não olha para o pai, mas consegue sentir seu rosto enrubescendo. E então o pai explode.

– Você tem fumado, não?! – Thomas berra com ele. – Sei que tem! – o sangue subiu para o cérebro de Thomas agora, que transborda de raiva, cruel e descontrolado. – O que eu te falei sobre fumar? Hein? O que eu te falei?

A comoção é tanta que atrai Peggy da cozinha.

– Pelo amor de Deus – diz ela, entrando na sala –, que confusão é essa?

– Esse aqui – grita Thomas. – Agora está fumando cigarro!

– Eu não fumo, não é, mãe? Fala pra ele.

– Noel não fuma – diz Peggy, com firmeza. – Sei que não.

– Ah, é isso, encubra ele. Deixe ele se safar. Como sempre.

– Mas pai, eu não fumo.

– Vamos ver – e então o pai puxa as mãos de Noel grosseiramente e as examina em busca de marcas de nicotina nos dedos. Por sorte, não há nenhuma.

– Viu? – diz Peggy. Noel lança um olhar raivoso para o pai.

– Isso não prova nada – Thomas grita com ele. Seus olhos estão cheios de fúria. – Você fuma de luvas, não? – anuncia Thomas, de repente. – Assuma, vamos. "Eu fumo de luvas" – o rosto de Thomas é de um vermelho vivo, e suas veias começam a saltar.

– Eu não fumo – diz Noel, desafiando-o. Pai e filho travam olhares por vinte segundos. O pai quebra o silêncio aterrador.

– Se eu te pegar fumando, quando te pegar, Deus te ajude.

Volta-se para Peggy:

– Vou sair.

– Mas aonde você vai a essa hora?

– Vou sair – ele encara a esposa, desafiando-a a tomar alguma atitude. Peggy não diz mais nada.

Assim, Thomas passa bruscamente por ela e sai da casa. Quando a porta bate, Noel olha para sua mãe, perturbada, pede licença em silêncio e sobe para seu quarto.

— // —

Nem sempre foi assim. Depois do casamento, Peggy e Thomas se mudaram para uma pequena casa no número 2 da Sandycroft Street, na região de Longsite, em Manchester. Peggy estava então grávida de sete meses.

A casa tinha quatro cômodos. Havia dois quartos no andar de cima, e uma escada íngreme conduzia a uma pequena sala de estar e uma cozinha, e o banheiro e o depósito de carvão ficavam do lado de fora. A rua na frente da casa era de paralelepípedo.

Na sala, havia um sofá, uma cadeira, uma vitrola e uma TV. Tudo havia sido adquirido em prestações semanais, a única forma que a classe trabalhadora tinha de ter acesso a tais luxos em meio ao *boom* de consumo dos anos 1960.

Na cozinha, havia cadeiras e mesas de fórmica, um forno e uma pia. Não tinha frigideira e Peggy lavava tudo à mão. Quando se mudaram para essa casa, ela já conhecia muito bem o temperamento e a violência do marido.

Era uma fúria tão atemorizante que a fazia tremer. Mas o que ela poderia fazer?

"Coisa de uns trinta anos atrás", explica ela, "não se ouvia muito falar em divórcio, nem da pílula, nem de métodos contraceptivos. Você simplesmente se casava e achava que isso era seu trabalho, que lidasse com isso".

"Como minha mãe dizia, 'ajoelhou, agora reze'. Eu estava casada, então segui aos trancos e barrancos e tentei tirar o melhor daquilo".

No dia 11 de janeiro de 1966, Peggy deu à luz seu primeiro filho, Paul Anthony Gallagher. Quatorze meses depois, em 29 de maio de 1967, veio o segundo filho. Foi orgulhosamente batizado de Noel Thomas Gallagher. O álbum revolucionário dos Beatles, *Sgt. Pepper's Lonely Hearts Club Band*, foi lançado três dias depois, em 1º de junho.

Peggy não foi ao hospital para nenhum dos dois partos, e em ambos recebeu uma parteira em casa. Apesar do comportamento ameaçador de Thomas, Peggy mal pôde conter sua alegria.

"Foi uma época feliz e tudo", diz ela. "Foi ótimo quando tive os meninos, ter os dois juntos. Eu queria dois meninos, porque pensava que eles cresceriam e jogariam futebol juntos e seriam grandes amigos".

"Os dois se davam muito bem. Paul e Noel iam a todo lugar juntos até a adolescência. Quase matavam um ao outro, mas aí você os via passar pelo portão juntos. Estavam sempre juntos".

O pai trabalhava em construção e Peggy ficava em casa para cuidar de seus preciosos bebês. Quando Noel fez dezoito meses, Peggy pegou um trabalho de faxineira à noite. Era uma necessidade real. Cuidar de dois filhos era caro e o pai não era lá muito transparente quanto a seu salário.

A questão de o que fazer com as crianças enquanto Peggy trabalhava foi resolvida quando sua irmã Una aceitou vir cuidar delas.

O acordo era que ela ficaria na casa até Thomas chegar do trabalho, mas, na maioria das vezes, era Peggy quem chegava em casa primeiro. Thomas só aparecia muito mais tarde. Ainda não começara a beber, mas informava secamente à esposa que estava jogando cartas. Fim da discussão.

"Eu costumava cozinhar muito sozinha", recorda ela. "Sempre assava meus próprios pães, sabe? Passava o domingo na cozinha, fazendo tortas de maçã, geleia, pão. Minha vida girava em torno dos meninos. Passava o tempo lavando, cozinhando ou limpando, e onde eu fosse, eles iam comigo. Se eu saísse de casa, eles sempre iam comigo".

"Se eu tinha uma visita noturna, eles iam comigo. Desde pequenos, eles não ficavam na casa com o pai, porque não recebiam atenção nenhuma dele. Ele só queria ficar sentado assistindo TV, e ponto, se desligava de todo o resto ao seu redor. Os meninos queriam ver desenhos animados, e ele dizia, 'Isso é uma porcaria'. E colocava o que queria assistir. Então, quando eu saía, eles saíam".

Algumas crianças escolhem times de futebol, outras têm os times forçados a elas. Este foi o caso de Noel. O time designado a ele foi o Manchester City. Aos quatro anos, diz ele, seu pai o levava, junto a seu irmão, ao Maine Road, o campo do Manchester City.

Essa escolha de time refletia a natureza contraditória de Thomas. A maioria dos irlandeses de Manchester torcia para o Manchester United, onde jogava o brilhante atacante George Best, natural da Irlanda do Norte.

Contudo, Thomas Gallagher optou pelos Sky Blues.[14] Dito isso, o City não era um mau time, comandado, na época, por jogadores de primeira linha, como Mike Summerbee, Colin Bell e Francis Lee.

Em 1969, o City ganhou a Copa da Inglaterra em Wembley, vencendo o Leicester City por 1 a 0. No ano seguinte, levou para casa a Recopa Europeia depois de vencer o Gornik Zabrze, de Viena, por 2 a 1, gols de Lee e Young.

Em 1971, o time adotou a política de deixar o público entrar de graça no segundo tempo. Thomas tirava vantagem desse esquema: chegava ao campo por volta das 15h45min e então se dirigia com os filhos para o estande Kippax.

"Era um estande grande", recorda Noel, "e, na lateral, onde ficava a proteção de acrílico, havia uma grande inclinação com uma espécie de parapeito. Era grande o bastante para caber uma criança, então todos os pais colocavam seus filhos ali. Eram tipo umas 2 mil crianças sentadas numa canoa e cada pai sabia exatamente onde seu filho estava. As crianças eram deixadas lá com um copo de refresco e um pacote de batatinhas e os pais iam encher a cara no bar".

"Só se via uma enorme parede de criancinhas de gorros grandes e cachecóis. Então o meu pai voltava no final do jogo, nos pegava e era isso".

Para um menino de quatro anos, devia ser uma experiência incrível estar lá, no meio de um mar de adultos, absorver aquele espetáculo ensurdecedor de barulho, cores, canções e, quando o City marcava um gol, testemunhar pela primeira vez uma erupção de alegria desenfreada em massa, todo mundo pulando, barulho por todo lado.

E então começavam as canções, uma comunidade de homens da classe trabalhadora juntos numa só voz. O impacto que isso causou na

14 Como eram conhecidos os jogadores do Manchester City, devido à cor do uniforme. (N. do T.)

mente de Noel foi indelével. Ver todos tão felizes animava seu espírito e lhe dava um brilho interior. Essa sensação e a forma como produzi-la constituiriam uma parte fundamental de sua visão musical. É esse o motivo de o Maine Road ter se tornado tão importante para Noel quanto a igreja o era para milhares de cantores de soul. O estádio foi seu local público de inspiração.

Quando Noel, Paul e o pai deles entravam no estádio, no intervalo, os sucessos do dia tocavam nos alto-falantes enquanto todos esperavam pelo segundo tempo. Os sucessos de número um nas paradas que Noel pode ter ouvido naquele ano, 1971, incluíam "I'd Like to Teach the World to Sing", dos New Seekers, "Telegram Sam" e "Metal Guru", do T. Rex, "Son of My Father", do Chicory Tip, "Take Me Bak 'Ome" e "Mama Weer All Crazee Now", do Slade, e "You Wear it Well", de Rod Stewart.

As mesmas músicas tocavam ao final do jogo, enquanto eles saíam do estádio para voltar para casa, em Longsite.

Porém, logo os Gallaghers iriam embora da região. A família recebera uma carta dos locatários, o conselho municipal, informando que a demolição da casa havia sido determinada. Seriam realocados para o outro lado da cidade, na região de Burnage.

A nova residência ficava no número 14 da Ashbourne Avenue, situada num *cul-de-sac*. Havia três quartos no andar de cima, uma sala de estar, uma cozinha e, o luxo dos luxos, um banheiro dentro da casa.

A mudança implicava uma nova escola primária para os meninos. Paul e Noel frequentavam a St. Robert's. Agora, foram matriculados na St. Bernard's, uma escola católica onde estudariam até o ensino médio. Noel diz que a melhor coisa que consegue lembrar da escola primária é que podia assistir a programas de TV como *Stop, Look and Listen*, *Rainbow* e *Me and You*, cuja música-tema ele adorava cantar: "*Me and you / You and me / There's lots and lots for us to see*".[15]

15 "Eu e você / Você e eu / Há muitas e muitas coisas pra gente ver".

É consenso que, dentre os dois irmãos, Paul era o mais fácil de ensinar. Assim como a mãe, ele adorava ler e escrever. Noel também era inteligente, mas tendia a ser preguiçoso. Só quando algo o interessava é que ele se aplicava.

Por exemplo, os livros que mais lhe atraíam eram, em sua maioria, sobre futebol. Assim como Paul, ele estava sempre na biblioteca de Burnage Lane, debruçado sobre anuários futebolísticos. Noel também tinha uma predileção por livros que trouxessem personagens coloridos e engraçados, como Tintim, Asterix e os do Dr. Seuss.

Nesse estágio da vida de Noel, a música estava à altura de qualquer outra coisa, menos de seu intenso interesse por futebol ou de seu outro hobby: estudar os aviões que voaram na Segunda Guerra Mundial.

"Até hoje, não sei explicar o motivo disso", diz ele. "Mas sei distinguir Spitfires, Hurricanes e Lancaster Bombers. Eu ganhava aqueles modelos Aerofix e nós os montávamos. Nunca consigo me lembrar do porquê de ter começado a curtir isso".

À noite, depois de assistir *Blue Peter* ou *Vision On*, Noel e as crianças do bairro saíam na rua para brincar. A brincadeira consistia no seguinte: uma das crianças guardava uma bola enquanto tentava descobrir onde as outras estavam escondidas.

Era sempre um deleite quando eles convenciam algumas das meninas do bairro a brincar; elas não eram tão boas quanto os meninos e, assim, era possível encostar nelas.

Peggy não via problema nos filhos brincarem na rua à noite. Não havia para onde mais ir, e todas as crianças estavam a uma distância de onde se podia ouvi-las. Além disso, era uma época em que não era necessário se preocupar tanto com a segurança das crianças. O pai, como sempre, pensava diferente. Parecia detestar que os filhos se divertissem.

– Onde vocês estavam? – rosnava ele quando os filhos retornavam, exaustos, mas felizes por terem brincado por horas. – Vão para a cama e não saiam mais.

No verão, os meninos e a mãe se livravam de Thomas. Nas longas férias escolares, Peggy e os filhos iam para a Irlanda, para o condado de

Mayo, para visitar a avó, os tios e primos. Era um período idílico e importante para Noel.

Manchester era concreto cinzento, autovias e arranha-céus. O condado de Mayo era uma paisagem de tirar o fôlego, onde se podia correr livremente por quilômetros. O ar do interior era doce, o estilo de vida totalmente diferente do que Noel conhecia.

"Íamos passear pelo campo", Noel recorda carinhosamente, "para colher amoras para fazer geleia. E na casa da minha avó não havia água encanada, então era preciso ir até o poço buscar água. Então, íamos pescar com nosso tio, para depois comer os peixes".

"Havia uns celeiros grandes, enormes, gigantescos. Então, meu tio e meus outros tios e tias pegavam forquilhas e enchiam a carroceria da caminhonete de feno".

"Meu tio então dirigia até o celeiro, e eu, meu irmão e todos os primos subíamos uma escada até as vigas e pulávamos no feno. Pulávamos todos juntos e caíamos de bunda, e aí começávamos uma guerra de feno. Era maneiro pra caralho".

"Adorávamos acordar cedo. Correr atrás das vacas no pasto, coisas assim, jogar pedrinhas, porque éramos de Manchester. E trazer as vacas para a ordenha do leite. Adorávamos fazer isso, porque era preciso uns seis de nós para passar uma vaca pelo portão".

"Pegávamos um pedaço de pau no meio dos arbustos ou algum lugar assim e posávamos tipo *One Man and His Dog*,[16] só que era um homem, seus seis sobrinhos e um cachorro. Era maneiro".

As manhãs de domingo eram uma festa à parte.

"Tenho muitas lembranças da igreja em Charlestown", recorda Noel, entusiasmado. "Havia uma missa, por volta das dez horas, e mais nada, e todo mundo ia".

---

16 Programa da BBC sobre competições de cachorros. (N. do T.)

"A primeira pessoa a sair, dois minutos antes de todo mundo, era o dono do pub do outro lado da rua, porque ia abrir o bar. Sentava-se mais à frente, e o padre dava um sinal a ele, porque o padre era louco por cerveja também, então, assim que nós o víamos sair, era como um aviso de que faltavam dois minutos. Sabia-se que era dali para o bar da frente".

"Então, íamos para o pub. Eu não podia beber, mas me deixavam entrar. Todos iam para lá, a polícia, todo mundo. Era massa".

Em algumas ocasiões, quando Noel acompanhava Peggy até a cidade, ele, sem saber, testemunhava ações do IRA, o Exército Republicano Irlandês. Cidades como Charlestown eram presas fáceis: totalmente isoladas e com uma força policial de dois homens, eram locais perfeitos para o IRA executar assaltos para repor seus fundos. Quem ousaria impedi-los?

O mesmo princípio se aplicava aos cidadãos mais jovens da cidade. Os rapazes, depois de um bom tempo no pub, saíam de moto em alta velocidade e sem capacete. Motoristas sentavam-se ao volante, totalmente embriagados. Ninguém parecia se importar.

"Ninguém tinha carteira de habilitação", afirma Noel. "Todo mundo bebia e dirigia pra todo lado. Havia tipo uns dois policiais, e os cabras do IRA chegavam na cidade, entravam no banco cheio de gente, perguntavam 'Como você está? Tudo bem? Como vai sua mãe? Passa o dinheiro. E você, como vai? Coloca o dinheiro no saco. Obrigado'. E lá iam eles".

"Só Dublin contava com uma polícia de alto nível, os superintendentes. O resto era tipo uma molecada do vilarejo. Era como o Velho Oeste".

Esse senso de liberdade, somado a uma cultura de bebedeira, causou um impacto em Noel. Mais tarde, ele e sua banda defenderiam precisamente esses princípios, pela liberdade, liberdade total e absoluta.

Um outro elemento da cultura irlandesa que influenciaria seriamente o jovem Noel Gallagher era noturno. Seus parentes não tinham dinheiro para comprar uma televisão, e seria de se suspeitar que tampouco quisessem uma. Quando eles se reuniam à noite, era muito mais divertido.

Essas reuniões aconteciam em uma das casas da família. Todos se juntavam, jovens e velhos, e, nas palavras de Noel, "conversavam a noite inteira. Lembro-me de chorar de rir. Todo mundo tirava onda com todo mundo. E então minha avó começava a disparar contra eles, dizendo, 'Lembro quando você fez tal coisa quando era garoto'. E todo mundo culpava um ao outro pelas coisas".

Havia sempre um rádio no canto, a tocar música irlandesa, que inspirava alguém da família a pegar um instrumento e conduzir os demais numa cantoria. As canções eram sempre melodiosas, com grande ênfase nos refrões.

Muitos dos adultos eram encorajados a cantar solo, assim como as crianças. Era um bom treinamento para um possível artista, uma educação irlandesa que serviria como o perfeito antídoto para a rigorosa cultura inglesa à qual Noel também era exposto.

(Vale lembrar que aquela era a Inglaterra cuja emissora de rádio nacional havia, apenas cinco anos antes, se recusado a continuar a cobrir a final da Copa do Mundo de 1966 entre Inglaterra e Alemanha, preferindo passar para as notícias quando o jogo entrou na prorrogação.)

Ao crescer, Noel ouvia e era impactado por certas canções irlandesas. Até hoje, ele cita a versão dos Wolfe Tones para "Dirty Old Town", de Ewan MacColl, como uma das maiores gravações já feitas.

"Não tem bateria, não tem baixo", se entusiasma Noel, "são só instrumentos tradicionais irlandeses, e é absolutamente incrível".

Canções como essa ou outras tradicionais, como "Four Green Fields", teriam tanto impacto sobre as futuras composições de Noel quanto Burt Bacharach, Lennon e McCartney, Paul Weller, Johnny Marr [ex-Smiths] e U2.

Tampouco teria escapado da atenção de Noel a forma como o humor, os jogos de palavras e a arte de contar histórias praticada por seus parentes tinham papel vital em entreter aqueles ali reunidos.

Muito disso passou a Noel, que logo se tornaria um grande contador de histórias, jamais avesso a mudar alguns dos fatos para intensificar o drama. Já atraía a atenção das pessoas desde muito cedo, demonstrava uma simpatia calorosa e um humor irresistíveis.

"Noel sempre foi do tipo despreocupado", diz Peggy, "sempre cheio de amigos e de namoradas ao crescer, todas que batiam na porta estavam à procura dele. Todo mundo amava Noel. Paul era mais quieto, mas ambos sempre tiveram muitos amigos, sempre foram muito queridos e estavam sempre despreocupados".

"Eu tocava discos de música irlandesa para eles, também", explica Peggy. "Ficavam muito interessados e se sentavam para ouvir. Big Tom e aquelas bandas irlandesas. Mais tarde, é claro, criaram seu próprio gosto para música. Todos os meus filhos entregaram jornais. Ganhavam três ou quatro libras, que investiam em comprar discos".

Foi Peggy quem comprou para Noel seu primeiro toca-discos, um aparelho de alta-fidelidade com uma tampa de vidro, pago em parcelas semanais. Peggy também comprou os primeiros violões para os filhos. Noel e Paul tinham uma atração óbvia por música, e Peggy fazia absolutamente tudo o que estivesse a seu alcance para incentivar os filhos em qualquer coisa que eles demonstrassem interesse.

Era o jeito dela de compensar pela aparente falta de interesse do pai pelos filhos, bem como de expressar a pura alegria e orgulho que sentia por eles. Também fazia a parte do pai quando os aniversários ou o Natal chegavam.

"Ele não dava a mínima", recorda ela amargamente. "Os meninos acordavam na manhã de Natal e não havia coisa alguma para eles. Era sempre eu quem fazia algo para eles. Sempre me certificava de que eles ganhassem muitos presentes. Ele saía na véspera de Natal e só reaparecia na noite do dia seguinte".

"E, quando os meninos estavam crescendo, ele não dava a mínima para o fato de haver ou não algum presente para eles. E então dizia: 'Por que você está comprando essas coisas todas? Eles já têm mais do que o suficiente'. Eu respondia: 'É Natal'. Ele nunca comprou nada para eles".

"Para ser bem honesta, acho que ele era bem peculiar. Nunca vi ninguém daquele jeito, porque ele saía e gastava dinheiro com os outros, mas nunca comprava nada para os próprios filhos. Sempre dizia isso a ele, seus filhos nunca ganhavam nada, mas ele gastava dinheiro com todo mundo".

Noel se adaptava facilmente à situação financeira apertada. Compreendia instintivamente a pressão que recaía sobre sua mãe, que recorda:

"Sabe, quando ele era pequeno, dizia: 'Faz um favor pra mim, mãe? Você tem uma libra?'. Eu respondia que não, e ele dizia: 'OK, não tem problema', e não se incomodava".

"Não me pedia muita coisa porque sabia que eu não tinha. E, mais tarde, quando já estava trabalhando, ele vinha e me dava um dinheirinho. Lembro de quando ele tinha uns dezesseis, dezessete anos, via o pai sair, uma gritaria, então descia do quarto e dizia: 'Tome aqui uma nota de cinco, vá fazer o cabelo, ou saia também. Não fique aqui só vendo ele sair, saia você também'. Vale atentar para o fato de que eu os eduquei com o entendimento de que, se você não tem dinheiro para comprar alguma coisa, não pode comprá-la".

"Se o dinheiro não está lá, você não pode comprar. Eles sabiam que não poderiam ter os tênis supercaros. Eu dizia: 'Não me importa o que os seus amigos têm, provavelmente os pais deles devem lhes dar dinheiro'. Veja bem, o pai deles não queria saber de tênis para eles".

"'Eles não querem tênis', dizia. 'Os tênis fazem mal para os pés deles'. Dizia isso só porque não queria gastar dinheiro. Meu Deus, como ele era pão-duro com os meninos. Não dava nem um centavo, nem um centavo a eles".

No dia 21 de setembro de 1972, chegou um novo membro da família. Peggy deu à luz um terceiro filho, William John Paul Gallagher, que seria seu último.

Thomas Gallagher agora tinha um emprego extra como DJ de música country no Holy Name Social Club, em Chorlton, pelo qual recebia £10 por noite. Por um momento, Peggy ficou feliz, achou que isso poderia significar mais dinheiro para a família. Estava enganada.

Segundo ela, Thomas agora começara a beber.

"Não sei se foi aí que as coisas começaram a dar errado", reflete ela, "mas eu nunca conseguia entender a forma como ele pensava. Eu achava que, se ele estava lá a trabalho, por que não fazer o trabalho, receber o pagamento e voltar para casa? Já ele achava que, ao receber, devia gastar todo aquele dinheiro com bebida no bar. Acredito que foi aí que sua vida deu uma reviravolta".

À medida que o pai se alienava ainda mais da família, Peggy precisava equilibrar sua vida entre o trabalho e os filhos. Agora fora forçada a ganhar o próprio dinheiro, e arrumou um emprego na fábrica de biscoitos McVitie's.

"Não foi uma época muito feliz", recorda ela, "porque eu precisava ir trabalhar, não tinha outra escolha. Precisava dar comida e roupas aos meninos. Ia para a McVitie's às quatro da tarde e trabalhava das 16h45min às 21h15min. Levava Liam para a sala de estar e dizia: 'Assista *Play School*,[17] Liam'".

"Ele se sentava, eu fechava as cortinas, apagava as luzes e ele ficava bem contente, embora tivesse uns seis anos".

Peggy então corria para o trabalho. A cada cinco minutos, ligava para Liam para perguntar se os irmãos já tinham voltado da escola. Sentia-se culpada por deixar o filho de seis anos sozinho, mas não havia alternativa.

"Eu ficava o tempo todo ao telefone, ligando sem parar, até que soubesse que os outros meninos tinham chegado. Depois, ligava de hora em hora e perguntava, 'Liam, seu pai já chegou?', e ele respondia, 'Não, ele não chegou e eu quero que você venha pra casa, mãe, não gosto de ficar aqui sozinho'".

"Dizia ao pai deles, antes de ele sair: 'Liam vai ficar aqui sozinho, preciso ir trabalhar'. Ele dizia que 'definitivamente' voltaria a tempo, mas só voltava no dia seguinte. Liam saía na rua para me encontrar, chorando e à minha procura, porque não havia ninguém em casa. Então, você consegue imaginar a situação em que eu me encontrava, assim como Liam. E o pai lá, com outras mulheres e esperando que eu desse dinheiro a ele, também".

"Eu ganhava £40 por semana, mas ele sempre me pedia, muitas vezes notas de cinco. Saía com outras mulheres enquanto eu tentava manter os três filhos alimentados, vestidos e na escola".

17 Programa infantil da BBC. (N. do T.)

No verão, Thomas forçava Noel e Paul a irem colher framboesas com ele. Descobrira pés de framboesa perto de uma linha de trem desativada.

"É claro que aquele fetiche por fazer geleia que todos os irlandeses têm se revelava nele", Noel recorda, "então, depois da escola, no verão, eu tinha de dizer aos meus amigos que não podia sair com eles porque tinha de colher frutas para fazer geleia. E eles me perguntavam: 'Por que vocês não compram?'".

"Ei, não é uma má ideia. '*Oi*![18] Pai! Por que a gente não compra a geleia, igual a todo mundo?'. 'Não vou pagar doze centavos por um pote de geleia', respondia ele. 'O quê? Por doze centavos?', eu pensava".

"E tinha um terreno onde cultivavam repolho e umas merdas assim. Ele nos levava até o terreno e nós detestávamos ir. Todos os nossos amigos estavam jogando futebol no parque. As famílias deles não tinham aquela baboseira de fazer a própria comida. Iam ao supermercado para comprar".

Noel também se lembra de ajudar o pai a carregar o carro com os discos que usaria nas noites de DJ. Porém, por mais que Noel se esforçasse para ganhar o amor do pai, era tudo uma perda de tempo. Dos três filhos, Thomas parece ter odiado mais Noel. Era nele que descontava a pior parte de suas frustrações e raiva.

"Ele não gostava de mim em particular, por algum motivo", Noel reflete suavemente. "Acho que eu era um moleque sarcástico e ele percebia muito bem isso. Eu sempre retrucava, sempre questionava, 'Por que você está fazendo isso?', ou 'O que isso tudo significa?'".

"Ele pegava pesado com Noel", confirma Peggy. "Não sei por quê. Talvez fosse pelo fato de Noel ser muito mais próximo de mim. Ele ficava com o pior, mas acabava sobrando para Paul também, e Liam. Liam era o que retaliava mais facilmente. Ele se mantinha firme e era possível ver em seu rosto uma expressão que dizia: 'Você nem ouse tocar na minha mãe'".

---

18 Diferente de nosso oi de saudação, trata-se de uma interjeição tipicamente britânica muito usada em dialetos *cockney*, de classe trabalhadora, *hooligans*, para chamar a atenção de alguém. (N. do T.)

"Mas Noel... ele realmente não tratava Noel bem, e não consigo entender essa escolha. Talvez fosse porque Noel era muito mais próximo de mim".

"Sempre me lembro de Noel me dizer que 'assim que puder bater nele, mãe, vou matá-lo'. Thomas havia dado uma baita surra nele naquela noite".

"Talvez fosse porque Noel tivesse saído naquela noite e o pai dissera: 'Esteja de volta às nove'. Mas Noel era teimoso. Chegava umas 21h15min, ou então esperava o pai sair para depois entrar. Porém, se ele chegasse com cinco minutos de atraso e o pai estivesse em casa, apanhava".

"E não era só um tapinha", revela Peggy, "era uma surra mesmo, sabe? Batia no rosto dele, na boca, não se importava. E o chutava de botas sem pestanejar. Eu punha isso na conta da consciência dele".

"Sentia-se culpado pelas coisas que fazia fora de casa. Quando voltava, descontava em nós. Eu dizia a ele ao longo dos anos: 'Por que você não vai embora?'. Juro que, se ele tivesse ido embora, provavelmente os meninos teriam um pouco de respeito por ele. Mas, ao invés de fazer isso, ele os aterrorizava".

Peggy fazia o que podia para proteger os filhos, mas se enfraquecia diante de tamanha brutalidade física. Pior ainda, o pequeno Liam, constantemente ao lado dela, testemunhava tudo, o que gerou nele uma dor que carrega até hoje.

"Para onde eu ia, Liam ia, então mais e mais ele via o pai dele me bater. Noel chegava e dizia: 'O que aconteceu com você, mãe? Como você conseguiu esse olho roxo?'. Eu dizia para ele não se importar, que eu tinha batido na porta. Eu encobria, veja bem. Mas é claro que Noel sabia, assim como Paul. Já tinham visto acontecer antes".

É impossível calcular por completo o impacto que a violência do pai teve sobre Noel. Teria ele persistido em uma carreira caso as coisas tivessem sido diferentes? Teria a falta de amor do pai o moldado no grande compositor que é hoje? E quanto ao contrário? Teria um amor incondicional por si só impulsionado sua musicalidade? Isso, Peggy certamente provinha.

Uma coisa era certa. O lado despreocupado de Noel estava sendo corroído aos poucos. Quando ele completou quatorze anos, depressões sérias haviam se instalado. Tornou-se recolhido e temperamental, como se houvesse uma sombra negra pairando constantemente sobre ele.

Noel agora sofria de uma forma branda de dislexia e passou quatro anos com uma gagueira, tratada por um especialista.

Emocionalmente, ergueu suas barreiras, por onde não deixava ninguém passar. Essa é a resposta padrão de todas as pessoas, a única forma de proteção contra a crueldade não mitigada. Por instinto, aprendemos a não confiar em ninguém a não ser em nós mesmos. O coração se torna frio como gelo.

E, para muita gente, essa condição é para o resto da vida.

Noel expressava sua infelicidade de muitas formas. Virou ladrão, *hooligan*, e encontrava em vários tipos de drogas um refúgio daquela existência miserável. Posteriormente, encontraria a salvação verdadeira e duradoura na música.

E, tarde da noite, deitado na cama, ao ouvir, num terror abjeto, a fúria de seu pai no andar de baixo, esperando, atemorizado, escutar seus passos na escada, a porta abrir de supetão e ser arrancado da cama para apanhar absolutamente sem motivo algum, Noel imaginava infligir uma dor física imensa no pai.

"Não me lembro quem foi", diz ele, hoje, "mas alguém me disse que os filhos de irlandeses católicos sempre se tornam a antítese dos pais. Sempre crescem se prometendo que nunca vão ser como os pais. A forma como ele batia na minha mãe e tudo mais, é por isso que eu nunca faria isso com uma garota, como abusar ou zombar. Vi minha mãe chorar demais para fazer alguém passar pela mesma coisa".

"O efeito que isso teve sobre mim também me levou a não confiar em figuras de autoridade, como pessoas, tais como meu pai, que me dizem o que fazer, quando não são melhores do que eu. Do tipo, ele pegava pesado comigo por não ir à escola e furtar lojas, e tinha acabado de bater na minha mãe. Alô? Tem alguém aí?".

Triste e obviamente, não tinha.

— // —

– Más notícias, Noel.

– O quê?

– Sua mãe é a nova merendeira.

Noel Gallagher entrou no ensino médio na St. Mark's em setembro de 1978 e caiu de cabeça num pesadelo.

Primeiro, muitos de seus amigos haviam ido para a St. Bernard's. Depois, para seu horror, descobriu que a escola agora adotara uma política de matricular apenas meninos. Meninas não estudariam lá.

Além disso, de algum modo, ele foi colocado na sala errada.

"Essa é uma história real", afirma ele. "Havia cinco turmas para cada série, designadas pelas letras M, A, R, K, S. As turmas M, A e R eram as três de melhor desempenho. Fracassei gloriosamente no meu exame, mas meu resultado foi trocado com o de um tal de David Gallagher. Assim, no primeiro ano, fui colocado entre os melhores alunos. Fiquei lá com aqueles CDFs sem conseguir entender que porra era aquela. Eu odiava todo mundo da sala".

"Todos eles tinham óculos, umas porras de valises, essas merdas. Lembro da primeira reunião, para dividir as turmas, os professores chamavam os nomes e todos os meus amigos, que foram para as turmas mais baixas, perguntavam: 'Que porra é essa? Pra onde você vai? Você deve ter passado na porra do exame, seu CDF desgraçado'".

"Enquanto isso, o pobre coitado do tal David acabou no meio dos meus amigos e eles viviam dando uma sova nele, pegando os tíquetes da merenda, o lanche dele e tal. Seus pais iam até a escola reclamar. E ninguém se deu conta até o ano seguinte, quando, então, troquei de turma. Lembro de um momento simbólico na reunião, quando ele passou por mim e me olhou feio, enquanto eu ia me juntar aos meus amigos. Respondi algo do tipo, 'seu otário, vou acabar com você'. Acho que foi daí que tirei todo o meu ódio pela escola. Eu odiava todo mundo".

Noel odiava em especial os alunos inteligentes, aqueles que sempre entregavam a lição de casa em dia, que nunca arrumavam encrenca e desprezavam gente como ele. É uma arrogância que nunca fica explícita, mas Noel a podia sentir toda vez que esses alunos o viam caminhando em direção à sala do diretor para mais uma reprimenda.

Estudantes, ele odiava estudantes. E quando, posteriormente, sua banda seria colocada contra uma banda de estudantes, ele destilaria seu veneno com tudo.

No mesmo mês em que Noel começava as aulas, a nova banda de Johnny Rotten, o Public Image Ltd., lançava seu compacto de estreia. Rotten saíra dos Pistols durante a malfadada turnê americana e agora embarcava numa nova jornada musical. Porém, para Noel, os Sex Pistols eram uma das bandas mais espetaculares de todos os tempos. As canções eram boas, a maioria delas hinos descontentes, porém gloriosos, e, sozinhos, os Pistols reacenderam a natureza rebelde do rock, antes de se autodestruírem gloriosamente.

Noel se identificava fortemente com essa atitude de "foda-se" e os Pistols se tornaram uma influência importante. Porém, na época, pouca coisa além disso o influenciava.

A trilha sonora dos Bee Gees para o filme *Os Embalos de Sábado à Noite*, estrelado por John Travolta, estava no primeiro lugar das paradas pela décima semana consecutiva, enquanto que "Summer Nights", de Travolta e Olivia Newton John, substituíra "Dreadlock Holiday", do 10cc, como o compacto número um no Reino Unido, e se manteria nessa posição, aparentemente, para sempre.

Keith Moon, o baterista do The Who, morreria tragicamente em setembro e o The Jam, depois, prestaria uma homenagem a ele com um cover de "So Sad About Us", que entraria no lado B de seu próximo compacto, "Down in the Tube Station at Midnight". Com exceção de discos como este, não era uma época boa para a música.

O punk estava agora morto e enterrado, e artistas new wave, como The Police e Elvis Costello, tomaram seu lugar. Contudo, para Noel, era o punk que importava.

Ainda levaria um certo tempo, porém, até que ele começasse a levar um instrumento musical a sério. Incidentes como tentar ter aulas de violão no último ano do primário não haviam ajudado.

"Eu mandei aquilo à merda, porque o professor tentava me fazer tocar como canhoto, porque eu sou canhoto", explica ele. "E eu não entendia nada. Então, quando arrumei um violão de destro, tudo fez sentido".

Surpreendentemente, o violão foi dado a ele por seu pai.

"Bem, meu pai, e eu me lembro disso até hoje, saiu para comprar um anel de renovação de votos para minha mãe e voltou com um violão. É sério. Lembro-me dele saindo para comprar o anel e voltar dizendo: 'Bom, estava passando pela loja, vi esse violão e pensei, foda-se, vou comprar um desses'. E ele não conseguia tocar uma porra de uma nota sequer, então o violão acabou encostado em casa".

Noel novamente teria aulas do instrumento, dessa vez na St. Mark's. E, mais uma vez, só sentiria desinteresse do professor.

"Alguém deveria ter se disposto a pensar: 'Mas que inferno, esse menino tem talento, ele é canhoto mas está perseverando para tocar na posição de destro, tem alguma coisa aí'. Mas ninguém se dispôs".

Foi um deslize que Noel jamais perdoaria.

"Noel não é do tipo que perdoa e esquece", diz Peggy. "Se você der uma mancada com ele, acabou, e eu sou assim também".

Diante de uma vida infeliz em casa e cheio de desprezo pela escola e pelos colegas, Noel começou a se isolar. Recorda-se que passou os dias dos dois primeiros anos de colégio "só olhando pela janela".

Em casa, ele se via escrevendo poemas, fragmentos de letras. Na rua, se envolveu completamente com atividades ilegais.

Perto de onde morava havia toda uma variedade de lojas. Uma delas, a Mr. Sifter's, era onde Noel comprava todos os seus discos. Mais tarde, ele a imortalizaria em "Shakermaker".

Próximo dali, na Shorebrook Road, havia uma confeitaria de propriedade de duas senhoras. Na hora do almoço, elas fechavam, mas não trancavam a porta de forma segura.

"E nós as detestávamos", diz Noel, "porque elas pareciam Hinge e Bracket.[19] Então eu e mais dois figuras chegamos por volta da uma e meia, enquanto as velhotas estavam nos fundos, tomando chá com biscoitos".

"Um dos figuras foi até a porta que dava para os fundos da loja e colocou uma cadeira sob a maçaneta, e nós começamos a pegar os cigarros. Não tinha como abrir o caixa, porque era um daqueles caixas eletrônicos, que eram novidade naquele tempo. Apertávamos todos os botões e não acontecia nada".

"Enfim, enquanto estávamos saindo da loja, cheios de cigarros, latas de salmão e café, porque eram os itens mais caros, aparece um entregador e nos vê. Então fomos perseguidos e reconhecidos".

Noel foi para o tribunal juvenil e recebeu uma multa de £2, que sua mãe teve de pagar.

Mais tarde, outra estripulia. Quando matavam aula, Noel e seus amigos iam frequentemente a um café em Levenshulme, onde, na época, itens roubados eram receptados. Foi lá que, certo dia, Noel começou a conversar com dois caras que o convidaram para acompanhá-los num "trabalho". Noel por fim aceitou o convite e eles entraram numa casa e levaram um relógio digital e um Walkman, um dos primeiros modelos lançados. No dia seguinte, Noel os vendeu no café.

"Nós nos safamos disso por cerca de umas seis semanas, até que um dos figuras com quem assaltávamos as casas foi pego num outro roubo. Veja bem, quando você era pego", explica Noel, "a polícia dizia que, se você confessasse tudo o que fez, te deixariam ir embora".

"Então ele contou que assaltou aquela casa comigo. Eu estava na lavanderia, lavando as roupas para a minha mãe, e chega uma porra de um agente do CID".[20]

---

19 Personagens satíricas, duas senhoras interpretadas pelos atores George Logan e Patrick Fyffe. (N. do T.)

20 Criminal Investigation Department, departamento de investigação criminal da polícia britânica. (N. do T.)

– Você é o Noel Gallagher? Este endereço te lembra alguma coisa?

– Como ousa? Ele é meu filho. Não fez nada de errado – diz Peggy.

"Er, foi mal, mãe. Então, fui para o tribunal e, mais uma vez, multado".

Estava se tornando rapidamente perceptível que Noel não seria bem-sucedido na carreira do crime. Ele precisava encarar os fatos: já havia sido pego duas vezes, o que não era de surpreender, na verdade, posto que, sempre que ia cometer um crime, cheirava cola antes, para tomar coragem. Em outras palavras, estava cheirado, e não ligado.

Para muitos garotos, cheirar cola é a primeira experiência com drogas. Não é ilegal comprar cola, e é barato, mas os efeitos são robustos. Noel se recorda de ter por volta de doze anos quando provou pela primeira vez.

"Não faço ideia de como é que conseguíamos realizar os roubos", exclama. "Estávamos despirocados de droga. Imprestáveis, morrendo de rir, andávamos pelas casas, gargalhando pra caralho. Digo, até onde sei, os moradores podiam muito bem estar lá".

Não importava. Noel encontrara um alívio temporário para a dor em sua vida, descobrira uma solução instantânea para seus problemas. Cola, maconha, cogumelos mágicos, tudo isso era agora consumido em grandes quantidades. E então o mundo ficava ótimo de novo e a tristeza desaparecia magicamente. Só havia riso e diversão. Nada mais de culpa, nada mais de dor. Como ele poderia resistir? Impossível. Nem mesmo quando roubava o leiteiro do bairro.

"Havia um banheiro público na frente do ponto onde esperávamos o ônibus para ir para a escola", recorda-se Noel, "e o leiteiro chegava, estacionava, comprava um jornal na banca e ia cagar nesse banheiro".

"Bem, um dia, chegamos à conclusão de que domingo de manhã era o dia que ele tinha mais dinheiro. Então elaboramos um plano que consistia em trancar o cabra no banheiro e pegar o dinheiro, que alguém havia nos dito que ficava debaixo do assento dele no caminhão".

O plano parecia infalível. Os garotos se encontraram no horário marcado. Esperaram o ônibus escolar passar e, sorrateiramente, cheiraram um pouco de cola para espantar o nervosismo. Como planejado, o leiteiro chegou e entrou no banheiro.

"Então, meu colega entra atrás dele e volta rindo, o cabra estava com as calças arriadas. Lá fomos nós pro caminhão de leite, quando então uma outra pessoa sai do banheiro. Foda-se. Vamos roubar o caminhão de leite".

"Eram umas dez e meia da manhã. Cheirados de cola. Num caminhão de leite. De uniforme escolar. Blazer, gravatas e mochilas Adidas. Passamos pelas nossas casas, subimos a rua principal até o campo de golfe. E aí que nos demos conta".

"O que fazer com um caminhão e, tipo, 20 mil garrafas de leite? Sei lá. Por que a gente roubou aquilo? Sei lá. É impressão minha ou acabei de ouvir uma sirene de polícia? Puta que pariu. É, mesmo. É melhor a gente cair fora e sair correndo".

"Mas a gente não conseguia correr porque estava despirocado e carregando peso. Acho que foi a prisão mais fácil já feita por aquele policial. Você acha que está correndo incrivelmente rápido com um grande saco de moedas de cinquenta centavos, quando só está rolando no chão e rindo".

"Enfim, fomos levados à delegacia. Os oficiais perguntavam: 'O que vocês acham que estão fazendo?'. Sei lá. Vai lá saber. Minha mãe aparece. O diretor da escola aparece. Então arrumam uma porra de um assistente social".

"O cara começa a perguntar: 'Por que você está fazendo essas coisas todas?'. Porque meus amigos fazem. 'Então me conte da sua infância'. Sei lá. 'Eu quero ir até a sua casa e falar com o seu pai', diz ele então. Eu pedi para ele não ir, que era melhor não falar com o meu pai. Na verdade, espera um pouco, sim, vá à minha casa sim. Sim, vamos lá. Porque eu detestei aquele babaca".

"Ele entra em casa e meu pai diz: 'Vai se foder. Você quer me dizer que eu sou um pai ruim? Seu cuzão'. Parado lá, digo: 'Bem que eu avisei'".

—— // ——

No terceiro ano de Noel, sua mãe deixou a fábrica de biscoitos McVitie's e foi trabalhar como merendeira na St. Mark's. Primeira questão da prova:

em no máximo 100 palavras, descreva qual a melhor forma de matar aula, usar drogas e curtir com os amigos quando a sua mãe é a merendeira e espera vê-lo na escola todos os dias.

Resposta: vá para a escola. Marque presença. E então vá embora. Mas sempre se certifique de estar de volta à escola na hora do almoço. Vá até o refeitório. Faça questão de dar um oi para sua mãe, de preferência na frente da professora que estiver responsável pelo almoço. Almoce. Vá embora da escola à tarde e volte para casa no horário normal. Ponto final, Noel Gallagher.

"Minha mãe ficou de cara com a precisão militar com que eu conseguia matar um período inteiro, enquanto ela pensava que eu estava na aula o tempo todo", diz Noel orgulhosamente. "Acho que ela me admirou por isso".

Noel passava os dias na casa dos amigos, ouvindo discos, cheirando cola. Em casa, praticava violão, e aos treze anos foi a seu primeiro show, o The Damned no Manchester Apollo. Recorda-se de ter ficado ofuscado com as luzes, o som enorme, o espetáculo. Também se lembra de ficar intrigado com o *pogo* selvagem em que os fãs se lançavam ao longo da performance da banda.

Noel ficou no fundo, observando tranquilamente.

Aquela roda punk parecia empolgada demais para o gosto dele e, além disso, ele não conseguia parar de pensar a mesma coisa que Peggy pensara quando viu pela primeira vez as fãs dos Beatles aos berros. De algum modo, aquilo tudo parecia meio bobo. Devia haver alguma coisa mais séria. E havia.

Numa noite de sábado, Noel se pegou assistindo ao programa musical do canal Granada, o *So it Goes*, apresentado por Tony Wilson, que também era o cabeça da Factory Records, de Manchester.

A Factory era controversa. Sua principal banda, o Joy Division, era batizada com a expressão usada pelos nazistas para se referir às mulheres judias encarceradas nos campos de concentração e que eram constantemente estupradas. Um EP do Joy Division, *An Ideal for a Living*, trazia na capa a foto de um soldado nazista, um menino judeu e um membro da

Juventude Hitlerista. Quando o vocalista Ian Curtis cometeu suicídio em maio de 1980, a banda se relançou sob o nome New Order, termo usado pelos nazistas para descrever sua visão do futuro.

Tony Wilson disse certa vez que toda sua filosofia estava contida numa frase de Sid Vicious: "Já encontrei o cara na rua", disse o falecido baixista dos Sex Pistols, "e ele é um cuzão". Wilson gostou disso.

Contudo, em Manchester, a gravadora era reverenciada por muita gente, especialmente pelos estudantes, pelos adolescentes de classe média tomados por angústia, que se identificavam fortemente com a música gótica e as letras elípticas do Joy Division. Além disso, a banda não era contratada de uma grande gravadora.

O punk iniciara um movimento de distanciamento das *majors*. A CBS, a EMI e cia. eram vistas como o inimigo, ladrões conservadores cuja missão era atravancar a inovação e a rebeldia.

Tirando vantagem desse clima, várias gravadoras pequenas surgiram no advento do punk, porém, muitas delas, sendo a Stiff Records o principal exemplo, se baseavam em Londres.

A Factory Records começara em Manchester, contratando bandas locais, e se tornou uma parte significativa da história cultural da cidade, antes de ruir no início dos anos 1990. Também teria a distinção de ser a única gravadora que recusou o Oasis.

O currículo de Tony Wilson na TV incluía a apresentação de diversos programas musicais para a Granada, mas *So it Goes* era o que tinha os melhores índices de audiência. "Ficávamos com todas as melhores bandas, porque a BBC nem encostava nelas", explicou ele certa vez.

Noel viu muitas bandas punk nesse programa, bem como algumas mais contemporâneas, como o Joy Division e o The Jam. Em consequência, comprou uma calça estilo *bondage* ("preta com detalhes em xadrez vermelho"), uma jaqueta de couro preta e uma "bota Dr. Martens enorme", com as quais passeava pela cidade. Era o sentimento por trás do punk, a energia, a atitude de "foda-se" o que tanto cutucava Noel. Era jovem e isolado, e o punk era o veículo perfeito para desabafar suas frustrações.

—— // ——

Em 1967, Paul McCartney leu na *Melody Maker* que o novo compacto do The Who, "I Can See For Miles", era a música mais barulhenta já feita. Determinado a superá-los, McCartney então compôs "Helter Skelter". O som e a atitude dessa música inspiraram diretamente o MC5 e os Stooges, que, por sua vez, inspiraram os Sex Pistols.

E é por isso que Noel Gallagher acredita que foi Paul McCartney quem inventou o punk rock.

—— // ——

Em contraste, foi Paul Gallagher quem trouxe o modernismo para a casa dos Gallaghers. Paul era fã do The Jam e da segunda onda de bandas *mod* que emergiu em 1979. Na época, Noel desprezou todas elas. O *mod* não trazia nada do frisson do punk e, francamente, a maioria dos discos de bandas como Secret Affair, The Merton Parkas etc. eram meio ridículos. Só bem mais tarde é que Paul Weller cativaria a imaginação de Noel.

"Ele era puto com alguma coisa", reconta Noel, entusiasmado, falando de Weller. "Tinha raiva do mundo e questionava tudo, a política, os estilos de vida, a vida familiar. Para ser sincero, eu não fazia ideia do que ele estava falando; era o todo daquela coisa".

Todos os grupos que seriam caros a Noel (mais tarde, os Smiths e, depois, os Stone Roses) começaram das ruas ("não de algum conceito de arte") e tocavam para o povo. Ele levaria sua própria banda nessa direção, embora, àquela altura, a música ainda não tivesse consumido sua vida. O futebol ainda era mais importante.

Agora frequente no Maine Road, o Manchester City tivera um bom desempenho no início dos anos 1970. Conseguiu posições respeitáveis na Liga (começando pela temporada de 70-71: 11ª, 4ª, 11ª, 14ª e 8ª), perdeu a final da Copa da Liga Inglesa para o Wolverhampton Wanderers em 1974, mas venceu o Newcastle dois anos depois e levou a taça.

Na Copa da Inglaterra, seu progresso foi mais ou menos, mas nos dérbis locais e cruciais, frequentemente jogava melhor que o United, e seu grande triunfo veio em 1974, quando Dennis Law, ex-jogador do United, marcou o único gol do City com um chute de calcanhar, que colocou o United na segunda divisão. Ver uma antiga lenda do United como Law rebaixar seus ex-colegas de time com um chute safado de calcanhar, isso era ter classe.

Havia outra variedade de futebol na vida de Noel, uma cuja única conexão com o Manchester City era ser jogada no campo de Huff End, onde os ônibus que traziam torcedores de outras cidades estacionavam.

O futebol gaélico é uma mistura de futebol e rúgbi. Os gols são traves de rúgbi, mas contam com uma rede sob a barra. A bola é chutada, mas também pode ser manuseada.

Thomas Gallagher jogava e levava Noel e Paul, que acabavam jogando também. Por fim, Noel entraria para o Oisian's Gaelic Football Club, time com o qual ganhou muitos troféus.

"É um jogo difícil", afirma ele. "O contato físico é permitido e os irlandeses não estão nem aí. O juiz fica puto de qualquer jeito, porque é um cara do pub e todos os pais estão presentes, tortos de bêbados, para assistir aos filhos jogarem, e gritam: 'Vai, pega ele'".

"Viajávamos para Liverpool e Leeds e ganhávamos os campeonatos. Fomos para a Irlanda e jogamos no Crow Park, que é o estádio nacional em Dublin. Tem capacidade para cerca de 92 mil pessoas e havia umas quatro quando jogamos".

Se houve um lugar de onde Noel poderia ganhar força, era daí, e ele desenvolveu um bom condicionamento físico que, nos anos seguintes, seria constantemente testado por álcool e drogas. Porém, o que sempre chamava a atenção de Noel e de alguns dos outros garotos quando eles tocavam em Manchester era uma casa que conseguiam ver do campo, situada na Mauldeth Road West. O número da casa era 388 e sempre havia um elegante Ford Zephyr dos anos 1960 estacionado na frente, que deixava os garotos fascinados.

Outro lugar frequentado por ele era o Erwood Park, um parque imenso que dividia Burnage de Levenshulme. A essa altura, no entanto, Noel já estava se interessando mais pelo violão. Conseguia tocar a linha de baixo de músicas como "Anarchy in the UK", ainda que só em uma corda. E isso o impressionou tanto que as aspirações a *rock star* começaram a se formar em sua mente. Pouco depois, passou para frases simples de blues e o sonho começou a se fortalecer.

Enfim, Noel aprendeu uma música, o clássico eterno para todos os guitarristas iniciantes, "House of the Rising Sun", dos Animals. É interessante notar que muitas das composições futuras de Noel seguiriam o estilo dela, ao incorporar uma estrutura de acordes descendentes como introdução.

"Lembro de tocar essa música por talvez uns dois anos até que conseguisse fazê-lo de forma fluida", recorda-se ele. "Eu demorava uma hora para passar de um acorde para outro, mas perseverava. No violão que eu tinha, as cordas estavam tão altas que era preciso pressioná-las com muita força e meus dedos doíam muito".

A ajuda veio de uma fonte improvável. Noel e seus amigos iam com bastante frequência jogar futebol contra os garotos de Levenshulme, em Erwood Park. O resultado era sempre o mesmo: assim que a primeira falta era cometida, eles se amontoavam para surrar uns aos outros.

Antes ou depois dos jogos, Noel sempre via um grupo de caras mais velhos ao longe, rolando de rir na grama. Deduziu que estavam sob o efeito de cola. Afinal, era a mesma reação que ele e seus amigos tinham depois de cheirar a substância. Porém, por algum motivo, o comportamento deles parecia diferente.

Aqueles rapazes eram hippies ("nós os chamávamos de fedidos"). Usavam batas, cheiravam a patchuli e o cabelo era sempre muito comprido. Um cara em particular causou interesse em Noel: ele sempre levava um violão para o parque. Seu nome era Flo e o pessoal dali o considerava, bem, esquisito.

"E nós nos tornamos muito bons amigos", revela Noel.

"Ele ficava sentado no parque com seus amigos hippies, bebendo sidra e ouvindo 'Stairway to Heaven', do Led Zeppelin, e, quando nós íamos jogar futebol, ficávamos apontando, olha lá os hippies. Éramos uns moleques do punk rock, 'nunca confie num hippie' e aquela coisa toda".

"Mas eram caras legais. Fumavam uns cigarros esquisitos. Nós perguntávamos se eles estavam com gripe, porque todos tinham os olhos vermelhos. Carregavam uns gravadorzinhos e ficavam lá fumando maconha".

"Então, um dia, falei que tinha um violão, e eles me perguntaram o que *eu* sabia tocar".

"Sei 'House of the Rising Sun', respondi, e eu e ele [Flo] nos tornamos grandes amigos, porque eu ficava sentado lá por horas vendo-o tocar violão. Ele tocava 'Rising Sun', mas também coisas como 'While My Guitar Gently Weeps', dos Beatles, que eu achava fenomenal pra caralho".

"O fato de que ele conseguia tocar e cantar uma música inteira. Todos os outros davam risada e falavam que eu era um idiota, mas eu achava ótimo aquela porra".

"Isso foi antes de eu começar a usar drogas com ele. Porque a gente já tinha orgulho de cheirar cola há anos, mas ele dizia coisas do tipo: 'Isso é tudo produto químico, cara, você está fodendo com o seu eu interior. Experimenta esses cogumelos, eles são naturais, cara'. Então ele me deu uma caneca com alguns. Maneiro pra caralho".

"Os cogumelos eram geniais pra caralho. Eu nunca ri tanto na vida, doía de tanto rir – não conseguia parar. E ele tinha um furão, que trazia para passear de coleira. O furão tinha uma cor dourada e olhos vermelhos, e, quando estávamos sob o efeito de cogumelos, não era mais um furão, e sim um monstro bizarro. A gente se escondia atrás das árvores, loucos de cogumelo, pensando que o monstro ia nos devorar. Massa demais".

Outro que jogava futebol no parque era um garoto de Levenshulme. Todo mundo concordava que ele era um dos melhores jogadores. Em contraste, Noel era simplesmente preguiçoso demais. Ficava parado no meio do campo e nunca corria. Só recebia a bola e fazia passes longos. Porém, aquele cara era outra história. Tinha equilíbrio, controle da bola e um cérebro de futebolista que lhe permitia prever as jogadas antes de todo mundo.

"E, no final de cada partida", diz aquele garoto, "você via umas bitucas de cigarro no lugar onde o Noel estava".

Para Paul McGuigan, ou Guigsy, como era mais conhecido, essa imagem seria duradoura.

- Quatro -

FAZ POUCO MAIS DE UM ANO A ÚLTIMA VEZ QUE TOCARAM AQUI. FOI EM 18 DE DEZEMBRO DE 1994, NO ACADEMY. AGORA, ERAM A ATRAÇÃO PRINCIPAL NA IMENSA NYNEX ARENA, NA REGIÃO CENTRAL DE MANCHESTER, COM CERCA DE 20 MIL INGRESSOS VENDIDOS. O PRIMEIRO SHOW DA HISTÓRIA DO OASIS ACONTECEU EM 18 DE AGOSTO DE 1991, PERTINHO DALI, NO BOARDWALK. NÃO HAVIA MAIS DO QUE CINQUENTA PESSOAS. O SHOW DE HOJE É O 218º DA BANDA.

A última vez que Noel esteve na arena foi como roadie dos Inspiral Carpets, e ninguém o notava quando ele passava. Agora, todos os olhos se voltavam para ele.

A capacidade do local era de 19.300 pessoas.

– Mas disponibilizamos 15 mil ingressos. Calculamos para baixo, para que restassem ingressos na bilheteria. Essa foi a ideia – disse Marcus, no amplo camarim do local.

Apontou com a cabeça para a porta de saída atrás dele e seu sotaque galês ficou bem mais pronunciado:

– Mas os cambistas malditos já estão lá fora. Vai saber com que caralhos eles conseguem. Depois de Brighton [o show de 29 de dezembro no Conference Centre], estabeleci uma linha telefônica para venda de ingressos para tentar impedir essas coisas, de forma que os fãs pudessem ligar. Quem não tiver um Barclaycard precisa ir comprar em pessoa. Porém, a maioria tem cartões Delta ou Switch. Só se pode comprar um máximo de quatro ingressos. Se eu quiser, posso ligar para os endereços de todo mundo que comprou, mas esses cambistas têm toda uma rede de pessoas. Ligam para dez pessoas, e cada uma compra quatro ingressos, e aí já são quarenta ingressos nas mãos deles. E como é que a gente vai saber quem está envolvido?

Com a frustração crescendo em sua voz, ele continua:

– Em Earls Court, alguns deles cobravam £100. O preço médio era £40. Porra, eu não pagaria cem pratas para ver ninguém. E aí tem os *bootlegs*. Temos que dar o braço a torcer, alguns são brilhantes, especialmente as capas. Tem um que acabou de sair que usa uma foto do ensaio que fizemos para a *Mojo*, melhor do que a usada pela revista. Na verdade – sua voz ficou mais grave –, a capa é melhor do que a do *Morning Glory*.

Atrás de Marcus, podia-se ouvir a banda passando som, tocando uma música nova. Ainda não tinha título, mas já tinha alguns versos memoráveis cantados por Noel: "*Where angels fly / You can't thread / That's what you get for sleeping with the* NME".[21]

Liam então entra na arena. Ou melhor, desfila para dentro da arena, estendendo as longas pernas, rodando os braços, todo um comportamento querendo dizer "quem está a fim?". Um dos roadies chuta uma bola para ele.

Está usando uma boina à la Lennon, uma jaqueta verde larga, jeans e tênis. Começa a jogar futebol com o roadie até que erra um chute e a bola rola para debaixo do palco.

– Não tô com saco – grita para o parceiro de jogo e então corre para o palco, onde sobe exatamente quando a banda começa "Round Are Way".

---

21 "Onde voam os anjos / Você não pode pisar / É isso que você ganha por dormir com o *NME*" – há aqui um trocadilho com a sonoridade da sigla *NME*, nome de uma revista musical britânica, cuja pronúncia é a mesma da palavra *enemy* ("inimigo"). A música em questão é "My Big Mouth" e, no encarte de *Be Here Now*, a letra diz *enemy* nesse verso (N. do T.).

Liam salta até o microfone e começa a cantar. Assim que a música acaba, Noel não perde tempo e imediatamente manda os acordes da música nova.

Ao fazer isso, seria de se suspeitar que Noel quer que Liam desapareça, já que seu irmão ainda não sabe a letra. O mais provável, na verdade, é que, devido à programação incessante de turnê, as passagens de som são agora o único lugar onde Noel pode experimentar novas músicas e novas ideias com a banda.

A forma como acontece é a própria simplicidade. Noel começa uma sequência de acordes que calha de estar zunindo em sua cabeça nos últimos tempos. Bonehead e Guigsy vão até ele, observam os acordes e então se juntam ao som.

Alan White, em seguida, estima o andamento da música e entra com a bateria. Dessa forma, uma música nova pode ser disparada pelos alto-falantes em questão de dois minutos depois de Noel tocá-la pela primeira vez. Ou então eles tocam um cover dos Beatles, só para entrar no clima.

Nessa tarde, os quatro tocam "Free as a Bird" de um jeito meio grosseiro, mas estranhamente tocante, em especial quando Noel canta o verso que Macca escreveu para John Lennon: "*Whatever happened to / The world that we once knew*".[22]

Certamente, as vidas de todos os membros do Oasis e daqueles ao redor da banda mudaram de maneira irrevogável. Eles jamais voltariam a conhecer o mundo como antes. Não havia como voltar. Haviam conseguido fugir para o mundo dos sonhos e torná-lo realidade. Como superar isso?

Um quarteto de metais, contratado especialmente para este show, chega e se instala no fundo do palco enquanto a banda se retira. Os músicos tocam seus instrumentos sem o Oasis. Mais ecos dos Beatles; mais precisamente, "Got to Get You Into My Life".

22 "O que será que aconteceu / Com o mundo que um dia conhecemos?".

Liam então retorna ao palco com uma camisa do Manchester City na mão. É um presente, a camisa de fato usada por Willie Donachie na final da Liga Inglesa de 1976, que o Manchester City disputou contra o Newcastle.

– É, mas quem ganhou o jogo? – pergunta Scotty, da equipe de palco.

– Sei lá, caguei – responde Liam, segurando orgulhosamente a camisa.

Um minuto depois, Noel retorna ao palco. Scotty lhe faz a mesma pergunta. Noel, com uma certa irritação na voz, responde imediatamente:

– Nós ganhamos, é claro, 2 a 1. Gols de Barnes e Tueart.

Noel empunha a guitarra, e a banda e o quarteto de metais suingam em "Round Are Way". Em seguida vem uma versão estrondosa de "I Am the Walrus", a música que encerrou os shows do Oasis por anos.

Agora, com o acréscimo dos metais, tocada de maneira imprevisível, deliberadamente desafinada e meio fora do tempo, a canção ganha muito. Enquanto isso, Trigger, o chefe da equipe de palco, o homem responsável por garantir que todos os equipamentos estejam instalados a tempo, está sentado no camarim do Oasis. Seu rosto ameaçador parece exausto.

– Chegamos aqui às duas da manhã para montar as coisas e não conto que vamos sair antes das cinco da manhã de amanhã – explica ele. – Teve alguma coisa de música clássica aqui ontem à noite e o pessoal da casa só nos falou há umas duas semanas. Estou sempre dizendo a eles [a organização do Oasis] que um dia vai haver um desastre. Vai, de verdade. Já montamos quase o mesmo tanto de equipamento que havia em Earls Court em um dia, e logo... – ele balança a cabeça, não querendo contemplar tal cenário.

– Tudo o que sei – diz ao se levantar para alongar – é que preciso dormir por uma semana. É tudo o que eu preciso. Uma semana. Acha que eles vão me dar? – e sorri pesarosamente.

Com a passagem de som feita, Noel saltou para dentro de um carro para ser levado a uma estação de rádio onde seria entrevistado.

– Da última vez que participei desse programa – disse Noel antes de partir –, o DJ disse: "E agora temos o Oasis, uma das maiores bandas surgidas em Manchester este ano". Ao que eu disse: "Nós e quem mais, amigão? Vamos lá, quem mais?". Isso foi ao ar ao vivo. Estou impressionado que tenham me convidado de novo.

—— // ——

A atração de abertura da noite, os Chemical Brothers, entra no palco por volta das 19h45min. Tom e Ed se posicionam atrás de um maquinário desconcertante e enchem a arena com batidas imensas, vozes sampleadas e sintetizadores analógicos. A música deles deriva do hip-hop e do house, do funk e do rock, e, assim como a do Oasis, só poderia ter sido feita nos anos 1990. A reação genuinamente calorosa que recebem do público é um atestado da postura musical da década.

Nos anos 1980, a música foi dividida. Falava-se em música como se falava de times de futebol. Para quem você torce? Para o indie. Vai se foder, cara, o hip-hop é que vai ganhar o campeonato.

Agora, isso acabou. Nos anos 1990, só há música boa ou música ruim, bandas boas ou bandas ruins, pessoas boas, pessoas ruins. O Muro de Berlim foi derrubado em 1989, assim como muitas outras coisas.

Às 20h45min, as luzes baixam, a voz de Steve Winwood vai sumindo dos alto-falantes, e Noel Gallagher, Alan White, Guigsy e Bonehead entram no palco inundado pelos aplausos de quase 20 mil pessoas. O Oasis está em seu lar, agridoce lar.

Os quatro acenam para o público, e um liverpudiano solitário berra:

– Seus cafonas desgraçados!

Noel empunha a guitarra, uma Epiphone Riviera vermelha, olha para Alan White e manda os acordes iniciais de "The Swamp Song". Enquanto seus dedos tocam o riff que soa como Marc Bolan tocando errado "Spirit in the Sky", de Norman Greenbaum, Noel faz um sinal, Alan toca uma virada pesada e toda a banda entra. Bonehead assume a base e Noel começa a fazer sua guitarra guinchar. De cara, já surge esse som monstruoso, que esmerilha tudo a sua frente.

Na metade dessa música instrumental, Liam entra no palco, batendo na meia-lua. O público explode mais uma vez. Ele acena em reconhecimento e caminha até a frente do palco. Faz isso deliberadamente em todo show, vai até a ponta do palco e encara o público, o tempo todo batendo a meia-lua de forma afrontosa.

Numa briga de rua, geralmente aquele que não recua é quem se dá melhor. Encarar seu oponente instila medo real nele. Como a natureza de Liam dita que ele nunca recue de nada, nem mesmo em face de desvantagens enormes, esse era o jeito dele de mexer com o psicológico do oponente e matar sua própria ansiedade.

O resto da banda não presta atenção nele. Ou estão concentrados em seus instrumentos, ou olhando para o público.

Depois de confrontar a plateia, Liam retorna ao mic e grita:

– Muito louco.

Noel olha novamente para Alan, um sinal de que a música está prestes a terminar. Quando Noel manda as últimas notas, Alan encerra com um grande floreio de pratos. Noel caminha lentamente até seu ampli para extrair uivos de *feedback* da guitarra.

– Manchester! – diz Liam em meio ao ruído, e então Noel manda os acordes rasgados que abrem "Acquiesce". O público ruge em aprovação. Noel permanece absolutamente imóvel enquanto a bateria de Alan entra como um estrondo e Liam coloca as mãos para trás e começa a cantar:

– *I don't know what it is that makes me feel alive…*[23]

E o público inteiro canta os versos com ele, transformando-se instantaneamente numa turba fervilhante, um enxame de criaturas que pulam juntas e berram juntas. Sempre houve uma promessa inerente de diversão nas músicas, nas letras e nas ações do Oasis. Esta noite, Manchester vai garantir que essa palavra seja cumprida.

O Oasis é muito amado e respeitado, ninguém vem ao show deles com uma mentalidade cínica ou uma atitude de quem espera que algo seja provado. As pessoas vêm para celebrar, para renovar sua fé. Essa é a

23 "Não sei o que é isso que me faz sentir vivo".

música delas, as canções delas, a banda delas, a chance que elas têm de fugir de si mesmas.

Noel bate os pés algumas vezes, mas logo desiste quando se volta para o mic e, em uníssono com o irmão mais novo, começa a cantar o refrão:

– *Because we need each other / We believe in one another...*[24]

O verso é carregado de significado, mas, mais do que isso, a potência dos dois cantando juntos acrescenta uma nova dimensão ao som do Oasis, um nível que foi registrado apenas brevemente. Noel e Liam em perfeita harmonia.

"Acquiesce" mostra que a voz de Noel é mais potente do que a de, digamos, Keith Richards, mas não tão consistente quanto a de Rod Stewart em seu auge. É muito mais eficaz quando ouvida numa situação musical mais enxuta. Num contexto de banda ao vivo, tende a ficar um pouco encoberta, uma vez que não tem a potência pura do vocal do irmão.

A canção termina ao som de aplausos arrebatadores. A garota no gargarejo, de camiseta laranja, leva a mão à boca, como se estivesse testemunhando um milagre.

– Saúde – diz Liam. – "Supersonic".

É uma abertura matadora: dois lados B e, então, um sucesso absoluto para elevar os ânimos ainda mais. As linhas de guitarra pesadas que abrem a música começam a soar.

Por todos os lados da arena, está todo mundo em pé, se mexendo. Alguns levam as mãos ao alto, outros dançam, outros estão simplesmente hipnotizados. O Oasis em si mal se move. Há uma razão para isso: eles não são dançarinos natos. Para eles, é difícil se expressar fisicamente.

Outros artistas se perdem na música e essa sensação é transmitida dinamicamente para o público por meio de movimentos corporais vívidos. Mas não é o caso desta banda. Eles sabem muito bem que são adorados

24 "Porque nós precisamos um do outro / Nós acreditamos um no outro".

Because we need each other / We believe in one another...

por sua sinceridade direta. Movimentar-se no palco mesmo com o mínimo respiro de cálculo castraria a música.

É claro, ao longo do caminho, eles descobriram que a tensão entre essa apatia e a música imensa que emanava deles próprios na verdade somava ao fascínio que o público tinha pela banda. Nos shows, essa tensão é um elixir para a banda. Noel testemunhou isso pela primeira vez quando viu o Public Enemy ao vivo.

Para o público, Liam é o foco central dessa tensão. Sabe-se muito bem da natureza impulsiva dele e de seu comportamento imprevisível. Sabe-se também da natureza tempestuosa da relação dele com Noel. Qualquer comunicação entre os irmãos simplesmente acrescenta ao frisson do show.

Para o Oasis, esse clima tenso lembra diversas coisas, como aquele minuto em que você se encontra nos mais altos terraços e as luzes do mundo inteiro estão apagadas, e agora você só está esperando pelo pontapé inicial da violência ao seu redor. Está morrendo de medo, mas pra lá de Bagdá, à medida que essa mistura esquisita de adrenalina com gotículas de medo corre por suas veias.

Quando entra no palco, é precisamente isso que o Oasis sente.

No terceiro verso de "Supersonic", Liam se enrola na letra, mas rapidamente retoma a compostura. Noel manda seus riffs de guitarra pungentes e Bonehead e Guigsy encaram o nada, impassíveis. Alan White, agora tocando bateria em meio a um frenesi de suor e caretas, só consegue enxergar seus pratos.

A música termina, Liam diz alguma coisa, mas o *feedback* que Noel arranca de seu ampli o engole. E então Noel manda os acordes iniciais de "Hello". A guarda está alta de novo e não vai baixar até que se atinja o auge.

A banda toca a música rápido demais, mas com vontade, isso é ao vivo, é excitação.

– *Hello* – berram os dois irmãos quando chega o refrão de Gary Glitter que Noel copiou tão descaradamente –, *it's good to be back, good to be back.*[25]

25 "Olá, é bom estar de volta, bom estar de volta".

A guitarra de Noel agora ganha ares de um rock *funky*, à medida que habilmente controla o pedal de wah-wah com o pé no final da música.

As luzes se abaixam, Noel vai até seu ampli, mexe com alguns switches e, de repente, ataca o riff de "Some Might Say". Riff este que já foi surrupiado à exaustão, mas a NYNEX Arena não quer nem saber. O público se atira contra a banda e contra si mesmo.

A canção agarra as pessoas instantaneamente já no primeiro verso. É uma daquelas composições irresistíveis de Noel, com um clima de hino e carregada de significado. Por causa disso, Liam se certifica de que o melhor verso da música seja bem compassado e audível:

"Some might say they don't believe in Heaven / Go and tell it to the man who lives in Hell".

Mais uma vez, as vozes dos irmãos se unem, conversam uma com a outra, se movem juntas. Para muita gente, é o melhor single do Oasis de todos os tempos, opinião reforçada pelos aplausos, vivas e gritos arrebatadores que emanam do público nas notas finais da canção.

– Saúde – diz Noel, sua primeira palavra no show. Está usando um suéter listrado e seus jeans e tênis de costume. Essa banda não ostenta no visual, mesmo que as etiquetas das peças sugiram preços altos.

A luz de palco é, da mesma forma, pouco intrusiva. Comparada à de algumas bandas, é minimalista e simples. Noel, é claro, influenciou em sua elaboração. O efeito final garante que o foco do público esteja na música.

– Essa se chama "Roll With It" – anuncia Liam –, *la la la* – mais uma vez, leva as mãos para trás e inclina a cabeça para cima em direção ao microfone.

Tocam uma versão estrondosa da música e, à medida que os níveis de energia do público sobem mais ainda, o quarteto de metais se prepara atrás do palco.

Maggie, a *tour manager*, está com eles, com a lanterna acesa pendurada no cinto. Um dos trompetistas oferece seu instrumento a ela, que sorri breve e profissionalmente.

Quando a banda termina a canção, os músicos do quarteto sobem numa plataforma. Estão acima do Oasis, enquanto Noel fuça nos knobs de seu ampli, como se estivesse comprando um maço de cigarros casualmente e não num palco diante de 20 mil pares de olhos voltados para ele, com 20 mil vozes celebrando-o.

Liam dá um gole numa garrafa d'água, Guigsy e Whitey se enxugam com toalhas e Bonehead encara o público, sem reação alguma nos olhos.

Noel então se volta para o quarteto de metais e faz a contagem. Começa "Round Are Way", uma mistura inebriante de metais estrondosos, guitarras rasgadas e da batida forte básica de soul de Alan White. Mais uma vez, é mais um refrão contagiante que o público canta com despreocupação e vigor, de forma que o título da música, uma expressão tipicamente nortista,[26] ganha ainda mais significado naquela parte do mundo.

Perto do final da música, Noel começa a cantar outra composição sua, "Up in the Sky". Noel faz isso com frequência, lança uns versos de outra música, como para dizer: "Viram como esse passatempo musical é fácil?".

Na verdade, é só mais uma cortina de fumaça. Noel conhece o preço disso tudo mais do que a maioria.

– *Hey you up in the sky / Flying so high*... – Liam se junta a ele, Noel se afasta do mic e a banda termina a música precisamente no tempo certo.

Liam então diz:

– Estou tentando pensar em alguma coisa pra dizer a vocês... – o público aplaude. – Vou só cantar uma música pra vocês.

E então a guitarra de Noel começa a disparar *aquele* riff de "Cigarettes & Alcohol". É a deixa para as garotas começarem a subir nos ombros dos

26 A expressão significa algo como "ao nosso redor". (N. do T.)

namorados, para toda a arena cantar em uníssono a música seminal dos anos 1990:

"Is it my imagination / Or have I finally found something worth living for?"[27]

O riff dessa música veio do blues. Marc Bolan o pegou e escreveu uma música chamada "Get it On" em torno dele. Porém, enquanto ele não estava olhando, Noel Gallagher o roubou e tomou a posse dele de Bolan. Agora, sempre que as pessoas ouvem *aquele* riff, automaticamente pensam em "Cigarettes & Alcohol".

A canção também é uma das mais sexuais do arsenal do Oasis.

A música, de notas duronas e ameaçadoras apoiadas numa batida primal, exala decadência e selvageria. A letra, com seu imaginário de cocaína e embriaguez, coloca mais lenha na fogueira. Entretanto, há um significado bem mais amplo por trás dessa canção, uma mensagem tipicamente Gallagher: aproveite o dia, aproveite o momento.

Num país dividido pela riqueza e pela oportunidade, são os jovens pobres, aqueles que vivem na desolação, onde há barricadas nas lojas locais e é preciso matar os dias adormecidos, que sabem até demais que não "vale a pena a preocupação / de encontrar um emprego, quando não há nada pelo que valha a pena trabalhar".[28] Assim, você deve ser o arquiteto de sua própria fama. Só depende de você. Faça acontecer.[29] O Oasis fez. É a prova viva.

Além disso, a canção tem um grande momento que acontece na segunda estrofe, quando Liam pega a palavra *sunshine* e a transforma em

27 "Será que é só a minha imaginação / Ou eu finalmente encontrei algo pelo que vale a pena viver?".

28 "*...worth the aggravation / To find yourself a job when there's nothing worth working for*".

29 "*Make it happen*", em referência à própria letra da música. (N. do T.)

"*suun-shii-ine*", precisamente da forma como Lennon o fez em "Tomorrow Never Knows", dos Beatles. Mas agora essa pronúncia pertence a Liam Gallagher.

– Essa vai pra uma garota chamada Katy – Liam então anuncia –, "Live Forever" – ele se afasta do mic e começa a circular o palco sem parar.

A banda se prepara para tocar um dos maiores momentos de Noel Gallagher, a canção onde, dramaticamente, tudo enfim faz sentido. A letra e a música de "Live Forever" estão tão interligadas que é comum a impressão de que não poderia existir uma sem a outra.

Outras canções do Oasis cujas letras são inespecíficas criam uma distância entre banda e público, espaço esse criado pelas palavras. Por mais que sejam cativantes, versos como "*I've been driving in my car / With my friend Mr. Soft / Mr. Clean and Mr. Ben are living in my loft*"[30] são palavras jogadas. Não têm o mesmo poder de ressonância de "Live Forever".

Porém, quando Liam se posiciona sob o microfone e canta "*Maybe I will never be / All the things that I want to be / Now is no the time to cry / Now's the time to find out why / I think you're the same as me / We see things they'll never see / You and I are gonna live forever*",[31] aí se trata de música e letra que transcendem todas as barreiras e unem por completo – como era a intenção do punk – banda e público. Em Manchester, não é diferente. Ambos decolam, a canção decola. Não é de se espantar que Noel a considere sua primeira composição "de verdade". A música termina num grito de guitarras, bateria e baixo.

Liam fala alguma coisa que leva Noel a lançar um olhar mordaz ao irmão e dizer:

– Não, não é! É "Champagne Supernova"!

30 "Andei guiando meu carro / Com meu amigo Mr. Soft / Mr. Clean e Mr. Ben estão morando no meu loft", verso de "Shakermaker".

31 "Talvez eu nunca venha a ser / Todas as coisas que quero ser / Agora não é hora de chorar / Agora é a hora de descobrir por quê / Acho que você é igual a mim / Vemos coisas que eles nunca verão / Você e eu vamos viver para sempre".

Maybe I will never be / All the things that I want to be / Now is no the time to cry / Now's the time to find out why / I think you're the same as me / We see things they'll never see / You and I are gonna live forever

O público para momentaneamente, um pouco confuso. Vai sair briga? Não, não vai. Os fiéis que acompanham o Oasis já sabem o que vai acontecer quando veem um sol distorcido se acender atrás da bateria de Whitey.

Noel é quem abre a música com aqueles acordes delicados, e o público se volta para olhar para ele, que, no entanto, está profundamente imerso na guitarra, totalmente inalcançável. Liam começa a cantar e a banda entra. É claro que estão tocando rápido demais, mas, até aí, é o que sempre fazem.

Ao vivo, eles têm poucas chances de reproduzir as sutilezas que a música tem na gravação em estúdio. Ao invés disso, se concentram em encontrar o ímpeto implacável da música e transmiti-lo por completo para o público. É uma canção majestosa, brilhantemente arranjada, com diferentes melodias e riffs sobrepostos e uma letra ambígua, mas boa o bastante para cada um ter sua própria leitura dela.

Numa década em que as drogas são a norma e as autoridades não têm poder para acabar com elas, nunca um público se deleitou mais do que quando chega a hora de cantar "*Where were you while we were getting high?*"[32] no refrão.

Quando a banda entra no terço final da música e o público ergue os isqueiros, Noel então se entrega à guitarra. É o mais próximo que o Oasis chega do jazz, no sentido de que Noel agora verdadeiramente usa a guitarra, e não papel e lápis, para se comunicar com as pessoas. Sua guitarra soa raivosa, determinada, focada e, ao mesmo tempo, absolutamente solta. Mais uma vez ele transparece aquela tensão notável, à medida que você se pergunta aonde ele vai com aquelas notas, como é que ele vai concluir.

Essa tensão é intensificada ainda mais por sua postura no palco, que é totalmente imóvel. Não há emoção em seu rosto, nem suor. Permanece estático, porém sua música é visceral e urgente.

32 "Onde estava você enquanto nós chapávamos?".

Ele então baixa o clima e Alan White entra com a batida marcial suave que traz tanto anseio ao final da música. Noel toca o último acorde e vira de costas. As luzes baixam ao som dos aplausos de milhares, e o resto da banda tira seus instrumentos e sai do palco.

Seria perdoável pensar que o show acabou. De jeito nenhum. Agora estamos na fase dois, aquela em que Noel demonstra seus outros lados, seus outros temperamentos. Ele vai calmamente até o banquinho que Jason acabou de posicionar no palco e se senta.

Ajusta o mic e diz:

– Essa vai para um amigo meu. O nome dele é Johnny e essa música é "Wonderwall".

Depois do programa de rádio, Noel se encontrou com Johnny Marr, o ex-guitarrista dos Smiths, que o inspirou imensamente.

Noel toca os acordes inconfundíveis e abre a boca para cantar. Nem precisaria se dar ao trabalho: toda Manchester já está cantando para ele.

***"Today is gonna be the day that they're gonna throw it back to you / By now you should have somehow / Realised what you gotta do / I don't believe that anybody feels the way I do / About you now".*[33]**

E todo mundo presente na arena canta esses dois últimos versos para Noel e para o Oasis. É uma verdadeira música de comunidade, um elo entre as pessoas por meio de palavras e sons que, de algum modo, se mes-

33 "Hoje é o dia em que te darão de volta o que é seu / A essa altura, você já deveria ter de algum modo / Percebido o que tem de fazer / Não acredito que alguém sinta o que eu sinto / Por você agora".

clam para tocar todas as terminações nervosas certas, apertar os botões certos, dentro de todos nós.

Anos atrás, do outro lado da cidade, Noel ouvia um som parecido toda vez que ia ao Maine Road. Lá estava ele no meio do povo, que cantava junto, unido num só. Agora, por meio de sua música, ele repetia essa magia.

Nessa parte do show, Noel não é o *rock star* durão e *cool*, mas o curandeiro da cidade. É aqui que sua voz ganha vida própria. Potente, melancólica e emotiva.

– Obrigado por ficarem do nosso lado este ano – diz ele ao fim da música, e, enquanto a plateia devolve o agradecimento, começa a tocar "Cast No Shadow", sua elegia aos compositores.

Mais uma vez, o público tira o fardo de suas costas e ele, empolgado com a reação, muda a letra para "*They can take our souls / But they can't take our pride*".[34]

As luzes se extinguem e, quando retornam, Noel diz:

– Essa é uma música sobre ser jovem e aproveitar todas as noites ao máximo, como vocês fazem. "Morning Glory".

Tocada de forma mais lenta ao violão, e assim desprovida de seu arranjo pesado do disco, a música ganha níveis mais profundos de significado.

Noel sempre extrai mais significado de suas canções quando as toca ao violão e sua voz pontuada pela tristeza lança uma luz diferente a versos como "*All your dreams are made / When you're chained to the mirror and the razor blade.*"[35] No disco, essa letra soa como uma celebração. Aqui, soa como um lamento.

A canção termina, as luzes baixam e Noel Gallagher, tendo apenas o violão a seu lado, se torna uma silhueta, brevemente aprisionado em seu próprio isolamento. As luzes se acendem e a banda, sem Liam, retorna enquanto Jason leva o banquinho embora e Noel empunha a guitarra.

---

34 "Eles podem levar nossas almas / Mas nunca poderão levar nosso orgulho".

35 "Todos os seus sonhos são feitos / Quando você está acorrentado ao espelho e à gilete".

– Tem alguma Sally aqui? – pergunta ele.

Alguém grita do gargarejo. Noel observa as pessoas.

– Você não é Sally, você é um cara.

Ele lança os acordes melodiosos de "Don't Look Back in Anger". Mais uma vez, muda a letra: canta "*Take me to Maine Road / Where the Blues play*",[36] numa provocação deliberada. Há muitos torcedores do United presentes, e também alguns jogadores.

O público não pega a referência, está arrebatado demais para perceber. "I Am the Walrus" vem em seguida, mas o quarteto de metais perdeu a deixa e está demorando a subir no palco.

Enquanto Maggie corre desesperadamente para localizá-los, Noel tem de improvisar:

– Parece que o City está indo bem – diz ele ao público. Há alguns aplausos, mas muitas vaias. – Assim como o United – admite. Olha para trás, e os músicos finalmente chegam.

– Estava esperando por vocês – ele meio que grita. – Onde vocês estavam, porra?

Em compensação, dão o máximo de si ao tocar enquanto o Oasis entrega uma versão gigantesca de "Walrus". Reforçada pelos metais, a banda vai à loucura, hipnotizante e implacável.

Assim como na música de abertura, "The Swamp Song", Noel ataca a guitarra, arrancando todo tipo de *feedback* e de distorções uivantes para contrapor à dinâmica circular da cozinha.

Liam perambula pelo palco. Noel se ajoelha diante de seu ampli, mais uma vez perdido na música. Diante dessa conclusão incendiária, Manchester se ergue em apreciação e seu barulho reverbera por toda a arena. O entusiasmo é tanto que parece que os aplausos nunca vão acabar.

O Oasis raramente faz bis. Porém, hoje, o quarteto de metais deixa o palco e os cinco membros da banda se lançam em "Rock'n'Roll Star", a

36 "Leve-me para o Maine Road / Onde os Blues jogam" – os *Blues*, no caso, são o time do Manchester City, cuja cor é o azul. (N. do T.)

música que, segundo seu autor, diz tudo o que ele sempre quis dizer numa canção. E, é claro, Liam torna a cantar a palavra "*suun-shii-ine*". Agora o show acaba, com Liam se retirando lentamente do palco, xingado por torcedores do United. Ele nem se preocupa. Há 20 mil pessoas aqui e a música as inundou, permitiu que elas sentissem o gosto da liberdade.

Liberdade. Essa década diz respeito à liberdade. Liberdade para usar drogas, fazer raves, proteger o meio ambiente. Liberdade para pensar diferente daqueles que vieram antes e dos que virão depois, liberdade para viver como você achar melhor. O estoque de liberdade anda baixo, mas não nos shows do Oasis, cujas letras tratam de liberdade e cujas músicas respiram liberdade.

—— // ——

Exausto, Noel Gallagher novamente se senta na sala da produção.

– Escapei.

- Cinco -

TINHA DE ACONTECER. SIMPLESMENTE TINHA.

Na verdade, não poderia ser de outra forma. Nos últimos anos, os garotos Gallagher vinham argumentando com a mãe. Deixe-o, diziam eles. Ele não é bom para você, nem para nós. Foda-se, vamos embora, vai. É claro que Peggy queria ir embora, mas uma coisa a mantinha presa: sua religião católica.

Para Peggy, divorciar-se ou deixar o marido significaria excomunhão da Igreja e, por fim, isso a levaria ao inferno.[37] Até mesmo considerar colocar a própria alma em perigo já era impensável para ela.

Mas, mãe, argumentavam os meninos, que tipo de igreja é essa que deixa esse tipo de coisa acontecer? Não posso fazer isso, ela respondia, e para todo o sempre os irmãos Gallagher desprezariam a Igreja, e a música

---

37 O casamento (matrimônio) é considerado um sacramento pela Igreja Católica, que permanece contrária à separação. Hoje em dia, porém, são aceitas várias circunstâncias de nulidade matrimonial, quando o casamento é considerado inválido e anulado, dentre elas casos que envolvem violência doméstica. A anulação deve ser reconhecida após um processo eclesiástico. Em discurso oficial, o Papa Francisco admitiu que em alguns casos a separação é inevitável e até moralmente necessária, principalmente os que envolvem violência doméstica "quando se trata de defender o cônjuge mais frágil, ou os filhos pequenos, das feridas mais graves causadas pela prepotência e a violência, pela humilhação e a exploração, pela alienação e a indiferença".

se tornaria a religião deles. Colocada nessa situação impossível, Peggy frequentemente tentava protestar com o marido.

– Por que você faz coisas tão terríveis? – perguntava ela desesperadamente.

– Porque todo mundo as faz – respondia ele com frieza.

– Não quero saber do que os outros fazem – dizia ela, triste. Mas essas palavras não surtiam efeito. Agora, a única resposta seria a ação.

Ela foi até o conselho municipal e implorou para que a mudassem de residência, junto com os filhos. Sentada em gabinetes cinzentos com lágrimas escorrendo pelo rosto, ela suplicava por uma nova casa, de forma que a família pudesse escapar. Enfim, o conselho assentiu.

Liam, como lhe seria típico, era contra se mudarem da casa. Eles deveriam era expulsar o pai. Por que é que a vida *deles* deveria ser interrompida? Ele é quem deveria se mudar. Por que é que eles é que tinham de começar do zero de novo?

O estresse afetou Liam. Peggy se recorda de vê-lo na fila do almoço na escola, nervoso, roendo as unhas, tão infeliz.

Porém, de fato, eles é que foram embora. Certa noite, com Thomas fora de casa, Peggy Gallagher e seus filhos fizeram as malas e se mudaram para uma nova casa do conselho, em Burnage.

Na noite em que chegaram, os garotos escolheram seus quartos – Liam e Noel dividiram um, Paul ficou em outro – e finalmente dormiram.

Nas primeiras horas da manhã, Peggy, que agora pesava apenas 47 quilos, sentou-se na sala de estar vazia e olhou para as paredes nuas e para o chão sem carpete. E então se perguntou como, por Deus, aquela família sobreviveria. Não tinham nada a não ser as roupas. Havia pouco dinheiro entrando. O que iriam fazer?

Foi aí que as lágrimas incontroláveis vieram e Peggy chorou como nunca havia chorado. E, mesmo no meio do choro, teve o cuidado de não acordar os filhos. Não faria bem aos filhos vê-la daquele jeito. Para eles, ela sempre seria forte.

—— // ——

É claro que a família de Peggy a ajudou. Seus irmãos e irmãs lhe deram itens para tornar a casa habitável. Logo Thomas a encontrou, mas não entrava na casa. Ficava gritando na porta, mas não passava disso, ele não poderia mais bater neles. Noel agora era o chefe da família.

Algumas semanas depois da mudança, o padre da paróquia local foi visitar Peggy. Ouvira falar do que acontecera. Peggy o convidou para entrar e serviu-lhe chá.

Porém, quando o padre começou a insinuar que ela deveria, talvez, considerar voltar para o marido, Peggy repousou a xícara e, firmemente, disse a ele para se retirar.

"O que é uma das razões pelas quais eu a amo tanto", diz Noel, orgulhoso.

O lado violento de Noel também se manifestava fora de casa. O principal exemplo eram as partidas de futebol. Ele nunca instigava brigas e, como é bem frequente, havia muita gritaria e correria pela rua, com pouca troca de socos. Porém, quando ocorria de fato uma briga, Noel era mais do que capaz de se virar. Guigsy lembra que ele uma vez surrou alguém num pub em Nottingham, "deu um belo trato".

Noel gostava mesmo de viajar para ver jogos. Os torcedores iam às centenas, número que de cara já impedia a polícia de garantir a lei de qualquer forma minimamente significativa. Noel e seus amigos, sempre desafiadores, eram conduzidos aos trens no meio da multidão, sem nunca ter pago por uma passagem. Usavam drogas e ficavam bêbados em público, e então Noel e alguns outros desciam em alguma parada no meio do caminho, entravam na cidade e furtavam o que conseguissem das lojas.

Quem dava o pontapé inicial nas brigas que aconteciam, diz Noel, eram geralmente os torcedores do oponente. Mesmo amargando na segunda divisão, o Manchester City ainda comandava um séquito formidável. Só a imensa presença dos torcedores do City já garantia uma tensão imediata na chegada deles.

"Nós nos chamávamos de Young Guvnors", recorda Noel, "e então mudamos para Cool Cats, o que era um nome estúpido, porque não éramos *cool* e certamente não éramos gatos. Foram basicamente dois anos que passamos só correndo pelas ruas. Era como aquelas cenas de *Quadrophenia*. Você saía correndo por uma rua e então a polícia aparecia".

"Alguém arremessava um tijolo numa janela e a polícia vinha atrás de nós. Dava para dar boas risadas, mas então comecei a me envolver cada vez mais com música, e foi o fim desse período".

A música a que Noel se refere girava em torno principalmente dos Smiths. No máximo, ele amenizou um pouco o apelo que a banda de fato teve.

Os instintos melódicos dos Smiths, oriundos do amor de Johnny Marr pelos grupos femininos dos anos 1960 e pelo pop de qualidade, o fato de que agora havia uma grande banda britânica saída de Manchester (começando, então, uma linhagem que existe até hoje, com a chegada posterior dos Stone Roses e do Oasis), o talento inegável de Morrissey como letrista (em especial nos títulos das músicas), tudo isso repercutiu para Noel.

Mais tarde, quando trabalhou com os Inspiral Carpets, Noel usou um topete em homenagem a Johnny Marr, cujo estilo de guitarra e de compor ele tanto admirava.

Esse corte de cabelo deixava suas sobrancelhas espessas ainda mais proeminentes, e os Inspirals rapidamente o apelidaram Monobrow ("Monocelha"). Apelidaram também o empresário Antony Bodgiano de Binsy Smith, um personagem de um programa de TV infantil, e na lombada do compacto "Find Out Why" inscreveram "*Binsy Smith meets Monobrow*".[38]

Outra influência importante de Noel foi o U2, especialmente, diz Graham Lambert, guitarrista dos Inspiral Carpets e de quem Noel era roadie, o álbum *Achtung Baby*, que ele ouvia repetidamente durante as turnês.

Em casa, Liam se recorda de alguns discos de Billy Bragg na coleção de Noel. Decerto seu irmão mais velho tinha uma predileção clara por

38 "Binsy Smith encontra o Monocelha".

música de guitarra, embora só um pouco mais tarde, afirma Liam, Noel tenha se apaixonado pelo The Jam.

Essa paixão pela música não só começou a moldar o futuro de Noel, como também passou a aliená-lo de seus amigos *hooligans*, que simplesmente não se interessavam por música. Noel, porém, se comprometia por completo com aquilo que lhe interessava, resultado direto da soma do sangue irlandês com a criação católica, que exige dedicação total e absoluta.

A música agora era uma grande paixão e, como sempre, era tudo ou nada.

Como, por exemplo, no aniversário de vinte e um anos de Noel, um dos aniversários mais significantes da vida de alguém.

– O que você vai fazer de aniversário? – perguntaram seus amigos.

– Bem, não acharia nada mal ir ao show dos Stone Roses e do James no International Two.

– Ah, cai fora, cara. Vamos pro pub.

Mas Noel não queria ir para o pub, queria ir ao show. Noel adorava shows. Era barato entrar em lugares como o Boardwalk ou o Haçienda, os drinks eram bem razoáveis e, em uma noite, você poderia ver duas ou três bandas. Mesmo que fossem uma merda, ainda dava para se divertir e talvez, apenas talvez, arrumar uma garota.

"Era uma das melhores coisas dos shows dos Smiths", recorda Noel. "Você chegava e o lugar estava cheio de loiras. Eu dizia aos meus amigos que eles deveriam ir aos shows porque eram sempre cheios de mulheres. Mas é claro que eles nunca iam".

No dia 29 de maio de 1988, Noel estava no mezanino do International Two à espera do show dos Stone Roses. Já havia cheirado uma colher cheia de *speed*[39] e tinha um pacote enorme da substância no bolso. Sabia muito bem que teria de acordar cedo no dia seguinte para ir trabalhar para a Kennedy's, firma subcontratada pela British Gas para a instalação

39 Gíria que designa anfetamina. (N. do T.)

de encanamento de gás, com uma ressaca dos infernos. Mas quer saber de uma coisa? Que se dane. Naquela noite, queria festejar.

De qualquer forma, Noel ponderou, alguém como Tommy Coyle, o velhaco que trabalhava com ele, o ajudaria nesse rebote só com seu humor mordaz.

Tommy agia como um pai para Noel. Sempre chamava Noel de lado e dizia, com toda seriedade:

– Escuta aqui, filho, ouça o meu conselho. Não se case com uma mulher, se case com um homem. Um homem com quem você possa ir ao bar, possa ir assistir futebol, pegar umas garotas, você pode até jogar todo seu dinheiro fora em apostas que não vai arrumar discussão. Eu gostaria muito de ter me casado com um homem.

Um dia desses, um dos caras do trabalho anunciou que agora era renascido em Cristo. Rápido no gatilho, Tommy olhou para ele e perguntou:

– Se você renasceu, como foi então que conseguiu entrar de volta pela periquita da sua mãe?

Porém, trabalho, só amanhã. Esta noite é o agora. Noel foi até o banheiro e se trancou numa cabine. Esticou uma carreira enorme de *speed* e, depois de enrolar uma nota amassada de £5, cheirou-a. Voltou para o meio do público e em questão de dois minutos já estava se sentindo invencível.

Os Stone Roses entraram no palco. Banda boa pra caralho, pensava Noel. E, por um segundo, ele tentou imaginar como seria estar lá no palco diante de toda aquela gente, fazendo música. Concluiu que deveria ser incrível. E que, um dia, ele é quem estaria no palco.

Então, à sua esquerda, notou um garoto com um gravador, registrando o show sorrateiramente. Não o reconheceu, mas eles já haviam se conhecido.

Graham Lambert era agora guitarrista, mas, um ano atrás, foi DJ num show dos Jack Rubies no Boardwalk.

Noel estava nesse show e, na cara de pau, foi até a cabine de DJ para perguntar se Graham tinha uma cópia extra do single do The Pastels que acabara de tocar. Graham tirou onda com ele por causa disso.

Noel olhou para o garoto de novo e decidiu abordá-lo. O *speed* já tinha batido muito bem a essa altura, toda a timidez de Noel desaparecera.

Foda-se. Aproximou-se de Graham e perguntou o que ele estava fazendo.

Graham entrou imediatamente em pânico, pensando que Noel trabalhava para a banda ou para a casa, mas ele explicou que não trabalhava para nenhum deles e perguntou se seria possível conseguir uma cópia da fita depois.

Aliviado por não ter sido pego, começou a conversar sobre música com Noel, que lhe contou que acabara de comprar um EP dos Inspiral Carpets chamado *Planecrash*.

Graham sorriu ao saber disso.

– Sou o guitarrista da banda – disse.

Ao final da noite, já haviam trocado telefones e, assim, mantiveram contato. Porém, mais importante, esse show plantou as sementes de tudo o que viria a acontecer.

//

Enquanto isso, Noel estava começando a levar a sério o ato de compor. Peggy se lembra de, certa vez, limpar o quarto dele e cometer o erro de organizar todas as folhas soltas onde ele escrevia letras e, quando Noel viu, ficou bravo.

– Bem, se você mantivesse o quarto arrumado, eu não precisaria entrar lá – disse ela, ao que Noel respondeu gritando e começou o maior bate-boca.

Ele, porém, seguiu escrevendo letras e juntando sequências de acordes. Chegou até a responder a um anúncio do *Manchester Evening News* que dizia: "Procura-se músico para parceria em composições, deve curtir os Smiths".

"Sou eu", pensou ao pegar o telefone, e depois, sem contar para absolutamente ninguém, foi encontrar o cara, que tinha mais ou menos a mesma idade dele. Gravou uma fita com umas quatro músicas suas, mas o cara era estudante, assim como tantos fãs dos Smiths, então Noel nunca mais o procurou. Mas havia registrado suas primeiras músicas. Já era alguma coisa.

Noel passava muito tempo em shows de bandas locais, como os Happy Mondays ou os Stone Roses e, é claro, estava presente em quase todos os jogos do Manchester City. Então, um dia, conversando com Graham, descobriu que os Inspirals haviam acabado de despedir o vocalista, Stephen Holt. Viu aí uma chance.

– Faço um teste para a banda – ofereceu. Graham achou a ideia ótima. Se desse certo, ele teria um bom amigo na banda.

No dia 21 de dezembro de 1988, com o Natal se aproximando, Noel disse a Peggy que ia fazer um teste para entrar numa banda.

"É curioso", diz Peggy, "mas, enquanto ele estava saindo, pensei comigo mesma: 'É realmente isso que o Noel quer fazer'".

Noel chegou ao Mill Studio, na South Street, em Ashton-under-Lyne, um pouco nervoso, mas, é claro, assim como o irmão, nunca deixou transparecer uma fração sequer daquilo que se passava em seu interior.

Posicionou-se na frente do microfone e cantou "Butterfly", dos Inspirals, e depois uma versão de "Gimme Shelter", dos Rolling Stones.

Quando terminou, voltou para casa e ficou sabendo que um avião que sobrevoava Lockerbie, na Escócia, explodiu no ar. A notícia era chocante, mas o veredito da banda sobre sua performance vocal foi decepcionante.

"Nós achamos que a voz dele simplesmente não era potente o bastante", diz Graham. Noel concorda. "Eu berrei pra caralho", recorda-se. "Não sabia cantar na época, então não consegui a vaga".

Se Noel ficou desapontado com o resultado, certamente nunca demonstrou isso. Aprendera a não se expressar diante dos outros, sentia que fazer isso seria um sinal de fraqueza. Afinal, trabalhava com uma gangue durona de encanadores para quem demonstrações de emoção pegavam mal para a masculinidade. Garotas choram, garotos não.

//

Por volta de abril de 1989, Noel quebrou o pé no trabalho, quando um cano pesado caiu sobre ele. Foi levado para o hospital e engessado. Para ele, a pior parte do machucado era ficar imobilizado, o que significava que teria de permanecer em casa dia após dia. Noel detestava ficar entediado, era a pior coisa para ele. Tentou por toda a vida fugir do tédio. Um dia, ligou para Graham e contou-lhe de seu sofrimento.

"Lembro que ele nos ligou no nosso telefone celular", diz Graham, "e falou 'Sabe de uma coisa, eu não me importaria de ser roadie de vocês', porque agora precisava de emprego".

Dada sua condição física, Noel poderia muito bem estar brincando. Afinal, seria um roadie "perneta". Mas Graham estava disposto a ajudar o amigo que se encontrava tão obviamente entediado e prestes a ficar louco.

Assim, em maio de 1989, Noel viajou com os Inspiral Carpets para um show no pub Duchess of York, em Leeds, casa que, mais tarde, seria o cenário de um incidente muito célebre na história do Oasis.

"Noel estava de muletas", recorda Graham, "e eu lembro que nós precisamos ajudá-lo a subir pela escada de incêndio".

Quando a perna sarou, Noel largou o emprego na Kennedy's (havia sido transferido para um depósito onde Liam mais tarde trabalharia) e foi ser roadie dos Inspirals. Pouco depois, a banda empregaria mais um roadie, Jeff Scallon, e Noel ficou responsável por cuidar das guitarras, dos teclados e da bateria.

Pouco depois de começar sua carreira de roadie, Noel já compreendia como todos esses três instrumentos funcionavam e rapidamente aprendeu a tocar bateria e a operar um teclado. Em termos futebolísticos, ele jogava nas onze.

Havia também um técnico de som que trabalhava para a banda, de nome Mark Coyle, que compartilhava muitas semelhanças com Noel – assim como ele, o que quer que Coyle decidisse fazer, o fazia com uma atitude de tudo ou nada, uma vez que também era católico irlandês.

Aos quatorze anos, a ambição de Mark era ser produtor e engenheiro de som. Tocou guitarra numa banda de Manchester chamada The Wild Strawberries no início dos anos 1980 e, mais tarde, trabalhou como engenheiro de som para os Stone Roses. Entre um show e outro dos Roses, era empregado pelos Inspirals, onde ele e Noel desenvolveram rapidamente uma grande amizade, que dura até hoje.

"A música e o futebol foi o que nos aproximou", explica Noel. "Ele curtia muito os Beatles e é, ainda, um torcedor roxo do United, o mala. Discutíamos horrores sobre o City e o United. Ainda discutimos. Ele é também um guitarrista brilhante, que nunca toca na frente de ninguém, mas pode acreditar em mim, ele é fera".

Coyle também tocava bateria. Muitas vezes, os dois chegavam ao local do show, montavam o equipamento e, então, antes ou depois de a banda fazer a passagem de som, Noel pegava a guitarra, Coyle ia para a bateria e eles tocavam músicas de Noel. Sem saber, estavam se preparando para o que viria.

Se Coyley (como ele é conhecido) era o amigo mais próximo de Noel, então, com a exceção de Peggy, a mulher com quem ele tinha mais proximidade até então era Louise Jones. Noel a vira em diversos clubes, principalmente no Haçienda, até que por fim começaram a conversar.

Noel ainda morava com a família, e Peggy, que se dava bem com Louise, lembra-se dela ir até sua casa na maioria das noites e ficar com Noel no quarto.

Logo decidiram morar juntos. Louise era gerente de uma loja da Benetton em Manchester e se inscrevera para obter um apartamento no India House, um grande edifício situado no centro da cidade.

Nesse meio-tempo, uma amiga se mudou e Louise e Noel ficaram no apartamento dela, praticamente numa ocupação. Um ano depois, o pedido inicial de Louise foi aceito e eles se mudaram para um apartamento maior.

A essa altura, Manchester já ganhara um novo apelido: Madchester.

—— // ——

No final de 1987, DJs londrinos como Paul Oakenfold, Nicky Holloway e Danny Rampling estavam prestes a mudar a cultura dos clubes, que precisava de uma injeção de adrenalina. A música eletrônica, naquela época, era dividida de forma bem organizada. Rap ali, house lá. Além disso, muitos clubes londrinos eram elitistas. Era preciso se vestir de determinada maneira para poder entrar.

Depois de viajar para Ibiza e testemunhar uma política musical que agradava a muita gente, ao retornar a Londres, esses DJs começaram a tocar num estilo similar. Por exemplo, nas madrugadas no clube de Paul Oakenfold, ao sul de Londres, ele tocava U2 e outras bandas de rock além do house. A introdução dos comprimidos de ecstasy nessa cena provocou, então, o maior movimento jovem desde o punk.

O ecstasy, usado pela primeira vez em 1912 por psicólogos alemães para ajudar seus pacientes com impedimentos emocionais a se expressar, era, nessa época, incrivelmente potente.

Em questão de vinte minutos da ingestão, os usuários perdiam todas as inibições e sentiam um enorme bem-estar em relação a si mesmos e aos outros. De repente, garotos brancos que raramente dançavam estavam pulando em cima das mesas para rodar a noite inteira.

Clubes como Schoom, Trip e Spectrum testemunhavam cenas incríveis de desprendimento em público à medida que uma nova cultura rapidamente tomava forma, e 1988 foi oficialmente batizado de Verão do Amor.

O Haçienda, em Manchester, já tocava house regularmente, bem antes de Londres atentar para o estilo, embora as roupas e as drogas estivessem ausentes da cena. Como aponta Sarah Champion em seu livro *And God Created Manchester*, foi preciso que Shaun Ryder e Bez, dos Happy Mondays, viajassem até Londres, conferissem os clubes e voltassem para casa com a fórmula para que Manchester emulasse a cena toda.

Com a cena emulada, a cidade foi à loucura. Certamente precisava de uma dose de excitação pura. Economicamente, Manchester ainda estava em sério declínio. Os trabalhos de manufatura estavam prestes a desaparecer, o nível de desemprego era surpreendentemente alto e as drogas eram praticamente a única indústria que mostrava algum tipo de crescimento.

As gangues, tais como a Quality Street Gang, que outrora dominara e operara Manchester da mesma forma que os Krays fizeram em Londres, haviam perdido seu poder, que foi tomado por uma leva de novos e jovens traficantes, que se reuniam primordialmente na região de Moss Side.

Essa nova estirpe de traficantes era jovem (tanto Mark Coyle quanto Guigsy testemunharam ou foram eles mesmos ameaçados por crianças de onze anos que empunhavam pistolas semiautomáticas), inescrupulosa, destemida e determinada.

Logo tomaram a cena house de Manchester e fizeram a rapa ao vender ecstasy com uma margem de lucro enorme. Mais tarde, inundariam a cidade com heroína e cocaína.

A princípio, Noel foi resistente à cena house. Seu amor era pela música de guitarra, ele não sabia dançar e não tinha muito contato com nenhum tipo de música negra. Foi só quando se mudou para Londres que conheceu a música de artistas como Lee Dorsey, Sly Stone, Marvin Gaye etc.

Quando foi a uma noite de house no Haçienda pela primeira vez, Noel observou o público com um verdadeiro distanciamento. Não entendia aquela música, não entendia por que todo mundo estava insano na pista de dança. Na segunda vez, tomou um comprimido de ecstasy e, de repente, tudo fez sentido.

Aquela era facilmente a droga mais potente que ele já tomara. Assim como em seus experimentos prévios com cogumelos ou cola, a droga aniquilava sua culpa e sua timidez. O ecstasy, porém, também atacava sua raiva, tornava-o mais aberto às pessoas, menos temeroso e cínico em relação a elas.

Logo estava dançando ao som da batida, ainda que nos fundos do clube. Em contraste, Liam detestava essa cena. Toda aquela molecada dançando de um jeito estranho, com olhos esbugalhados e declarações de amizade ("você é o meu melhor amigo, é, sim"), o enojava.

Noel, porém, não havia quem parasse. Ia a raves como a Live the Dream e a Joy, viajava até Londres para festas no clube Spectrum e via gente como Alan McGee e Jeff Barrett, assessor de imprensa dos Happy Mondays, por lá.

Chegou até a deixar a guitarra de lado por um tempo enquanto imergia na batida primal e nos refrões grandiosos do house, que, quando ouvidos sob o efeito do ecstasy, faziam sentir como se estivesse realmente cumprindo a promessa dos céus de amor eterno. (Outra faceta desse estilo de música eram as grandes produções da maioria dos discos. Uma das faixas favoritas de Noel desse período era "The 900 Number", de Mark the 45 King, uma mistura fervilhante de batidas de hip-hop e um saxofone doído.)

Por alguns meses, exceto por escritos isolados na imprensa musical, a cena passou despercebida, até que o *Sun* publicou uma matéria de primeira página em agosto de 1988 para alertar a nação sobre o perigo da exposição de seus filhos às drogas. Houve um clamor pela ação da polícia.

"Fomos presos em Leeds", recorda-se Noel. "Estávamos em quatro num carro e seguíamos para uma rave em Leeds, mas a polícia instalou um bloqueio e, como nós estávamos muito doidos, não nos importamos. Amontoados no carro, fumaça de maconha pra todo lado, bala e cocaína no carro, e de repente um policial coloca a cabeça pela janela e diz: 'Vocês estão todos presos'".

"Então fomos levados e colocados num ônibus com todo o resto do pessoal de Manchester. Todo mundo esvaziava os bolsos e jogava o conteúdo no chão. Havia E por todo o chão, sedas, gente engolindo as drogas. Aí nos levaram para uma delegacia em Leeds cujas celas estavam cheias, então nos colocaram no porão da prefeitura, nos trancaram no corredor e nos algemaram aos aquecedores".

"Mike Pickering [fundador do grupo M People] estava lá, Graeme Park [um DJ conhecido], alguns dos Mondays, e todos nós passamos a noite naquele corredor, rindo, viajando, chapados".

"No dia seguinte, fomos levados até o juiz, na maior ressaca, e algumas daquelas pessoas foram de fato presas por tráfico e estão lá até hoje".

Noel recebeu uma multa e voltou para casa. Inabalável, continuou a frequentar o Haçienda, a dropar E e a se divertir loucamente. Certa noite, ele e Louise voltaram para o India House com Noel doidaço.

"Era preciso usar uns cartões para entrar", ele explica. "Abrimos a porta e lá estava um cara negro grandalhão, um monte de gente no corredor e nas escadas dançando ao som da música. O cara vira pra nós e diz: 'Cinco pratas pra entrar, amigo'".

"Foi uma loucura. Mas, para mim, a verdadeira cena de Manchester aconteceu três anos antes, quando era possível ir ao Boardwalk e ver os

Happy Mondays, os Stone Roses e mais umas duas bandas por duas pratas, e um *pint* no bar era uma libra".

"Porém, quando saiu aquela merda nos jornais, expressões típicas de Manchester no *Daily Mirror*, tipo, '*top one means well-done old bean*',[40] e aquele monte de estudantes se mudou pra lá, e todos os clubes começaram a ser controlados pelas gangues, acabou para mim".

Logo a música dos Beatles, do The Jam e dos Smiths voltaria aos holofotes da vida de Noel, mas ele também foi enormemente cativado por discos dos Happy Mondays, dos Stone Roses e de mais um grupo novo, The La's.

O single "There She Goes", lançado duas vezes antes de se tornar um enorme sucesso, precedeu um álbum que levara anos para ser gravado, mas que, uma vez lançado, tornou o líder da banda, Lee Mavers, uma força a ser reconhecida por seus contemporâneos.

Mesmo assim, o The La's permaneceu uma espécie de fenômeno underground. Quando o álbum *The La's* finalmente foi lançado, Mavers, eterno aventureiro perfeccionista, disse em todas as entrevistas que o disco era uma merda e que as pessoas não deveriam comprá-lo. A maioria delas atendeu a esse pedido.

A reputação de Mavers se espalhou rapidamente. Histórias de que ele insistia que poeira dos anos 1960 fosse trazida para o estúdio circularam muito rápido e só serviram para fortalecer a admiração que Noel tinha por ele. Noel também ficou contente em saber que Mavers também gostava de um de seus LPs favoritos, *The Wall*, do Pink Floyd.

Embora Noel reconheça que *The Wall* não é um álbum consistentemente bom do começo ao fim, para ele, faixas como "Nobody Home" são clássicas.

Porém, o que Noel realmente admirava no álbum do The La's era o quanto o disco estava à frente de seu tempo. Gravado em 1987, assinalava um retorno às composições pop clássicas e exerceria uma influência im-

---

40 Em tradução completamente livre do sentido geral da expressão, uma vez que depende da carga cultural local, seria algo como "*essa foi massa* significa *mandou bem, meu chapa*". (N. do T.)

portante sobre muitas bandas que estavam então surgindo, como o Oasis, The Real People e Ocean Colour Scene.

Quando Noel enfim conheceu Lee Mavers, em 17 de dezembro de 1994 no Royal Court, em Liverpool, se apresentou dizendo:

– É uma grande honra conhecê-lo.

– Aposto que é mesmo – respondeu Mavers.

Até hoje, o Oasis ainda o tem na mais alta estima.

Quando a cena house se tornou previsível e os comprimidos de ecstasy perderam a potência, Noel voltou-se novamente para a música pop centrada em guitarras, movida ali pelo trabalho de artistas como Mavers e John Squire.

No entanto, ele nunca se esqueceu de como aqueles refrões gloriosos e transcendentais do house, que tanto lembravam a música irlandesa e os cantos de futebol, o faziam se sentir, e logo começou a incorporá-los à sua própria música, com um efeito arrasador.

Noel já havia dado alguns passos em direção à incorporação do house em seu repertório com a música que começara a fazer com Mark Coyle, que sempre o convidava para usar seus equipamentos de gravação e compor algumas canções juntos.

– Qual é mesmo o endereço, Coyley? – perguntou Noel.

– É 388 Mauldeth Road West – respondeu Mark.

"Conheço esse lugar", pensou Noel. "Mas conheço de onde, porra?".

//

Ao chegar, Noel se deu conta de que a casa ficava em frente ao campo onde jogava futebol gaélico. Contou isso a Coyle, que lhe disse que também jogara esse esporte quando criança.

Chegaram à conclusão de que haviam de fato jogado um contra o outro, certa vez. Parecia indicativo da natureza da amizade profunda deles que seus caminhos já tivessem se cruzado.

Ligaram os gravadores, pegaram as guitarras e começaram a tocar melodias e ideias em cima de baterias sampleadas. Uma das canções gravadas por eles usava um sample de "For What It's Worth", do Buffalo Springfield. Alguns anos mais tarde, o grupo Oui 3 se valeu da mesma ideia e emplacou um single de muito sucesso.

Havia uma série de outras canções, mas muitas vezes eles estavam tão loucos que sempre esqueciam de apertar o botão de gravar, ou colocavam a fita errado.

"Eu voltava para casa, para Louise, chapado da cabeça depois de ficar três dias convivendo com o Coyley, e dizia: 'Você tem que ouvir essa música que a gente fez, é irada, só que não tem como você ouvir porque a gente gravou outra coisa em cima, de tão chapado'".

Todos aqueles que chegaram a ouvir as fitas – Liam, por exemplo – atestariam que as ideias e canções "eram ótimas", mas nem Noel, nem Mark as apresentou a uma gravadora.

Quanto ao relacionamento de Noel com Louise, alguns, como Bonehead, achavam difícil de entender. Na época em que Noel entrou para o Oasis, muito do dinheiro que ganhava como roadie, e segundo todos os relatos ele ganhava bem, ia para diversão ou equipamento. Cabia a Louise bancar o aluguel e fazer as compras.

"Você chegava na casa deles", recorda Bonehead, "e Noel, que estava com coisa de uns quatro mil atrasados de aluguel, recebia todos os amigos para assistir futebol. Eles bebiam cerveja, berravam e, enquanto isso, Louise ficava na cama tentando tirar uma soneca, porque tinha que ir trabalhar no dia seguinte para pagar o aluguel. Mas você nunca a ouvia reclamar nem nada assim".

Naturalmente, Noel ficava distante boa parte do tempo, com os Inspirals. Logo descobriu que adorava viajar. Turnês são frequentemente comparadas a se viver numa bolha, e Noel gostava da vida nessa bolha. Ele e Coyle, que dividiam quartos, acordavam, fumavam o primeiro baseado do dia, talvez cheirassem uma carreira, iam a passos lentos para a passagem de som, descarregavam o mínimo de equipamento possível, tocavam suas músicas e esperavam o horário do show.

"A gente não sabia nada de amplis", recorda Noel. "A gente ligava e, se eles não funcionassem, dava uns tabefes tipo você faz com a televisão quando ela não funciona. Se isso não desse certo, a gente desligava, ligava de novo e, se ainda assim não funcionassem, a gente dizia para a banda arrumar uns equipamentos novos".

Durante os shows, eles dois, que achavam os Inspirals mais ou menos, fumavam quantidades abundantes de maconha e davam uma conferida nas garotas do público.

"Uma vez, eu e Coyley estávamos atrás dos amplis enquanto a banda tocava", relembra Noel, "e ficamos tão chapados que a banda terminou, saiu do palco e nós nem percebemos".

A maconha podia acalmar Noel, mas viajar era algo que definitivamente apetecia a seus instintos nômades. Como todo artista sério, ele detestava ser engessado e, embora todos o considerassem um fanfarrão, era sensível o bastante para apreciar muitas das culturas diferentes com que tinha contato.

Realizou uma ambição, instigada ainda na infância ao assistir a todos aqueles seriados policiais americanos, como *Kojak*, *Starsky & Hutch* e *Police Woman*, ao viajar para os EUA. Mais tarde, viriam viagens para o Japão, a Estônia e a América do Sul.

Foi enquanto estava nos EUA que Noel descobriu, por meio de Peggy, que a banda de Liam, o Oasis, ia fazer um show no Boardwalk no dia 18 de agosto de 1991. Isso ele não perderia de jeito nenhum.

Nesse meio-tempo, fez talvez a descoberta mais importante de sua vida. Certo dia, em casa, estava ouvindo *Exile On Main Street*, um de seus discos favoritos dos Rolling Stones, "pela 300ª vez, mais ou menos".

Ao ouvir a faixa "Shine a Light", Noel pensou ter ouvido Mick Jagger cantar a palavra "*maybe*". Sabe-se lá por que, mas a palavra ficou remoendo na cabeça de Noel; pegou o violão e tocou alguns acordes, repetindo essa palavra em cima deles sem parar.

Então, percebeu que, se deixasse um vão entre dois acordes e inserisse essa palavra, "*maybe*", nesse espaço, alguma coisa acontecia ali.

E foi assim que Noel Gallagher escreveu seu primeiro clássico, "Live Forever", e como ele descobriu não apenas que era um compositor de talento indiscutível, mas também que, agora, poderia se levar a sério. Em suas primeiras tentativas de composição, foi esperto o bastante para saber que não havia chegado no padrão que esperava e pelo qual procurava em todas as coisas. Com "Live Forever" na manga, agora sabia ao certo que tinha futuro. Era uma sensação estranha. Noel Gallagher nunca sentira nada parecido na vida.

- Seis -

FOI PEDIDO A TODOS QUE ESTIVESSEM AO MEIO-DIA EM PONTO EM KINGS CROSS NO DIA DA VIAGEM PARA WHITLEY BAY, PARA O 232º SHOW DO OASIS. DEZ MINUTOS DEPOIS DO MEIO-DIA, SÓ FALTAVA UM DELES. LIAM. É CLARO. MAGGIE, A *TOUR MANAGER*, CONSEGUIU LOCALIZÁ-LO PELO CELULAR.

– Ele acabou de acordar – anunciou –, e estará aqui em uma hora.

– Certo – disse Noel –, hora do rango, então.

Do outro lado da rua havia um café frequentado pelos taxistas da região. Guigsy, Alan White, Noel e os novos seguranças, Kevin e Terry, mais Maggie e sua assistente Melissa se encaminharam até lá. Pediram café da manhã e conversaram sobre futebol e sobre a imprensa.

– Você viu o *Daily Mail*? – Noel perguntou a Alan enquanto devoravam linguiças, ovos, feijões e pão, engolidos com goles de chá fraco. – Tem uma matéria sobre aquele evento pré-Brit Awards que eu fui. Disseram que eu desci do carro parecendo um limpador de janelas de ressaca – Noel abriu um sorriso largo. – Massa pra caralho.

Como a banda estava nos EUA, perdeu o programa de TV sobre os Beatles, o *Anthology*, exibido recentemente. Fitas gravadas agora estavam disponíveis no ônibus. Todos se acomodaram quando Liam enfim chegou, com uma aparência totalmente acabada.

– O que vocês estão assistindo? – perguntou ele, com o cansaço aparente na voz e óculos escuros enormes cobrindo os olhos.

– Aquele negócio dos Beatles – respondeu Noel.

– Ah.

E então Liam se virou, deitou numa das camas e dormiu ao longo de toda a viagem.

Noel, Guigsy e Alan White assistiram ao *Anthology*. Não fizeram comentário algum até surgirem imagens da banda tocando para milhares de garotas aos berros. Noel fez uma careta de desprezo total.

– Berreiro do caralho. Calem a boca. Essa gritaria toda me dá nos nervos.

– Pode crer – diz Guigsy.

Por volta das cinco da tarde, o ônibus estaciona na frente do Windsor Hotel e todos seguem para seus quartos. Três horas depois, descansado, Noel desceu e foi direcionado ao Bikini Bar, na esquina do hotel. Liam ficou dormindo no quarto.

O nome do bar era adequado. Todas as garçonetes usavam biquínis, enquanto um DJ, numa espécie de púlpito num canto, atuava à moda antiga, se dirigindo ao público por cima das músicas que tocava.

– Certo, é aniversário da Michelle hoje. Vamos lá, Michelle, sobe aqui no bar e dá uma rodadinha pra nós. Vamos lá, todo mundo, uma salva de palmas pra ela.

Ajudaram Michelle a subir no bar e ela começou a rodar ebriamente ao som da música.

– Vamos lá, Michelle – choramingou o DJ –, você consegue fazer melhor que isso. Vamos dar uma olhada em você. Faça um strip.

O público festejou, mas não de um jeito maldoso, pervertido. Era só diversão de sexta à noite. O pessoal de Whitley Bay estava mamado, mas só queria dar risada e curtir.

Da mesma forma, a maioria das pessoas ali reconheceu Noel, mas não houve tensão, só um fluxo de gente que o abordava com as melhores intenções. "Sua banda é massa pra caralho", diziam os rapazes, e "Ah, como você é fofo, é muito fofo. Adoro aquela sua música, a 'Wonderwall'", diziam as garotas.

Noel só sorria. Estava entre os seus, e eles lhe pagavam bebidas, o abraçavam e então o deixavam em paz. Depois, o gerente deixou o bar aberto por mais uma hora, e Noel voltou para o hotel, bêbado, mas agradecido.

– Se com 200 pessoas foi assim – disse –, imagina como vai ser no show amanhã. E, o melhor de tudo, Liam vai ficar pistola porque nós saímos sem ele.

O horário marcado para se encontrarem era às três e meia da tarde seguinte. Às três, a banda já estava no bar. Liam, revigorado, estava em pé no balcão, flertando com a bartender gatinha.

– Viu, Tracey, Tracey, eu não estou te irritando, né? Tracey? Não estou não, né? Porque se estiver, paro de falar com você. Paro mesmo, Tracey. Prometo. Palavra de escoteiro. Não estou te irritando, estou?

Tracey sorria e tentava servir outros clientes. Liam continuava:

– Você é muito gata, Tracey. Esse seu cabelo é lindo. Mas se eu estiver te irritando, eu paro, paro mesmo.

Guigsy se aproximou para pedir um drink.

– Como você está? – perguntou a Liam.

– Como eu estou? – Liam respondeu. – Como eu estou? Vou te dizer como eu estou. Você quer saber como eu estou? Bem, eu vou te dizer como eu estou. Quer que eu te diga?

Guigsy, num tom neutro, disse:

– Sim, Liam, eu gostaria que você me dissesse como você está.

– OK. Eis como eu estou. Você quer saber como eu estou, eu vou te dizer como eu estou. Sabe aquela expressão, "pulando de alegria"?

Guigsy assentiu.

– Você conhece essa expressão, certo? E sabe aquela outra expressão, "estranho no ninho"?

– Que é o que você é – gritou Noel de seu assento.

– Bem, exatamente entre essas duas expressões é como eu estou – disse Liam, ignorando o chiste do irmão.

Voltou-se então para Bonehead, que estava sentado ao lado de Noel:

– Aí, Bonehead, você trouxe aqueles CDs?

Bonehead negou:

– Eu esqueci.

– Você esqueceu – disse Liam.

– Esqueci.

Liam se moveu em direção a ele.

– Eu te peço um favor, que é ir até a HMV e comprar uns CDs e voltar, o que, parando pra pensar, é uma coisa simples pra caralho, e você se esqueceu.

– Bom, por que então você não foi comprar? – desafiou Bonehead.

– Porque eu sou o vocalista e toda vez que eu entro numa HMV é só... – Liam imitou um fotógrafo disparando uma câmera.

Imediatamente, Noel se levantou e fingiu estar tocando violino.

– Ahhh – disse ele –, pobrezinho. E então Guigsy e Bonehead se juntaram a ele na imitação.

– Todo mundo junto agora – disse Noel, e os três entoaram ao mesmo tempo: – Ahhh...

Liam deu um sorriso amarelo e resmungou:

– Seus otários.

Olhou então para o paletó de Noel, uma peça elegante, com três botões e lapela e mangas de couro.

– Pelo menos eu não pareço um professor de geografia com essa porra de paletó.

– Nem eu – Noel foi rápido na resposta –, visto que meu professor de geografia era negro e vinha da Nigéria.

Do lado de fora, um amontoado de fãs observava pela janela do bar. Maggie entra:

– Certo, o ônibus está pronto.

A banda termina os drinks rapidamente e se dirige para fora. Liam e Noel dão autógrafos para a molecada, e então embarcam, vão para os fundos do ônibus e se sentam com o restante da banda.

Houve um silêncio momentâneo. Noel olhou para Liam e riu.

– Vai – pediu ao irmão –, fala alguma coisa polêmica.

– *Nah* – respondeu Liam, meio sorrindo. – *Nah*, não tenho nada pra dizer.

Noel franziu as sobrancelhas:

– *Você* não tem nada pra dizer?

– Olha só, no final do dia...

– Chega a noite – Noel disparou de volta.

– Depende de onde você mora – replicou Liam, quase tão rapidamente quanto.

– Sabe o que ele me disse outro dia? – Noel agora se dirigia a Bonehead. – Que 'o próximo single tem que ser devidamente massa' – Noel ergueu os braços, incrédulo. – Tipo, como se todos os outros não tivessem sido!

– Peraí, peraí – interrompeu Liam. – Conta direito. O que eu disse foi que, nesse momento, todo mundo acha que essa banda é pica das galáxias, o que é verdade e tal, mas o que eu quis dizer foi que o próximo single tem que ser devidamente massa, tem que ser ainda melhor. E isso está certo, não? – perguntou, voltando-se para Bonehead em busca de apoio. Mas o guitarrista estava ocupado demais em dar risada.

– Mas então – disse Liam, voltando-se para o irmão –, que tipo de público você quer, usando um paletó como esse? A porra de um bando de colecionadores de carros antigos?

Foi uma alfinetada pouco discreta no Rolls-Royce cor de chocolate que Noel ganhara de presente de Natal da Creation. Noel fez uma careta e disse:

– Pode ser.

– Ah, que se dane – disse Liam, e foi se sentar em outro lugar.

Cinco minutos depois, o ônibus estacionou na frente do Whitley Bay Ice Rink. Em questão de dois minutos, Noel já estava tocando guitarra no palco. Guigsy, Bonehead e Whitey logo se juntaram a ele. Tocaram uma música nova, que agora tinha o título de "Me and My Big Mouth", depois fizeram "Don't Look Back in Anger", uma versão rasgada de "Day Tripper", dos Beatles, e então passaram "Don't Look Back in Anger" mais uma vez.

Então Liam apareceu e a banda tocou "Round Are Way", mas o andamento da música estava caótico demais. Um minuto de música e Liam já estava gritando:

– Mais devagar, mais devagar, parece a porra do Blur.

A banda o ignorou. Todos seguiam Noel, que agora estava esmerilhando a guitarra.

– Está rápido demais, porra, não consigo... – exasperado, Liam se afastou do microfone e a canção enfim se desmontou.

– Estou aqui para passar o vocal – explicou Liam –, então toquem mais devagar.

Noel começou a tocar os acordes da introdução, mas de uma maneira deliberadamente devagar, como um compacto tocado numa rotação mais lenta.

– Mais rápido – disse Liam. Noel aumentou um pouquinho o ritmo. – Mais rápido, porra.

Até tocarem a música da maneira correta, Liam já estava furioso. Na metade da canção, sentou-se no palco e só ficou observando, carrancudo. Ao final da música, saiu do palco.

Noel não pareceu se importar. Pegou o violão e sentou-se na banqueta. Todos esperavam que ele tocasse uma música conhecida. Ao invés disso, tocou mais uma música nova. Os acordes soavam como um primo distante de "Wonderwall", e o refrão era cativante.

"*Every sound I hear is made by me-eee*",[41] cantava ele. Todos os presentes pararam o que estavam fazendo para ouvir. Ao acabar, Noel pôs o violão de lado e disse:

– É o suficiente.

Atrás do palco, o Ocean Colour Scene, banda de abertura da noite, se preparava para passar o som.

– Vocês ouviram essa música nova? – perguntou o guitarrista Steve Cradock. – Incrível.

Enquanto os rapazes do Ocean Colour Scene passavam som, Noel sentou-se para dar uma entrevista a Richard Johnson, do *Sunday Times*, e depois se juntou a Guigsy, Bonehead e Whitey na área de alimentação.

---

41 "Todo som que ouço é feito por mim" – no fórum Live4Ever, há quem suspeite que se trata de uma letra inicial de "D'You Know What I Mean". (N. do T.)

Liam estava ausente, mas, assim que apareceu, ficou claro que seu mau humor tinha piorado.

Sentou-se e, seco, pediu comida a Mouse, que estava responsável pela alimentação. Quando ela trouxe o pedido, com seu jeito animado de costume, Liam não disse nada. Apenas encarou o prato, sem se preocupar em pegar os talheres.

Atrás deles, Johnny Hopkins, assessor de imprensa do Oasis, e Richard Johnson estavam sentados em outra mesa. O jornalista queria conversar com Liam em algum momento, mas o cantor já havia recusado. Um dos membros da equipe de palco que estava na mesa de Liam perguntou se alguém queria pão.

– Não – murmurou Liam, ao passo que todo mundo disse "sim".

Quando o roadie voltou, entregou um pão a Liam.

– Eu falei que não queria porra nenhuma – disparou Liam, e então voltou a encarar a comida. Foi então que Melissa, a assistente de Maggie, entrou. Liam havia pedido a ela que passasse sua camisa para o show, mas ela não conseguiu encontrar a mala onde a camisa estava.

– Liam, onde está a sua mala? – perguntou ela alegremente.

Liam levantou o olhar, incrédulo:

– Como assim? Você ainda não passou a minha camisa?

O veneno em sua voz e em seus olhos pegou Melissa despreparada.

– Não, eu... – gaguejou ela.

– Está na minha mala, que está lá embaixo, onde eu te falei que estava, porra. Você sabe como é uma mala, não sabe? Um negócio azul com alças e um zíper e um cordão, certo?

Melissa ficou vermelha de vergonha e saiu, embaraçada.

– Otária da porra – latiu Liam.

Bonehead voltou-se para ele:

– Você sabe que não precisa falar com ela desse jeito, né?

– O que você tem a ver com isso?

– Estou dizendo que é desnecessário.

– Caralho, eu pedi a ela cinco vezes para passar a minha camisa, cinco vezes, caralho. Então não me vem falar nada.

– Não vou – Bonehead gritou de volta. Seus rostos estavam agora a centímetros de distância. – Estou dizendo, não vou...

Liam empurrou a cadeira para trás violentamente e se levantou. Agora estava assomando sobre Bonehead.

– Não – gritou –, não! – apontando o dedo na cara de Bonehead. – Você não se mete nas minhas coisas, não é da sua conta, falou? Não é porra nenhuma da sua conta.

– Ei! – Noel gritou para o irmão em fúria.

Porém, Liam o ignorou. Chutou a cadeira e saiu da sala, berrando para Bonehead:

– Te vejo depois.

Bonehead voltou-se para Noel:

– Ele despirocou.

– Ele é um cuzão – respondeu Noel calmamente.

Hopkins se aproximou de Noel e agachou ao lado dele.

– Seu irmão está bem? – perguntou.

– Ele está se achando a última bolacha do pacote.

Bonehead fitava a porta por onde Liam acabara de passar. Não havia raiva em sua expressão, por ter sido desafiado e desprezado em público. Parecia mais uma preocupação genuína. Todos estavam acostumados com os chiliques de Liam, mas esse parecia mais sério.

Em contraste, Noel estava sempre num bom humor constante. As novas músicas que tinha na cabeça estavam muito boas, sua banda era a maior do mundo e estava cada vez maior. Era publicamente respeitado por seu talento e os shows eram sempre muito prazerosos.

Aquela noite certamente não foi exceção. Assim que entraram no palco, já tinham o público a seu lado. A banda sempre respondia bem a tamanho incentivo: embora nunca sorrissem, davam tudo de si ao tocar.

Liam esperava ao lado do palco para fazer sua entrada. Agora, já estava muito no clima para ficar de birra. Chamou um dos roadies e, com a cabeça, apontou para Noel, que arrancava da guitarra as notas gritantes de "The Swamp Song".

– Ele é bom, né? – perguntou Liam.

– Bom pra caralho – respondeu o roadie.

– É, mas não tão bom quanto isso – ostentou Liam, e então entrou no palco, malemolente, para ser recebido por aplausos retumbantes. Quando a banda chegou em "Cigarettes & Alcohol", Liam se aproximou de Noel por trás e encostou as costas nas do irmão, enquanto este tocava. Sabia que isso ia dar nos nervos dele. Sabia que o irmão cerraria os dentes. Porém, como sempre, Noel não demonstrou emoção alguma. Liam se afastou dele, rindo.

Em "Live Forever", alguém jogou uma moeda no palco. Liam foi quem notou primeiro. Fitou a moeda no chão do palco e então fixou o olhar na parte da plateia de onde a moeda parecia ter vindo.

– Por acaso parece que a gente precisa de dinheiro? – perguntou, com um tom de escárnio perfeito.

O melhor momento aconteceu durante o set acústico de Noel, quando ele tocou a sequência familiar de acordes da introdução de "Wonderwall". Quando estava prestes a cantar o primeiro verso, o público começou antes que ele pudesse, e não parou aí: cantou a música inteira para ele. Noel não cantou uma palavra sequer. Apenas se afastou do microfone e tocou violão enquanto mais de 10 mil pessoas cantavam sua música de cabo a rabo, palavra por palavra. Suas vozes encheram a arena imensa. Foi a primeira vez que isso aconteceu, mas não seria a última.

No camarim, foi como se o show nem tivesse acontecido. O clima estava pra baixo, com certo constrangimento. Em algum momento entre o set do Ocean Colour Scene, que Noel assistiu com grande entusiasmo das coxias, e seu próprio show, ele foi acometido por um mal-estar estomacal terrível.

Deitou-se no sofá, esperando a dor melhorar. Mal conseguia se mover. Meg estava com ele agora, viera de Londres de manhã com Emma Greengrass, a gerente de marketing do Oasis, para passar o final de semana com ele e assistir ao show enorme do domingo, no Ingliston Hall, em Edimburgo.

Guigsy, Bonehead e Whitey estavam exaustos, sentados em cadeiras, e Liam, num sofá, ranzinza, porém imóvel. Era desconcertante ver Liam tão contido. Normalmente ele estaria andando de um lado para o outro, esperando a festa começar. Agora lá estava ele, com as longas pernas estendidas, a cabeça reclinada e os olhos fitando o teto.

Johnny Hopkins e Emma conversavam quietos no canto esquerdo da sala e Terry, o segurança, estava de guarda ao lado da porta. Houve uma batida contida na porta e Terry deixou Marcus Russell entrar.

O empresário do Oasis parecia feliz, o show havia sido ótimo, muito acima da média. Olhou para Liam e acenou. O cantor olhou discretamente em direção ao empresário e alertou:

– Não me pergunte como eu estou. Simplesmente não pergunte.

– OK – disse Marcus animadamente. – Como você está?

– Merda – disse Liam.

Marcus parecia genuinamente confuso. O show havia sido extraordinário. Qual era a porra do problema? Noel gemeu do outro lado da sala e Marcus olhou para ele.

– Noel – disse, com preocupação –, você precisa de alguma coisa? Quer que mande buscar alguma coisa? – era a centésima vez que Noel ouvia essa pergunta em dez minutos.

– Nãooooo, tudo o que eu preciso é de uma noite sem encher a cara e de uma boa noite de sono – respondeu, irritado, e fechou os olhos. Marcus olhou novamente para Liam.

– É como dizem – anunciou Liam, enigmaticamente, levando uma lata de cerveja aos lábios –, quem tem fama, deita na cama.

– Você não arrumou a sua cama – replicou Marcus. – Você pode fazer o que quiser.

– Não posso, não – retrucou Liam. – Minha cama já está feita.

– Você pode arrumá-la do jeito que quiser – Marcus apontou. Puxou uma cadeira e se sentou de forma a encarar o vocalista infeliz.

– Não – disse Liam, negando tristemente. – Preciso trocar os lençóis.

– Você fez o que tinha de fazer esta noite. Veio até aqui e entreteve as pessoas.

– Olha só – disparou Liam contra ele, se levantando furiosamente –, essa merda toda do Oasis, não dou a mínima pra essa porra. Tudo o que sei é que quando entro no palco estou feliz, e quando saio do palco, estou triste. Então, qual o sentido?

Marcus negou:

– Aí não consigo te ajudar.

– Eu sei que não – disse Liam, penosamente, e então olhou para Noel, que estava virado de lado, voltado para eles, mas de olhos fechados. Parecia pálido e fraco.

– Ei, Noel – gritou Liam –, Noel, como você está se sentindo?

– Mal – respondeu Noel, sem energia na voz.

– Aposto que não tão mal quanto eu – disse Liam.

A porta se abriu e Kevin, outro segurança, entrou e anunciou:

– A boa notícia é que a festa pós-show é ali – ele apontou pelo vão entre as cortinas, por onde se podia ver um bar localizado na outra ponta da casa. Estava enchendo rapidamente de gente. – A má notícia é que o bar é pago.

Agora foi Bonehead quem olhou para cima:

– Uma porra de um bar pago?

– Vamos pegar essa porra pra viagem – gritou Liam, imitando um sotaque *cockney*.

– Encham os bolsos – berrou Bonehead. – Vamos levar um fardo, duas garrafas em cada bolso.

– Foda-se, eu vou pra lá – disse Whitey. – Mais alguém?

Liam se levantou, mas rapidamente se sentou de novo. Ainda estava perturbado.

– *Nah*, foda-se – disse.

– Vamos lá, Bonehead – disse Whitey –, vamos mandar umas brejas goela abaixo.

– Vai acabar logo – respondeu Bonehead, secando o pescoço com uma toalha.

Whitey saiu e Kevin fez sinal para Terry acompanhá-lo. Liam voltou-se para Marcus:

– Não estou contente.

– Por que não? – perguntou Marcus tranquilamente.

– Ah, uma porção de coisas – disse Liam, dando de ombros.

– Bem, se você não me disser o que há de errado – ponderou Marcus –, não consigo te ajudar.

– OK – disse Liam, inclinando-se para a frente. – Aqui vai uma. O ônibus em que viajamos na Europa era uma merda. Por que não conseguimos um de dois andares como o que temos agora?

– Porque as balsas não transportam esses de dois andares até a Europa.

– Então por que a equipe de estrada tinha um?

Marcus travou. Não sabia responder essa. O ônibus da equipe fora contratado na Europa, o da banda, no Reino Unido.

– Você reclamou na época? – perguntou.

– Não deveria haver motivo para reclamar, em primeiro lugar – apontou Liam.

– Justo – admitiu Marcus. – Tenho que concordar contigo nessa.

– E hoje – Liam prosseguiu –, não passaram a minha camisa – alongou seus extensos braços para a frente. – E aí você pode pensar que estou agindo feito uma porra de uma estrela quanto a isso...

– O que aconteceu?

– Não consegui que a minha camisa fosse passada, simples assim. E estou farto – acrescentou, sem motivo aparente – de morar em quartos de hotel. A porra toda que eu tenho, como vocalista dessa banda, é o meu quarto na casa da minha mãe. E é isso. Não posso ficar lá. Todos os outros têm pra onde ir. Têm um quarto para onde podem ir, fechar a porta, relaxar, ouvir um disco, fazer a porra que quiserem. Eu não tenho nada disso. Tudo o que eu tenho é uma porra de um quarto de hotel de merda.

– Entendo o que você está dizendo – interveio Bonehead –, mas, quando eu dirigia a van até os shows, ninguém falava desse jeito, né? Era "vamo que vamo", e já era.

– Mas não é mais assim, né? – observou Liam. – É bem diferente agora. Você pode ir pra casa e fim de papo. Resolvido. Fecha a porta e relaxa. Eu não. Todo mundo sabe a porra do lugar que eu moro, e eu não aguento mais essa porra. Agora, se vocês acham que eu estou sendo uma grande estrela ou agindo como uma porque não consigo ter a minha camisa passada, então me digam, e eu saio da banda. Porque eu tenho uma vida e, quando tiver dinheiro o bastante pra comprar uma casa, acabou. Vocês nunca mais vão me ver.

Liam olhou diretamente para Marcus, e Marcus decidiu comprar esse blefe.

– Pessoalmente, acho que você está, sim, sendo estrela – disse friamente.

– Beleza – Liam se levantou e pôs a mão no bolso. – Isso é quanto essa grande estrela tem de dinheiro. Essa é a fortuna da grande estrela.

Liam sacou um punhado de moedas e uma nota de £5 amassada e jogou o dinheiro no chão.

– Essa – anunciou – é a minha fortuna, e vocês nunca mais vão me ver, caralho.

Ele então pegou sua jaqueta, chutou uma cadeira e saiu da sala. Imediatamente, Marcus gritou para ele:

– Vemos você amanhã!

– Vão ver porra nenhuma! – foi a resposta.

Kevin, o segurança, se aproximou, se ajoelhou e recolheu o dinheiro de Liam.

– Não sei o que deu nele – disse Marcus.

– Olha só – disse Bonehead –, o cara precisa do próprio canto. Ele é o Liam Gallagher e precisa de um lugar pra morar. Eu tenho uma casa, casa própria, que tem um sótão, e vou ceder o lugar a ele. Toma aqui, amigo, toma uma chave, o lugar é seu. Porque ele está certo. Todos nós temos um lugar para onde podemos fugir da loucura, menos ele. Ele está permanentemente em turnê.

– É, você está certo – concordou Marcus.

– Vou trocar uma ideia com ele – prometeu Bonehead. – Vamos dar uma volta de carro por aí. Você quer esse canto? Toma, é seu. Ele está infeliz e isso não está certo. É meu amigo e não está agindo como o cara que eu conheço. Está infeliz. Vamos dar um jeito nisso.

Bonehead enxugou a última cerveja e rumou para a festa pós-show.

Noel, que estava semiconsciente ao longo de todo o incidente, sinalizou para Meg que, agora, queria ir para o ônibus. Levantou-se trêmulo e partiu acompanhado por Meg e Kevin. Assim, restaram apenas Emma e Johnny na sala.

Emma gesticulou numa negativa:

– Eu sabia que era errado dar a eles aqueles presentes de Natal. Eles deveriam ter ganhado todos a mesma coisa. Noel não deveria ter sido privilegiado.

Nesse meio-tempo, Liam saíra do recinto e entrara no ônibus. Subiu a escada e, num acesso de fúria, começou a destruir a sala dos fundos a chutes e socos. Quando acabou, quando seu demônio interior se acalmou, abriu uma lata de cerveja, sentou-se e ficou olhando pela janela.

Seu irmão, enquanto isso, se encontrava deitado numa cama no andar de baixo, exausto e passando mal.

Por fim, todos embarcaram e o ônibus partiu para a viagem a Edimburgo, que duraria a noite toda. Enquanto o veículo passava pelo Windsor Hotel, Tracey estava sentada no bar, contando a algumas amigas sobre o dia em que Liam Gallagher deu em cima dela.

– Ele é muito alto, e aqueles olhos... – disse.

– Eu gosto do Noel – disse uma amiga –, ele é fofo.

Um rapaz que estava próximo delas no balcão ouviu a conversa.

– Que bosta – zombou. – Esses Gallaghers são uns sortudos do caralho.

o lado ruim de fumar maconha

NO DIA 22 DE FEVEREIRO DE 1995, NA SEMANA EM QUE *(WHAT'S THE STORY) MORNING GLORY?* ALCANÇOU A QUINTA POSIÇÃO NAS PARADAS AMERICANAS, NOEL GALLAGHER ASSUMIU O LUGAR DE GARY CROWLEY EM SEU PROGRAMA NA GREATER LONDON RADIO POR UMA NOITE.

NOEL: Boa noite, é terça-feira, são 22h e você está ouvindo o Noel Gallagher na 94.9 FM. Ao longo das próximas duas horas, nós vamos conversar com alguém que não é muito importante e você vai ouvir alguém que *é* muito importante tocar algumas de suas músicas favoritas.

Noel então toca "Anarchy in the UK", dos Sex Pistols, "Helter Skelter", dos Beatles, "Tramazi Parti", do Black Grape, e "Jimmy James", dos Beastie Boys.

NOEL: …e nós vamos conversar com um amigo meu daqui a pouco. O nome dele é Digsy, ele recebeu da imprensa o título de A Grande Desesperança Branca, é da banda mais desimportante da Grã-Bretanha, vai tocar umas músicas mais tarde e, com sorte, vamos conseguir tirá-lo do estúdio sem que ele surrupie tudo daqui. Pode ser que isso seja bem difícil.

Noel então toca "Fight the Power", do Public Enemy, "Rocks", do Primal Scream, e "Alright", do Cast.

NOEL: Se você estava acompanhando a imprensa há algumas semanas, sabe que John Powers, que é o vocalista do Cast, aparentemente foi visitado por um alien, que entrou no quarto dele e começou a balbuciar: "humano, humano, humano" [*pausa*]. Esse é o lado ruim de fumar maconha, meninada. Digam não às drogas! Agora vamos seguir adiante com uma banda que é da minha gravadora, da qual eu sou dono agora; é a Creation Records, e a banda se chama Heavy Stereo. E, quando você ouvir esses DJs no rádio que parecem saber muita coisa a respeito dessas bandas, o que você precisa se lembrar é que eles têm uns adesivos no verso dos CDs que dizem coisas do tipo, [*faz uma voz estilo DJ*] "'Chinese Burn' é o terceiro single do Heavy Stereo, depois de 'Sleep Freak' e 'Smiler', e foi gravado junto com o restante do álbum de estreia da banda, ainda sem título, no Konk Studios do Ray Davies". Como se alguém se importasse com onde o disco foi gravado. Enfim, essa é "Chinese Burn", do Heavy Stereo.

Depois,

NOEL: Acabei de ficar sabendo pelo meu amigo Arthur, que na verdade é bem famoso porque está na capa de um VHS sobre *hooligans*, se tem algum policial ouvindo, o cabra com a camisa velha da seleção inglesa dos anos 80 e uma bola de golfe na bochecha que grita "Ingla-terra, Ingla-terra, vamos vencer na praia", bem, o cabra se chama Arthur e ele acabou de me dizer que, se você quer convencer seus filhos a ir a escola, a melhor coisa a fazer é dar a eles um *Chinese Burn*. Não é um drink, é quando você sobe as mangas das camisas deles, agarra um pulso com ambas as mãos e então gira as mãos bem forte, no sentido anti-horário e depois no sentido horário – pra todos os estudiosos aí ouvindo, é uma pra um lado, outra pro outro lado – e, aparentemente, eles vão para a escola sem abrir a boca, e se tornam ladrões de carros daqueles. Foi o que ouvi falar. Enfim, em seguida vamos ouvir o Northern Uproar, mas se você é daqui de Londres, então é Northern OOP-Roar.

Noel toca "From a Window", do Northern Uproar.

NOEL: Agora vamos tocar três músicas, e essas são de umas bandas *mod*, viu, esses grupos são *mod*.

Noel toca "The Riverboat Song", do Ocean Colour Scene, "Out of the Sinking", de Paul Weller, e "The Coming of Grace", do Dr. Robert.

NOEL: Esses foram o esquadrão *mod*, e essa agora é música.

Noel toca "This is Music", do The Verve.

NOEL: E agora tenho aqui comigo – eu não diria que ele é o meu melhor amigo, mas é um deles – Digsy, do Smaller. Você gostaria de falar aos ouvintes aí pela radiolândia sobre a sua banda e o que vocês andam fazendo?

DIGSY: Beleza, então, eu não bati nos meus filhos ontem, não levei eles pra escola. Mas escrevi umas músicas muito boas.

NOEL: É mesmo? Então, vocês estão lançando um novo single pela Better Records – está cada vez melhor, garotada –, mas quando sai o álbum?

DIGSY: Não sei, cara.

NOEL: Não é melhor você ficar sabendo?

DIGSY: Bom, provavelmente é no final do verão.

NOEL: Agora, tem um boato correndo por aí, não é o que diz que você usa seios falsos, mas que você fez parte de uma banda chamada Cook the Books. É isso mesmo?

Digsy permanece em silêncio.

NOEL: Vocês, estudantes tristes, provavelmente sabem quem é o Cook the Book, e o Digsy realmente apareceu no *Top of the Pops* antes de mim, acreditem se quiserem.

DIGSY [*agora animado*]: Por que você está contando isso a eles? Ah, vá. Ave Maria.

NOEL [*rindo*]: Eu tenho de contar. Vai ser exposto no *News of the World* cedo ou tarde. Então é melhor que saibam por mim, não? Vou dizer a vocês agora, meninada, se vocês têm discos do Cook the Book, guardem. Eles vão valer pelo menos... uns quatro ou cinco centavos daqui a uns seis anos. Você está com vergonha agora.

DIGSY: Não estou com vergonha. Estou embasbacado.

NOEL: O outro boato é que, quando a escola abre para visitação do público, ele precisa pegar os filhos do vizinho emprestados.

DIGSY: Tenho, tenho mesmo. Não tenho culpa que os meus são feios.

NOEL: Também não é culpa minha.

DIGSY: É melhor não ser.

NOEL: Rádio ao vivo, meninada.

Noel toca "God I Hate This Town", do Smaller, e "I Wanna Be Your Dog", dos Stooges. Digsy então toca uma versão acústica de sua música "He Loves You".

NOEL: Estou com um rapaz aqui, e essa é a primeira vez dele no rádio desde a última vez que ele esteve no rádio, e da última vez que ele esteve no rádio ele era um baita sucesso, e bota baita nisso. Um sucesso enorme! Robbie Williams, como vai você?

ROBBIE: Estou meio cansado, na verdade, porque passei o final de semana com o seu irmão.

NOEL: Vocês não entraram em nenhum banheiro, né? Porque ele tende a ir a banheiros quando o *News of the World* está de bobeira por perto... Mas então, o que você tem feito? Desde que foi demitido!

ROBBIE: Tenho culpado você e seu irmão porque tudo aconteceu depois do Glastonbury.

NOEL: Eu sei que aconteceu depois daquilo. Mas não foi culpa nossa.

ROBBIE: Foi sim.

NOEL: Não, não, não.

ROBBIE: Foi culpa de vocês, sim. Eu cheguei e falei, "Caras, eu me diverti muito. Conheci o Oasis", e eles, "Você tá demitido!".

NOEL [*num tom sério*]: Eu só gostaria de dizer a todas as fãs do Take That que estão nos ouvindo... A gente planejou tudo! A gente separou eles! Agora sério, você vai lançar uns discos ou só vai ficar de bobeira?

ROBBIE: Não, eu fiquei vagando por uns oito meses, então agora vou lançar um disco. Vai sair daqui a um mês, mais ou menos. Espero.

NOEL: Ora, não paro de ler nos jornais que eu, na verdade, estou escrevendo o disco pra você. Tem alguma coisa boa nele?

ROBBIE: É massa. Você fez uma música estrondosa.

NOEL: Uma música estrondosa? É aquela com as tampas de panela?

ROBBIE: Essa mesma.

NOEL: É de arrebentar, então.

Noel então toca "Aquarius", do Fifth Dimension, "Imagine", de John Lennon ("Como assim parece 'Don't Look Back in Anger'? A ordem não é essa. Ele que sacaneou a gente, pode acreditar"), "Jet", dos Wings, "Come Together", de Desmond Dekker and The Israelites ("Só que nenhum deles é de Israel"), "I Wanna Be Adored", dos Stone Roses, e "Staying Out for the Summer", do Dodgy.

Digsy então toca uma versão acústica de sua música "Just as Bad", e Noel continua com "Eton Rifles", do The Jam, "Anyway, Anyhow, Anywhere", do The Who, antes de Paul Weller chegar para tocar uma versão acústica de "Down in the Seine", do Style Council.

NOEL [*claramente blefando*]: Vocês não precisam me dizer que música foi essa. Aqui vai mais um dos maiores compositores britânicos de todos os tempos.

Noel toca "Waterloo Sunset", dos Kinks.

NOEL: Eu gostaria de agradecer a todo mundo que participou do programa esta noite. São eles, Diddly Digsy Dairy, do Smaller, Robbie Williams, diretamente da fila do seguro-desemprego, e Paul Weller, de cima da árvore. Aqui é o Noel Gallagher agradecendo a quem ouviu, e se eu não toquei a sua música é porque ela é uma merda! Aqui vai "Tomorrow Never Knows", dos Beatles.

parte dois

- Sete -

UMA VACA. UMA PORRA DE UMA VACA. O CARA QUER ROUBAR UMA VACA. DÁ PRA ACREDITAR? PAUL MCGUIGAN E NOEL GALLAGHER ESTÃO SENTADOS NUM APARTAMENTO EM MANCHESTER, BEM ACIMA DE UM AÇOUGUE, E TROCAM OLHARES ENGRAÇADOS.

Esta noite, ninguém tem dinheiro algum. Nem um centavo sequer. Eles não têm maconha, nem cocaína, nem cogumelos, nem dinheiro o suficiente para comprar um tubo de cola para cheirar. Um dos garotos mais velhos já questionou a todos.

– Tem certeza que você não tem bagulho aí, Guigsy? Você é louco por essa porra, seu maconheiro. Vai, você deve ter alguma coisa.

– Não tenho, juro.

– Não mente, caralho.

– Olha, pode me revistar, se quiser.

A TV tremeluz silenciosamente no canto, as cortinas estão abertas e há música tocando de fundo.

O clima é depressivo, claustrofóbico e só é quebrado quando esse cara, o de olhos perturbados, de repente bola esse plano de cérebro de coelho para providenciar o tão necessário dinheiro.

– Olha só, olha só, o que vocês acham disso? A gente vai até os abatedouros, invade e rouba uma vaca. Levamos ela embora, matamos a fodida e, amanhã de manhã, trazemos até o açougue e vendemos. Fala se não é uma ideia massa? Além disso – acrescenta ele, empolgado –, depois, ainda conseguimos vender a pele como couro.

Uns dois caras lançam olhares ávidos.

– Opa, eu topo. Certo, quem consegue roubar um carro?

Noel, de saco cheio, levanta a mão. Dez minutos depois, quando tudo está em silêncio de novo, Guigsy e Noel dão uma desculpa e vão embora.

– Esses caras são uns sem noção – diz Noel enquanto seguem para casa.

– Eu sei – concorda Guigsy, e então põe a mão no bolso. – Toma, Noel.

– O quê?

– Eu tenho um pouco de maconha, toma.

– Massa pra caralho, cara.

Paul McGuigan nasceu em Manchester a 9 de maio de 1971. Seu pai, Gerard McGuigan, era de Belfast, e chegou na Inglaterra na mesma balsa que o jovem George Best, que, ansioso, retornava para voltar a jogar no Manchester United.

Algumas semanas antes, Best saíra do United porque estava sofrendo de saudades da terra natal. Depois de um breve período em Belfast, foi persuadido a retornar por Matt Busby, o empresário do United que o contratou.

O pai de Guigsy conhecia o brilhante jogador, mas, como torcedor inveterado do Manchester City, não se deslumbrava com o talento estelar de Best. Porém, os dois eram amigos e, inclusive, em algumas tardes de domingo quando Guigsy era criança, Best, de vez em quando, visitava os McGuigans e até tentava dar a Guigsy sua camisa do United, mas Gerard não queria nem saber dessa história. Via a "generosidade" de Best como uma grande embromação.

"Best sempre tentava irritar o meu pai com isso", recorda-se Guigsy, e acrescenta, arrependido: "Mas eu podia ter ficado com a camisa dele".

Certa vez, Best deu a Gerard uma bola de futebol de couro assinada por todos os jogadores do United. Gerard então mandou Guigsy chutar a bola contra um muro de tijolos até que o couro ficasse tão gasto que não fosse mais possível ler os autógrafos. Só então permitiu que a bola ficasse na casa.

Ao chegar a Manchester, Gerard conheceu uma jovem chamada Teresa. Casaram-se e se estabeleceram na região de Levenshulme. Guigsy foi o primeiro filho do casal, seguido por Mary, dois anos e meio depois.

Quando Guigsy tinha apenas três anos e meio, Gerard o levou para ver um jogo do Manchester City.

– Aí está, filho – disse –, esse é o seu time.

A ambição de Gerard para o filho era simples: queria que ele se tornasse jogador de futebol profissional.

Com esse objetivo, levava Guigsy, destro, para o parque, amarrava sua perna direita a uma árvore, e então lhe passava uma bola. Esse exercício tinha dupla função: transformar Guigsy num jogador completo, ambidestro, e, dessa forma, emular o estilo de jogar de Rivellino, o grande jogador brasileiro que era o ídolo de Gerard.

Quando Guigsy começou a participar de partidas, jogava como meia-esquerda. E jogava bem, muito bem. Tinha equilíbrio, habilidade com ambos os pés e sabia instintivamente como ler o jogo.

Também se destacava em outros esportes, todos eles com bola, tais como squash, badminton, tênis e basquete. Representava sua escola, a Chapel Street, no badminton e, depois, jogaria por Manchester.

Aos nove anos, começou a praticar boxe. Por ser baixo e corpulento, tinha dificuldade em lutar contra oponentes mais altos, que conseguiam manter distância dele por terem mais alcance. Porém, o esporte o ensinou a desferir socos eficazes, habilidade que se mostraria muito útil mais tarde, em seu período no Oasis.

Cursou o ensino médio na Burnage High School, uma escola apenas para garotos, uma das maiores do noroeste britânico: contava com cerca de 1.500 alunos e era dividida em dois locais.

Porém, uma tragédia familiar interrompeu a educação de Guigsy. Quando ele tinha oito anos, seu pai foi diagnosticado com câncer de estômago e o médico lhe estimou seis meses de vida. Gerard morreu quatro anos depois.

"Ele teve câncer por muito tempo", diz Guigsy, "e, no final, você só quer que aquilo termine. Chegou a 38 quilos e ficou internado por muito tempo. Quando voltou para casa, eu, na verdade, não queria vê-lo daquele jeito".

Com o falecimento do pai, a vida da família mudou dramaticamente. Se havia uma lição que Gerard e Teresa tinham dado aos filhos, era a de que, na vida, você pode fazer qualquer coisa que quiser, só precisa ter isso em mente, porque nada na vida é impossível.

Agora, seguindo seu próprio conselho, Teresa arrumou um trabalho como merendeira e também se matriculou na faculdade de Fielding Park. Fez um curso de reciclagem de um ano, desenvolvido com o intuito de ajudar as pessoas a voltarem aos estudos, e então cursou sociologia, formando-se três anos depois, e enfim conseguiu um emprego na British Telecom.

Mary McGuigan também tinha inclinações acadêmicas. Formou-se no colégio com as melhores qualificações possíveis e, na universidade, obteve um diploma em Literatura Inglesa.

Guigsy também passou com as qualificações mais altas em cinco disciplinas, mas não sem antes ter sido suspeito de um assassinato. Em 1985, um jovem asiático foi esfaqueado até a morte na escola. Como o corpo discente da Burnage High era formado predominantemente por alunos asiáticos, o assassinato foi considerado de motivação racial.

Enquanto a polícia investigava, Guigsy e seis de seus amigos foram suspensos da escola. Fizeram seus exames num prédio à parte. As mães de todos os alunos suspeitos organizaram uma campanha, que enfim seria bem-sucedida, para que seus filhos fossem reintegrados à escola. Seis meses depois, um relatório, o relatório Macmillan, exonerou Guigsy e seus amigos de qualquer crime.

Guigsy sempre foi um pouco *outsider* na escola. Por conta da excelência nos esportes, entrou em contato com garotos mais velhos e preferia a companhia deles. Essa tendência continuaria na adolescência. Em um ano, comprou um *scooter*, uma Vespa 50 branca com um motor de 125 cilindradas.

Um dia, voltando para casa, a moto quebrou. Guigsy a estava consertando na beira da via quando um membro do Manchester Aces, um clube de *scooters* da cidade, parou para ajudá-lo.

Foi por meio desse contato que Guigsy conheceu o *Northern soul*, a Motown e a Stax. A visceralidade de grande parte dessas músicas o apetecia diretamente.

Na escola, a maioria de seus amigos curtia os Smiths ou o Bronski Beat. Congruentemente, suas roupas eram bastante enfadonhas. Em contraste, o elegante Guigsy ia para a escola de *scooter* e se entusiasmava em falar de Marvin Gaye ou dos primeiros álbuns do The Who. Por meio dos pais, também tinha conhecimento dos Beatles e de muita música pop dos anos 1960.

Os McGuigans recebiam pelo correio uma coleção de LPs com hits daquela década. Cada lado de cada disco representava um ano. Na casa, havia ainda a compilação *Love Songs*, dos Beatles, que a mãe de Guigsy tocava toda manhã de domingo ao fazer as tarefas domésticas.

Porém, assim como no caso de Noel, a música não era uma obsessão predominante nesse momento de sua vida; o futebol vinha primeiro.

Guigsy acompanhava o City religiosamente, ia a todos os jogos, em Manchester e fora, e, à noite, sonhava em realizar as ambições que o pai tinha para ele.

Não há dúvidas de que Guigsy era um jogador excepcional. Na adolescência, fez testes no Oldham, no Stockport e no Crewe. O Oldham nunca deu um retorno, o Stockport disse que, como jogador, ele era "astuto demais", e o Crewe ficou impressionado com os três gols que ele marcou diante de seus olheiros atentos.

Porém, não era para ser. Ao jogar por seu time numa quarta de final, Guigsy pulou para cabecear e, quando pousou, suas pernas cederam.

"Quando caí, não consegui mais levantar", recorda-se, "a dor era insuportável. O médico me disse que meu joelho tinha torcido feio. Não joguei na semifinal, mas joguei na final".

Durante o jogo, o time de Guigsy estava perdendo de 1 a 0. Então, numa cobrança de escanteio, a bola chegou até ele, que habilmente chutou a gol. Depois, um de seus companheiros de time fez o gol da vitória.

No dia seguinte, Guigsy não conseguia andar. Depois de várias idas ao médico, o diagnóstico foi de um ligamento rompido no joelho, e ele não chutou mais uma bola por dois anos e meio. Em vez disso, dedicou-se mais à música e voltou a fumar maconha.

Dera seu primeiro pega aos treze anos e fumara até os dezessete. Era fácil encontrá-lo no Erwood Park com cerca de mais uns cinquenta garotos de Levenshulme e Burnage: era lá onde eles juntavam suas moedas de cinquenta centavos para tentar comprar 3,5 g de haxixe.

Erwood Park foi também onde Guigsy conheceu Noel, embora não tenha havido nenhuma apresentação formal. Seguindo Guigsy, Noel era apenas um cara que você via no parque. Depois de um tempo, era natural que começassem a conversar.

Ele se lembra de Noel como um cara tranquilo que fumava muita maconha. Inclusive, foi Noel quem apresentou a Guigsy o lado mais roqueiro e experimental dos Beatles. Por conta da coletânea *Love Songs*, Guigsy conhecia intimamente canções como "Norwegian Wood" e "Yesterday", mas não tinha conhecimento de faixas como "I Am the Walrus" ou "Helter Skelter". Noel apontou a direção a ele.

Havia outras predileções musicais também: Jimi Hendrix, Bob Marley, The Faces, The Kinks, além de artistas de blues, como Brownie McGhee e B.B. King, que Guigsy descobrira com seus colegas do clube de *scooters*. Na melhor das hipóteses, era uma relação tênue, já que Guigsy só participou de um passeio do clube, que, estranhamente, foi numa van.

"Só na metade do caminho foi que percebi para quê servia a van: guardar algum *scooter* roubado que aparecesse no nosso caminho".

Havia ainda outro cara que Guigsy costumava ver por aí. Seu apelido era Bonehead. Torcia para o Manchester United, mas Guigsy logo percebeu que não se tratava de um fanático pelo time, nem pelo jogo, como ele ou Noel.

Certa noite, na adega Severe, para onde todos iam depois que os pubs fechavam, Bonehead e Guigsy começaram a conversar. Descobriram que compartilhavam uma paixão pela música, e Bonehead revelou que sabia tocar guitarra.

– Eu não conseguiria tocar, não eu – disse Guigsy.

– Conseguiria, sim, poxa – respondeu Bonehead com tranquilidade, ao colocar o *pint* na mesa. – É fácil pra burro. Vem em casa um dia e eu te ensino.

E foi exatamente o que ele fez.

—— // ——

Seu conto foi emoldurado e pendurado no corredor principal da escola, o que o deixa muito orgulhoso. Quinze páginas de escrita criativa em que ele conta a história de uma velha barcaça num canal e de um garotinho que descobre um fantasma morando nela. Todos os dias, ele passa pelo conto emoldurado e, astuto, lança um olhar que contém um verdadeiro senso de realização.

– *Oi*! Bonehead!

– O quê?

– É a porra do seu conto estúpido aí na parede?

– Sim. O que tem?

– Seu puxa-saco do caralho!

Paul Arthurs tem oito anos de idade, e já é conhecido como Bonehead. Todos os seus amigos têm cabelos até que bem compridos, mas o dele é cortado toda semana. Não demorou muito até que seus colegas na St. Robert's, em Longsite, Manchester, o batizassem com o apelido que carrega até hoje.

Nasceu a 23 de junho de 1965. Seus pais eram irlandeses, e sua mãe, Delia, cresceu a apenas uns 15 km de distância de Peggy Gallagher, porém as duas nunca se conheceram. Foi só quando Bonehead conheceu Noel e Liam que descobriram essa proximidade geográfica entre as famílias.

E, assim como Noel e Liam, Bonehead também passava os verões na Irlanda na infância. Três semanas no sul, com a família da mãe, e três semanas no norte, com a família do pai.

Seus pais se conheceram e se casaram em Manchester, vindos da Irlanda ainda na adolescência. Teriam outros quatro filhos (Martin, Maria, Celine e Frances), e o pai de Bonehead, Ben, sustentava a família trabalhando com demolição. Os Arthurs também eram católicos fervorosos.

"Igreja todo domingo", recorda Bonehead. "Não perdíamos. Fui coroinha, inclusive. Você tinha de escolher, ou virava escoteiro, ou coroinha. Aí eu pensava, foda-se esse negócio de usar vestido, tenho que entrar pros escoteiros. Mas então uma mulher começou a fofocar com a minha mãe um dia, e dizia: 'Não o deixe entrar para os escoteiros, meu filho entrou e apanhava todo dia'".

"Então foi, tipo, certo, você vai ser coroinha. Acho que cumpri essa função por uns três anos, conheci o bispo, essas coisas todas. Só que aí fui expulso por rir e beber o vinho. O rider [a parte do contrato que exige que os produtores dos shows providenciem, entre outros itens, bebidas para as bandas] daqueles padres era bom, melhor que os do Oasis".

Seus pais também eram afeitos à música e, desde cedo, pagaram aulas de acordeom para o filho. Bonehead gostou do instrumento e sua habilidade nele progrediu rapidamente: ele chegou até a entrar para um grupo de música tradicional irlandesa.

Do acordeom, passou para aulas de piano e, então, na adolescência, começou a tocar guitarra.

Academicamente, Bonehead também demonstrou ser promissor desde bem novo. Passou no exame para ingressar na St. Peter's Grammar School, em Prestwich, ao norte de Manchester. Era uma instituição de prestígio, mas Bonehead acabou por detestar o lugar. Não só o trajeto de ônibus de sua casa era extenso, como também a escola era, nas palavras do próprio, "cheia de filhos da puta espinhentos de classe média". À medida que seu desgosto pela escola crescia, sua dedicação decaía.

Aos treze anos, ele e os amigos frequentemente permaneciam no ônibus e, por meio dos passes livres, viajavam até Bolton ou Liverpool e passavam horas perambulando pelas cidades. Em outros dias, sentava-se inerte na sala, olhando pela janela.

Não há dúvidas de que, em tais ocasiões, sua mente se voltava à música. Bonehead tinha um interesse insistente na extensa coleção de discos de seu irmão mais velho, Martin. Além de todos os clássicos que Martin possuía – Beatles, Kinks, The Who –, Bonehead também ouvia bandas contemporâneas, como os Smiths.

Desenvolveu um gosto genuíno por música de qualidade e era com colegas que pensavam de forma semelhante que ele andava na escola. Vestiam-se no estilo da subcultura chamada de "Casuals"; em Manchester, eram conhecidos como Perry Boys, com suas camisas de grife e penteados com franja.

Quando Bonehead se formou, aos dezesseis anos, o fez com apenas um dez, em inglês. Para o resto das disciplinas, seu boletim mostrava uma letra "I", que significava "inclassificável".

Quando sua mãe viu o boletim, perguntou:

– Paul, o que são todos esses "is"?

E o filho respondeu:

– Invencível, mãe. Quer dizer invencível.

– Ah, você é um garoto esperto – reforçou ela. – Eu sempre disse.

Pouco depois, Bonehead se inscreveu para um treinamento profissionalizante para jovens e foi colocado no curso de construção civil, o que, para sua grande surpresa, o agradou muito. Finalmente, encontrou algo pelo que valia a pena trabalhar. Cursou os dois anos do treinamento e, dessa vez, passou em todos os exames.

Seu primeiro emprego foi como estucador para uma construtora em Stockport. Gostava do trabalho, mas o chefe era um homem cruel, e os horários rígidos a cumprir, bater ponto às oito, almoço à uma, final do expediente às seis, não eram do agrado do temperamento de Bonehead.

Para se divertir, ele e seu irmão Martin formaram uma banda com mais dois amigos, chamada Pleasure in Pain. Bonehead tocava sintetizador.

"Era triste pra caralho", diz ele agora. A banda durou por cerca de um ano. O primeiro show foi no pub The Trap, em Glossop ("Eu estava me cagando, real", relembra ele), e o Pleasure in Pain ainda participou de um festival em Manchester, que durou o dia todo e só contava com bandas locais.

"Foram cerca de quarenta bandas", recorda Bonehead, "então cada uma teve uns dez minutos para tocar. Foi uma loucura".

Embora o Pleasure in Pain tenha se desfeito, Bonehead agora tinha um ampli, uma guitarra, um baixo e uma bateria eletrônica.

Certo dia, no trabalho, seu amigo Jeff, que era marceneiro, deu uma ideia a ele:

– Que se foda esse trabalho, vamos guardar dinheiro pelos próximos seis meses e vazar pra Europa.

"Eu tinha dezenove anos, não conhecia porra nenhuma, e respondi que era uma ideia esplêndida".

Os dois compraram mountain bikes, praticaram diariamente e guardaram dinheiro. Nesses seis meses, Bonehead também conheceu brevemente Guigsy, que morava perto dele.

Num dia do qual ele se recorda com grande deleite, Bonehead chegou ao trabalho e disse ao chefe que estava mandando tudo à merda.

– Você não pode fazer isso – fungou o chefe.

– Por que não?

– Bem, o que você vai fazer da vida?

– Viajar pela Europa – respondeu Bonehead.

– Viajar pela porra da Europa?

– Isso mesmo. Já era.

– Mas e aí o que vai acontecer quando você voltar? Vai trabalhar com o quê?

– Vai à merda, seu babaca.

O dia da partida estava bonito e ensolarado. Bonehead pegou a bagagem, se despediu dos pais e partiu para a Europa. Bem quando estava se aproximando da ponte ferroviária na Albert Road, em Levenshulme, viu um rapaz de óculos escuros e penteado à la Mick Jagger. Bonehead o reconheceu da área, então parou para falar com ele.

– Tudo bem, cara? O que está fazendo?

– Só estou indo pra casa – respondeu Noel Gallagher. – Os Inspirals tocaram ontem e eu estou doidão. E você tá fazendo o que com todas essas mochilas?

– Indo pra Europa. Vou viajar por aí até o dinheiro acabar.

– Europa? Você vai viajar de bicicleta pela Europa? Caralho, você é doido.

– Eu sei. Massa, né? Te vejo quando voltar.

Bonehead e Jeff pegaram a balsa para Ostend e, ao longo dos seis meses seguintes, visitaram Viena, Veneza, Rimini e Paris, para então voltar para casa e para o mundo real.

Pouco depois do retorno, o cunhado de Bonehead o visitou e mencionou que estava para se livrar de uma picape, uma velha Mazda 1800. Estava meio baleada, mas, se Bonehead quisesse, poderia ficar com ela; pelo menos o ajudaria a estabelecer seu próprio negócio de estuque.

Bonehead foi dar uma olhada no veículo. Dizer que estava baleado seria um elogio. Para entrar, era preciso manejar a maçaneta de uma forma específica. Também era necessária uma chave de fenda para dar a partida. Fora isso, estava OK.

Bonehead se apropriou da picape e começou seu próprio negócio. A essa altura, estava andando bastante com Guigsy, e, na noite da quarta-feira seguinte, contou a ele sobre seu novo emprego. Era a noite da semana em que eles sempre se encontravam para ir ao pub, beber até cair, vomitar no jardim de alguém e então cambalear até em casa.

Guigsy decorou a picape de Bonehead com padrões psicodélicos extravagantes e, no verão de 1990, os dois, junto a outros amigos como Tony French e Chris Hutton, foram ver os Stone Roses tocarem na Spike Island.

Na semana seguinte, uma foto da picape saiu num jornal de Manchester numa matéria especial sobre o evento. O fotógrafo era Michael Spencer Jones.

A essa altura, Bonehead já começara a ensinar Guigsy a tocar baixo, e os dois enfim formaram uma banda chamada Rain, com Chris Hutton no vocal e, mais tarde, Tony McCarroll na bateria.

No primeiro show do Rain, todos os instrumentos foram plugados no ampli de Bonehead e eles usaram uma bateria eletrônica.

Pouco depois desse show, Hutton foi mandado embora e Liam Gallagher adentrou nas vidas deles. Liam visitava-os na casa em que Bonehead agora morava com sua namorada e futura esposa, Kate.

Ele conhecera Kate na Severe, uma adega em Fallowfield. “Era uma adega insana”, relembra ele, “com um jukebox irado, e estava sempre cheia de estudantes e de alguns doidões”.

Na noite em que conheceu Kate, Bonehead foi para casa com ela e os dois estão juntos desde então. Começaram a morar juntos no apartamento de Kate e, mais tarde, depois de o venderem, pegaram um lugar em West Didsbury, que Bonehead passou um ano reformando. Lá, o Oasis seria fotografado para a capa do álbum de estreia. Por Michael Spencer Jones.

Na primeira formação do Oasis, Liam escrevia as letras e Bonehead a música. A princípio, ensaiavam num hotel que ainda não havia sido inaugurado, chamado The Raffles. Certa noite, Guigsy se engraçou com uma garota que trabalhava no hotel e ela o convidou a voltar. Com espaço de sobra à disposição, sem contar as dependências do hotel, a banda ensaiou lá até a inauguração.

Paul Gallagher então encontrou um espaço de ensaio no Plymouth Grove Club, mas eles foram expulsos de lá em pouco mais de duas semanas, por causa do consumo constante de maconha. Passaram então ao estúdio Greenhouse, em Stockport, onde, por vinte e cinco libras por dia, tinham acesso a um *backline*.

Fizeram quatro músicas: "Reminisce", "Life in Vain", "Take Me" e "She Always Came Up Smiling", que Bonehead automaticamente presumiu que tratava do ato de felação.

A banda usava a picape de Bonehead para transportar o equipamento. Depois que Liam mudou o nome da banda para Oasis e, em seguida, Noel se juntou a eles, começaram a ensaiar num estúdio chamado Red House, antes de passarem para o Boardwalk.

A picape de Bonehead era um bem valioso para a banda, significava que poderiam usá-la para transportar os equipamentos e para seu próprio proveito.

Muitas noites, depois dos ensaios, Guigsy pedia uma carona até Moss Side para comprar maconha. Bonehead detestava ir até Moss Side, assim como os demais. Era a infame boca de fumo de Manchester, onde tudo podia acontecer.

Na Noite de Guy Fawkes, por exemplo, muitas contas antigas eram acertadas na bala. O barulho dos fogos de artifício funcionava como a cobertura perfeita.

– Ah, vai se foder, Guigs – dizia Bonehead quando o baixista falava que precisava comprar maconha. Mas, no fim, sempre o levava. Os dois funcionavam como um contraponto perfeito à relação cada vez mais tempestuosa entre Noel e Liam.

Dentro da banda, Bonehead era visto como um maluco, o cara a quem todos dariam o título de "o homem mais engraçado de Manchester". Fosse destruindo quartos de hotel ou mergulhando na piscina nu e inacreditavelmente bêbado, Bonehead era o humorista da banda.

À medida que a banda progredia, o comprometimento também se tornava mais profundo. Perder ensaios era um problema sério. Num sábado, um grande amigo de Bonehead convidou a ele e a Kate para seu casamento. Bonehead não poderia ir. O casamento aconteceria num dia de ensaio, explicou ele. Seus amigos não conseguiam acreditar, mas Bonehead mantinha-se firme. A banda vinha primeiro, e todo o resto em segundo.

"A forma como os ensaios funcionavam", afirma Bonehead, "era a seguinte: Noel sempre chegava com alguma coisa nova e nós fazíamos *jams* em cima. Mas não podíamos perder os ensaios por nada".

Na véspera de Bonehead e Kate se mudarem para sua nova casa em West Didsbury, o guitarrista ligou para os Gallaghers e disse a Liam:

– Não vou conseguir ir ao ensaio. Preciso fazer a mudança amanhã e preciso encaixotar tudo agora.

Liam simplesmente desligou na cara dele.

Bonehead estava prestes a discar de novo quando o telefone tocou. Agora era Noel na linha.

– Certo, seu babaca – ordenou ele –, pegue seus amplis e sua guitarra e arraste essa bunda pro Boardwalk, ou você está fora.

Então, pela segunda vez em dois minutos, outro Gallagher bateu o telefone na cara de Bonehead, que ficou estupefato.

"Pensei que não podia engolir aquilo e tinha de dar um jeito".

Bonehead pulou na picape e dirigiu até o Boardwalk. Encostou no mesmo momento em que Noel estava chegando.

Em questão de dois minutos na tentativa dele de explicar a Noel por que não poderia ensaiar, os dois já estavam aos berros, batendo boca e ameaçando um ao outro com violência séria. Então, Liam e Guigsy chegaram.

– Olha só – Bonehead gritou com Liam –, eu preciso fazer a minha mudança. Não posso fazer nada em relação a isso. Amanhã, estarei aqui.

– Vemos você amanhã à noite então – observou Liam, de forma corriqueira, e os três sumiram para dentro do Boardwalk, deixando Bonehead na rua, boquiaberto. A única rusga séria mesmo que teve foi com Noel.

"É preciso entender que nós acreditávamos totalmente na banda", afirma ele, "e a única forma de a banda dar certo era com trabalho duro. Não tinha como ensaiar duas horas por semana, aos domingos, e dar em alguma coisa. Numa banda, ou você está nela em tempo integral, ou você a trata como um hobby. Decidimos pelo tempo integral".

- Oito -

ELA ENTROU PELA JANELA DO BANHEIRO. OU PELO MENOS É O QUE ELA E A AMIGA PARECEM FAZER ENQUANTO ESPERAM EM FRENTE À CASA DE PATSY KENSIT EM LONDRES.

Faz horas que estão sentadas encostadas no muro do outro lado da rua, diante da casa da atriz, e não se moveram um centímetro sequer. Simplesmente encaram a casa.

É domingo, 14 de julho de 1996, e o objeto da obsessão delas, Liam Gallagher, está na cozinha, olhando de volta.

– Elas estão é muito doidas – ele murmura consigo mesmo. Nunca, nem em um milhão de anos, ele teria se prestado a tal comportamento, nem mesmo para com seu maior herói de todos os tempos, o homem cujo espírito ele acredita sinceramente carregar dentro de si, John Lennon.

Desde que foi morar com Patsy, Liam já se acostumou com gente que fica à sua espera na frente da casa. A maior parte é formada por fotógrafos que sabem que aquela foto boa de Liam com Patsy é material para primeira página. O Oasis vende jornais, então eles tomam medidas extremas. Outro dia, Liam saiu da casa e achou um fotógrafo escondido debaixo de um carro.

– Tá louco, seu babaca? Que porra é essa? – Liam disse a ele, sacudindo a cabeça com uma incredulidade benevolente, quase como um campeão de boxe a criar uma certa pena para com seu oponente derrotado.

Para o grande desgosto de Liam, não há nada que ele possa fazer. Não pode processar os fotógrafos por tirar fotos, nem impedir os repórteres de escrever as matérias. Assim, é malcriado com eles.

"Eles acham que eu sou de um jeito", diz, "então é esse o papel que eu faço. Eles não entendem, então, que se fodam".

Para a mídia, é uma história clássica; uma atriz bela e bem-nascida que doma o homem a quem deram o título imaginativo de "o selvagem do rock". Na realidade, o que mais o incomoda é que todo mundo esquece que ele é, antes de tudo, um cantor, um dos melhores do mundo. E que também se dedica por completo a sua banda e sua arte.

"No que diz respeito ao Oasis, Liam é um purista musical", diz Marcus Russell, empresário da banda. O comentário de Alan McGee, chefe da Creation, é igualmente sucinto: "Liam Gallagher é um dos grandes cantores de soul do nosso tempo".

Esta noite, Liam está usando sandálias, calças verde-claras e uma camiseta listrada desbotada. Na prateleira atrás dele há uma foto sua, que Patsy tirou na recente viagem que fizeram a Antigua e mostra Liam contemplando o mar. Na mesa da cozinha, à direita dele, há um catálogo imobiliário com fotos e descrições da casa que ele planeja comprar. É totalmente isolada, uma construção enorme erguida no belo interior inglês.

Para muitos, é difícil imaginá-lo morando em um ambiente tão sossegado e palaciano, pois estão acostumados a vê-lo em clubes, todo desgrenhado, virando os olhos. Conhecem-no por dar alfinetadas ou fazer comentários ultrajantes à mídia. Porém, ao longo dos últimos três meses, Liam insiste passionalmente que passou por enormes mudanças pessoais. Diz ele que a razão disso é o relacionamento com Patsy.

"Estou amadurecendo", declara ele com firmeza, "estou cercado por crianças, por uma mulher linda, a quem amo, estou ganhando dinheiro e quero fazer as minhas coisas. Veja bem, eu mudei muito desde que decolamos".

"Não sou mais um macaco de circo. Não curto fazer parte de uma cena onde não respeito ninguém. Quero me ajeitar, não quero ter um ataque cardíaco. Não quero ficar doidão o tempo todo".

"Quero arrumar um lugar legal e voltar para casa ao encontro de uma bela mulher, e Patsy é ela. Quero ficar com ela para sempre. Ela tem um filho [James, de seu casamento com o vocalista do Simple Minds, Jim Kerr], que eu amo, e a ela também. E é isso".

Para muitos que conhecem Liam há anos, essas palavras são irreconhecíveis, porque, francamente, desde muito novo Liam Gallagher causa de maneira surreal.

Nasceu a 21 de setembro de 1972 no hospital St. Mary's, em Manchester. Surpreendentemente, seu pai, Thomas, o adorava muito. Ao contrário de Noel ou Paul, Liam só se lembra do pai ter batido nele uma vez.

"Ele gostava de mim", afirma, "porque eu era o mais novo. Mas eu não gostava dele. Ele não deveria ter se casado e tido filhos se não estava pronto para tanto".

A óbvia preferência do pai por Liam machucava Noel, e é uma das principais razões pelas quais o relacionamento dos dois é um dos mais complexos a ser colocado sob a fúria sanguinária do escrutínio público.

Noel e, em menor dimensão, Paul ficaram com os machucados, os socos, os cortes. Liam saiu fisicamente incólume, mas com cicatrizes emocionais.

Ao crescer, Liam também foi "mimado", como admite a própria Peggy. Portanto, sua autoconfiança e sua mentalidade naturais do ser humano não ficaram tão marcadas quanto as dos irmãos.

Aos seis anos, idade em que tinha uma aparência muito inocente, era um aluno imensamente incômodo na escola St. Robert's. Certo dia, sua professora confessou a Peggy que as travessuras diárias do caçula a levavam a tomar Valium todas as noites. Isso era Liam aos seis anos.

No ensino médio, não melhorou muito. Começava brigas, corria com os garotos mal-encarados, usava drogas e consumia álcool, provocava caos na sala e matava aula o máximo que podia.

Isso colocava Peggy numa situação impossível, já que ela era uma das merendeiras da escola. Depois de cada incidente, um professor vinha reclamar com ela: por favor, controle seu filho. Para Liam, porém, o ataque é a melhor forma de defesa.

"Ele era uma peste na escola", recorda-se Peggy, com um sorriso, "e me fazia passar vergonha, ah, se fazia. Eu dizia a ele: 'Você me faz passar uma vergonha desgraçada', e ele retrucava, 'Você é legal demais com aqueles professores, pare de puxar o saco deles'. Eu falava então que o sr. Foley [o diretor] era um bom homem". Mas Liam não queria nem saber. "'Você não o conhece, mãe', dizia ele".

"No final das contas, eles sentiam mais pena de mim do que qualquer outra coisa".

Sem dúvida alguma, Liam havia herdado grandes doses daquele espírito de coração selvagem que sustém e move todos os rebeldes irlandeses. Simplesmente não estava nem aí para porra nenhuma. Ironicamente, mais tarde, quanto mais essa atitude era exposta ao público, mais sucesso ele tinha.

"Eu era um babaca", diz ele sobre sua época na escola primária. "Eu era um babaca", diz ele sobre sua época no ensino médio. Nenhuma matéria lhe interessava. Detestava ler, detestava estudar. Tudo aquilo lhe parecia tão falso. O que importa se você não souber soletrar ma-ca-nha? Maconha é para fumar, porra, não para escrever a respeito.

Além disso, Liam não era bobo. Sabia instintivamente que não haveria um trabalho interessante para ele ao acordar, nem uma casa legal para onde voltar. Ele se juntaria ao resto de Manchester e ralaria na fila das agências de empregos. Assim, foi para isso que se preparou, não para a ideia de algum velho nerd de qual a melhor maneira de viver a vida, e sim para como viver melhor com a inteligência que se tem.

Liam aprendeu rapidamente a arte de fazer fachada. Isto é, você nunca entrega o que está sentindo por dentro na frente de alguém. Alguém te desafia para uma briga e tem sessenta quilos a mais que você? Não demonstre medo e aceite o desafio. Porque, acredite, em nove de cada dez vezes, o idiota vai recuar.

Liam também se recusava a abaixar a cabeça para quem quer que fosse. Ninguém: professores, policiais, quem quer que fosse, ele não se importava. E isso incluía seu irmão Noel.

Contudo, como ambos os irmãos confirmam, sua relação não era de tanto atrito até que Noel entrou para o Oasis. Foi quando o embate de cabeças, como antílopes em fúria, começou. Antes disso, os dois compartilhavam um quarto e, para falar a verdade, nem se viam muito.

Há uma diferença de cinco anos entre eles, o que, para crianças, é uma brecha muito grande. Quando Liam começou o ensino médio, na St. Mark's, Noel já estava envolvido em cheirar cola e em roubos.

A essa altura, as únicas coisas que realmente interessavam Liam eram música, roupas, garotas, esportes e cantar. Foi um professor quem o levou pela primeira vez ao Maine Road para ver o City jogar. Tornou-se torcedor do City, embora nunca tão dedicado quanto seu irmão ou Guigsy.

Quando garoto, cantou no coral da escola e sempre importunava a mãe para que lhe comprasse instrumentos. E ela então comprava. Primeiro, foi um violino, mas o temperamento de Liam não era adequado para a autodisciplina. Depois de tentar tocar por um dia, dispensou o instrumento. Em seguida, foi um violão, e o resultado, o mesmo. Liam estava sempre inquieto, sempre à procura de ação.

Cantar era diferente. Não havia livros a estudar, nem aulas a serem absorvidas cuidadosamente. Você só precisava abrir a boca e pronto.

"Eu costumava cantar bastante pela casa", diz Liam. Porém, sua primeira paixão musical foi o hip-hop. Ouvia regularmente, para grande incômodo de Noel, músicas do Mantronix, como "Bassline", e, mais tarde, aprenderia *breakdance* e *body-pop*.

Comprava muitos discos da série Electro, da gravadora StreetSounds, compilações de músicas com beatbox, e também se apaixonou por uma garota grafiteira chamada Gina. Os dois percorriam a cidade grafitando muros. "Galli" era como Liam assinava os grafites.

Ele sabia, também, o quanto era atraente para as garotas. É difícil de acreditar, mas Liam passou por um período em que foi uma criança bem gorduchinha, mas perdeu peso e espichou na altura. Com seus olhos preocupados e magnéticos, corpo esguio e aparente falta de inibição, não encontrava problema em persuadir as garotas a dar uma chance a ele.

De fato, na onda do sucesso inicial do Oasis, Liam era facilmente o membro mais sexualmente ativo da banda. Para seu deleite, suas fantasias de *rock star* se tornaram todas realidade. Garotas iam até seu quarto, se despiam e ele avidamente tirava prazer disso.

Porém, depois de se esgotar fisicamente, de imediato sentia apenas um vazio por dentro, e assim as mandava embora, apesar de todas as promessas feitas antes de viagens e, em algumas ocasiões, até de casamento. Sentia que elas estavam transando com Liam Gallagher, o astro da música pop. Nunca teriam ido para a cama com ele tão facilmente se não fosse famoso. Não estavam ali por William John Paul Gallagher.

Sua mãe, porém, sempre estaria a seu lado, e por isso era a única pessoa a quem podia revelar seus sonhos.

"Lembro-me de Liam começar na música depois de terminar a escola", recorda-se ela, "e ele ficava na cozinha e dizia: 'Sei que não sou um cantor lá muito bom, mas sou tão bom quanto qualquer coisa que toca por aí, e é isso que eu vou fazer'".

Liam tinha um bom argumento: Manchester tem um histórico de parir vocalistas "peculiares". Morrissey, Mark E. Smith, do The Fall, e Shaun Ryder são três exemplos fundamentais.

"Eu dizia: 'Se é isso que você quer fazer, Liam, e você fica contente em fazê-lo, então faça'. Ele então ia para o quarto e, aos berros, colocava música no volume máximo. Eu subia atrás dele e pedia: 'Abaixe essa maldita música, Liam'. Ele cantava a plenos pulmões".

Liam foi expulso da St. Mark's aos quinze anos. Seu grande problema era ter nascido em setembro. Segundo a lei, ainda teria de frequentar a escola por mais alguns meses. Enquanto isso, todos os seus amigos, tais como Syd, Daryl e Stef, estavam soltos no mundo. Assim, ele se recusava a assistir às aulas.

Peggy morria de preocupação. Sabia que, cedo ou tarde, o conselho de educação apareceria e exigiria que ele se matriculasse em alguma escola, qualquer escola. Se não o fizesse, o próximo passo seria uma audiência no tribunal.

"Eu insistia em dizer a ele para ir à escola, senão me levariam ao tribunal, e eu não tinha dinheiro para pagar. Por fim, voltei a falar com o diretor e implorei que ele aceitasse Liam de volta. 'Bem, só porque a conheço, sra. Gallagher, mas se ele der um passo em falso sequer até poder sair da escola, será expulso de novo', respondeu ele".

Liam viu a aflição que estava causando a Peggy, e isso ele simplesmente não poderia suportar. De repente, mudou, se acalmou. Tornou-se, dentro de seus padrões, um aluno modelo. Sem encrenca, sem atrevimento, sem brigas. Na verdade, pouco antes de se formar, a escola chegou até a encontrar um primeiro emprego para ele, que foi trabalhar fazendo cercas.

Entrava às oito da manhã e saía às quatro da tarde. Ia trabalhar de bicicleta e recebia £60 por semana.

"Tudo estava indo bem", recorda Peggy, "até que o mandaram lavar os banheiros. Veja bem, todo mundo se alternava na limpeza dos banheiros, mas Liam dizia: 'Não quero saber do que os outros fazem, não vou limpar o banheiro para ninguém'. Então pegou a bicicleta, foi embora para casa, e foi o fim desse emprego".

Seu emprego seguinte foi o de escrever cartazes, mas a empresa entrou num período de vacas magras e foi forçada a dispensar funcionários. A lei informal, em tais casos, é que a última pessoa a ter sido empregada é a primeira a ser dispensada. Liam tornou-se supérfluo.

Em seguida, trabalhou como manobrista, antes de assumir o emprego antigo de Noel na Kennedy's, uma construtora irlandesa que prestava muitos serviços para a British Gas.

"Ele ficava no escritório, atendendo ao telefone", diz Peggy, "recebendo pedidos para diferentes serviços. Acho que Liam e Paul trabalharam lá no mesmo período, mas Paul era de um outro pessoal. Eles então dispensaram Paul, porque o serviço acabou, e Liam decidiu que de jeito nenhum iria cavar buracos para os outros".

Assim, Liam pediu demissão e se inscreveu para receber seguro-desemprego. Como certa vez apontou Les, o motorista de Noel, o Departamento de Seguro Social é que é o verdadeiro Conselho das Artes da Grã-Bretanha, uma vez que é quem sustenta financeiramente os músicos.

Para complementar o modesto dinheiro do seguro, Liam e seus amigos roubavam mountain bikes e as revendiam, mas ele nunca se envolveu em atividades criminosas genuínas. Possuía o temperamento para tanto, mas a ideia de angustiar Peggy o impedia.

Outra faceta da personalidade de Liam era que muitos de seus amigos tendiam a ser um pouco mais velhos do que ele. Um exemplo é Guigsy, que Liam conheceu quando tinha cerca de treze anos, jogando futebol no pub Bluebell.

Encontraram-se regularmente por cerca de um ano e, então, como acontece com todos os adolescentes, acabaram se afastando. Um tempo depois, quando Liam tinha em torno de dezesseis anos, voltaram a se encontrar. Guigsy agora estava andando com um cara que chamavam de Bonehead. Tinha um bigode fininho e era uma figura e tanto. Não parecia dar a mínima para nada, e seu senso de humor peculiar logo conquistou Liam também.

Bonehead tocou teclado numa banda chamada Pleasure in Pain, e agora, juntamente com Guigsy, um cantor chamado Hutton e um baterista chamado Tony McCarroll, formara um novo grupo, de nome Rain.

Convidaram Liam para um show no pub Times Square, sem saberem que ele agora estava desesperado para entrar numa banda.

Seu desejo despertara na noite do aniversário de 21 anos de Noel, quando ambos os irmãos, individualmente, foram ver o James, com abertura dos Stone Roses, no International Two, num show beneficente contra a Cláusula 28, que era o mais recente exemplo da legislação viciosa do partido Tory e atacava diretamente a comunidade gay por meio da censura. Os Gallaghers não davam a mínima para uma causa ou outra, seu lema era "viva e deixe viver", os Stone Roses iam tocar e isso era o suficiente para ambos.

Os Roses existiam na cena de Manchester havia anos, tendiam a fazer shows pequenos e obscuros, mas sua sonoridade melódica, combinada aos vocais semientorpecidos de Ian Brown, rendeu à banda uma considerável base local de fãs. Na época desse show, eles estavam a apenas meses de estourar.

Enquanto Noel estava no mezanino, louco de *speed*, tagarelando com Graham Lambert, dos Inspiral Carpets, Liam estava no térreo, em transe.

Foi uma das poucas vezes em sua vida que ficou sem palavras. No palco, o vocalista Ian Brown estava, nas palavras do próprio Liam, "esmagando meu crânio".

A performance de Brown naquela noite ensinou duas coisas a Liam: não era preciso ser um cantor convencional para fazer sucesso, e não era preciso se fazer de bundão na tentativa de se esforçar para agradar o público. Seja apenas você mesmo. Olhe o Ian Brown, que assomava sobre o palco, cantava suas letras e então só perambulava sem rumo por aquele espaço, ou, se sentisse vontade, se sentava e encarava o público. Foi essa performance, aliada ao som melódico e único dos Stone Roses, o que definiu mais duas coisas para Liam. Primeiro, ele começou a explorar mais músicas centradas em guitarras, mas, mais importante, agora ele sabia seu futuro: seria cantor e seria famoso. Dedicaria todas as energias a conquistar esse objetivo. Ponto final. Liam voltou para casa e contou a Peggy suas ambições. E então não fez absolutamente nada a respeito.

Na verdade, não foi bem assim.

Pediu a Noel três vezes para formar uma dupla com ele. Os Gallagher Brothers. Liam sabia o bastante para ver que o irmão estava levando a música de maneira muito, muito séria. O quarto deles estava cheio de papéis com anotações de Noel.

Porém, toda vez, Noel se recusava. Assim, Liam ficava sonhando em casa. "Ele passava dias a fio na cozinha falando que ia ser famoso", recorda-se Peggy.

– Vai mesmo, Liam? Porque eu estou farta de te ouvir falar – disse ela certa vez.

– Ah, vou sim. Só esperar pra ver, vou ser famoso e você vai ser a mãe mais orgulhosa do mundo.

– Você podia tirar essa bunda da cadeira, Liam, e sair para procurar um emprego, porque não consigo te sustentar.

– Bem, na verdade, ele está determinado, você precisa pensar positivo – disse uma amiga de Peggy que estava na cozinha.

"Eu dizia que Liam estava falando um monte de besteira, e até hoje essa minha amiga me pergunta se eu me lembro de quando afirmava isso".

Quando Liam foi ao show do Rain, teve duas impressões significativas. A primeira dizia respeito à proeza musical da banda: "Eles eram uma merda", zomba ele. A segunda era que era ele quem deveria estar ali no palco.

"O cantor era um babaca e eu sabia que eles eram uma merda", recorda, "mas achei que era massa eles terem uma banda, e eu mesmo queria fazer parte de uma".

Sem o conhecimento de Liam, no dia seguinte ao show, Guigsy foi encontrar Bonehead na casa onde o guitarrista estava trabalhando como estucador, e exigiu que Hutton fosse chutado da banda.

"Era pra gente tocar 'Wild Thing', dos Troggs, e aquele cuzão daquele vocalista começou a inventar uma letra, a cantar '*Wild thing, you smoke a draw*'.[42] Tipo, o cara nem fumava", explica Guigsy, com uma afronta real na voz.

"Eu disse então ao Bonehead que nunca mais queria ver aquele cara, e ele me falou que estava pensando a mesma coisa. Assim, depois disso nos livramos dele e não fizemos mais nada por um tempo".

Foi durante esse período de inatividade que Liam e um amigo em comum deles, Baz, deram uma passada na casa que Bonehead dividia com Kate.

Enquanto conversavam, Bonehead colocou para tocar uma fita com algumas das músicas compostas pelo Rain. Liam sentou-se numa cadeira e começou a cantar junto. Nisso, logo ficou aparente que tinha alguma coisa ali.

"Kate estava na banheira", diz Bonehead, "eu entrei na sala e perguntei se ela havia ouvido Liam cantar. 'Como um rouxinol', respondeu ela".

Liam não tinha só a voz. Tinha também a personalidade, uma necessidade urgente de ser o centro das atenções. Onde quer que fosse, dominava a cena. Assegurava-se de que seria notado. Suas qualificações para se tornar um cantor de rock'n'roll eram impecáveis.

42 "Coisa louca, você fuma um".

A primeira contribuição importante que Liam Gallagher deu para a banda foi mudar o nome. Os rapazes a tinham batizado de Rain por causa de uma música dos Beatles (composição de Lennon), lado B do compacto "Paperback Writer".

Liam teve uma ideia melhor. Ao examinar um pôster enorme dos Inspiral Carpets que Noel tinha na parede do quarto, Liam atentou para as datas da turnê, listadas abaixo da foto da banda. Um dos shows aconteceria no Oasis Leisure Centre, em Swindon. Por alguma razão, esse nome acendeu uma faísca em sua cabeça.

"É o seguinte", disse ele aos demais, "Oasis é um nome melhor do que essa porra de Rain".

E ele estava certo.

—— // ——

Era maio de 1991, o verão se aproximava e Liam estava constantemente sem dinheiro. Assim que pegava o cheque do seguro-desemprego, ia direto até o traficante para comprar mais droga e pagar parte do que já devia. Assim ia embora a maior parte do dinheiro. O pouco que sobrava ele dava para a mãe.

Liam se inscrevia na agência de empregos a cada duas semanas. De vez em quando era chamado para uma entrevista, onde perguntavam que tipo de trabalho ele pretendia pegar.

Antes, ele nunca tinha uma resposta. Agora, sim.

– Cantor – disse –, vou ser cantor.

– Sr. Gallagher – disse o entrevistador –, estou falando de um emprego de verdade.

– Mas é um emprego de verdade. Bem de verdade. Veja bem, agora estou numa banda.

Os olhos do entrevistador se arregalaram, como um tubarão ao sentir cheiro de sangue.

– Então você está sendo pago para se apresentar?

– Bem – Liam teve de admitir –, ainda não nos apresentamos. Mas iremos.

– OK, mas até lá, acho que você deveria se candidatar seriamente ao que nós chamamos de emprego de verdade. Tenho que informá-lo de que, caso você não faça isso, seu benefício será cortado. Você compreende, sr. Gallagher?

"Se eu entendo? Se eu entendo, caralho? Quem é esse filho da puta engraçadinho?". Liam sentiu o sangue ferver. Quis muito meter um soco certeiro na boca do cara, mas manteve a compostura. Em vez disso, perguntou friamente:

– Que trabalho você tem em mente?

– Bem, há uma vaga numa fábrica em Stockport. Um bom trabalho, paga bem. Acho que você deveria tentar.

Foi a gota d'água. Liam tentou ser civilizado com aquele otário, mas não deu certo. Nunca dava certo com esses tipinhos, que não entendiam absolutamente nada de nada. De onde saíam essas pessoas?

Liam se debruçou sobre a mesa do homem e disse:

– É o seguinte, tenho uma ideia melhor. Você acha que esse emprego aí é bom, né?

– Acho, sim, sr. Gallagher.

– OK, então por que você não vai lá fazê-lo? Hein? Que tal o seguinte, me dá o seu emprego e, já que acha que esse outro emprego é tão ótimo, você vai lá pegar a vaga e eu faço o seu trabalho aqui no seu lugar. Que tal?

E então Liam Gallagher se levantou e saiu da sala.

—— // ——

Liam passava quase todas as noites com Bonehead, Guigsy e Tony McCarroll. Não se encantava muito com McCarroll, mas, dentre eles, ele era o melhor músico, e bateristas eram sempre os mais difíceis de achar.

O Oasis ensaiou por quatro meses e, nesse período, fez quatro músicas. Liam, depois de horas e horas de um empenho doloroso, chegava com as letras, que Bonehead musicava.

Todos os outros três membros da banda trabalhavam, Bonehead com seu próprio negócio de estuque e Guigsy para a British Telecom. Era por meio desses empregos que o Oasis conseguia comprar equipamentos, geralmente de uma loja de música da região, a Johnny Roadhouse.

A banda enfim conseguiu uma data para tocar no Boardwalk, em Manchester: 18 de agosto de 1991, quando abririam para uma outra banda local, o Sweet Jesus.

Noel ficou sabendo do show pela mãe. Quando estava em viagem com os Inspirals, ligava para casa com frequência. Peggy contou a ele que Liam logo estaria no palco.

Noel checou a agenda: já teria voltado dos EUA. Iria ao show para ver a banda do irmão. No mínimo, poderia dar boas risadas.

I'm older than I wish to be / This town holds no more for me / All my life / I try to find another way...

- Nove -

JÁ ESTÁ QUASE AMANHECENDO QUANDO NOEL PEGA UM VIOLÃO SURRADO NA SALA DO CHEFE DA CREATION, ALAN MCGEE. TOCA ALGUNS ACORDES PARA SE CERTIFICAR DE QUE ESTÁ AFINADO.

– É o seguinte, Alan, diz o que você acha dessa música.

Sua mão esquerda forma um acorde de dó maior, e a direita bate nas cordas. Depois de alguns compassos, Noel começa a cantar.

– *I'm older than I wish to be / This town holds no more for me / All my life / I try to find another way*[43]...

Ao final da música, Noel repousa os braços sobre o corpo do violão e diz:

– Se chama "Rockin' Chair". O que você acha?

Alan McGee tenta se concentrar na expressão ansiosa de Noel, mas é inútil. Tudo à sua frente se transformou num borrão, como se suas pálpebras estivessem embaçando lentamente seus olhos. McGee está bêbado e ligadão de pílulas e pó. Na verdade, não seria correto dizer isso. Ele já enfiou tanta coisa no nariz e goela abaixo que nem sabe mais como definir em que porra de estado se encontra.

– Noel – ele finalmente responde, num sotaque escocês arrastado –, mal consigo te ver, quanto mais te ouvir – e então capota no sofá de novo.

43 Sou mais velho do que gostaria / Não há mais nada para mim nessa cidade/ Por toda minha vida / Tento encontrar outro caminho...

McGee teve muitas noites como essa ao longo dos últimos sete anos. Elas geralmente começam num bar ou num show com o consumo de quantidades consideráveis de álcool e cocaína e, se houver, comprimidos de ecstasy.

Quando o bar ou a casa de shows fecha, McGee gosta de convidar pessoas para ir até seu apartamento, na região londrina de Docklands. Lá, saca seus discos e tenta convencer gente como Noel da grandeza das bandas que adora.

– Você tem que ouvir essa música, Noel – diz ele, emocionado. – Depois disso, não tem como você me dizer que não gosta de Big Star.

Noel sorri, como que para dizer, "vai, estou ouvindo", e então McGee põe para tocar "Thirteen", "Jesus Christ" ou "September Gurls".

– O quão incrível é esse disco? Ouve esse som de bateria, sensacional, do caralho! – exclama McGee depois de um minuto, mais ou menos.

De repente, outra música lhe vem à mente e ele saca outro disco antes de o primeiro chegar na metade.

– Noel, escuta só a guitarra desse cara.

Noel nunca conseguiu chegar a uma conclusão sobre o gosto musical de McGee, pois nunca ouviu o bastante para formar uma opinião.

E McGee amava música. Era algo que nunca o decepcionava, sempre haveria um novo álbum para comprar, uma nova banda a descobrir. Para McGee, assim como para o Oasis e para tanta gente ao redor deles, a música era um oceano sem fundo, que você poderia passar uma vida inteira a explorar. E isso era o que McGee pretendia, desde que foi conquistado muito cedo na vida.

– Qual foi o primeiro disco que você comprou? – Noel lhe perguntou certa vez.

– "Get it On", do T. Rex – respondeu McGee.

Ele comprou o compacto em Glasgow aos onze anos de idade, e isso o transformou. Glasgow era a cidade natal de McGee, que lá nasceu em 1960. Cursou o ensino médio na escola King's Park.

McGee não passava tempo ruim na escola. Era um estudante razoável, não muito bom nos esportes, porém, era popular, tinha muitos amigos e uma paixão intensa pela música. Era frequentemente visto pela escola carregando discos debaixo do braço. Um garoto que o notou era um moleque franzino, um ano abaixo. Seu nome era Bobby Gillespie.

McGee passava horas no quarto ouvindo discos, sonhando fazer parte de uma banda, se tornar um astro.

"Entrei na música porque, para mim, não havia outra coisa", diz ele. "Ela me fazia finalmente me sentir parte de algo".

Mas havia um problema. Para fazer parte de uma banda, você precisava tocar bem seu instrumento. Muito bem, na verdade. Em meados dos anos 1970, músicos eram julgados pelo tamanho dos solos, não pela qualidade das canções. A técnica musical estava em alta, e a música pop, assim como a música negra, era para os frívolos e os estúpidos.

McGee era inteligente o bastante para conhecer suas próprias limitações. Não era um músico nato. Deixou de lado seus sonhos de *rock star*, mas nunca abandonou a música.

Primeiro, adorava o T. Rex, depois, o Slade. Porém, assim como para todos os jovens rapazes que chegaram à adolescência no início da década de 1970, não houve como escapar de David Bowie.

McGee se lembra de ver Bowie pela primeira vez no *Top of the Pops*, tocando "Starman" com trajes com glitter, e ficar estupefato.

"Eu nunca havia visto nada como aquilo", recorda-se. "Lembro que estava de férias e que o Bowie estava com um violão azul. Virei um fanático por Bowie".

"Veja bem, quando estava com uns quinze anos", explica ele, "percebi que nunca, mas nunca mesmo, seria muito bem-sucedido com mulheres. Você passa por aquele período entre os treze, quatorze, quinze anos, em que fica meio invisível, e foi assim que passei a curtir música".

"É irônico porque, logo que comecei a me interessar por música, me tornei visível para as mulheres. Mas até aí eu era uma criatura ruiva, sardenta e meio invisível. Assim, a música era a minha fuga para outro tipo de mundo".

Em algum momento de 1976, McGee recebeu um telefonema. Quando atendeu, era Bobby Gillespie na linha. McGee nunca havia conversado com o jovem franzino cujo pai viria a se candidatar ao Parlamento para representar seu distrito eleitoral.

"Então", explica Gillespie, "eu curtia mais futebol do que música. Mas aí saiu 'The Boys Are Back in Town', do Thin Lizzy, e esse foi o primeiro compacto que realmente me fez ter vontade de ir ver uma banda tocar. O Thin Lizzy ia tocar em Glasgow e eu não queria ir sozinho. Me lembrei do Alan da escola, porque ele não era de arrumar briga e sempre andava com uns discos. Procurei o número dele na ficha da escola e liguei para convidá-lo para ir comigo".

Positivo, é claro que McGee topou. Era o começo de uma amizade que dura até hoje.

No ano seguinte, o punk aconteceu e os garotos se tornaram ainda mais próximos. Em abril de 1977, McGee ouviu "Anarchy in the UK", dos Sex Pistols, e foi como se ficasse sem chão.

À medida que a mensagem encorajadora de que qualquer um poderia e deveria formar uma banda começou a infiltrar a mente dos jovens, McGee reativou suas aspirações a *rock star*. Os Sex Pistols haviam tornado aquilo possível, e McGee os adorava por isso, assim como Bobby. Para eles, Johnny Rotten era um verdadeiro herói, pois os encorajara a fazer algo interessante da vida. Só por isso, seus corações já seriam para sempre do punk.

Significativamente, McGee também curtia o empresário da banda, Malcolm McLaren. Como ambos eram ruivos, logo McGee estaria imitando as roupas de McLaren e destilando sua filosofia, já se moldando no papel de grande influenciador nos bastidores.

Os rapazes não chegaram a ver os Pistols ao vivo, porém, naquele ano de 1977 repleto de acontecimentos, viram o Clash e o The Jam, shows dos quais jamais se esqueceriam. Mas também houve tantos shows memoráveis naquela época, tempos excitantes tanto para a música quanto para os adolescentes britânicos. McGee e Gillespie agora tinham um estilo de vida que lhes dava princípios musicais, moda e a chance de viver umas noites iradas. Além disso, as barreiras que McGee enfrentara em relação a ser músico agora estavam quebradas. Qualquer um, dizia o manifesto punk, poderia integrar uma banda; todo mundo deveria integrar uma banda.

Assim, McGee e Gillespie entraram em bandas. A primeira banda de McGee foi o The Drains, em que ele tocou baixo. O guitarrista, encontrado por meio de um anúncio de rádio num programa empático da Radio

Clyde, era Andrew Innes. A banda logo acabou e McGee e Innes então convidaram Bobby para formar outra com eles, por sugestão de McGee, que era muito mais próximo de Bobby do que de Innes.

"Bobby é muito mais minha alma gêmea", revela ele, "ao passo que Innes era mais o cara com quem eu tocava em bandas. Foi só recentemente que Innes e eu fomos nos dar bem, pra ser sincero".

A banda foi batizada de Captain Scarlet and the Mysterons, por causa da série de TV *Capitão Escarlate*.

"Nunca fazíamos nada", revela McGee, "só íamos à casa do Innes toda sexta à noite para beber cerveja, e Bobby rolava no chão e tocava músicas do Sham 69, porque ele adorava o Jimmy Pursey. Adorava aquela coisa de classe trabalhadora. Ainda adora tudo isso".

A banda nunca saiu do lugar, porém, antes de acabar, Innes e McGee foram convidados a entrar para um grupo chamado H2O.

"Isso foi antes de eles terem qualquer sucesso ou qualquer coisa do tipo, e a ideia era que nos tornássemos tipo os New York Dolls. Innes e eu usávamos maquiagem e calças glam rock".

Mais uma vez, a banda não deu certo, mas os rapazes persistiram em seus sonhos.

A banda seguinte se chamou Newspeak. Era o final de 1979 e McGee agora estava saindo com a garota com quem logo se casaria, Yvonne. Estava apaixonado e, basicamente, satisfeito com a vida, porém Innes constantemente o importunava para que fosse embora de Glasgow e se mudasse para Londres. Se era para levar a sério alcançar o sucesso como músicos, Londres era o lugar onde isso aconteceria.

"Se Innes não tivesse me convencido a me mudar para Londres, eu provavelmente não teria chegado aonde cheguei", aponta McGee. "Provavelmente estaria pesando 90 kg, teria três filhos e estaria vivendo em Glasgow até hoje. Assim, viemos para Londres e montamos uma banda chamada The Laughing Apple".

Ao chegar em Londres, Innes pegou uma hepatite feia e McGee foi trabalhar como balconista na British Rail. Pouco depois, se deu conta de que não era feito para se tornar um grande compositor, ou nem mesmo, pensando bem, um compositor médio. Porém, essa constatação em nada diminuiu sua paixão pela música.

Foi por isso que, certo dia, McGee se viu lendo um fanzine chamado *Jamming*. Nele, o editor, Tony Fletcher, escrevera um artigo apaixonado a respeito do fracasso do punk, da traição do *éthos* punk por parte de certas bandas e a subsequente estagnação da cena musical. O artigo atiçou verdadeiramente a imaginação de McGee. "Era como se ele estivesse dizendo: você precisa levantar a bunda da cadeira, já que ninguém mais tem moral ou credo. Tudo o que ele dizia estava certo".

McGee decidiu se juntar à cruzada de Fletcher. Encontrou um local no London Musician Collective, na Gloucester Avenue, e começou o Communication Club. A primeira banda que promoveu foi a do próprio Fletcher, The Apocalypse. Nas primeiras oito semanas, McGee perdia cerca de £70 por noite. Seu salário semanal da British Rail era de £72. Sua esposa Yvonne não estava muito feliz com isso.

Um ano depois, sua sorte mudou. Valendo-se de uma quantia considerável de uma devolução inesperada de impostos, achou um salão em cima de um pub no West End de Londres, o Living Room, e fechou com uma banda chamada The Nightingales. Na semana seguinte, foram os The TV Personalities.

Para seu enorme espanto, as pessoas começaram a comparecer em grande escala.

"A essa altura, a música havia dado a volta por cima e as pessoas queriam sair para ver bandas", aponta McGee. "De repente, eu comecei a receber coisa de 200 pessoas e a ganhar £700, com três noites por semana no clube. Nas primeiras semanas, eu ficava completamente trêbado todas as noites, porque achava que ia acabar logo. Mas não foi o que aconteceu".

"Percebi que estava ali para ficar. Pensei, que diabos, posso ganhar a vida saindo para procurar bandas para tocar no clube. E assim caí fora do meu emprego na British Rail".

À medida que o clube crescia, era inevitável que a mente febril de McGee um dia se deparasse com o seguinte pensamento: se ele era capaz de encontrar bandas das quais os frequentadores da casa gostavam genuinamente, então o próximo passo com certeza seria gravá-las. Começar um selo.

Era isso o que ele iria fazer. Um selo. Lançaria discos que espelhassem seus dois principais amores musicais: a psicodelia e o punk. Em homenagem a uma de suas bandas favoritas, mais tarde batizaria a empreitada de Creation Records.

—— // ——

Alan McGee se debruça com uma nota de £50 no nariz e a posiciona sobre as partículas brancas reluzentes de cocaína. Inspira com força e o pó sobe por seu nariz até seus globos oculares. Senta-se na cama do quarto luxuoso de um hotel em Los Angeles e dá um gole de Jack Daniel's e Coca-Cola, e então acaricia a barriga distraidamente.

O quão disforme sua barriga se tornou por causa da bebida é algo que lhe causa fascínio e repulsa. Recorda-se do quanto já foi magricelo, especialmente nos anos 1980, quando as pílulas de ecstasy eram inacreditáveis e o álcool não era necessário porque havia rumores de que cortava o barato. Isso agora é passado e McGee se voltou para o álcool como uma das principais maneiras de chapar. Pesa agora 90 kg.

Alan sente a cocaína começar a fazer efeito. Uma necessidade urgente desperta em seu cérebro: música. Ele precisa de música. Olha para as fitas que trouxe na bagagem.

Escolhe uma que diz "Rocks, demo do Primal Scream", e a insere no aparelho. Uma batida firme à la Sly Stone sai dos alto-falantes, seguida por rascantes *licks* stoneanos de guitarra.

Então Bobby Gillespie começa a cantar: "*Dealers keep dealing / Thieves keep thieving / Whores keep a whoring*".[44]

44 "Traficantes continuam a traficar / Ladrões continuam a ladroar / Prostitutas continuam a se prostituir".

Excelente. Ele adora essa música. É um hino para esses tempos. Decadente, roqueira. É o primeiro single de 1994 do Primal Scream, parte do terceiro álbum da banda, *Give Out But Don't Give Up*, o crucial sucessor do criticamente aclamado *Screamadelica*.

Aquele segundo álbum foi o que fez a banda. Escalou as paradas, foi recebido com aclamação pela crítica e até rendeu £20.000 extras à banda ao vencer o Mercury Award de Álbum do Ano em 1992.

McGee ri alto. Está se lembrando de que, no dia seguinte da vitória da banda, ninguém conseguia encontrar o cheque.

– Achei que estivesse contigo, Bobby.

– Que nada, cara. Tá nada.

– Bom, onde está essa porra, então?

– Não pergunta pra mim, cara, eu estava beeeem louco.

A música termina. McGee acaricia a barriga de novo e força sua mente a se concentrar. Está se dispondo a se manter um passo à frente nos EUA, porque, para falar a verdade, no momento, se encontra meio que na corda bamba. Em setembro de 1992, a Sony, multinacional gigantesca, comprou 49% das ações de seu selo. Foi um acordo inevitável.

Tocar um selo independente num mercado dominado por multinacionais é um enorme risco financeiro e pessoal. Você pode fechar contrato com a melhor banda de todos os tempos, mas, se não tiver boa distribuição e recursos de marketing à sua disposição, os discos não vão chegar às lojas. Ficam encalhados com você. Pilhas daquelas porras.

A tensão, num nível pessoal, é tremenda. Num minuto você está lidando com bandas que berram por mais dinheiro, no outro, está desesperado tentando cobrar dinheiro que lhe é devido. Também não ajuda se você tiver, como Alan McGee tem, uma atração forte por músicos que você enxerga alegremente como "disfuncionais".

"Eu achava que todos os músicos eram desse jeito. Você é um fodido, você deve ser muito especial. Depois, descobri que isso não é exatamente verdade", relata ele, pesaroso.

Quando McGee começou a Creation, o primeiro compacto que lançou foi do The Legends. Chamava-se "73 in 83". Depois, foi a banda de Innes, o Revolving Paint Dream, seguida por outras como Biff Bang Pow!, Jasmine Minks e The Pastels. McGee encontrava muitos aliados na imprensa musical, mas a qualidade da música variava. Seu primeiro grande sucesso viria com a descoberta de uma banda comandada por dois irmãos que viviam em guerra, o Jesus and Mary Chain.

O Jesus tocou no clube de McGee em julho de 1984. Imediatamente após o show, McGee foi ao backstage e disse aos irmãos que seria empresário deles.

Esses irmãos eram Jim e William Reid, e a relação entre eles era, para dizer o mínimo, tempestuosa. "Ou eles se matavam, ou destruíam os clubes", recorda-se McGee. "Era uma bagunça total, mas o visual deles era incrível. Além disso, tocavam 'Vegetable Man', do Syd Barrett, e eu amo o Syd Barrett".

Em novembro daquele ano, McGee lançou "Upside Down", deles. O compacto vendeu 50 mil cópias em um mês. McGee então abandonou o clube para focar no selo.

A Creation então logo se estabeleceu como um selo descolado e favorito da imprensa musical. Era independente, assinava com bandas não *mainstream* e que eram vistas como responsáveis por manter a ética do punk viva, noção que até hoje permanece de importância vital para os jornalistas musicais. Entre os artistas que viriam a assinar com o selo estão My Bloody Valentine, House of Love, Ride e Primal Scream.

Porém, parecia escapar da atenção de todos o fato de que muitas das bandas descobertas por McGee eram, depois, encaminhadas por ele para selos americanos; essa era a única forma que ele tinha de manter seu próprio selo vivo.

"A Creation só sobreviveu àqueles primeiros dez anos porque eu sou basicamente um camelô", revela McGee. "Até eu fechar o contrato com a Sony, ia para os EUA com fitas de bandas como Slowdive, Swervedriver e Teenage Fanclub, e então ia de gravadora em gravadora oferecendo, por exemplo, £250 mil pelo Fanclub ou £120 mil pelo Slowdive. Era assim que eu pagava as contas, como um mercador".

"Mas aí então chegamos a 1992", prossegue ele, "e eu devia coisa de £1,2 milhão. Cheguei até a vender o nome Creation a Charles Koppelam, chefe da EMI Records. Vendi o nome a ele por US$ 500 mil e não tinha mais porra nenhuma que pudesse vender. Assim, precisei vender 49% da minha companhia à Sony".

"Eles compraram o selo por dois motivos. Um, porque eu tinha um histórico de descobrir bandas. Dois, porque acharam que o Primal Scream iria se tornar um supersucesso".

Em março de 1994, o Primal Scream lançou seu terceiro álbum, *Give Out But Don't Give Up* e, graças à enorme rede de distribuição da Sony, o disco, apesar das críticas ruins, superou as vendas do *Screamadelica* em 400 mil cópias ao vender 600 mil. Mas não era o bastante. O álbum custara £425 mil.

"Então, àquela altura, nós basicamente estávamos na merda com a Sony", explica McGee. Seria preciso algo verdadeiramente especial para resgatar tanto McGee quanto o selo. É bastante irônico, portanto, que o sucesso inicial da Creation, que começou com dois irmãos que queriam encher um ao outro de porrada, agora seria salvo por dois irmãos que frequentemente agiam como se quisessem encher um ao outro de porrada.

Um deles, Noel Gallagher, está agora sentado numa cadeira rindo de McGee, que afunda cada vez mais no sofá. Tudo o que McGee consegue pensar, enquanto Noel prepara outro drink, é: "Como é que ele segue adiante com essa porra e como é que ele não para de chegar com essas músicas incríveis pra caralho? E quando é que eu vou conseguir dormir um pouco?".

- Dez -

NOEL GALLAGHER ESTÁ COM CERCA DE VINTE PESSOAS NO BOARDWALK, EM MANCHESTER, VENDO SEU IRMÃO NO PALCO PELA PRIMEIRA VEZ NA VIDA. COMO AINDA NÃO TEM DINHEIRO PARA COMPRAR UM PEDESTAL, LIAM SEGURA O MICROFONE NA MÃO.

Bonehead, Guigsy e McCarroll parecem nervosos, mas Liam, não. Ele, é claro, é o *frontman*, coisa que até hoje afirma que "estava louco para ser".

Como ocorre muitas vezes com qualquer acontecimento importante, o tempo voa. Num minuto, os membros da banda estão plugando seus instrumentos, nervosos, com as mãos levemente trêmulas, e no minuto seguinte estão tocando a última música.

Na mitologia do Oasis, Noel agora vai até o backstage, diz a eles que a banda é uma merda, se oferece para entrar e compor todas as músicas, que eles então começam a ensaiar no dia seguinte.

Não foi assim.

Ele de fato os criticou severamente, e Liam teria então desafiado Noel, apontando que, se a banda era uma merda, e quanto a ele? Por que não entrar na banda e torná-la melhor?

Sem dúvida, a proposta teria interessado Noel, que tinha agora vinte e quatro anos e nunca fizera parte de uma banda, apesar de ter escrito músicas furiosamente nos últimos anos. E o Oasis era a banda perfeita para ele entrar, já que contava com seu irmão e outros caras que ele conhecia, exceto por McCarroll.

Com exceção deste, todos falavam a mesma língua e vinham da mesma classe social. Todos gostavam de futebol, *scooters*, roupas e carros. Todos eram obcecados por música. Perfeito, portanto, mas Noel tinha um problema.

Não podia largar seu emprego com os Inspirals. Ganhava bem. Não queria voltar de jeito nenhum para o seguro-desemprego. Assim, Noel tergiversou: o que ele fez foi convidar os rapazes até seu apartamento no India House para mostrar a eles algumas de suas músicas.

A banda se reuniu então na casa de Noel e, violão em punho, ele tocou algumas de suas canções. Uma se chamava "Live Forever". As outras tinham títulos como "Colour My Life", "See the Sun", "Better Let You Know", "Must Be the Music", "Snakebite" e "I Will Show You".

A única música deles que Noel talvez considerasse tocar ao vivo era "Take Me", porque gostou da letra.

Ao ouvir as músicas de Noel, Guigsy, Bonehead e Liam tinham uma sensação crescente de empolgação. Era óbvio que eles estavam agora na presença de alguém obviamente muito talentoso. Ele não só tinha um ouvido para melodia, como seus arranjos também eram classudos. Ficaram determinados a colocar Noel na banda assim que possível.

"Lembro-me de ligar constantemente para Liam", recorda Bonehead, "para perguntar se o irmão já tinha se decidido". De fato, numa tarde de domingo, enquanto Noel assistia futebol, Liam apareceu em sua porta exigindo uma resposta.

Como era típico, Noel tomou uma postura *cool*. Um mês após o show no Boardwalk, ele finalmente se comprometeu com o Oasis, porém somente sob certas condições rígidas. A primeira era que os membros teriam de dar seu máximo à banda. Ninguém poderia perder ensaios. Todos tinham de se esforçar 100%. Não cumprir com isso resultaria em demissão.

Teriam, ainda, de ficar de olho no consumo de drogas e álcool.

"A regra era: você poderia usar o que quisesse, contanto que desse conta", explica Guigsy. "Tipo, eu não bebo antes de entrar no palco, porque não aguento, mas consigo fumar quilos de maconha. Já Liam consegue beber cem cervejas antes de entrar no palco, e dá conta disso".

Noel seguiria trabalhando para os Inspirals e, enquanto estivesse viajando, os outros teriam de continuar ensaiando e investindo na banda. Todo dinheiro que ganhassem seria dedicado à causa do Oasis.

Todos concordaram avidamente. Ao determinar essas condições, Noel Gallagher se confirmou como líder da banda. Com o passar do tempo, só seu irmão viria a questionar seu direito a tal título.

Noel também convocou seu amigo Mark Coyle para ser o engenheiro de som e ajudar a ajustar os equipamentos.

A princípio, a banda ficou em dúvida em relação a Coyley, que parecia quieto e contido. Porém, logo descobriram que bastavam alguns drinks para que ele se animasse consideravelmente. Além disso, estava por completo na mesma sintonia que eles.

Noel e Guigsy partiam para cima dele e davam o pontapé inicial num debate de futebol sobre os méritos do City versus os do United. Mark defendia seus argumentos, e Bonehead então ficava do lado dele, já que também torcia para o United, embora não de forma tão dedicada quanto Mark.

– Bom, você pode calar a boca também – dizia Coyley para seu aliado de United. – Que porra você entende disso?

– É, você tá certo – era tudo o que Bonehead poderia dizer.

O primeiro show de Noel, e o segundo do Oasis, aconteceu no Boardwalk no dia 15 de janeiro de 1992. O set não durou mais do que meia hora. Não se moveram um centímetro sequer no palco e, ao final, saíram abruptamente, com algumas vaias de uma molecada do público.

Na manhã seguinte, às cinco e meia, Noel chegou ao aeroporto de Manchester, depois de passar a noite em claro, e então embarcou para o Japão com os Inspirals e Coyley.

"Foi a nossa turnê mundial de duas semanas", explica Graham Lambert, dos Inspirals, aos risos.

Os demais membros do Oasis continuaram a ensaiar avidamente, mas só quando Noel estava na área é que eles realmente sentiam toda a empolgação.

Enquanto isso, Noel e Coyley estavam se divertindo muito. Os Inspirals tocaram no Japão, e em seguida na Argentina, onde se apresentaram no famoso estádio de futebol do River Plate, e no Uruguai.

Na Estônia, participaram de um festival que contava com dois palcos opostos e o público se deslocava entre eles. Bob Geldof tocou logo antes dos Inspirals e extrapolou seu tempo.

Assim, no outro palco, Noel pegou o microfone e começou a falar:

– Beleza, Bob, você já fez a sua parte. Agora vamos lá, circulando. Afinal, acho que você não precisa do dinheiro, depois de todo aquele negócio de Live Aid, certo?

Em seguida, Geldof foi até o camarim deles e todos o ignoraram. Ao sair, tropeçou e a banda e a equipe rolaram de rir.

Graham Lambert se recorda de que, nesse período, Noel estava completamente absorto pelo álbum *Achtung Baby*, do U2, e que finalmente aprendera a tocar o clássico adorado por guitarristas de todo lugar, "Stairway to Heaven", do Led Zeppelin.

— // —

O show seguinte do Oasis foi na faculdade politécnica de Dartford, no dia 19 de abril, e foi Noel quem conseguiu graças aos contatos que vinha fazendo por trabalhar com os Inspirals.

Para a viagem, a banda alugou uma van e Guigsy foi com seu carro. Ao chegarem, acompanhados por uns cinco amigos, foram até um pub ali perto, onde alguém acendeu um baseado. Acabaram expulsos e partiram para a faculdade.

Contavam com um suprimento farto de cocaína, *speed* e ecstasy. Quando entraram no palco, já estavam daquele jeito. Bonehead tocou com três cigarros na boca, Noel estava frito, Guigsy caiu do palco e McCarroll esqueceu de apertar as presilhas dos pratos, então, nas primeiras batidas a bateria quase desmontou.

Isso porque a banda ia maneirar no consumo de bebida e drogas.

Enquanto isso, no público, os amigos de Manchester arrumaram briga com alguns alunos da faculdade. Mais tarde, algumas salas foram invadidas e o dinheiro arrecadado pelos estudantes na tradicional *rag week*[45] foi roubado. A banda e os amigos tiveram de brigar para sair da faculdade e chegar até os veículos.

Guigsy não tinha condições de dirigir, então, ao chegarem num posto, ele estacionou e dormiu, assim como Liam e McCarroll, que também estava no carro. Foram acordados pela manhã por um policial batendo no vidro.

Explicaram que ficaram bêbados e queriam dormir até a ressaca passar. O policial aceitou a história e foi embora, sem perceber o baseado enorme no cinzeiro do carro. Noite massa, portanto.

Noel agora já havia informado aos Inspirals que estava numa banda. Na verdade, sempre dizia a mesma coisa a todo mundo que encontrava:

– Estou tocando numa banda, se chama Oasis, e nós vamos tocar em tal e tal lugar. Chega lá se quiser conferir – e ficava nisso.

No Hippodrome, em Oldham, Graham Lambert presenciou seu primeiro show do Oasis, em que a banda abriu para o The Revenge. Ainda os veria mais uma vez.

"Quando Noel me perguntou o que eu achei, respondi que, para mim, as músicas ainda estavam um pouco sem foco", recorda.

O que era interessante, segundo Graham, era a natureza obviamente prolífica de Noel. Naquela época, assim como agora, Noel compõe quase todos os dias. Uma vez que ele pegasse o ritmo, nada o parava. Chegava nos ensaios com toda uma batelada nova de canções, que então ganhavam preferência em relação ao material "antigo".

Durante esse período, Noel impressionou a banda com a qualidade e maturidade de suas canções. Já contava com algumas, tais como "Whatever" e uma das favoritas da banda, "All Around the World". Também

---

45 Semana em que os estudantes realizam uma série de atividades e ações para arrecadar dinheiro para caridade. (N. do T.)

havia "She's Electric" (em que Noel recorda sua época de escola primária ao copiar descaradamente parte da melodia do programa de TV infantil *Me and You*) e "Hello", que tiveram demos gravadas na casa de Mark Coyle, no número 388 da Mauldeth Road West, mas só viriam à tona em outubro de 1995, quando o segundo álbum do Oasis foi lançado.

"Eles nunca tocavam o mesmo set duas vezes", recorda-se Graham. "Em questão de seis semanas, já tinham um *setlist* novo, e eu disse a Noel que isso não colaboraria para as gravadoras se interessarem, mas ele nunca pareceu se preocupar. Também me lembro de Bonehead tocar violão em alguns shows".

A essa altura, a banda já havia se deslocado para um novo espaço de ensaios, no Boardwalk, em Manchester. Conseguiram uma sala no térreo, onde ensaiavam duas ou três noites por semana, a depender da grana. Em seguida, fizeram um acordo com outra banda, os Sister Lovers, para dividir os gastos. Com esse acordo, o Oasis estava lá todas as noites da semana, começando às cinco da tarde e terminando às dez da noite.

Os ensaios começavam com as músicas novas que Noel tivesse, como, por exemplo, "Blue", que Liam diz ser a primeira composição épica do irmão.

Em seguida, ensaiavam as músicas que já conheciam, talvez fizessem uma pausa às sete e meia para tomar uma cerveja ou fumar um baseado, e então voltavam a tocar até as dez.

A sala era pequena e, às vezes, havia poças d'água no chão. Para animar o clima do lugar, Bonehead providenciou tinta e, de vez em quando, eles pintavam a parede dos fundos com as cores da bandeira britânica.

Noel chegou até a escrever uma música chamada "The Red, White and Blue", e o fascínio deles pela bandeira causava certa consternação entre os que olhavam de fora, entre eles a banda com quem dividiam a sala, os Sister Lovers.

Em novembro de 1992, uma integrante da banda, Debbie Turner, encontrou Alan McGee num show de Bob Mould no Boardwalk e o convidou para fumar um baseado na sala de ensaios.

McGee entrou na sala onde a banda mais importante com quem ele viria a assinar ensaiava e notou a bandeira. Disseram a ele que aquilo era obra de uma banda de uns rapazes, o Oasis, e houve alguns cochichos a respeito das opiniões políticas da banda. McGee fez uma nota mental de se manter longe do grupo.

Para o Oasis, o interesse na bandeira fora despertado por bandas como o The Who, que no início da carreira a usou de uma maneira irônica à la *pop art*.

“Mas, como nós éramos rapazes que gostavam de beber cerveja e ir a jogos de futebol, ninguém achava que nós curtíamos arte ou qualquer coisa assim”, explica Noel. “Essa música ‘The Red, White and Blue’, por exemplo, surgiu um dia em que eu tinha ido à Johnny Roadhouse para comprar uns equipamentos. Ao sair da loja, havia uma passeata acontecendo. Estou lá parado e um cara chega em mim e começa um falatório a respeito de como eu não me interessava pela causa dele”.

“E eu pensando: estou cagando e andando pra sua causa. Tudo o que eu quero fazer, colega, é estar numa banda. Se esse é o seu negócio, ótimo, não tenho problema nenhum com isso, viva e deixe viver. Mas me deixe de fora”.

“Ele não parava de falar, então escrevi uma música sobre como te rotulam instantaneamente quando você tem uma determinada aparência e chamei de ‘The Red, White and Blue’, que também trata de como coisas tipo a bandeira britânica são reapropriadas e, se você usá-las, as pessoas automaticamente pensam que você faz parte de algo do qual na verdade não faz”.

A música era baseada num riff não muito diferente do tema de “Shaft”, de Isaac Hayes, com Noel utilizando o pedal de wah-wah sem economizar, mas ele logo a engavetou.

“Todos na banda gostavam da música, mas eu sabia que, se a tocássemos, isso causaria mais problema do que valia a pena, e foi por isso que a descartei”.

Como eram clientes assíduos do espaço de ensaios, o pessoal do Boardwalk, de vez em quando, colocava o Oasis no andar de cima, talvez numa tentativa – em vão – de receber o aluguel.

A banda frequentemente ficava devendo. Comprar equipamentos provou-se algo caro e, embora todos exceto Liam trabalhassem, o custo de manter a si mesmos e ao Oasis os deixava sem dinheiro com certa regularidade.

Ao final de cada ensaio, guardavam os instrumentos e disparavam em direção à porta. O último a sair tinha de entregar as chaves, o que significava sempre ter de inventar algum tipo de desculpa aos proprietários para pagar no dia seguinte. Às vezes, Noel pagava com um cheque que ele sabia que ia voltar mais rápido que um bumerangue. Em outras, eles deixavam dez libras e prometiam solenemente pagar o restante na noite seguinte.

O que incomodava a todos da banda era o fato de acharem o lugar um lixo completo. Para começar, era frio e tinha goteiras, o que era altamente perigoso por conta de todos os equipamentos elétricos. Além disso, era pequeno e escuro.

"Bem antes da turnê Zooropa, do U2, Noel teve a ideia de apagar todas as luzes, trazer várias TVs com defeito e ligá-las para iluminar a sala", diz Guigsy.

Se você tivesse a oportunidade de ver a banda ensaiar naquela época, ao abrir a porta, à sua esquerda encontraria Noel tocando guitarra. Guigsy estaria no canto, à esquerda de Noel, e Bonehead ficava no canto direito, tocando ao lado da bateria de McCarroll, montada encostada na parede. Liam ficava no meio da sala.

Quando a banda entrava numa *jam* de alguma parte instrumental, Liam se sentava no chão, de pernas cruzadas, baseado na mão, fechava os olhos e sentia a música.

Se Coyley estivesse gravando o ensaio, haveria um microfone posicionado em cima de um dos canos acima das cabeças deles. Era o trabalho de Coyley montar o equipamento e, mais uma vez, os rapazes, a princípio, ficaram impressionados com o conhecimento dele ao checar amplis e volumes. Foi só quando algum equipamento não funcionou e a reação de Coyley foi tentar reanimá-lo a chutes que eles se deram conta de que estavam com um aventureiro a bordo.

Havia pichações na porta e no corredor, Liam desenhara um avião e, embaixo, escrevera um comentário sobre se ter cuidado ao pousar numa pista, uma alfinetada em todos os torcedores do United. Porém, mesmo com tudo isso, foi ali que a sonoridade singular do Oasis começou a vir à tona, e isso se deu por meio do volume. A banda sempre tocava alto. Noel colocava seu volume no 10 e então surrava a guitarra, descontando todas as suas frustrações. Bonehead fazia o mesmo.

Foi em algum desses momentos que Noel percebeu que, se Bonehead continuasse a tocar acordes com pestana, abrangendo todas as cordas com a mão esquerda, o tempo todo, isso daria a ele a liberdade de tocar melodias, riffs e outras linhas de guitarra. Alinhe isso a uma cozinha muito básica, quase punk, da parte de McCarroll e Guigsy, e ao volume massivo em que tocavam, e o som do Oasis começa a tomar forma.

O único elemento que ainda faltava, a essa altura, era a voz de Liam, que ainda não contava com a potência e a personalidade que tem hoje. Isso, porém, viria com o tempo.

Nos momentos ociosos, o grupo ia pregar peças em outras bandas que estavam ensaiando. Com cuidado, abriam as portas das outras salas de ensaio e apagavam todas as luzes enquanto alguém ensaiava. Outras vezes, batiam forte na porta de alguma sala e saíam correndo de volta para a deles, antes que alguém da banda abrisse.

Se alguém viesse reclamar, bem, nós estamos em cinco, quer conversar sobre isso lá fora, colega? Ninguém nunca quis. Porém, se havia alguém que sabia como era lá fora, era Liam. Toda noite de sexta, depois de ensaiar, ele subia para a balada do Boardwalk.

Entrava, bolava um baseado, acendia e fumava na caradura. Os seguranças apareciam e pediam que ele apagasse. Liam os mandava se foder. Eles então pegavam, empurravam-no pela porta dos fundos, chutavam-no da escada para a rua e ele então estava expulso do clube. Xingava feito louco, para, na sexta-feira seguinte, fazer exatamente a mesma coisa.

"Rolei por aquela escada inúmeras vezes", recorda, "era ridículo".

Suas travessuras eram tão frequentes que a gerência do Boardwalk chegou a escrever para a banda, dizendo que, se Liam não parasse, o grupo inteiro seria banido do local. Na sexta seguinte, lá estava Liam com o baseado na mão.

Não se preocupava, porque sabia de uma coisa que só mais quatro pessoas em Manchester sabiam: o Oasis seria enorme. Isso era fato. As canções que transbordavam de Noel estavam simplesmente muito, mas muito acima de todo o resto. E isso fascinava Liam.

Seu irmão era aquela figura aparentemente normal e contida, que o que mais adorava era ficar chapado ou torcer pelo amado Manchester City no estande Kippax, e de repente lá estava ele, revelando aquelas canções que, em letra e música, continham uma correnteza de emoções.

As melodias eram tão simples, porém tão certeiras, e os arranjos eram elaborados com tanta naturalidade. Não havia nada que sugerisse que aquelas eram canções calculadas. Algo simplesmente incrível. O Oasis, tendo Noel Gallagher a seu lado, simplesmente não tinha como dar errado.

Guigsy se lembra de como, quase todas as noites depois dos ensaios, ele e Liam iam até sua casa e ficavam ouvindo música no quarto. Colocavam discos de Hendrix, Kinks e The Who para tocar e falavam um para o outro quanto sucesso teriam.

– Vai ser massa demais – dizia Liam, recostando-se com um baseado na mão e um sorriso de satisfação no rosto. Porém, nem mesmo Liam, nem ninguém relacionado ao Oasis, na verdade, fazia ideia do quão massa viria a ser.

//

É óbvio, portanto, que essa crença em si mesmo, somada a uma desconfiança inata de quem estava de fora e a uma arrogância crescente, tenha transformado o Oasis, com exceção de Tony McCarroll, numa gangue bem unida. O baterista era diferente: nunca demonstrou uma paixão por nada.

"Música, por exemplo", diz Bonehead. "Eu não ligaria se ele tivesse cinco discos que achasse os melhores de todos os tempos e ponto final. Mas nem isso ele tinha. Acho que ele não tinha nenhum disco, nem mesmo um aparelho de som".

Mas Noel, Liam, Guigsy e Bonehead se mantinham bem próximos. Chegavam aos shows e ignoravam por completo todo mundo que estivesse lá. Se alguém dissesse alguma coisa, estariam mais do que dispostos a começar uma briga, fosse com outras bandas ou com os produtores. Para eles, não importava. "Jovens raivosos, de fato" é a breve descrição dada por Guigsy.

No palco, não diziam nada. Entravam, tocavam um set curto, nunca se movimentavam, nunca se comunicavam entre si, e então saíam. Fim.

A atitude deles era a seguinte: essas músicas são fantásticas e, para sermos sinceros, não achamos que vocês as mereçam de verdade. Porém, aqui estamos, aqui estão as músicas, e, se vocês gostarem, é assim que deve ser. Se vocês não gostarem, isso só prova nosso argumento. Cretinos.

Era o Oasis contra o mundo, uma sensação da qual todas as melhores bandas ou artistas solo do mundo estão cheios no início. Naquele ano de 1992, essa sensação foi exibida no Club 57, em Oldham, onde abriram para o The Ya Ya's (cujo baixista era um certo Scott McLeod), mais três vezes no Boardwalk, e uma vez no Playback Roadshow, no dia 22 de junho.

O evento fazia parte de uma ação por todo o país para arrecadar dinheiro para diversas instituições de caridade. Martin, o irmão de Bonehead, conhecia o organizador e o persuadiu a deixar o Oasis tocar no festival, que duraria o dia inteiro e contava também com atrações como Opus III e The Utah Saints.

Depois do show, o Oasis deixou para ser leiloada uma fita cassete com duas mixes de "Take Me", além de autografar a capa.

O próximo show de prestígio aconteceria dali a dois meses, no dia 13 de setembro, no The Venue, como parte da programação do festival In the City, em Manchester.

Era um esquema organizado por Tony Wilson para rivalizar com o Music Seminar, em Nova York, que acontece todo verão, bem como uma tentativa de arrastar a cena musical para fora de seu centro londrino, propiciar uma chance para selos divulgarem suas bandas e para os agentes de A&R[46] conferirem os novos talentos. Aparentemente, ninguém ligou para o Oasis.

Contudo, para Liam Gallagher, exceto por esses shows, essa foi a época em que o Oasis deveria ter sido gravado.

"Foi quando nós estávamos arrasando de verdade", afirma ele, com firmeza. "Gostaria que tivéssemos feito um álbum naquela época".

46 Artista & Repertório (N. do T.)

- Onze -

MARCUS RUSSELL CONVALESCIA, DE CAMA, E, POR MAIS QUE TENTASSE, NÃO CONSEGUIA SE LIVRAR DO PENSAMENTO DE QUE PARECIA HAVER UMA DESGRAÇA IMINENTE PERMEANDO TODO SEU SER. TINHA VINTE E NOVE ANOS E SENTIA COMO SE A VIDA NÃO ESTIVESSE INDO A LUGAR ALGUM.

Seu casamento estava abalado. Não por causa de sua esposa, Jane, que era uma pessoa boa e doce. Não, era porque a conformidade que um casamento exige não era de seu agrado.

Na época em que se casou, Marcus dissera a si mesmo que era o momento certo para se estabelecer e construir um futuro. E, por um tempo, ele seguiu essa forma de pensar. Porém, não conseguia se livrar da sensação de insatisfação que vivia no fundo de sua mente, era algo que simplesmente não o deixava em paz e o fazia se sentir falso, alguém fingindo ser o que pensava que deveria ser, não o que realmente era.

E seu emprego. Que peso em suas costas era esse emprego. Marcus trabalhava como professor de economia numa escola secundária em Harlow. No início, era um desafio tentar estimular as fileiras de alunos desinteressados que ele encarava todos os dias. Desde então, alguns já murmuravam em voz alta, questionando qual o objetivo de fazer provas quando não havia empregos a procurar.

Por dentro, Marcus só podia concordar com eles, mas tomou para si a responsabilidade de mostrar o contrário a eles, de instigar suas mentes, ou pelo menos de levá-los a pensar com um viés mais positivo. Essa atitude durou mais ou menos um ano, quando muito.

Agora, ele detestava o emprego com todas as forças. O orçamento anual mal começava a cobrir os custos de todos os materiais de que os estudantes precisavam, e toda a rotina o anestesiava.

Sabia que em setembro lecionaria sobre a lei da oferta e da procura. Em fevereiro, o tópico seria inflação. Entra ano, sai ano, os mesmos livros, as mesmas aulas, as mesmas expressões de tédio diante dele. A porra da vida inteira dele era uma farsa.

E agora essa doença, uma artrite viral que ele, de algum jeito, pegou em Portugal, aparecera para assustá-lo pra caralho. Passou os últimos seis meses confinado à cama. Estava, de fato, aleijado, incapaz de andar. Marcus Russell não conseguia colocar uma perna na frente da outra.

O médico lhe assegurou que isso passaria, mas a doença já durava tanto que a paranoia começou a se estabelecer. Ele se perguntava se seus amigos e familiares estariam guardando algum segredo terrível dele, especificamente o de que nunca mais voltaria a andar.

– Ah, não seja tão estúpido – dizia sua esposa Jane. – Você ouviu o que o médico disse.

Mas quem disse que o diagnóstico estava correto? Havia exemplos de sobra de médicos que erravam.

– Vocês, homens, quando estão doentes, são como uns bebezinhos – reprovava Jane.

Isso provavelmente era verdade, mas tente ficar meses de cama nesse minúsculo apartamentinho do governo nessa Harlow abandonada por Deus e sonhar um sonho melhor. E, para coroar, seu aniversário de trinta anos se aproximava. Trinta anos! Puta merda. Mais dez anos e ele teria quarenta, e então... arrepiava só de pensar.

//

Cinco meses depois, as coisas melhoraram discretamente. Marcus voltou a trabalhar, estava andando, e sua esposa saíra andando também. Ele e

Jane se separaram, e Marcus sabia que seus dias no trabalho também estavam contados.

Só precisava de tempo para decidir o que fazer a seguir. Foi enquanto ponderava isso em seu apartamento que recebeu um telefonema. Inesperado, mas, como disse Lennon certa vez, "vida é aquilo que acontece enquanto estamos ocupados fazendo planos".

Quem ligava era Mike, amigo de Marcus, um aliado do passado, muito próximo, e o telefonema trouxe uma enchente de lembranças. Mike agora morava em Liverpool, mas os dois abriram o clube Drifter's Escape (nome tirado da música de Bob Dylan) em sua cidade natal de Ebbw Vale, ao sul do País de Gales, quando eram apenas garotos e tão mais jovens do que hoje.

Tinha dezesseis anos e Ebbw Vale era uma cidade vibrante e economicamente próspera. Durante o dia, todos tinham trabalho e, à noite, os pubs se enchiam de homens e mulheres a cantar. Era uma época em que o futuro era seguro e as pessoas podiam sentir a vida andando para a frente.

A cidade era também um grande reduto do partido trabalhista ("coloque um macaco com uma roseta vermelha como candidato e ele receberia 40 mil votos", Marcus meio que brinca), construída ao redor de uma enorme fábrica de aço que garantia dinheiro para a vida toda. Era possível conseguir emprego lá, pedir demissão no mês seguinte, viajar um pouco e voltar para casa seguro de que seu antigo trabalho ainda estaria esperando por você.

Marcus trabalhou nessa fábrica depois de terminar a escola com as melhores notas possíveis, e absolutamente sem ideia do que fazer da vida, exceto por uma noção vaga de que deveria ser algo que envolvesse música. De fato, ele chegou a trabalhar sem remuneração como roadie de uma banda local, o Rock Cottage Barn, aos quinze anos, mas não deu muito certo.

Seu primeiro emprego de verdade foi nos altos-fornos, um trabalho potencialmente perigoso; afinal, envolvia ferro fundido escaldante. Porém, lhe rendia dinheiro e, mais importante, o muito necessário espaço para respirar até decidir seu próximo passo.

E, de qualquer modo, ele era adolescente e ainda havia muito a se viver. O futuro poderia esperar.

Era 1969 e a principal paixão da vida de Marcus era a música. Na infância, Paul, seu irmão mais velho, apresentara-lhe os Rolling Stones, os Beatles e Phil Spector. Agora, curtia bandas como Family, The Doors, Captain Beefheart, rock progressivo.

Para ouvir esse tipo de música em Ebbw Vale, Marcus ia até o pub da cidade, uma construção grande com quatro salões diferentes. Em um deles ficavam aqueles que curtiam soul, ao som de músicas dos Small Faces, de Wilson Pickett e de *Northern soul*. Em outro, os roqueiros, e num terceiro, os hippies, com quem Marcus andava. Ninguém se misturava, mas havia muito pouca encrenca.

Era uma cena boa, que, no entanto, foi interrompida quando chegou uma ordem para que o pub fosse fechado.

"Abriram um bar chamado The Bottom Bar", recorda-se Marcus. Tratava-se de um grande bar de porão que ficou com toda a clientela jovem do antigo pub. De repente, todo mundo estava junto no mesmo lugar e o denominador comum era o baseado ou o *pint*.

"Depois de três meses, todos os estereótipos se dissiparam. Havia um jukebox e você podia levar seus próprios discos para tocar. Foi assim que tudo se cruzou, porque qualquer um podia trazer um disco. Então se ouvia de tudo".

Certa noite, Marcus, seu melhor amigo Mike e mais outros dois amigos se encontraram no Bottom Bar, bebendo cerveja, jogando conversa fora e de olho nas garotas, quando um deles sugeriu que eles deveriam expandir a vida noturna da cidade para além daquele único bar. Por que não encontrar um ponto, como aquele prédio abandonado, e colocar bandas para tocar? Era isso o que faltava na cidade. Todas as bandas de que eles gostavam tocavam em todo lugar, menos no País de Gales. Por que então não trazê-las?

"Assim, pensamos, bem, ao invés de só falar, vamos fazer. Fomos até o conselho municipal e dissemos: 'Olha só, vocês têm esse espaço aqui que não está sendo usado para nada. Por que não fazer alguma coisa com ele?

Nós podemos tomar conta e vocês podem ficar com todo o dinheiro'. Eis que eles apoiaram a ideia".

Na primeira noite, os garotos colocaram para tocar uma banda de blues local, e a cidade toda compareceu, o lugar ficou abarrotado. O conselho, diante dos lucros da primeira semana, concedeu uma licença a eles.

Deram o nome de Drifter's Escape ao clube que, ao longo dos nove meses seguintes, se tornou o centro da música alternativa no País de Gales. Mott the Hoople, Caravan e a formação original do Genesis, todos tocaram lá.

"Funcionamos por cerca de nove meses. Depois fechamos, e então reabrimos por mais três meses. Foi uma época boa. Não me sentia de fora por não morar em Londres ou qualquer coisa assim. Nós nunca nos sentimos de fora. Tínhamos contato com gente como John Peel, e nos correspondíamos com lojas de discos nacionais e importados de lugares como Londres ou São Francisco, e conseguíamos tudo o que queríamos de música".

"Líamos publicações como *Zig Zag* ou *International Times*, *Oz*, que era outra revista. Quer dizer, toda essa cultura estava permeando a nossa região, o que foi ótimo, porque realmente me deixou ligado em música".

O clube não durou. Os jovens usavam drogas abertamente e foi só questão de tempo até as autoridades os pegarem. Certo dia, o conselho convocou os organizadores para uma reunião. Um membro em particular estava furioso, condenando as "cenas selvagens de fornicação" que testemunhara, para o grande maravilhamento de Marcus.

Depois da reunião, Marcus e seu amigo foram tomar uma cerveja.

– O que é que aquele velhaco estava falando de fornicação? – disse Marcus. – Digo, eu não me importaria se tivesse rolado alguma.

O amigo repousou o *pint* sobre a mesa, riu timidamente e disse:

– Bem, teve uma garota...

Assim, o Drifter's Escape encerrou as atividades, e Marcus fez as malas e se mudou para Londres por um tempo, onde foi trabalhador braçal. Apesar de suas qualificações, ainda não fazia ideia de qual seria seu futuro emprego.

Porém, uma namorada não parava de ligar para ele, incentivando-o a voltar para casa. Assim, ele decidiu retornar para a fábrica de aço. No entanto, Ebbw Vale estava mudando, assim como a Grã-Bretanha. O dinheiro e os empregos estavam sumindo. Em breve, o primeiro-ministro Edward Heath imporia uma semana de três dias de trabalho.

"Era possível sentir o cheiro da morte da fábrica de aço", aponta Marcus. "Fui dispensado em 1973 e sabia que era o fim. Pensei que seria melhor aguentar firme e sair daquela cidade, porque, se aquele lugar acabasse, tudo acabaria junto, tudo morreria. Decidi que não seria operário, que iria para a faculdade".

"E foi assim que tornei a me mudar para Londres, em 1974, para me formar professor, com bacharelado em economia e história pela politécnica de Middlesex. Tive sorte, pude contar com meu bom histórico escolar".

Marcus também tinha boas habilidades empreendedoras, que, aliadas a sua paixão pela música, permitiram naturalmente que ele se inscrevesse, ao final do curso, para o trabalho de secretário social da faculdade. Sua única ambição era tornar sua vida interessante ao preenchê-la com música.

"Sempre fui envolvido com a música por amor", afirma ele. "Para mim, a música era coisa séria, o tempo todo. Assim estava envolvido com ela na faculdade e, por meio disso, também me envolvi com a promoção de shows fora da faculdade. Os agentes me diziam: 'Aquele show que você organizou na faculdade foi muito bem, quer promover um show para mim no Alexandra Palace?'. A faculdade tinha um salão lá".

A essa altura, 1977, a paisagem musical havia se alterado enormemente. O punk rock, por meio de bandas como Sex Pistols, The Clash e The Jam, trouxera um público muito mais jovem, com novos valores e ideias. Marcus estava em meados de seus vinte e tantos anos quando essa cena ganhou vida, e ele se sentia velho demais para ela. Não conseguia se dispor a entrar numa roda com a molecada de quinze anos da primeira fila.

Porém, era fã de música o bastante para embarcar no clima.

"Na época, eu achava que música boa era só música velha. O punk simplesmente regenerou por completo meu interesse por música nova. Costumava ir a shows do Clash; não achava que eles eram tão bons quanto os Pistols, mas os shows eram ótimos. The Jam; os shows não lotavam, mas era uma banda excelente, muito, muito importante".

"Eu gostava de uma faixa aqui, outra ali, de bandas como Penetration ou X-Ray Spex, mas achava que os Pistols eram a última bolacha do pacote. Bem, o álbum era".

Marcus baseia essa afirmação no único show dos Pistols que viu. Foi na politécnica de Middlesex e ele foi o *promoter*.

Apesar da excitação crescente causada pela aparição iminente da banda, o show terminou em uma completa bagunça. Os Pistols entraram no palco e tudo acabou em questão de dez minutos. Os fãs invadiram o palco em massa e a banda recuou até os veículos que a aguardavam. A noite acabou em caos e perturbação.

Inabalado, talvez até revigorado, Marcus prosseguiu e promoveu shows de Siouxsie and the Banshees, Generation X e The Stranglers. Suas natas tendências políticas de esquerda foram ativadas pelo punk. Marcus lutou contra a Frente Nacional neofascista em Lewisham, em 1977, e esteve presente em muitos shows beneficentes naquele período.

Dada sua predileção por rock "clássico", também se interessava por artistas new wave, como Elvis Costello, ou pelas novas bandas americanas, como o Television.

Foi também nessa época que conheceu Jane, sua futura esposa, e começou um relacionamento sério. Ela também era professora e esperava pelo dia em que Marcus finalmente encontraria um bom emprego como professor e se estabeleceria.

"Ela esperava que eu entrasse na linha", diz ele, "me ajeitasse, arrumasse um apartamento, um emprego, desse adeus a todos os amigos da faculdade. Na época, eu realmente achei que devesse fazer isso, colocar tudo para trás. Ledo engano".

Em seu último ano como professor, Marcus firmou uma amizade com um colega chamado Sean, que também estava desiludido com o trabalho e com o sistema educacional britânico.

"Era completamente doido e fanático por música", recorda Marcus. "Era também empresário de uma banda punk de Harlow, The Sods, que de fato tinha umas músicas boas. Uma se chamava 'There's No Picture of Us'. Assim, comecei a andar com ele e foi ele quem realmente me levou a pensar em fazer algo além de lecionar. Do tipo, ele queria começar um negócio de copiar fitas, ou então vinha com algumas outras ideias assim. E foi por volta dessa época que Mike ligou".

Mike enfim começara a escrever músicas, boas músicas, mas também era sensato o bastante para saber que não conseguiria cantá-las direito. Tinha, porém, outro amigo que cantava muito bem, e queria que Marcus, por meio dos contatos que obtivera na indústria musical anteriormente, o ajudasse a conseguir um contrato.

Marcus discordava. O que Mike precisava, segundo ele, era formar uma banda. Aí então eles poderiam ir atrás de um contrato. E, acrescentou Marcus, como as músicas tinham um potencial indiscutível, ele gostaria de se envolver. Foi assim que a Latin Quarter se tornou a primeira banda empresariada por Marcus Russell.

Naturalmente, ele não poderia simplesmente largar o emprego. Tinha contas a pagar, discos a comprar. Começou, assim, a levar uma "completa vida dupla", em suas próprias palavras.

"Juntamos uma banda e eu comecei a tentar conseguir um contrato. Enquanto isso, ainda lecionava. Assim, saía correndo do trabalho para casa às quatro da tarde para ligar para a London Records ou para depois voar até o centro da cidade para uma reunião com a A&M".

"E eu não tinha a mínima ideia de como conseguir um contrato de gravação, nem sequer do que eram as gravadoras. Só vendia a banda, organizava shows e torcia para que ninguém descobrisse qual era a minha. Digo, eu não podia dizer às gravadoras que era professor, nem dizer à escola que estava tentando ser empresário de uma banda de rock".

"Então chegou o ponto em que eu realmente acreditei que a banda tinha chances e simplesmente abandonei a docência, abandonei tudo para ser empresário em tempo integral. Pensei, se isso significa que eu preciso viver com vinte libras por semana, que seja. Vou levar a sério. E foi assim que tudo começou".

Marcus abriu uma firma, que chamou de Ignition, e então pediu demissão da escola. Naturalmente, sua prioridade foi conseguir um contrato para o Latin Quarter, e ele enfim fechou um para a banda com um pequeno selo independente chamado Rocking Horse Records.

O selo só tinha mais uma outra banda, Blue Zone, liderada por uma vocalista de dezesseis anos chamada Lisa Stansfield.

Com o Latin Quarter contratado, a primeira ambição de Marcus era torná-los grandes na Inglaterra.

"As músicas deles eram melódicas e politicamente corretas, com um toque de reggae, entre elas umas duas pérolas", recorda Marcus. "Então, a minha tentativa era de torná-los conhecidos na Inglaterra, colocá-los no *NME* e nos semanários todos. Houve algumas pessoas que os elogiaram na imprensa, mas, em geral, o clima era de '*Nah*, isso está ultrapassado, a gente gosta de Haircut 100', ou qualquer coisa assim".

Mais uma vez, o inesperado aconteceu. O álbum de estreia da banda entrou nas paradas na Alemanha. O disco venderia 250 mil cópias e ensinaria a Marcus uma lição importante no agenciamento de música pop: o mundo era maior do que a Grã-Bretanha. Havia um mundo todo a ser conquistado e essa experiência abriu seus olhos.

"Aprendi muito rapidamente que não é preciso fazer sucesso na Inglaterra para sustentar uma carreira", explica ele, "e então observei o sucesso do Latin Quarter na Alemanha. Lá, eram licenciados da RCA, e a RCA trabalhou a banda com um ponto de vista fortemente a longo prazo. Não esperavam uma grande recompensa logo de cara".

"Estavam preparados para esperar. E então rolou a Suécia, e nós pensamos, certo, vamos começar a trabalhar os mercados estrangeiros e a ignorar o *NME* e a Radio One. E, no final das contas, tiveram sucesso na Inglaterra com 'Radio Africa'. Portanto, minha primeira experiência foi bastante positiva".

Em 1986, Marcus se sentiu confiante para pegar outra banda, The Bible, que conseguiu três ou quatro hits menores. "Porém, em ambos os casos, as bandas se autodestruíram", diz ele. "Soa um pouco dramático, mas acho que todo mundo fica com uma pulga atrás da orelha em relação ao nível de sucesso que tem ou não tem. E eu fui incapaz de dar a elas essa confiança naquele período de tempo".

Enquanto Marcus se esforçava para manter as duas bandas na ativa, o *NME* deu um furo de reportagem sério: os Smiths, a banda de Manchester que tomara o lugar do The Jam como favorita dos críticos e do público, iam se separar. Incapaz de continuar trabalhando com Morrissey devido a diferenças agora muito aparentes, o guitarrista Johnny Marr, aclamado por seu talento excepcional de compositor, agora era um artista livre. E precisava muito de um empresário.

Tanto ele quanto Morrissey não só lideravam os Smiths, como também assumiram papéis de empresários. O labirinto contratual que o fim dos Smiths trazia à tona era de fundir a cabeça. Além disso, Marr estava exausto. Não conseguia mais dar conta de tudo, precisava de auxílio.

Com este fim, consultou seu advogado, James Wylie, para ver se ele tinha alguma recomendação. Wylie mencionou o nome de Marcus.

Marcus era seu amigo, claro, mas Wylie também admirava sua abordagem cuidadosa e a forma com que, até então, ele lidava com as bandas.

– Vou ligar para ele e ver o que ele diz – Wylie disse a Marr. Ao receber a ligação, Marcus ficou perplexo e assustado, e não foi pouco.

"Johnny ainda tem um grande nome", aponta ele, "mas, naquela época, ele era tipo o Grande Deus Johnny Marr".

"Poderia ter escolhido qualquer empresário renomado de qualquer lado do Atlântico e, de fato, tinha um americano para cuidar das suas coisas nos EUA. Eu era fã de Johnny, mas preciso ser sincero e dizer que caio naquela categoria de pessoas que amam os Smiths, mas só conseguem aguentar o Morrissey em doses homeopáticas".

"Respeito-o como letrista e cantor, mas não curto muito o cara. Johnny, porém, para mim era incrível pra caralho, e mais ainda depois que me encontrei com ele e vim a conhecê-lo. É um cara que tem a cabeça muito aberta, é totalmente aberto em termos musicais, simplesmente um cara ótimo, que fica conversando sobre música até altas horas e fala até cansar a respeito da música dos últimos vinte e cinco anos".

Marr e Marcus se deram bem logo de cara. Marr dispensou o agente americano e fez de Marcus seu único empresário.

"Basicamente falando, Johnny me deu uma porrada de confiança", afirma Marcus. "Sério, ele é um cara muito generoso, muito compreensivo, muito incentivador, e foi uma oportunidade daquelas para mim. E foi por meio de Johnny que acabei me tornando empresário do The The".

Depois de sair dos Smiths, Marr decidiu passar seu tempo tocando com músicos diversos. Com quem quer que o agradasse, na verdade. Com este fim, aliou-se aos Pretenders, mas então recebeu uma proposta de Matt Johnson, o homem por trás do The The, para trabalhar em seu novo álbum. Marr ligou para Marcus em busca de conselhos.

"Eu disse que, bem, se ele precisava fazer essa escolha, então tinha que ser o The The. Matt era meio que o novato e, com Chrissie [Hynde], talvez demorasse dez anos para fazer o álbum. Matt já estava com o dele no jeito".

"E aí, sem eu saber, Matt havia se desentendido com seu empresário e estava sem nenhum, então me convidou para empresariar o The The".

"Topei na hora, fiquei empolgadíssimo. E foi então que realmente me liguei em turnês mundiais, porque, para mim, era a melhor banda possível. Johnny Marr, David Palmer na bateria – que baterista! –, James Eller no baixo e Dave Collard nos teclados. É raro se deparar com uma banda como essa".

"Então fizemos uma turnê mundial que durou exatamente um ano e, ao final, minha experiência e meu conhecimento haviam aumentado em coisa de 3.000%".

Logo, porém, o sorriso sumiria de seu rosto. Poucos meses depois do final da turnê, Matt Johnson o demitiu.

"Matt faz álbuns em ciclos", explica Marcus. "Compõe o álbum, promove, e então se resguarda no mundo de Matt Johnson e, durante esse retiro depois do *Mind Bomb*, acho que muita gente cochichava no ouvido dele: 'Você precisa de uns empresários pesos-pesados. O Marcus é OK, é um cara legal, mas você precisa de alguém que vai arrebentar junto ao presidente da Polygram', ou qualquer coisa do tipo".

"Ele tinha o que é, na minha opinião, uma percepção antiquada sobre o que seja um empresário eficaz. E realmente não foi nada pessoal. Se ele entrasse aqui nesse exato momento, nós iríamos nos divertir muito. Só que ele estava passando por mais um ciclo e, por uns cinco minutos, fiquei muito preocupado, mas Johnny foi simplesmente maravilhoso e logo me tranquilizou. 'Não acredito que o Matt fez isso, é a maior cagada da vida dele', disse ele. E isso me fez sentir bem comigo mesmo. Nunca vou me esquecer de Johnny por causa disso".

O próximo músico a chamar a atenção de Marcus foi Andy Frank, que então fazia parte de uma banda chamada S.K.A.W. (acrônimo para o título da clássica canção "Some Kind of Wonderful", standard do soul), e que assinara contrato com a Warner Brothers. Marcus comprou um de seus compactos e ficou de cara com o lado B, "que era um negócio meio blues da Costa Oeste, permeado de ácido". A música o lembrava fortemente de suas raízes adolescentes.

O S.K.A.W. terminou e Frank então formou outra banda, Pusherman, que foi gravar para o selo próprio de Marcus, a Ignition Records. Enquanto tudo isso acontecia, em maio de 1993 Marcus se viu conversando com um Johnny Marr muito empolgado.

O objeto desse entusiasmo era uma banda desconhecida de Manchester: Oasis.

– Oasis – repetiu Marcus, pensando que o nome era meio estranho. – Que tipo de música eles fazem?

Marr respondeu que era um pop carregado de guitarras.

– Eles são bons – prosseguiu –, bons pra caralho.

Marcus, porém, estava ocupado demais, tratando de muitas outras coisas ao mesmo tempo.

"Quando você é um bom empresário, está inundado o tempo inteiro", diz ele, "não só com fitas, mas com gente dizendo que você deveria trabalhar com esse ou aquele artista, dar uma olhada nesse outro, ouvir esse outro aqui, e, fisicamente, não há tempo para fazer tudo".

"Então, tenho de ser honesto, nunca conseguia fazer nada. E então Johnny me ligou de novo e disse: 'Olha só, um dos caras do Oasis recebeu uma proposta de contrato, você tem alguém para indicar?'. Assim, arrumei um advogado para eles, John Statham".

"Em seguida, John me ligou e começou com uma conversa do tipo: 'Esses caras não têm empresário e querem saber por que você ainda não foi vê-los'. E eu, 'John, relaxa. Estou ocupado, estou fazendo isso e aquilo, você sabe como é'".

"'Justo, só estou tentando achar um empresário pra eles', disse ele. Enfim, uma ou duas semanas depois, fui visitar Johnny em Manchester e Andrew Berry, o cabeleireiro, estava na casa dele e comentou: 'O Oasis vai tocar, por que você não vai vê-los?'".

"Respondi que iria, mas pensando que não iria, porque não tinha ouvido nada deles, exceto do empresário de outra banda, que andava dizendo 'que Oasis que nada, se eles fossem acontecer, já teriam acontecido a essa altura'. O clima era esse, acredite se quiser".

"E então Johnny disse: 'Vou lá, foda-se, vamos lá pro show'. E, bem, se Johnny ia vê-los, devia ter alguma coisa ali, porque ele também nunca tinha ido a um show do Oasis".

Assim, Marcus Russell, acompanhado de Johnny Marr, entrou no carro e seguiu para um bar do sindicato estudantil, chamado Hop and Grape, em Manchester. Desceu do carro, entrou no show e, mais uma vez, o inesperado: sua vida mudou para sempre.

- Doze -

EM 12 DE JUNHO DE 1992, O OASIS ACORDOU IMPRESSO POR TODA A PÁGINA DOZE DO *MANCHESTER EVENING NEWS* DAQUELE DIA. A AUTORA ERA PENNY ANDERSON, UMA DAS PRIMEIRAS JORNALISTAS A ENTREVISTAR A BANDA.

Na matéria de página inteira (indicativa da atenção que viriam a receber da imprensa), ela escreveu que "não é muito frequente uma banda independente aparecer nestas páginas como atração principal, mas o Oasis merece".

Noel encaminhara a ela uma fita gravada por Coyley nos ensaios, que continha músicas como "Take Me" e "Colour My Life".

Embora Penny achasse que as letras precisavam de mais trabalho (crítica que ecoaria ao longo dos anos) e que as músicas eram longas demais, o Oasis era "a melhor banda de demo que escutei em anos". No artigo, Noel, num clima endiabrado e obviamente gostando da atenção recebida, descreve a música deles como "nem pop, nem rock, e sim algo no meio-termo. Talvez *pock*?".

Ele então refuta qualquer sugestão de que o Oasis está surfando na onda do som baseado em guitarras pesadas que estava em voga, capitaneado pelo sucesso do álbum *Nevermind*, do Nirvana.

"Sempre curti guitarras", aponta Noel. "Queremos colocar teclados, mas tecladistas não têm uma aparência *cool* no palco, só ficam lá de cabeça baixa. Nunca houve um tecladista *cool*, com exceção do Elton John".

Era uma piada, é claro. Porém, depois que a matéria saiu, Noel foi abordado várias vezes em Manchester por gente que perguntava: "Então você realmente acha que o Elton John é *cool*, é?".

Mais adiante no artigo, valendo-se da clarividência dos Gallaghers, ele profetizou: "Se tivéssemos aparecido em 1989, a essa altura já teríamos um contrato, mas agora estamos sob uma pressão séria para entregar um álbum. Porém, daqui a um ano e meio, estaremos cinco vezes melhores".

Era verdade. Dentro de um ano e meio, o Oasis teria dois sucessos nas paradas e um dos maiores álbuns de estreia da década quase pronto para ser lançado.

Outra pessoa que ouviu a fita demo foi Phil Sachs, da Factory Records.

Liam se lembra da reunião que a banda fez com ele para receber seu veredito. "Ele disse que a gente soava Manchester demais", diz ele, com perplexidade na voz. "Nós respondemos que era aquilo que nós éramos. 'Não somos turcos ou israelenses, somos de Manchester'. Então mandamos ele à merda e pegamos a fita".

Foi fortuito para o Oasis ter sido recusado pela Factory. Apesar do sucesso da gravadora com bandas como New Order e Happy Mondays, ela rumava para a ruína financeira. Ao final do ano, as dívidas da gravadora estavam estimadas em cerca de £ 2,5 milhões. O império de Tony Wilson podia ter recusado o Oasis, mas uma reunião que traria muito mais benefícios à banda estava prestes a acontecer.

O Real People, de Liverpool, existia desde 1988. A banda era formada por dois irmãos, Chris e Tony Griffiths. Em dezembro de 1989, assinaram com a Sony Records e, um ano depois, lançaram o álbum de estreia.

Em 1992, fizeram uma turnê pelos EUA. Durante a viagem, também gravaram algumas faixas para o segundo álbum com o falecido Jimmy Miller, o famoso produtor dos anos 1960 que trabalhou com os Rolling Stones e o Traffic, entre muitos outros.

Ao retornarem, a boa notícia para o Real People era que os Inspiral Carpets os haviam convidado para abrir sua turnê do Reino Unido. A má notícia era que estavam prestes a perder o empresário, Anthony Bodgiano, e que mudanças de pessoal na Sony haviam dispensado todos os apoiadores da banda na gravadora.

Apesar de tudo isso, seu novo single, "Believer", entrara nas paradas na 38ª posição, mas a banda se viu no limbo, à medida que a Sony se recusava a apoiá-la com qualquer tipo de promoção séria. Foi nesse contexto que a banda caiu na estrada com os Inspirals.

"Os Inspiral Carpets eram legais", confirma Tony Griffiths, do Real People, "mas Noel e Mark Coyle eram maneiríssimos, porque sempre nos davam bebida do rider deles".

"Começamos a conversar e tal, e depois de alguns shows descobri que Noel de fato curtia a nossa banda. Tinha nossos discos e já vira alguns shows".

Em uma das datas, Liam foi visitar Noel e assistir às bandas. Depois do show, Tony conheceu o irmão mais novo e metido de Noel, e imediatamente pensou a mesma coisa que todo mundo pensa ao conhecer Liam.

"Conheci Noel primeiro", diz Griffiths, "mas conhecer Liam foi esquisito, porque, assim que botei os olhos nele, já pensei, esse cara é um astro. Nem o tinha ouvido cantar nem nada, foi simplesmente instantâneo. Ele simplesmente tinha o visual e a atitude".

Não era a primeira vez que alguém expressava tais impressões, e é possível que isso fosse algo que incomodasse a Noel. Ele era o compositor, o músico, o que se debruçava por horas a fio sobre as canções, fazendo ajustes constantes, e tinha de lidar com arroubos de autodúvida séria. Porém, por causa de sua natureza essencialmente tímida, ele nunca se destacava de imediato. Noel era capaz de ser tão destrutivo quanto Liam, mas nunca era tão impulsivo quanto o irmão. Em contraste, Liam, com sua presença tempestuosa e seu carisma natural, recebia todas as atenções e era o ímã natural.

Ao final da turnê, Noel e Mark convidaram o Real People para ver o Oasis tocar no Boardwalk, no dia 5 de janeiro de 1993, abrindo para o Puressence, outra banda apontada como altamente promissora.

Seria ótimo tocar, mas a empolgação de Noel e Coyley recebeu um certo balde de água fria com uma notícia muito pouco bem-vinda: os

Inspirals decidiram que não precisavam mais dos serviços deles. Talvez a banda tenha recebido muitas reclamações a respeito do comportamento deles ou, talvez, como foi explicado a Noel e Mark, não tivesse mais o dinheiro para pagá-los.

Qualquer que tenha sido a razão, Noel ficou seriamente puto da vida. Agora teria de procurar emprego e não há nada pior do que ajustar seus padrões de vida a um nível muito mais baixo. E agora que ele não mais se encontrava financeiramente garantido, o Oasis também seria afetado, no que dizia respeito à manutenção financeira da banda.

Guigsy e Bonehead ainda trabalhavam, Guigsy no RH da British Telecom e Bonehead com seu próprio negócio como estucador. Porém, ambos os Gallaghers estavam agora no seguro-desemprego, ao passo que, segundo a banda, era sempre difícil tirar algum dinheiro de Tony McCarroll. Somente do Departamento de Seguro Social é que o Oasis poderia esperar receber algum tipo de renda regular.

Quando os irmãos Griffiths chegaram ao Boardwalk, Tony viu John Bryce, que trabalhara na Sony Records, mas agora estava na Warner Chappell Publishing. Foi até ele, cumprimentou-o e os dois assistiram ao show juntos.

Liam entrou no palco de óculos escuros, e parte do público começou a provocá-lo, gritando "Showaddywaddy", em referência à malfadada banda de glam rock dos anos 1970 cujo cantor também usava óculos escuros. Liam mandou todo mundo se foder.

O Oasis então tocou seu set curto de costume para cerca de cinquenta pessoas. Havia duas músicas novas no repertório: "Rock'n'Roll Star" e "Bring it on Down".

"Essas sim eram *aquelas*", anima-se Tony Griffiths. "Lá estávamos eu e o John Bryce, e ficou claro pra todo mundo ali o que estava acontecendo no palco. Estava claro pra caralho quem é que mandava. Eu disse ao John para arrumar umas horas de estúdio para eles, e meu irmão Chris iria produzir. 'Sim, fechou pra caralho' foi a resposta dele".

Porém, Bryce viu que seria impossível convencer o pessoal de Londres de que gravar uma banda que eles nunca haviam visto ou ouvido seria uma decisão sábia. Assim, Tony e Chris decidiram fazer eles mesmos o trabalho.

"Estávamos montando nosso próprio estúdio num lugar chamado Porter Street, na Dock Road", explica ele, "um enorme entreposto que tinha tipo uns três andares".

"Montamos uma mesa de oito pistas numa sala enorme, irada, e, ao mesmo tempo, estávamos prestes a produzir nosso álbum. Só que aí aconteceu toda aquela merda com a gravadora, então não sabíamos o que ia acontecer. Não tínhamos shows marcados, então basicamente acabamos trabalhando para o Oasis por três meses. Gravamos cerca de doze faixas e ficou muito, muito bom".

Oito dessas músicas entrariam na fita demo que Noel depois enviaria a Alan McGee, o chefe da Creation Records.

As sessões, produzidas por Mark Coyle e Chris Griffiths, aconteceram à noite, começavam por volta das oito e iam até quase sete da manhã. O estúdio foi montado de forma a capturar a banda totalmente ao vivo, e foi acrescentado muito pouco ao resultado final.

Segundo todos contam, a atmosfera no estúdio era tranquila, com ambas as bandas demonstrando muito respeito mútuo. O Oasis chegou até a fazer uma gravação bruta de uma música do Real People, "Heaven Knows", e muitas das sessões se encaminhavam para uma festa.

"Eu ainda tinha um contrato como compositor", recorda Tony, "então tínhamos dinheiro para providenciar cerveja, gim-tônica, aquelas coisas todas, e além disso também tinha muita coca da boa circulando naquela época".

Quando a banda não estava gravando, se recolhia para o andar de cima, onde havia uma mesa de sinuca e um aparelho de som. A música do Captain Beefheart e dos Beatles era a ordem do dia.

"Slade também", recorda Tony, "porque nosso baterista na época, Tony Hodgson, tem o melhor gosto musical do mundo, e estava passando por uma fase Slade, desenterrando todos aqueles discos do Slade, e basicamente era isso o que a gente ouvia".

Os rapazes travavam debates infinitos a respeito de música e futebol. O Oasis se divertia horrores com o quanto seus aliados de Liverpool eram falantes, em especial quando Tony e Chris apresentaram à banda seu primo Digsy, "o homem mais engraçado do mundo". Digsy também tocava numa banda chamada Smaller ["menor"], nome indicativo de seu senso de humor.

Quanto a Noel e Liam, Tony viu pouco o lado briguento deles, exceto num nível que é comum a todos os irmãos.

"É uma baboseira completa, é o que a mídia quer que seja", frisa ele. "Torna a coisa mais interessante. Tenho uma banda com o meu irmão e nós falamos um com o outro igual cachorro, mas é assim que acontece entre irmãos. Não falo com mais ninguém desse jeito".

As músicas que o Oasis gravou ao longo daqueles três meses incluíram "Alive", "Cloudburst", "D'Yer Wanna Be a Spaceman?", "Strange Thing", "Bring it on Down", "Whatever", "Married With Children", "Fade Away", "Rock'n'Roll Star" e "Columbia".

Todas elas, com exceção de "Strange Thing", estão hoje disponíveis e pouca coisa mudou nas versões finais.[47] A gravação original de "Rock'n'Roll Star" apresenta uma introdução discretamente diferente e é tocada num andamento mais lento do que a versão do álbum *Definitely Maybe*. Liam ainda não inventara aquele fraseado singular, e canta "*sunshine*" de forma completamente direta, embora deixe claro que sua voz estava começando a achar aquela sonoridade hoje única.

Em "Bring it on Down", o baixo de Guigsy está em destaque, na frente na mix, e soa como o de John Entwistle em "Pinball Wizard", do The Who. O vocal de Liam também tem um tratamento bem mais pesado na mix, com um filtro que dá um efeito de megafone.

"Columbia" tem uma introdução completamente diferente e termina com uma voz fantasmagórica, sampleada do rádio e deliberadamente desacelerada, entoando frases como "*Take away the melody from your song...*

47 A demo de "Strange Thing" foi enfim lançada entre as faixas bônus da reedição remasterizada de *Definitely Maybe*, de 2014 (posterior, portanto, à edição original deste livro). (N. do T.)

like an ever-flowing stream".[48] Em seguida, essa voz é substituída por algo que soa como um cântico Hare Krishna.

Essa música viria a causar certa controvérsia. Segundo Griffiths, Noel tinha a estrutura de acordes de "Columbia", um dos primeiros exemplos de sua habilidade de criar uma ponte entre as guitarras de rock e um elemento de dance music, porém, não tinha melodia nem letra. Certa noite, Chris Griffiths cantou uma melodia em cima dos acordes, que começava com os versos "*There we were / Now here we are / All this confusion / Nothing's the same to me*".[49]

"Foi isso que deu início à coisa toda", recorda Griffiths. "E foi Liam quem escreveu o refrão, '*I can't tell you the way I feel / Because the way I feel is oh so new to me*'.[50] Foi Liam quem escreveu isso".

"Então bolei uma letra merda para a terceira estrofe e Noel tocou o foda-se e escreveu algo bem melhor".

Foi, portanto, uma colaboração, mas, quando a música foi lançada, o único nome creditado era o de Noel Gallagher. De forma parecida, o fato de que a demo de oito pistas de "Alive" acabou no lado B do segundo single da banda, "Shakermaker", também foi um ponto controverso.

"Isso nos deixou meio putos, o fato de que três meses do nosso trabalho estavam sendo deixados de lado e a Creation Records estava ganhando um punhado de dinheiro com o material. Mas veja bem, não estamos nos mordendo. Se quiséssemos processar o Oasis, já o teríamos feito. Não queremos nos passar pelos babacas da indústria musical a surfar na onda do Oasis, até porque, até onde sei, eu mesmo estou numa banda irada".

"Só fico impressionado por ter feito parte disso, porque sempre falávamos de ambas as bandas fazerem sucesso, sabe, do tipo, vamos todo

---

48 "Tire a melodia da sua canção... como um rio que corre infinito".

49 "Lá estávamos / Agora cá estamos / Toda essa confusão / Nada mais é o mesmo para mim".

50 "Não posso te dizer como estou me sentindo / Porque o que estou sentindo é, oh, tão novo para mim".

mundo comprar um estúdio numa ilha e ir pra lá. O tipo de merda que você fala quando está doidão".

Foi durante esse período, entre o final de março até junho de 1993, que o Oasis tocou duas vezes em Liverpool, uma no Le Bateau e outra no Krazy House. O Smaller, a banda de Digsy, abriu o primeiro show e cerca de vinte pessoas apareceram.

"Mas quase todo mundo era de bandas de Liverpool", recorda Griffiths, "e quando eu e meu irmão perguntávamos, 'Eles são irados, né?', o pessoal ria e respondia, 'Eles são uns manchesterianos do caralho'. Nunca, nunca dei bola pra esse negócio de Liverpool ser rival de Manchester. É uma grande merda".

Quando o Oasis acabou de tocar, alguns seguranças avistaram Liam fumando um baseado e foram expulsá-lo do lugar. Liam, como sempre, perdeu a boa e Tony teve de intervir para mantê-lo no clube.

"Por sorte, eu conhecia o gerente, mas quase acabei tomando uma porra de uma surra".

Em abril, a banda fez o show no Krazy House e, então, tocou no Boardwalk de novo em maio, sua sexta apresentação lá. Posteriormente naquele mês, o Sister Lovers disse que havia um show marcado em Glasgow, no King Tut's, para abrir para uma banda da Creation chamada 18 Wheeler.

"Topamos", respondeu o Oasis.

—— // ——

Foi uma garota que fez Alan McGee correr para o King Tut's, em Glasgow, na noite de 31 de maio de 1993. Uma garota. Não foi uma dica de uma nova banda explosiva, e ele certamente não estava com a cabeça no trabalho. Alan McGee foi ao King Tut's na esperança de transar.

McGee estava no meio de um de seus rompimentos regulares com a então namorada Linda. Na noite anterior, contou à sua irmã, Susan, sobre o término, e a resposta dela foi:

– Vamos ao King Tut's, vou com duas amigas, uma delas é muito legal e não tem namorado.

McGee não queria muito ir ao King Tut's naquela noite. Estava de ressaca do dia anterior, mas se sentia obrigado a aparecer, porque uma das bandas de seu selo, a 18 Wheeler, ia tocar. Quando a oportunidade de conhecer uma garota surgiu de repente, enfim se decidiu.

"Eu era um tremendo pentelho naquela época", diz McGee, rindo, "então cheguei lá bêbado, basicamente na esperança de pegar uma das amigas da minha irmã. Pode acreditar que a garota nem apareceu".

Na verdade, McGee chegou com duas horas de antecedência. Naturalmente, pensou que todas as bandas iam tocar dentro do horário regular dos pubs. Não sabia que o King Tut's agora tinha uma licença para funcionar até mais tarde. Se soubesse, teria chegado duas horas depois e perdido a primeira atração.

Ao entrar no pub, sua atenção foi imediatamente capturada por um rapaz alto de Manchester, que usava uma blusa da Adidas e um corte de cabelo chamativo.

"Lembro que, assim que cheguei e o vi, pensei: 'Ele parece o Paul Weller, o moleque parece uma porra de um astro'. Era o Liam".

A princípio, McGee pensou que Liam fosse parte da turma de Manchester presente ali, que viera junto com o Oasis e estava fazendo muito barulho e agindo de uma maneira ameaçadora.

Entraram nesse clima agressivo por causa do estresse do dono do clube, que pensava que só três bandas se apresentariam naquela noite. Em vez disso, seriam quatro.

– Quem são vocês? – perguntou à gangue de cerca de quatorze manchesterianos que saíram cambaleando da van alugada com guitarras e equipamentos em punho.

– Somos o Oasis, amigo – respondeu Liam –, e vamos tocar aqui hoje à noite.

– Mas eu não contratei vocês.

– Grande merda, estamos aqui, e é isso.

Foi então apontado a ele que, embora houvesse seguranças na porta, o grupo era quatro vezes maior e, como acabara de viajar por horas numa van paga do bolso da banda, seria muito, muito chato se a banda não tocasse. *Capisce*?

O *promoter* bateu o olho na banda e nos amigos e assentiu. O Oasis então montou seu equipamento.

Enquanto isso, McGee subiu as escadas até o segundo andar do pub para ter uma visão melhor da primeira banda. Ficou surpreso ao ver Liam no palco, presumia que ele fosse parte do contingente de fãs de Manchester. Talvez um dos traficantes da banda.

O Oasis mandou "Rock'n'Roll Star", "Bring it on Down", "Up in the Sky" e terminou com "I Am the Walrus". Quinze minutos de trabalho, se isso.

Liam, descrito naquela noite por McGee como "absolutamente carismático e afrontoso", segurou o mic na mão, já que não havia pedestal. E como o palco era bem pequeno, Guigsy, pela primeira e única vez, tocou logo atrás e à esquerda de Noel, que sempre fica no lado direito do palco.

McGee assistiu ao show com uma empolgação que não experimentava havia anos. Jura em absoluto que "sabia que iria assinar contrato com eles em questão de duas músicas".

Porém, ele não foi até o backstage sacudindo o talão de cheques. Esperou pacientemente até que a banda aparecesse no bar e então foi até Noel e se apresentou. Noel tirou uma onda: lembrava de McGee da época em que ia para as raves da Spectrum, em Charing Cross, em Londres. E, é claro, sabia tudo da Creation Records, mas a figura à sua frente não se parecia em nada com o McGee de quatro anos antes.

– Da última vez que te vi, você tinha uma tonelada de cabelo e estava de óculos escuros.

"O que era verdade, porque eu me achava o Malcolm McLaren até 1989", diz McGee hoje.

– Quero contratar vocês.

– Quer ouvir uma fita? – perguntou Noel.

– Não, vocês são autênticos. Vou assinar com vocês – respondeu McGee.

Mesmo assim, Noel deu uma fita demo a ele. A capa da K7 trazia uma bandeira britânica distorcida como se estivesse descendo por um ralo e foi elaborada por Tony French, um amigo, a partir de uma ideia de Noel Gallagher.

"Porém, Tony esqueceu de colocar o buraco do ralo no meio da bandeira", recorda Noel, "então a gente tinha que explicar para todo mundo o que era".

No verso da fita havia um telefone de contato e o aviso para chamar por Paul, o irmão mais velho dos Gallaghers.

McGee prometeu entrar em contato. Noel se despediu e foi contar ao resto da banda sobre a proposta. Disse que McGee parecia estar bem louco, então todos ficaram meio céticos, e a banda então retornou a Manchester.

No dia seguinte, Noel ainda estava desconfiado da oferta de McGee. Não sabia dizer se o cara estava tirando onda ou se era legítimo.

A única pessoa com quem poderia se aconselhar era o antigo empresário dos Inspirals, Anthony Bodgiano, que todo mundo na cidade chamava de Scamiano.[51]

– Qual é a do McGee? – perguntou Noel. – Digo, se ele te faz uma proposta, é sério ou ele só está bem louco?

– Se ele diz que quer fazer negócio, provavelmente está falando sério – respondeu Bodgiano, que então começou a perguntar a respeito da vaga de empresário do Oasis, que se encontrava desocupada. Noel disse que daria um retorno a ele sobre esse assunto.

Noel então ligou para a Creation e marcou uma reunião com McGee na terça-feira seguinte. O fato de McGee ter concordado em se encontrar com ele era positivo, mesmo se Noel ainda estivesse sem saber as intenções reais do chefe da Creation.

O que ele não sabia era que, enquanto o Oasis viajava de volta para casa naquela noite depois do show, McGee, após se arrastar para o quarto no hotel Lorne, na Sauciehall Street em Glasgow, ligou imediatamente para cada funcionário importante da Creation para dizer que havia acabado de descobrir a banda da década.

---

51 Um possível trocadilho com a palavra *scam*, que, em tradução livre, significa golpe, trambique. (N. do T.)

Uma dessas pessoas era Johnny Hopkins, assessor de imprensa da Creation. "Estávamos acostumados com os telefonemas doidos do McGee, mas dessa vez era diferente", explica ele. "Dava para perceber que ele havia visto alguma coisa de muito especial".

Outra era Tim Abbot, gerente de marketing.

Abbot vinha de uma carreira nessa área de marketing. Teve sua própria empresa de consultoria nos anos 1980 e trabalhou com contas como Levi's e Pernod. Em 1988, tomou seu primeiro comprimido de ecstasy. Em 1989, seu negócio foi por água abaixo, então ele e um amigo saíram em viagem pela Tailândia e pelas Filipinas.

Ao retornar à Grã-Bretanha, Abbot abriu um clube nas Midlands, chamado Better Way, que recebia bandas. Certa noite, McGee foi até lá assistir os Manic Street Preachers, o Saint Etienne e o East Village.

Levou seu amigo Bobby Gillespie e o apresentou a Abbot. Conversaram durante a passagem de som e o resultado foi que, ao final da noite, os três estavam na casa de Abbot, loucos de ecstasy, onde ouviram discos até o amanhecer.

A coleção de Abbot refletia sua juventude: havia *Northern soul* de sobra e uma porção de música negra relacionada, com alguns álbuns de rock clássico aqui e ali. McGee ficou impressionado, gostava de quem tinha uma coleção de discos grande.

Ao se encontrar com Abbot de novo, seis meses depois, em Birmingham, McGee ofereceu a ele um emprego de meio período. Dentro de um ano, Tim Abbot teria uma posição de gerência na Creation Records, e seu irmão Chris também seria empregado pelo selo.

"Recebi um telefonema do Alan, de Glasgow, absolutamente chumbado", recorda Abbot, com ternura. "Já era madrugada e ele dizia: 'Acabei de ver uma banda incrível pra caralho, vai dar uma guinada na companhia. É a banda que sempre procurei. É um cruzamento dos Sex Pistols com os Small Faces. São uns doidos de Manchester, e confiam na Creation para assinar com uma banda da cidade'. Manchester, na época, era a cidade menos na moda possível, no que se tratava dessa relação de artistas e gravadoras".

No dia 3 de junho de 1993, Noel, Liam e Bonehead viajaram até Londres e, de táxi, foram até o nº 8 da Westgate Street, em Hackney, endereço da Creation Records. O assessor de imprensa Johnny Hopkins se lembra de ver os três quintos do Oasis pela primeira vez.

"Eles eram simplesmente cativantes", recorda, "tinham uma presença enorme, impossível de ignorar. A maioria das pessoas que chegam só se mistura, mas eles eram magnéticos".

Enquanto esperavam por McGee, Noel examinou rapidamente todas as fotos que o chefe da Creation tinha penduradas na parede do escritório. Viu artistas dos quais gostava, Faces, Paul Weller. Havia outros, porém, tais como Big Star e até Lynyrd Skynyrd, dos quais ele não fazia ideia. Não que Noel fosse em algum momento deixar um fato como esse entrar em seu caminho.

Na sala de McGee, os dois começaram a conversar sobre preferências musicais. Noel começou dizendo que era um grande fã de Big Star.

"Ele começou a me falar de todas as bandas de que eu gostava e, como curtia muita música, eu disse que ele era a primeira pessoa desde Bobby Gillespie que era completamente sintonizada com o meu gosto musical". McGee, hoje, dá aquela risada de alguém que sabe que foi ludibriado.

"Até uns seis meses atrás, eu achava ter encontrado meu irmão de alma musical definitivo".

Noel e Liam então conheceram os outros funcionários. No andar de baixo, no que Abbot se refere como "o bunker", havia uma sala cujas paredes eram repletas de fotos de celebridades variadas.

"Era tipo um A a Z das nossas mentes", explica Abbot. "Todo mundo, de Tommy Cooper a George Best, de Rod Stewart a Kate Moss, de Wilson Pickett a Brian Wilson, todos estavam lá na parede. O carpete estava imundo de bebida, fedia a bebida, o lugar era uma merda, classe A".

Foi lá que os Abbots e os Gallaghers se afinaram. Chris conversou principalmente com Liam (de fato, futuramente eles viajariam juntos para Portugal), enquanto Tim, Alan e Noel não pararam de bater papo, com Bonehead participando ocasionalmente.

Da parte deles, Alan e Tim não tentaram vender a Creation ao Oasis. Ao invés disso, conversaram de clubes, música, futebol (Abbot é torcedor do United), todas as coisas que motivavam os rapazes.

Em dado momento, foi apontado a Noel que ele deveria pensar seriamente em arrumar um empresário. Bodgiano era uma opção, mas o empresário de Johnny Marr, Marcus Russell, também era. Noel dera uma fita do Oasis para o irmão de Marr, Ian.

"É preciso entender que eu recebo um monte de fitas, então, quando meu irmão me deu a fita do Oasis, só fui ouvir umas duas semanas depois. Meu irmão ficava no meu pé para que eu ouvisse. Quando finalmente ouvi, era incrível. Achei brilhante. Enfim, pouco depois disso, um dia estava andando de carro por Manchester com meu irmão, quando ele disse: 'Olha ali o cara do Oasis', era Noel, na calçada".

"Encostamos o carro, o chamamos e tomamos uma cerveja com ele. E então fui ao show do Oasis na Universidade de Manchester com o Marcus".

Marcus Russell ficou embasbacado com a performance do Oasis naquela noite.

"Bem, eu achei a banda maravilhosa pra caralho", ele se empolga. "Quer dizer, eles eram um sopro de ar fresco. De verdade. Mas, ali na hora, não pensei que seria empresário deles, porque não os conhecia".

"Andrew Berry me apresentou à namorada de Noel durante o show, e ela disse: 'Ah, você é o Marcus', e me falou que a banda não sabia que eu estaria ali. Eu disse a ela que não era nada de mais, só estava na cidade de passagem, mas que achara a música um sopro de ar fresco, porque me lembrava todas as coisas que eu adorava dos últimos vinte anos".

O set do Oasis daquela noite incluiu "Digsy's Dinner", "Fade Away", "Up in the Sky", "I Am the Walrus" e a estreia em público de "Live Forever".

Na volta do show no Hop and Grape (Marr e Marcus não ficaram para ver o Dodgy, a banda principal, porque Marr estava começando a chamar a atenção do público), Marr perguntou a Marcus o que ele achou da banda.

– Muito boa – respondeu Marcus, jogando na defensiva. Houve um silêncio. Marr então voltou-se novamente para o empresário.

– Você vai ser empresário deles, não?

– Por que você diz isso? – perguntou Marcus.

– Porque normalmente você despreza tudo logo de cara – respondeu Marr.

"E foi aí que comecei a pensar naquilo a sério", diz Marcus.

Enquanto seu futuro empresário dirigia de volta a Londres, o Oasis se via com um problema em mãos a respeito do equipamento. O carro de Guigsy não dava partida, e isso significava que eles teriam de carregar as coisas dele na van de Bonehead. Uma caixa enorme de amplificador de baixo, ali, largada na rua.

Noel apontou que alguém teria de empurrá-lo de volta até o Boardwalk:

– É grande demais para caber num táxi e, por sinal, certamente não vou ser eu quem vai empurrar.

Os outros torceram o nariz. Quando chegava a hora de guardar os equipamentos, Noel sempre bancava o capataz.

"Enquanto a gente desmontava todo o equipamento, ele ficava enrolando cabos ou qualquer coisa assim, mostrando como a gente deveria fazer, mas nunca botava a mão na massa. Depois, me pedia a chave da van e dizia que ia na frente para abri-la", recorda Guigsy.

"E ele fazia isso na maior cara de pau, porque pegava alguma coisa leve e você pensava, bem, ele é profissional com os Inspirals, não? Aí ele entrava na van, cheio de cabos, e dizia: 'Eu fico aqui e vocês passam tudo pra mim'. E a gente lá, subindo e descendo escadas com todos os amplificadores e instrumentos. Demorávamos meses para levar tudo".

Quem é que lidaria então com aquele enorme gabinete largado na frente do Hop and Grape? Dez minutos depois, os transeuntes ficavam intrigados ao ver Liam e Guigsy no meio da rua, empurrando aquele negócio imenso.

"Não dava para colocá-lo na calçada", recorda Guigsy, "porque as rodinhas eram de plástico e, na calçada, ia pular demais e poderia foder todos os conectores dentro do gabinete. Então tivemos de empurrar na rua mesmo, tipo dois lixeiros, e quase fomos atropelados por dois ônibus".

"Os carros não paravam de buzinar", relembra Liam, "e a gente os mandava à merda, havia um monte de gente assistindo. Mas era algo que precisava ser feito".

De maior importância para Noel era o que o empresário de Marr, Marcus, havia achado do show. Louise disse a Noel que Marcus estava presente, mas que sumiu rapidamente. O que isso significava? Que ele não se impressionara? Foi por isso que ele não foi ao backstage? Noel se perguntava tudo isso.

No dia seguinte, Noel ligou para ele na Ignition para descobrir. Sim, Marcus reassegurou que estava, sim, impressionado, muito impressionado.

– Quer bater um papo? – Noel quis saber.

– Claro – respondeu Marcus.

– Bem, o que você está fazendo agora? – perguntou Noel.

Marcus riu:

– Mas você está em Manchester, não?

– Sim, mas você sabe que temos trens aqui, não?

Cinco horas depois, Noel Gallagher e Marcus Russell estavam conversando num café perto dos escritórios da Ignition, no West End, em Londres.

Marcus disse a ele o que achou do Oasis, que adorou a versão de "Walrus" e que as outras músicas eram ótimas. Além disso, acrescentou que o vocalista era extremamente *cool*, um verdadeiro astro, de fato.

Noel replicou dizendo que não aguentava mais umas bandas bunda-mole tipo Suede e R.E.M. fazerem sucesso, enquanto lá estavam eles, uma banda ótima, sem ter o que mostrar.

"Ele estava só explicando sua visão", diz Marcus, "e eu caí como um peixinho. Noel foi total e absolutamente impecável, não sei por que exatamente, mas fiquei totalmente convencido. Ao final da conversa, eu estava dentro. Noel me perguntou se assinaríamos um contrato, e eu disse que não trabalhava com contratos, mas que queria ser empresário da banda e, se tudo bem por ele, fecharíamos com um aperto de mão".

Noel estendeu a mão direita e Marcus Russell o cumprimentou. Era agora empresário da melhor banda nova do país.

– E quanto aos outros caras? – perguntou Marcus.

– Tudo bem com eles – respondeu Noel. – Não se preocupe. Vou voltar e contar a eles.

– Eu devia ir até Manchester conhecê-los.

– Vou dar um jeito – prometeu Noel. – Te ligo amanhã.

Músico e empresário seguiram então cada um seu caminho.

"E então, quando cheguei em casa, caiu a ficha", recorda-se Marcus, ironicamente maravilhado. "Acabara de fechar um acordo com uma banda da qual eu não tinha nem uma fita demo. Vi cinco músicas num show, conheci o cabra e foi isso. Eu já era o empresário".

A mágica do Oasis estava na área.

Noel retornou a Manchester e contou à banda sobre Marcus, e depois enviou a ele uma das fitas demo das sessões de Liverpool. No dia seguinte, ligou para Marcus e arranjou um encontro entre ele e a banda no pub City Inn, perto do Haçienda.

Quando Marcus chegou à reunião, já estava absolutamente convencido de que tinha algo de fato especial nas mãos.

"Fiquei apaixonado pela fita", diz ele, animado. "Depois de ouvi-la por uma semana, comecei a pensar que o Oasis parecia a banda com a qual eu sonhava desde que entrei nesse ramo: uma banda de rock'n'roll na boa e velha tradição britânica, com grandes canções, com ímpeto, e para quem trabalhar duro era moleza. Eles tinham todos esses ingredientes".

Todos os membros do Oasis, com a exceção de Tony McCarroll, estavam presentes na reunião. Havia um motivo muito sério para a ausência do baterista: os demais o queriam fora da banda. Segundo eles, o baterista não havia progredido musicalmente. Quando entrou, era facilmente o mais habilidoso, agora já havia sido superado.

Isso já era ruim o bastante, mas pior ainda era o fato de que ninguém da banda se dava bem com ele. Ninguém conseguia conceber: ele parecia não ter interesses, nenhuma paixão que dominasse sua vida. Pela maneira de pensar do Oasis, havia algo de errado com ele.

Liam diz que isso se demonstrava em seu comportamento de forma geral. "Nunca o vi limpar a bateria, trocar as peles ou falar que aquele baterista é irado e aquele outro é ótimo", afirma o cantor. "Ele aparecia com umas folhas de papel e eu falava que não precisava delas para nada, era só praticar todo dia e, assim, você fica bom. É o que eu faço".

"Canto todo dia, estou sempre cantando. Noel está sempre tocando guitarra, Guigsy está sempre fuçando no baixo, Bonehead, mesma coisa. Não faz sentido trazer um papel, porque o que faz um bom baterista é experimentar as coisas, e a razão pela qual ele não conseguia é porque não tinha nenhum disco. Senta e toca The Who, Stones, Beatles, ouça esses sons, porque é daí que as coisas saem, não de uma folha de papel".

Guigsy, que é o primeiro a admitir que suas habilidades no baixo não são acima da média, diz que "durante os primeiros seis meses de ensaios, eu sempre achava que era eu quem cagava. Depois, me dei conta de que era ele. Ele simplesmente não progrediu".

Assim, a banda contou a Marcus que queria a saída de Tony. O empresário disse que não era uma boa ideia. Havia uma série de shows por vir, e a banda estava prestes a assinar contrato e entrar em estúdio; se Tony fosse despedido, até acharem alguém mais compatível, perderiam três meses.

A ideia de ter de pausar tudo num momento em que todos estavam ávidos para seguir em frente segurou os planos. Ao contrário de Pete Best, o baterista dos Beatles que foi mandado embora logo depois que a banda assinou com a EMI, McCarroll foi mantido. Por enquanto.

Marcus então delineou a visão que tinha para o futuro do Oasis.

Primeiro, eles cairiam na estrada e tocariam em qualquer pulgueiro que os recebesse. Tocar ao vivo seria a ordem do dia. Não havia forma melhor de construir uma base de fãs que se manteria totalmente comprometida com a banda.

Por ora, evitariam Londres deliberadamente, e não haveria hype ao redor da banda. Tudo se daria no boca a boca, a melhor forma de propaganda que há.

A banda concordou avidamente. Adoravam tocar ao vivo e poder cair na estrada e espalhar sua palavra os empolgava de verdade, especialmente Noel e Liam. Para eles, estar no palco e tocar para um público receptivo era a melhor sensação do mundo, inigualável. Nem as drogas chegavam perto. O palco é onde os irmãos Gallagher se expressam emocionalmente e, ao fazê-lo, encontram um tipo muito real de felicidade.

"A melhor coisa é quando o público se identifica", explica Liam. "Isso é o melhor. Quando estou no palco, aquele sou eu. Poderia levar trinta e cinco tiros e nem sentiria, porque, ali, ninguém pode me tocar".

– Porém – insistiu Marcus –, não vamos nos preocupar em conquistar a Grã-Bretanha. Até onde sei, com essas canções e essa atitude, não há motivo para o Oasis não fazer sucesso mundial. Motivo algum. De novo, vamos sair e tocar em todo lugar. Sim, o sucesso na Grã-Bretanha de fato tende a dar um adiantamento, especialmente na Europa, mas não é o definidor de tudo. Nunca se esqueçam disso – e então lhes contou a experiência com o Latin Quarter. – Quanto ao contrato com a Creation, vou me encontrar com Alan McGee assim que possível e dar uma sondada nele.

Noel então o interpelou:

– O importante é que a gente mantenha completo controle artístico. Não quero ninguém, e ninguém mesmo, dizendo ao Oasis o que fazer. Isso cabe a mim e à banda. Se isso significar que vamos ganhar menos dinheiro, que se dane. Se fizermos as coisas do nosso jeito, vamos ganhar uma caralhada de dinheiro, de qualquer forma.

– Ótimo – disse Marcus –, concordo totalmente com você.

A banda ouviu Marcus com atenção e gostou dele. Era direto, pé no chão, tinha boas ideias e obviamente acreditava no Oasis. O que realmente chamou a atenção, porém, foi quando ele explicou o acordo que teria com a banda: sem contrato, fico com 20%, eis a minha mão, se vocês a apertarem, está fechado.

"Que era o que eu queria", recorda Liam. "Nada daquelas merdas de negociação. Quero ser direto com todo mundo. Somos uma banda irada, fazemos um baita som. Você fica com a sua parte, nós ficamos com a nossa. Mas digo uma coisa, se alguém tivesse passado a perna na gente, eu teria matado com as minhas próprias mãos".

Fazia só umas duas horas que Marcus conhecia o grupo, mas, a julgar pela óbvia mentalidade de gangue demonstrada por eles, ele já sacara o bastante para saber que qualquer tipo de comportamento insincero sem dúvida colocaria seu bem-estar num perigo extremo.

Não, o que Marcus tinha em mente era outra coisa. O Oasis havia se dedicado a se tornar uma banda que seria lembrada ao longo dos anos por sua excelência musical e habilidade.

De forma semelhante, a principal ambição de Marcus era emular a sua maior inspiração de todos os tempos como empresário, Peter Grant, que conduziu o Led Zeppelin à dominação mundial na década de 1970. Assim, ao ir embora daquela primeira reunião com o Oasis, Marcus se deu um beliscão forte.

Acabara de encontrar a banda com a qual concretizaria suas ambições.

—— // ——

No dia 8 de junho de 1993, terça-feira, Alan McGee se encontrou com Noel Gallagher na estação Euston e os dois foram almoçar num restaurante indiano. A primeira coisa que McGee pediu foi uma dose tripla de Jack Daniel's e Coca-Cola.

"Acho que isso impressionou Noel", diz ele.

Na quinta-feira, McGee pegou um voo para Memphis para acompanhar as gravações do Primal Scream e, então, três semanas depois, no dia 2 de julho, sexta-feira, às onze da manhã, encontrou-se com Marcus Russell pela primeira vez.

A reunião se deu na sala de McGee na Creation. Naturalmente, ele estava bem disposto a levar adiante as negociações. Sabia que as notícias sobre essa banda nova e fenomenal estavam começando a se espalhar entre as gravadoras. Marcus já recebera propostas da EMI, da Polydor, da MCA e da Island Records.

Porém, os concorrentes mais acirrados eram, de longe, Andy Macdonald, da Go Discs, e Malcolm Dunbar, da gravadora do U2, a Mother Records. Dunbar disse a Marcus que, de cara, dobraria qualquer oferta que McGee fizesse.

Marcus resistiu a todas as propostas. Ele e o Oasis já tinham decidido que a Creation era a melhor casa para a banda. O trabalho de Marcus, agora, era descobrir se o selo era capaz de fazer uma banda estourar no mundo todo. Se não, aí sim, e só assim, ele consideraria conversar com outras companhias.

Ao final da reunião, McGee conduziu Marcus até a saída e retornou à sala. O telefone tocou. Era Noel, que ligava de Manchester.

– Que tal o meu empresário? – quis saber.

– É tranquilamente o melhor empresário com quem já lidei – respondeu McGee.

Era verdade. McGee ficou totalmente impressionado com o cuidado e a determinação de Marcus. O principal exemplo disso foi quando McGee disse a Marcus que queria contratar o Oasis para o mundo, não só para o Reino Unido. Marcus, porém, tinha feito a lição de casa.

– Não estou muito satisfeito com o desempenho da Creation a nível mundial – disse ele a McGee. – Acho ótimo a banda estar na Creation Records no Reino Unido, mas não no resto do mundo.

McGee concordou que as companhias que licenciavam seus discos fora do Reino Unido ainda não haviam entregado um bom trabalho. Pediu a Marcus mais ou menos um mês para tentar mudar os acordos que já tinha feito.

– Verei se consigo arrumar algo aceitável para vocês.

– Olha só – reforçou Marcus –, queremos assinar contrato com você e dou a minha palavra que nós não vamos conversar com mais ninguém. Mas você precisa se acertar aí.

Os dois se encontraram novamente no dia 17 de julho, sexta-feira, desta vez com a presença de Garry Blackburn, da agência Anglo Plugging. Era ele quem cuidava da exposição na TV e no rádio de todos os artistas da Creation.

McGee tocou a fita demo para Blackburn e, ao final, disse:

– Garry, imagine que você está jogando a final da copa em Wembley. Aos quarenta e quatro do segundo tempo, ainda está zero a zero. Você está com a bola e atravessou o campo, driblou o goleiro e agora tudo o que há entre você e a vitória é uma trave vazia. Garry, tudo o que você precisa fazer é chutar a bola na rede, e essa bola, nesse exato momento, é o Oasis.

Foi melodramático, altamente teatral e totalmente desnecessário. Blackburn já fora convencido por completo pela música.

De sua parte, Marcus gostava de McGee. Achava seu conhecimento e paixão por música um verdadeiro bálsamo.

"Lá estava um cara que adorava mesmo o Rod Stewart e os Faces", lembra, "e, naquela época em particular, eu nunca encontrara alguém que tivesse coragem de admitir isso".

Em julho, o Oasis fez apenas dois shows, um no Boardwalk e outro no Le Bateau, em Liverpool. Isso deixou livre a maior parte do mês de agosto, que foi quando Noel e Marcus viajaram a Nova York para conferir diversas gravadoras.

Numa reunião com um agente de A&R importante, que seguirá anônimo, apresentaram as músicas "Digsy's Dinner", "Sad Song" e "Live Forever".

– Vocês são de Manchester? – perguntou o agente. – Bom, para mim, com certeza não soa nada como o Jesus Jones.

Jesus Jones era uma banda de Manchester que acabara de ganhar alguma popularidade nos EUA. Não era o tipo de análise ou demonstração de apoio que Noel e Marcus queriam ouvir.

Durante a viagem, eles também visitaram a Epic Records, que havia contratado o Pearl Jam. A banda era agora uma das maiores atrações no país. Marcus ficou impressionado com a atitude e a estratégia do selo. "Planejamento a longo prazo", explica ele, "era isso o que eles faziam".

Quando Marcus e Noel retornaram ao Reino Unido, o Oasis se preparou para um *showcase* no Canal Bar, em Manchester, parte do festival In the City. Noel também deu a McGee uma fita com "Live Forever", que o chefe da Creation levou na bagagem ao viajar para Honolulu, de férias.

No dia 9 de agosto de 1993, McGee ligou para Noel enquanto tomava sol na praia, empolgado.

– Noel, essa música "Live Forever" é fantástica. É um clássico.

Em seu apartamento em Manchester, com duas libras no bolso, numa tarde chuvosa e miserável, Noel ouvia um homem lhe dizer, da ensolarada Honolulu, que sua música era ótima.

"Tem algo muito, muito errado aqui", pensou.

—— // ——

De fato, havia algo obtuso na vida de Noel, mas não tinha nada a ver com música. Dizia respeito a Louise. O relacionamento estava por um fio e Noel queria terminar.

"Era engraçado", diz Bonehead. "Passávamos para pegar Noel para ir para o ensaio, e Louise chegava com as compras bem na hora em que estávamos saindo. Eles meio que só trocavam acenos e cada um seguia seu caminho".

Certa noite, tiveram uma discussão e Louise disse a Noel que a banda dele era um lixo e que as músicas que ele escrevia eram uma merda. Noel mordeu a isca na hora.

Em todo caso, ele não teria se focado por completo no relacionamento. A banda estava obviamente encaminhada. Se a Creation não ficasse com eles, alguém ficaria, isso era certo. Logo ele estaria gravando seu primeiro álbum.

Melhor ainda, um de seus maiores heróis, Johnny Marr, estava fazendo um barulho encorajador em relação ao Oasis, música para os ouvidos de Noel. Receber o reconhecimento de seus semelhantes, mais ainda de alguém que você respeita de verdade, só pode lançar sua autoconfiança até a estratosfera.

Quando Noel e Marr se conheceram, em maio de 1993, conversaram sobre os Smiths, música, Manchester. Em seguida, a conversa, como havia de ser, passou para guitarras. Noel contou a Johnny sobre uma loja que conhecia em Doncaster e vendia guitarras raras. Marr nunca tinha ouvido falar.

– Porra, por que não vamos lá amanhã? – sugeriu Marr, num convite que Noel provavelmente nunca recusaria.

Nessa época, Marr estava trabalhando com um engenheiro de som chamado Owen Morris, e os três foram de carro até Doncaster. No caminho, Marr ofereceu um baseado a Noel, que recusou: explicou que um médico lhe dissera que, por causa de sua pressão baixa, maconha lhe faria mal.

– Preciso me ater aos sintéticos – acrescentou rindo.

Marr lhe perguntou se, com isso, seus sonhos haviam se tornado mais vívidos.

– Tem um termo médico para isso – explicou Marr –, é algo do tipo "*daytura*",[52] sonho adiado. Quando você para de fumar maconha, seus sonhos voltam.

De imediato, o radar de Noel se ativou.

– Dá um título de música massa! – exclamou. – Você se importa se eu pegar para mim?

No dia seguinte, Noel escreveu uma música chamada "Daytura Dream Deferred". Na loja, Marr, diante de Noel, que ainda estava desempregado, gastou cerca de £9.000 em guitarras que, segundo Owen, "ele não precisava de fato, estava só se exibindo".

Porém, o que é interessante aqui é a reação de Noel à extravagância de Marr. Não foi de inveja ou desgosto. Noel simplesmente pensou que, um dia, seria ele a fazer aquilo. E estava certo.

Marr agora se recorda de quando conheceu Liam.

"Fui até o apartamento de Noel no India House", diz ele, "e ele e Louise tinham um grande aquário com vários tipos diferentes de peixes. Não percebi que Liam estava lá até o momento em que perguntei para Noel, da sala, 'Como se chamam esses aqui?', e então ouvi uma voz atrás de mim dizer: 'Peixes'. Era Liam. É claro que, assim que o vi, fiquei...".

Seria de se pensar que, nessa época, Noel estaria totalmente fixado no álbum de estreia, planejando cada segundo das músicas, pensando na capa, que imagem seria usada etc. Na verdade, não. Esse trabalho já estava feito.

52 Trocadilho com a planta alucinógena datura. (N. do T.)

Noel já tinha *Definitely Maybe* definido na cabeça. Estava, agora, planejando o segundo álbum.

A prova disso foi que, quando ele foi embora do India House, ficou um tempo com Bonehead e então se mudou para Chiswick, em Londres, onde foi morar num apartamento que a Ignition conseguiu para ele, na frente do Eden Recording Studios.

Os principais amigos de Noel em Londres eram os Abbots, e tanto Tim quanto Chris se lembram distintamente de visitar o compositor, e de Noel comprar um caderno, mostrar a eles várias páginas de letras e dizer casualmente:

– Esse é o segundo álbum. Já tenho as músicas e tudo mais.

Antes da mudança de Noel para Londres, o Oasis ainda não tinha um contrato de gravação. McGee não conseguira mudar os termos de licenciamento no exterior. Ligou para Marcus e os dois se encontraram novamente. Tinha de haver uma solução para o problema e, depois de muita conversa, ela finalmente surgiu.

Marcus disse a McGee que, de todas as gravadoras que visitara nos EUA, a Epic lhe chamara mais a atenção. Ocorreu então à dupla que, já que a Creation era afiliada à Sony no Reino Unido, por que então não fechar o contrato do Oasis diretamente com a Sony, com a Creation cuidando dos discos? Assim, a Creation seria o selo da banda no Reino Unido e a Epic, também subsidiária da Sony, ficaria com o resto do mundo.

Era a resposta pela qual tanto McGee quanto Marcus esperavam. Um contrato foi redigido e, no dia 22 de outubro de 1993, sexta-feira, o Oasis foi até o escritório de McGee e assinou com a Creation Records.

A banda recebeu um adiantamento de £40.000, que a compelia a gravar seis álbuns de estúdio para a Creation Records, via Sony. Álbuns ao vivo e coletâneas não contavam.

Todos os membros assinaram o contrato. O Oasis agora tinha gravadora. Para comemorar, foram ao restaurante Break for the Border, ao lado do London Palladium. Muito álcool foi consumido, e alguns dos integrantes tentaram tocar os instrumentos deixados no palco pela banda do bar.

Um segurança interveio e Johnny Hopkins, muito bêbado, que pesa uns cinquenta quilos e tem cerca de 1,70 m de altura, o chamou para uma briga na rua.

Por fim, Noel saiu para "ver uma garota aí" e os demais rumaram para o pub Falcon, em Camden, para ver a banda Whiteout, que já conheciam.

McGee não estava muito a fim dessa opção e foi para a balada Sabre-sonic, em Farringdon, onde Andrew Weatherall estava de DJ. Mais tarde, se deparou com Noel na balada. Surpreendentemente, o guitarrista estava num mau humor furioso.

– Qual é o problema? – perguntou McGee. Noel respondeu que, no Falcon, Liam, Bonehead e McCarroll subiram no palco com o Whiteout.

– Essa é a minha banda – esbravejou Noel – e não deveria fazer merdas assim. Espere só até eu me encontrar com eles.

O Oasis no palco com uma banda de segunda deixava Noel muito mordido. Os caras não tinham dignidade?

– Deixa disso – disse McGee. – Vamos ouvir uns discos lá em casa.

Na casa de McGee havia um violão velho e surrado encostado num canto. Às sete da manhã, Noel se levantou, pegou esse violão e tocou para Alan McGee uma música que havia feito anos antes. Se chamava "Rockin' Chair".

—— // ——

Uma semana depois, Marcus e McGee se encontraram mais uma vez com Garry Blackburn, da Anglo Plugging, para lapidar uma estratégia para a entrada do Oasis no mundo da música.

Blackburn já tinha uma boa notícia: Steve Lamacq, um DJ da Radio One, agendara uma sessão para a banda, que seria gravada no dia 22 de dezembro, uma quarta-feira, e transmitida no dia 4 de janeiro. O Oasis seria ouvido por milhões de pessoas.

O que McGee e Marcus queriam fazer agora era prensar um compacto com uma das músicas mais potentes da banda, "Columbia", para enviar a todas as estações de rádio mais ou menos na mesma época da sessão na Radio One.

O compacto não seria disponibilizado nas lojas, só seria ouvido no rádio. Era uma boa escolha para apresentar o Oasis ao mundo. "Columbia" tinha uma levada arrasadora, riffs cortantes de Noel, um vocal contido de Liam, backing vocals pegajosos, letra chapada e conseguia combinar uma pegada obviamente roqueira com uma batida sólida, de referência na dance music. Além disso, o título fazia uma homenagem deliberada ao país notoriamente conhecido pela produção pesada de cocaína.

No dia 23 de novembro de 1993, três semanas depois de essa decisão ser tomada (obviamente com a bênção de Noel, já que nada acontecia sem a aprovação dele), McGee foi ter com Blair McDonnell, presidente da Sony Publishing, que não estava muito convencido da nova banda contratada pela Creation.

Em agosto, McGee tocara a fita demo do Oasis para McDonnell. A reação dele? Sem interesse. Manchester já era há três anos. Esquece.

Agora, McGee iria ameaçá-lo: pegue os direitos de publicação do Oasis, ou a Creation está fora do acordo de distribuição com a Sony. McGee estava ansioso para garantir esse contrato de publicação, já que funcionaria da mesma forma que o de gravação, e ele e a Sony seriam ambos editores do Oasis.

Desta vez, McDonnell estava um pouco mais interessado, mas levaria cinco meses de persistência e insistência de McGee até que Noel Gallagher, em abril de 1994, assinasse com a Sony por £125 mil. O fato de Noel ter escolhido a Sony ressoou com McGee.

"Ele tinha propostas melhores em jogo", recorda McGee, "mas ficou com a Sony porque, acredito eu, sabia que eu e meu sócio, Dick Green, ficaríamos com um percentual".

Porém, tais detalhes de negócios eram confusos para Noel, em especial depois de um tempo com uma garrafa de Jack Daniel's. McGee se lembra de, certa manhã bem cedo, Noel chamá-lo de lado enquanto ele saía do apartamento do compositor, em Camden:

– Olha só, Alan, eu confio em você, então, puta que pariu, por favor, não conte para os editores... mas já estou trabalhando em uma porção de músicas novas.

McGee pegou a fita, olhou bem nos olhos de Noel e balançou a cabeça.

– Noel, puta merda, eu sou o seu editor.

—— // ——

No dia 11 de setembro de 1993, o Oasis fez um de seus shows mais memoráveis, no pub Duchess of York, em Leeds. Nunca será esquecido: não havia ninguém presente. Bom, havia um casal sentado num canto, mas os dois começaram a discutir feio e foram embora, e então o Oasis tocou para o dono do bar e a bartender.

"Não conseguíamos decidir se faríamos ou não um bis", diz Noel. "Quer dizer, eu não achava que aquele público merecia, pra ser sincero".

Ainda assim, foi um bom aquecimento para a participação no In the City, três dias depois. Porém, desta vez, o burburinho era em torno do Whiteout, e apesar de Garry Blackburn dizer a todo mundo que conhecia para ver o Oasis, a banda passou despercebida, ainda que tenha ganhado a primeira menção na imprensa musical, uma resenha bem animadora de Emma Morgan para o *NME* do show no Boardwalk no final de julho.

"Gritem dos terraços e dancem nas ruas", começava o texto. "A Creation não está louca... O Oasis é uma banda pop propulsionada por guitarras, genuinamente excelente".

Mais adiante, ela faz referência à indubitável influência dos Stone Roses e confunde "Digsy's Dinner" com alguma coisa chamada "Stray Dogs", mas não há dúvidas quanto a seu entusiasmo.

"O Oasis", conclui ela, "é um tiro de vitalidade nas bandas chatas". Nada mau para a primeiríssima menção na imprensa musical britânica.

O show no Canal Bar recebeu também uma resenha, de Paul Mathur, para a *Melody Maker*. Mathur escreve que havia menos de cem pessoas presentes, mas que "o Oasis é magnífico". Faz referência às influências óbvias – Stone Roses, Faces, Happy Mondays, Beatles, Sex Pistols –, chama a atenção para "Live Forever" ("um hino que reafirma o quão lindamente arrogante é o poder da juventude") e conclui com a sentença de que "o Oasis me conquistou. Você vai ser o próximo, e vai amar".

Além dessa cobertura na imprensa, o Oasis também estreou nas rádios internacionais e apareceu diante das câmeras de TV, tudo no mesmo dia. A Radio 5 tinha um programa semanal chamado *Hit the North*, apresentado por Mark Radcliffe e Marc Riley, que tocara no The Fall.

Na semana do In the City, eles decidiram levar ao programa as bandas mais promissoras que tocavam por Manchester. Riley era amigo de Caroline Ellery, que era empresária da banda Intastella. Foi ela quem insistiu para que ele chamasse o Oasis.

A princípio, Marcus Russell foi relutante em relação à banda ter essa exposição prévia num momento tão incipiente, mas logo foi persuadido do contrário.

Nesse dia, o Oasis tocou "Bring it on Down", "Digsy's Dinner" e "Cigarettes & Alcohol". Peter Hook, o baixista do New Order, apresentou o programa com Riley. A banda tocou no porão e, depois de "Bring it on Down", Riley comentou com Noel da similaridade de seu som de guitarra com o do falecido Mick Ronson, mais conhecido por seu trabalho com David Bowie.

Noel respondeu que eles haviam de fato desenterrado Mick Ronson do túmulo, mas que o cheiro era horrível, quase tanto quanto o das calças de couro do Peter Hook.

"Eles foram tão falastrões e arrogantes, mas foi ótimo recebê-los no programa", recorda Riley.

Logo depois do programa, a banda partiu para Leeds para tocar duas músicas em um programa de TV local, *Something for the Weekend*. Quanto a isso, o Oasis contou com a ajuda sem tamanho de duas pessoas que Noel conheceu e que também moravam no India House. Liam Walsh e Alison Martin trabalhavam para uma agência de assessoria chamada Red Alert, cujo objetivo era ajudar bandas novas a conseguir exposição no rádio e na TV e, no início do Oasis, fizeram o máximo possível e garantiram essa primeira aparição diante das câmeras.

A imprensa agora começava a se ligar.

Na edição de 2 de outubro da *Melody Maker*, o Oasis foi mais uma vez mencionado. No artigo "State of the Nation", John Robb cantou a bola do Oasis como a banda do futuro.

No dia 7 de outubro, abriram para Liz Phair na Universidade de Manchester e o *NME* (de 9 de outubro) publicou que a ouviram reclamar que o Oasis falava como "drogados de Nova York".

Uma semana depois, abriram para o Milltown Brothers no mesmo local, e então saíram em turnê com outra banda da Creation, o BMX Bandits.

Tocaram na Universidade de Keele em 27 de outubro, e na Universidade de Sheffield na noite seguinte. Depois, no Wherehouse, em Derby, no dia 1º de novembro, e no Wulfrun Hall, em Wolverhampton, dois dias depois.

Ainda com uma desconfiança patológica de qualquer um que não fizesse parte de seu círculo mais próximo, o Oasis não se misturava de forma alguma com a banda principal. No dia 4 de novembro, aconteceu o primeiro show em Londres, no Powerhaus.

Foi basicamente um pocket show para a mídia, organizado pela Creation, e a cobertura da imprensa só voltaria a acontecer no início de dezembro.

Enquanto isso, Noel foi a Manchester para dispensar o seguro-desemprego. Para seu enorme deleite, viu Phil Saxe, do agora defunto selo Factory, no mesmo prédio, se cadastrando para receber o seguro. "A vingança é doce", pensou.

Foi ainda até a casa de Louise e deu a ela um cheque para cobrir os atrasos no aluguel, e então retornou a Londres e a seu novo lar.

Noel tinha sentimentos mistos em relação a ir embora de Manchester. Era sua cidade natal, da qual ele tinha um orgulho fervoroso. Afinal, em suas próprias palavras, a cidade lhe dera "minha visão da vida". Porém, ele sabia também que estava repleta de gente que preferia atrasá-lo a vê-lo bem-sucedido.

Guigsy se sentia da mesma forma e logo foi embora também, indo morar em West Hampstead, depois no West End e, por fim, no norte de Londres.

Liam e Bonehead, no entanto, se recusaram a se juntar aos outros. Liam achava Londres "impessoal demais, não conseguia compreender" a cidade, e Bonehead concordava. Ele tinha de considerar Kate, também.

No dia 28 de novembro, o Oasis abriu para o CNN na Universidade de Sheffield, antes de se reunir em Birmingham para abrir para o Saint Etienne. Um dos membros da banda, Bob Stanley, se lembra bem do Oasis.

"Liam foi direto para cima da nossa vocalista, Sarah Cracknell, e tentou dar carreiras de *speed* a ela. Em dado momento, ele chegou a nos trancar para fora do nosso camarim para poder ficar só com ela. Já o Noel foi bem amigável".

Noel, embora não fosse um fã, sem dúvida admiraria o pop do Saint Etienne, embora a abordagem sofisticada da banda pudesse ser um ponto negativo, já que Noel é atraído mais primordialmente por música mais passional.

Foi nessa turnê que Jeff Barrett viu o Oasis ao vivo pela primeira vez. Estava ansioso pelo evento. Ouvira falar da banda por meio de McGee e conhecia Noel da época em que era assessor de imprensa dos Happy Mondays. Noel também saía com uma amiga de Jeff de Manchester, uma loira bonita chamada Hannah.

Jeff agora tinha montado seu próprio selo, a Heavenly Records, com seu sócio Martin Kelly, que também era empresário do Saint Etienne. Foi Kelly quem pediu especificamente que o Oasis fosse a banda de abertura.

Jeff e Martin se posicionaram na frente do palco enquanto a banda entrava. Em questão de duas músicas, já estavam torcendo ferozmente pelo Oasis. Ao final do show, estavam boquiabertos com a absoluta classe musical apresentada, e com o carisma e a arrogância da banda.

Depois do show, Martin Kelly bateu boca com Marcus por conta do pagamento da banda e Jeff Barrett, exaltado, foi até o backstage e conheceu Liam.

"Disse a ele que ele me lembrava o Nathan Gough, que era empresário dos Happy Mondays", recorda. "Liam me disse então: 'Bem, você pode muito bem ir se foder'. Falei então que era melhor ele se acostumar com a minha cara, porque ela estaria bem na frente dele em todos os shows".

Isso estava começando a acontecer com o Oasis: gente que os abordava no backstage para dizer o quanto a banda era ótima. A atitude deles, como sempre, era a de que isso não era mais do que a obrigação, porra. Quem discordasse disso era um idiota.

Porém, não teria escapado da atenção de Noel que aquela música na qual ninguém parava de falar era "Live Forever", ponto reforçado no artigo seguinte de Paul Mathur sobre a banda, publicado na edição de 4 de dezembro da *Melody Maker*.

Mathur fora levado por Johnny Hopkins até a sala de ensaio da banda no Boardwalk. O Oasis tocou uma seleção de músicas e Mathur, ao retornar a Londres, escreveu coisas como "canções como 'Digsy's Dinner', 'Whatever I' [*sic*] e em particular a magnífica 'Live Forever' são entregues com uma segurança que desmente a relativa inexperiência da banda. E eles parecem manter uma média de uma dúzia de músicas novas por semana, a maioria das quais é acachapantemente excelente".

Mathur incluiu ainda aspas de Liam, que teria dito que "há muita gente que parece fazer discos só para preencher o tempo. Nós queremos escrever clássicos".

(Dá para imaginar Noel lendo essa citação e então se voltando para o irmão e dizendo: "Ah, *nós* queremos escrever clássicos, não é mesmo?").

Quando Jeff Barrett retornou a Londres, ligou para Stuart Bailie, que então era editor da coluna de shows do *NME*. Embora Barrett não tivesse nenhum interesse financeiro na banda, ou qualquer outro tipo de interesse, seu amor pela música era tão contagiante que ele precisava espalhar a notícia.

– Stuart, conhece essa banda, Oasis? Bom, tudo o que você ouviu falar sobre eles é verdade. São fenomenais.

– Sério? – respondeu Stuart. – Não foi o que o Johnny Cigarettes disse na resenha dele.

Presente no mesmo show de Birmingham, Cigarettes escreveu em sua abertura: "Se o Oasis não existisse, ninguém ia querer inventá-los"; e terminou o texto dizendo: "Mas o mais incômodo é o fato de que a banda é *cool* demais para ter personalidade ou ser mais surpreendente do que os mais enfadonhos indies retrô trouxas, bem versados demais em discos velhos para conseguir fazer alguma coisa nova, e, evidentemente, tem muito pouca inteligência para se dar conta de que qualquer coisa dita acima é verdade. Triste".

Noel insiste que ficou confuso com a resenha, e provavelmente é verdade. No entanto, receber duas resenhas conflitantes na mesma semana, uma extasiada e outra total e absolutamente desdenhosa, serviriam para prepará-lo para os caprichos da imprensa musical.

Tais percalços à parte, sem dúvida alguma havia um ímpeto começando a ganhar força. O jornalista Calvin Bush, da *Melody Maker*, resenhou a abertura do Oasis para o Saint Etienne no Plaza, em Glasgow. Depois de desprezar "Shakermaker", escreveu que "e então, Meu Deus, tocaram oito músicas, sete das quais são mais maravilhosas do que a Lena Olin [atriz de *A Insustentável Leveza do Ser*] numa lingerie preta justa e chapéu coco. Eles são, francamente, incríveis".

Em seguida, a banda foi a atração principal na Universidade de Warwick no dia 4 de dezembro, antes de partir em mais uma turnê quatro dias depois, abrindo para o The Verve, grupo do qual realmente gostavam.

O líder do The Verve era Richard Ashcroft; Noel escreveria "Cast No Shadow" com ele e Paul Weller em mente, e incluiria uma dedicatória a Ashcroft no álbum *(What's the Story) Morning Glory?*.

A turnê durou oito dias e passou por Wolverhampton, Manchester, Glasgow, Preston, Newcastle e Bradford.

As bandas se davam bem e passavam várias noites em claro juntas, tocando os CDs e fitas uma da outra, compartilhando drogas e conversando até o amanhecer.

O último show do Oasis de 1993 foi no Krazy House, em Liverpool, abrindo para o Real People, com quem também voltou ao estúdio, tendo em vista gravar o single de estreia. Noel, porém, estava inquieto. Sabia que as bandas tinham de causar um grande impacto ao se lançar para o mundo.

"Então me sentei", aponta ele, casualmente, "e escrevi 'Supersonic' e 'Take Me Away'".

No estúdio havia uma grande cachorra chamada Elsa. Alguém derrubou cocaína no chão sem querer, Elsa lambeu a droga e ficou dias encarando a parede. Quando Noel estava rabiscando a letra, essa imagem lhe veio à mente e assim surgiu "*I know a girl called Elsa / She's into Alka Seltzer*".[53]

Terminada a gravação, a banda então viajou para Londres para a sessão da Radio One nos estúdios em Maida Vale. Foi nessa ocasião que conheceram o agente Dylan White.

"Eles estavam completamente esgotados. Noel estava deitado num sofá e eu perguntei quem era o compositor. 'Sou eu', ele respondeu, e eu disse à banda toda: 'Vou apertar a mão de vocês agora, porque no futuro não vai haver tempo'".

As músicas incluídas no set daquela noite foram "Bring it on Down", "Shakermaker", "Cigarettes & Alcohol", "Up in the Sky" e a recém-gravada "Supersonic".

Alan McGee estava presente na apresentação em Maida Vale e se recorda de quando ouviu "Supersonic" pela primeira vez.

"Eu não parava de pensar: 'O que é que tem de errado com essa música? É perfeita demais'".

Foi também nessa ocasião que surgiu mais uma lenda da mitologia do Oasis. McGee, segurando um copo de Jack Daniel's com Coca-Cola, sentou-se numa cadeira que quebrou, e o drink então se derramou por toda sua calça jeans Levi's branca.

Nas mãos de Noel, o incidente virou "Alan McGee ficou tão empolgado com a nossa performance que derramou uma garrafa de Jack Daniel's em si mesmo".

Verdade seja dita, o relato escrito é bem melhor do que o que de fato aconteceu.

---

53 "Conheço uma garota chamada Elsa / Ela curte Alka-Seltzer".

- Treze -

LIAM GALLAGHER ENTROU NO QUARTO DE MARK COYLE, NO MONNOW VALLEY STUDIO, AO SUL DO PAÍS DE GALES, E O MANDOU ACORDAR, PORRA.

– Estamos te esperando faz meia hora, seu babaca.

Coyley não respondeu, continuou a dormir. Liam deu um chacoalhão no engenheiro de som.

– *Oi*, Coyley, levanta!

Coyley detestava que o acordassem. Era algo que lhe fazia subir o sangue. Era uma dessas pessoas que precisam ter a quantidade exata de sono. Ai de quem o impedisse disso. Ele acordou a toda.

– Seu cretino do caralho – berrou –, vai se foder.

– Vai cagar, babaca, e levanta.

Coyley se sentou na cama, pegou uns sapatos que estavam ao lado e os jogou em Liam. Em seguida, jogou o abajur também.

– Vai se foder, seu doidão – gritou Liam ao desviar dos objetos, mas com um sorriso enorme no rosto.

Coyley então saltou da cama e começou a correr atrás do cantor, que não parava de rir. Lá fora, o Oasis aguardava na van, prestes a partir para o Water Rats, em King's Cross, em Londres. Seria o primeiro show de verdade na capital, um show de prestígio, era o que todos insistiam em dizer. Estavam, porém, pouco impressionados. Para eles, todos os shows eram importantes.

Já sabiam que havia um certo hype em torno desse show. Primeiro, "Columbia" já havia cumprido brilhantemente seu propósito ao causar um verdadeiro burburinho. A música estreou em 6 de dezembro de 1993, segunda-feira, na Radio One, no programa *Evening Session*, cada vez mais importante e popular, apresentado por Steve Lamacq e Jo Whiley, e vinha tocando regularmente desde então. Foi a primeira vez que uma fita demo foi colocada na playlist da Radio One.

Num relatório que fez para a Creation, Garry Blackburn escreveu que "a reação à faixa tem sido fantástica, foi discutida numa reunião de programação na terça, dia 16, foi para a lista C [listas elaboradas pela Radio One, as músicas da lista A são as mais tocadas de todas] na segunda, dia 20, e está mantida nessa lista pelo menos até segunda, dia 27 de dezembro. Não vamos pegar leve...".

Prossegue dizendo que Mark Cooper, do programa *Later*, da BBC2, Gary Crowley, do *The Beat* da Carlton TV, e os programas *The Word* e *The Big E* foram contatados e que "todos ficaram muito interessados".

Some isso à estratégia de Marcus Russell de construir lentamente uma base de fãs, ao mesmo tempo que se evitava deliberadamente um show grande na capital, e não surpreende que os ingressos tenham esgotado em minutos, deixando, assim, um número considerável de pessoas de fora do Water Rats, na tentativa de entrar.

Sem dúvida, a banda teria empatia para com aqueles que não conseguiram comprar ingressos, mas, como Marcus apontou, àquela altura, era melhor tocar num lugar pequeno e deixar as pessoas implorando para entrar do que satisfazer todo mundo logo de cara. Marcus repetiria esse plano até que, dois anos depois, até mesmo ele teve de ceder e marcou para a banda os maiores shows já vistos até então na Grã-Bretanha: duas noites no Knebworth Park, com um público de 250 mil pessoas. E, mesmo assim, um milhão e 750 mil pessoas ainda ficariam desapontadas.

Na noite de 27 de janeiro de 1994, o Oasis se apresentou por quarenta minutos e tocou "Columbia", "Bring it on Down", "Shakermaker", "Supersonic", "Digsy's Dinner", "Up in the Sky", "Live Forever" e "I Am the Walrus". Não houve bis.

"Lembro que estávamos num camarim fuleiro", diz Bonehead, "e ao abrirmos a porta vimos o clube, que parecia tão pequeno vazio, absolutamente abarrotado de gente. Foi irado".

"*Nah*, estava cheio de jornalistas e gente da mídia", diz Noel com certo desdém, embora no público também houvesse membros do The Verve, do Saint Etienne e dos Charlatans.

Dois dias depois do show, quando deveria estar de volta ao País de Gales, Noel foi levado por McGee até os estúdios da MTV em Londres para acompanhar a primeira apresentação ao vivo na TV do Primal Scream depois de dois anos, para divulgar o novo single, "Rocks".

"Era a primeira vez que tocávamos ao vivo depois de séculos", aponta Bobby Gillespie, "então simplesmente seguimos tocando, porque era uma sensação muito boa. Então o baterista saiu por algum motivo, eu vi Noel lá e gritei pra ele: 'Noel, a bateria!'".

Infelizmente, enquanto Noel se dirigia até a bateria, os produtores da MTV decidiram que já era o bastante e desligaram as câmeras. Não há registros do Primal Scream tocando "Rocks" e "Jumpin' Jack Flash", dos Rolling Stones, com Noel na bateria.

Noel conhecera Bobby num hotel em Paddington cerca de um mês antes. Era um grande fã do álbum *Screamadelica* e admirava as opiniões despachadas do Primal Scream. Bobby se recorda de que Tim Abbot levou Noel até o quarto deles no hotel, e ele e Throb, guitarrista do Primal, tocaram várias músicas de Sam Cooke e de soul antigo. Noel perguntou então se podia tocar uma música.

"E ele fez uma versão muito linda de 'This Guy's in Love With You'", lembra Gillespie, com uma admiração clara. Onze mezes depois, Noel abriria o show de Natal do Primal no Shepherd's Bush Empire, em Londres. Paul Weller também se apresentaria com a banda.

As resenhas do show no Water Rats foram unânimes nos elogios, mas, naquele momento da carreira, apesar do sucesso da apresentação, o Oasis não estava exatamente no clima para comemorar. A gravação do álbum de estreia estava concluída e não só as sessões foram de uma lentidão agoniante, como as masters finais não chegavam nem perto do ataque sônico que Noel e todos os outros queriam.

Em parte, Noel tinha de culpar a si mesmo, uma vez que havia tomado algumas decisões inesperadas em relação ao álbum. Primeiro, deixou a banda toda estupefata ao se recusar a gravar "All Around the World" e "Whatever".

– *Nah*, "All Around the World" não vai entrar no primeiro álbum – afirmou firmemente –, e com certeza não vai entrar no segundo também. Talvez entre no terceiro, mas é mais provável que entre no quarto. Quanto a "Whatever", essa vai ser nosso sexto ou sétimo single.

Justo, isso mostrava a visão avançada de Noel, mas a segunda surpresa se mostrou onerosa: a escolha dele de David Batchelor como produtor.

Noel conhecia Batchelor de sua época com os Inspirals, de quando ele ficava na mesa de som nos shows. Batchelor produzira a banda cult dos anos 1970 The Sensational Alex Harvey Band, reconhecida por sua atitude despreocupada, sendo uma verdadeira precursora do movimento punk. No final da década de 1970, ele foi então trabalhar com artistas como The Kinks, e seu CV musical agradava a Noel fortemente. Tinha um gosto musical parecido.

"Ele [Batchelor] tinha um grande histórico", explica McGee.

A essa altura, o outro grande nome em questão era obviamente Coyley, mas sua inexperiência em estúdio pesou contra ele, fato que ele foi o primeiro a apontar. Ficaria mais do que satisfeito em ser o engenheiro de som e deixar alguém com mais conhecimento operar os controles.

Esse alguém era Batchelor, mas, à medida que as sessões progrediam, ele se via cada vez mais batendo cabeça com a banda devido à sua técnica de produção. Em vez de gravar a banda ao vivo e então acrescentar partes diversas, o que é conhecido como *overdubbing*, Batchelor insistia em gravar cada membro da banda separadamente.

Esse método não só prolongava as sessões, como também os resultados obtidos nas mixes não estavam à altura do som rasgado que a banda queria.

A ambição de Noel era fazer o disco do Oasis tão alto quanto o *Live at Leeds*, do The Who, mas aquelas mixes iniciais estavam contidas demais para o gosto dele e da banda.

"Não soava como a gente", explica Guigsy. "Era um som bonzinho demais. Ele tentou nos fazer soar simpáticos ao invés de só nos gravar".

Ironicamente, outra banda de Manchester, o Stone Roses, cujo público o Oasis varreria de forma dramática, estava gravando seu novo álbum, a sequência há tempos aguardada de *The Stone Roses*, nas redondezas, descendo a rua, no Rockfield Studios.

Em Monmouth, perto dali, Noel trombara com o vocalista Ian Brown, que supostamente disse:

– O Oasis, é, já era hora.

(Posteriormente, enquanto todo mundo esperava que o Oasis se autodestruísse, foram os Roses – que levaram coisa de quatorze meses para terminar o álbum *Second Coming* – que se desfizeram, e não os endiabrados arruaceiros de Burnage.)

As sessões se arrastavam. Liam vociferava a respeito de Batchelor e McCarroll era rotineiramente tripudiado por todos da banda. De algum modo, o desafortunado baterista conseguiu se convencer de que os insultos viciosos da banda seriam, na verdade, demonstrações da estima que tinham por ele, o que, é claro, inflamava ainda mais seus atormentadores.

As coisas só se animavam de verdade quando a banda fazia festa. Isso significava ou bebedeiras pesadas nos pubs das redondezas, ou bagunças turbulentas no estúdio. Numa dessas ocasiões, Bonehead estava pegando tão pesado que quase levou uma surra de Noel, e isso rendeu à banda uma de suas performances mais cintilantes.

"Eram umas quatro ou cinco da manhã", relembra Guigsy, "e todo mundo já estava indo dormir. Mas o Bonehead ainda estava aceso e queria conversar. Cada um já em seu quarto, e num silêncio puro, em que dá para ouvir tudo, dava para ouvi-lo descendo a escada dizendo: 'O que eu faço? O que eu faço? Já sei, vou dar uns telefonemas'. Depois de tentar ligar para algumas pessoas, ele decide: 'Já sei, vou ligar pros Roses'. Então John Squire atende o telefone e Bonehead faz um sotaque jamaicano para dizer: 'Ei, cara, é o Squire da família Squire? Podemos te encontrar na esquina, mano, te arrumar um padê'. Ele desligou e ligou de novo, dessa vez imitando o dono de um restaurante indiano pra falar da entrega do pedido".

"Bonehead está morrendo de rir, mas enfim vai pra cama. Então abre a janela e começa a gritar com os coelhos lá fora: 'Sr. Coelhinho, seu fodido, vai pra cama, vai, Sr. Coelhinho, hora de ir pra caminha'".

"E isso acorda todo mundo. De manhã, estou tomando café e ele desce a escada. Fala, tipo, 'Beleza, Guigs?', se senta, começa a peidar e a rir que nem louco. Noel então aparece duplamente mal-humorado e manda: 'É melhor você ir pra porra da cama, seu idiota, porque eu não quero te ver'. Bonehead então vaza e Noel se senta e diz: 'Vou matar esse cuzão quando ele acordar. Espera só até ele ficar sóbrio'".

"Então, para acalmar Noel, levo ele até a cidade, compro jornais, macarrão instantâneo, batatinhas, bolo, todas aquelas coisas de que ele gostava, depois vamos até o pub pelas dez e meia e chamamos um táxi para as onze. Cinco e meia da tarde, Noel e eu ainda estamos no pub e enchendo a cara daquele jeito. E aí voltamos pro estúdio".

"Bonehead agora está nos evitando, tipo, 'O Noel vai me matar', e Noel chega ao estúdio e diz, 'Beleza, seus filhos da mãe, vamos fazer 'Slide Away'". A cada take estamos cada vez mais doidos, mas Noel diz ao Bonehead: 'Você vai ficar careta, não vai se livrar disso *nunca*'. Liam fez alguma cagada em algum ponto, mas foi um desses takes que usamos no álbum".

Como essa era a primeira experiência real da banda num estúdio de gravação de verdade, eles assentiram relutantemente à experiência de Batchelor. Porém, nos esforços para encontrar uma saída, chegou a notícia inesperada de que eles não poderiam ligar para o chefe da gravadora em busca de conselhos e apoio.

No início de 1994, Alan McGee sofreu um colapso físico completo, causado pelo consumo pesado de álcool e drogas e pelo estilo de vida frenético. Ele seria um dos primeiros a tombar temporariamente enquanto o tanque de guerra do Oasis ganhava tração.

"Tornei-me basicamente um viciado em drogas profissional", admite McGee. "Havia essa imagem de mim como Alan McGee, o animal festeiro, e eu vivia à altura dela. Cocaína, anfetaminas, ecstasy, *speed*, comprimidos para emagrecer, Jack Daniel's e, por fim, remédio para dormir".

"E não era apenas drogas, era tudo relacionado a elas. A companhia toda girava ao meu redor. Era um culto à personalidade, e não havia descanso. Eu chegava em casa de manhã e havia tipo vinte e três mensagens na minha secretária eletrônica. Eu simplesmente me disponibilizava demais, não havia um ponto em que eu cortava".

McGee se internou na clínica Florence Nightingale, no West End, em Londres. No primeiro dia, o alarme de incêndio disparou e a clínica foi evacuada. Alguns pacientes tentaram escapar, outros, como McGee, ficaram na rua. Enquanto aguardava para voltar para dentro, uma paciente o empurrou do caminho, agachou-se e pegou um pacote vazio de batatinhas.

– Achei minha bolsa – anunciou.

"Foi esse o momento", diz ele hoje, "em que pensei, certo, Jesus Cristo, isso é real. Mas também me dei conta de que eu podia estar fodido e precisar de muita terapia para resolver a cabeça, mas, no final das contas, aqui é um pacote de batatinha e eu sei que é um pacote de batatinha".

Levaria nove meses, quatro na reabilitação e cinco de um lento reajuste da vida, para que McGee tomasse as rédeas por completo novamente. Dick Green, seu sócio, e todos os outros funcionários importantes da Creation agora teriam de preencher o espaço deixado vazio por McGee, e o fizeram de maneira brilhante, segundo o chefe do selo.

Apesar de sua ausência, McGee insistia em estar envolvido com o Oasis, mesmo que a distância. Assim, apoiou por completo a decisão da banda de descartar as sessões do Monnow Valley, substituir David Batchelor por Mark Coyle e ir para o Sawmills Studio, na Cornualha, para regravar o álbum.

A decisão foi tomada em Londres. Depois de Monnow Valley, a banda foi para o Olympic Studios, em Barnes, Londres, para mixar o álbum. Era o estúdio onde os Rolling Stones e os Small Faces produziram alguns de seus melhores trabalhos. Porém, a tarefa rapidamente se mostrou infrutífera.

A única faixa que sobreviveu dessas sessões foi "Slide Away", uma das melhores composições de Noel, impulsionada por uma das performances vocais mais arrepiantes de Liam, gravada aparentemente em um só take. Também perderam um tempo no Eden Studios, em Chiswick, na frente do apartamento de Noel.

Com Coyley agora como produtor e uma nova engenheira de som, Anjali Dutt, a bordo, a banda se deslocou para o Sawmill Studios, na Cornualha. Desta vez, o Oasis gravou ao vivo e as sessões foram rápidas e tranquilas.

Porém, quando chegou a hora de mixar o álbum em Chiswick, mais uma vez se depararam com problemas: as fitas ainda não soavam bem. O som que o Oasis buscava ainda lhes escapava. Como uma série de datas se aproximava, coube a Marcus resolver a questão.

"O que foi feito no Sawmills, em termos de gravação, era bom", afirma ele, "mas, na fase de mixagem, não estava rolando".

"Acho que Mark e Anjali estavam envolvidos demais com as fitas para conseguir mixá-las, o que acontece com frequência. Quem grava não consegue mixar, porque está envolvido demais com o que foi gravado, em primeiro lugar. E foi aí que entrou Owen Morris".

"Eu sabia que Owen não era só um engenheiro de som", continua Marcus, "embora ele não fosse produtor na época. Eu o conhecia bem o bastante para saber que ele não era alguém que só apertava botões, e tinha ideias e coragem de sugeri-las. Além disso, ele é muito bom em lidar com músicos".

Foi uma escolha astuta. Um dos maiores heróis de Owen é o produtor Phil Spector, o homem que inventou a "Wall of Sound".[54] A ênfase de Spector no volume e sua inclinação a colocar o máximo possível de instrumentos para tocar exerceriam uma influência enorme no trabalho de Owen. E ali estava o Oasis, desesperado para conseguir um som enorme. Não havia como melhorar essa química.

54 Em tradução livre, "Parede de Som", como ficou conhecida a sonoridade cheia, com múltiplas camadas e instrumentos, das produções de Spector. (N. do T.)

Owen também era grande admirador do produtor Tony Visconti, que trabalhou com David Bowie no início dos anos 1970, no início dos anos de ouro de Bowie como o músico mais influente da Grã-Bretanha. Noel não era muito familiarizado com Spector, mas adorava o trabalho de Bowie de 1972, começando com o álbum *Hunky Dory*, até 1975, com o LP *Young Americans*.

Durante esse período, Bowie ainda escreveu uma das músicas favoritas de Noel, "All the Young Dudes", que deu ao Mott the Hoople. Owen também adorava essa música, lembrava-se muito bem dela na juventude.

Owen Morris nasceu em Caernarfon, norte do País de Gales, mas passou a infância perto da cidade de Port Talbot, ao sul. Largou a escola próximo de seus exames finais e conseguiu um emprego num estúdio em Cambridge chamado Spaceward. Foi lá que conheceu Marcus, quando este era empresário do The Bible.

Ficou lá por quase três anos e depois foi trabalhar num álbum dos Stranglers que nunca viu a luz do dia. Depois dessa experiência desencorajadora, pediu a Marcus que o empresariasse. Estava cansado de fazer engenharia de som e queria muito passar à produção.

Por meio de Marcus, foi engenheiro de som do primeiro álbum do Electronic, projeto de Johnny Marr e Bernard Sumner, do New Order. Porém, depois de dois anos trabalhando para Marr, Owen, frustrado por não ser capaz de assumir a cadeira de produtor, dispensou Marcus como seu empresário. Um ano depois, teve um grande desentendimento com Marr.

Owen viu o Oasis tocar no Boardwalk em novembro de 1992, então, quando ficou sabendo que a banda havia assinado com a Creation e estava prestes a entrar em estúdio, se candidatou a produtor, mas foi recusado.

Agora, Marcus, com quem ele mantinha uma relação amigável, estava na linha, convidando-o para mixar o Oasis. Naturalmente, ele aceitou. Marcus lhe enviou as fitas do Sawmills e Owen se deu conta de que tinha um trabalho nas mãos.

"Pensei, 'que inferno, eles deram uma bela fodida nas coisas aqui', e acho que, àquela altura, Noel estava completamente puto. Marcus disse, tipo, 'faz o que você quiser com isso, literalmente, qualquer coisa que quiser'".

O primeiro passo de Owen foi agendar dois dias no Loco Studios, no País de Gales, para pré-gravar os vocais de Liam em "Rock'n'Roll Star" e "Columbia".

Foi quando conheceu o cantor. "A versão de Liam do acontecido é que ele entrou e me disse, 'Você é o Phil Spector'", afirma Owen, "e eu disse a ele, 'Você é o John Lennon'. Não sei se isso é verdade, mas de fato me lembro de Noel gritar para Liam: 'Você não é a porra do John Lennon e ele não é a porra do Phil Spector, agora cala a porra da boca e anda com isso'".

"Essas duas mixes são totalmente imitações de Spector e Visconti", admite Morris. "Peguei os delays de fita de Phil Spector e usei os truques de harmonização de Tony Visconti, numa exaltação aos dois".

Segundo Morris, um dos problemas era a natureza prolífica de Noel. Permitiu-se que ele colocasse muita coisa nas canções, enchendo as composições de diversas partes de guitarra diferentes.

"Mas não havia uma noção coesa ali", diz Owen. "Então, me lembro de que quando mixei 'Rock'n'Roll Star', dispensei mais ou menos metade das guitarras, arranjei-as de forma diferente e então acrescentei uma pandeirola estilo Phil Spector junto com a caixa da bateria. E aí pensei: o Noel vai surtar agora, porque limpei metade das guitarras dele".

Owen chamou Noel até o estúdio e, nervoso, tocou a mix para ele. Depois de ouvir atentamente, Noel voltou-se para o produtor, que suava, e disse:

– Gosto dessa pandeirola.

Aliviado, Morris então repetiu o método em "Columbia" e enxugou a faixa, obtendo, mais uma vez, uma resposta casual, porém positiva de Noel.

"É muito, muito estranho ter tão pouco *feedback* além de apenas: É, ficou bom", aponta Morris.

A atitude indiferente de Noel disfarçava sua timidez, mas ele também sabia que exagerar nos parabéns levava à complacência. O melhor elogio que poderia fazer a Owen era pedir que ele finalizasse o álbum. Na realidade, todo mundo estava, nas palavras de Marcus, "em êxtase" com as mixes de Owen. Finalmente, o som que Noel ouvia rugir em sua cabeça há anos estava se tornando concreto.

Num feriado prolongado em maio, Owen entrou no Matrix Studios, em Fulham, Londres, e mixou *Definitely Maybe*. Trabalhou numa velocidade incrível, mixando uma música por dia, o que é um ritmo impressionante para qualquer parâmetro. Contou com a ajuda sem medida de Marcus, que ia ao estúdio todos os dias com garrafas dos vinhos tintos favoritos do produtor e diversos comentários construtivos.

A única mix que foi recebida com reprovação foi a primeira que Owen fez de "Live Forever", na qual ele eliminou o solo de guitarra de Noel.

– Você só pode estar de sacanagem – reclamou o compositor ao ouvi-la –, eu passei meses bolando essa porra.

//

Enquanto *Definitely Maybe* tomava forma, o Oasis viajou para a Escócia para tocar numa convenção da Sony Records no clube de golfe Gleneagles.

Ao chegar, Noel foi para o bar e pediu alguns drinks. Depois de guardar o dinheiro, quando avisado de que tudo era de graça, perguntou à bartender:

– Bem, se é esse o caso, qual é a bebida mais cara que você tem aí?

A bartender virou-se e disse:

– Aquelas garrafas de brandy, que custam mil libras cada.

– Certo – disse Noel –, vou querer meio *pint* daquela ali e um desses charutos grandes, por favor.

Enquanto isso, dentro do clube, Liam reclamava que seu quarto era grande demais. Um aperitivo do que estava por vir.

No dia seguinte, a banda acordou cedo, mas a conferência estava atrasada, então colocaram Noel, Liam e Marcus numa suíte.

Que erro. Sentados numa sala com uma garçonete, pediram bebida atrás de bebida. E então Noel teve uma ideia. Ligou para o assessor de imprensa Johnny Hopkins e disse a ele que Bonehead tinha invadido o chalé do lendário piloto de Fórmula 1 Jackie Stewart, roubado um rifle de pressão e agora estava atirando em árvores no campo de golfe.

– É sério – insistia Noel –, estou o observando neste momento.

Hopkins passou devidamente a informação à imprensa, e a *Melody Maker* a publicou na semana seguinte, sob a manchete "Drama Armamentista no Oasis", somando, assim, à crescente mitologia em torno da banda.

Enfim, o grupo foi chamado para a passagem de som. Porém, a essa altura, já estavam completamente loucos. Noel teve até mesmo de se apoiar nos amplificadores só para manter o equilíbrio.

Mesmo assim, isso não os impediu de apresentar uma versão magnífica de "I Am the Walrus", que posteriormente foi colocada – depois de lançada num compacto de selo branco de edição limitada – como lado B de "Cigarettes & Alcohol". Os aplausos ao final foram sampleados de um álbum ao vivo de outro artista. A noite terminou às oito da manhã, com Marcus perambulando pelos corredores entoando canções galesas e, por fim, precisando da ajuda de Noel para embarcar no avião de volta para casa.

Em fevereiro, o Oasis teve seu primeiro show internacional marcado, no Paradiso Club, em Amsterdã, mas nunca chegou lá. A banda, com Coyley e Jason a tiracolo, embarcou num ônibus em Manchester ao meio-dia e rapidamente consumiu duas garrafas de Jack Daniel's. Antes de finalmente embarcar na balsa, pararam para comprar mais uma garrafa.

Uma vez a bordo da balsa, foram direto para o bar, e também encontraram a loja *duty free*, de onde começaram a roubar garrafas de champanhe para consumir abertamente no bar.

O revés desse pandemônio ébrio foi que chamaram os seguranças e a banda decidiu que era melhor vazar para os quartos.

Enquanto Guigsy e Liam cambaleavam bêbados por um corredor, tentando encontrar seus quartos, Guigsy ouviu um barulho, virou-se e viu um guarda saindo de uma porta, prestes a usar o cassetete contra o incauto Liam. Sem hesitar, Guigsy deu um soco no cara. Do nada, oito seguranças surgiram de repente e se amontoaram em cima dele. Liam, então, saltou rumo às escadas.

Guigsy foi arrastado para o andar de baixo, recebeu um trato e foi jogado numa cela. Coisa de cinco minutos depois, ouviu um burburinho vindo do corredor e, dito e feito, lá estava Liam, berrando que os seguranças o jogaram três lances de escada abaixo e que, se ele vai parar numa cela, é melhor que eles não tenham nenhum desejo sexual por ele.

Os rapazes ficaram encarcerados pelas vinte e quatro horas seguintes, largados, trancados, sem comida ou bebida, desidratando feito loucos. Um dos guardas, um cara grandão e de aparência ameaçadora, chegou até a desenhar uma linha com giz na cela de Liam e mandou o cantor se deitar. Se ele passasse da linha, seria atacado com o cassetete. Liam ficou deitado no chão por três horas até que o guarda finalmente desistiu de vigiá-lo.

Enquanto isso, um guarda entrou no quarto de Bonehead e McCarroll e confiscou os passaportes deles. Teriam sua entrada no país proibida.

Enquanto o baixista e o cantor definhavam nas celas, o barco aportou na Holanda e Noel e o restante da equipe do Oasis desembarcaram, apenas para descobrir, horas depois, que todos os outros quatro membros da banda estavam sendo enviados de volta à Inglaterra.

O show foi cancelado, Marcus foi informado do incidente e então convocou uma reunião da banda, na qual Liam se defendeu dizendo que aquele fora um comportamento digno do rock'n'roll.

– Não – disse Marcus com veemência –, tocar para trezentas pessoas em Amsterdã é um comportamento digno do rock'n'roll. Ser preso de forma que ninguém escute a sua música não é.

Noel também ficou furioso, e foi o primeiro a dar uma lição braba em Guigsy e Liam. Até Bonehead ficou aborrecido com a atitude dos dois. Por duas semanas, eles foram ignorados pelo resto da banda, e o guarda que levou um soco de Guigsy recebeu £1.000 para não prestar queixa.

Em março, o Oasis fez sua primeira aparição na TV em rede nacional. Karen Williams, da Anglo Plugging, conseguiu para eles uma participação no programa *The Word*, do Channel Four, para promover o primeiro single, "Supersonic", um mês inteiro antes do lançamento.

McGee, na verdade, argumentara a favor de "Bring it on Down" ser o primeiro tiro do Oasis na parada de singles, mas Noel resistiu firmemente à ideia. Como o contrato dava liberdade artística a Noel, McGee não insistiu.

Para a estreia na TV, tarde da noite numa sexta-feira, Noel vestiu uma camisa vermelha e não usou óculos escuros. Liam vestiu uma jaqueta corta-vento, Bonehead, um casaco verde de cordão, e Guigsy um moletom vinho. O apresentador Mark Lamarr chamou a banda e o Oasis dispensou a introdução da música, caindo direto no primeiro verso.

Nenhum deles sorriu, nem deu atenção de fato às câmeras, porém, durante a terceira estrofe, Liam sacou sua própria câmera portátil e começou a filmar o público. No final da música, ele disse "Valeu, boa noite" e se retirou do palco enquanto Noel se agachava na frente dos amplis para extrair alguns segundos de microfonia.

– Ops, um pouco de microfonia ali – disse, sorridente, Terry Christian, que, dois anos depois, seria coautor de um livro sobre a família Gallagher junto com Paul, o irmão mais velho de Noel e Liam.

Essa apresentação na TV capturava alguns indícios da proeza da banda ao vivo e serviu para aguçar o apetite de todo mundo. Estava patente que o Oasis tinha alguma coisa que os colocava muito acima de seus contemporâneos. O som, o visual, a atitude, tudo isso intrigava e empolgava os espectadores.

Com isso em mente, o Oasis mais uma vez caiu na estrada, agora com o Whiteout, que acabara de assinar contrato com a Silvertone Records, a antiga gravadora dos Stone Roses. A ideia era que as bandas se alternassem a cada noite como atração principal. A turnê começou em Bedford, no dia 23 de março. O Oasis tocou primeiro e, no dia seguinte, em Londres, foi então a atração principal no 100 Club.

Ted Kessler escreveu sobre o show no *NME*: "Em alguns momentos da noite, o Oasis assumiu o manto de Melhor Banda ao Vivo do País, com uma confiança manchesteriana jubilosa e arrogante. Talvez nunca voltem a ser tão bons assim...".

A turnê prosseguiu para o Forum, em Tunbridge Wells, Kent, em 26 de março, e então para a Politécnica de Oxford, onde o Oasis roubou uma televisão do hotel para poder assistir ao jogo do Manchester United contra o Aston Villa no camarim do show. O Villa ganhou e Coyley destruiu o televisor no chute de tanto desgosto.

Na noite seguinte, numa jogada semelhante à dos Beatles em maio de 1963, quando abriam para Roy Orbison, foi decidido mutuamente que o Oasis deveria ser a atração principal em todas as noites. Bem ou mal, depois dos shows do Oasis, a maior parte do público ia embora e o Whiteout acabava tocando para casas quase vazias.

"Era engraçado", recorda Noel. "A gente viajava numa van velha e o Whiteout tinha um ônibus grandão dado pela gravadora, mas depois dos shows era em torno da nossa van caindo aos pedaços que os fãs se amontoavam".

Foi nessa turnê que Marcus decidiu aliviar Bonehead da função de *tour manager* e empregou Margaret Mouzakitis, mais conhecida como Maggie, para essa posição. Marcus também chamou Phil Smith, amigo próximo e roadie dos Stone Roses, que agora estava livre devido aos compromissos de gravação da banda. Na metade da primeira turnê americana do Oasis, Smith foi chamado de volta à turma dos Roses.

"Quando Maggie entrou, nós pensamos: Genial, ela vai arrumar uma porrada de drogas e de garotas pra nós", relembra Guigsy. "Mas ela não queria nem saber disso, e era exatamente o que a gente precisava naquele momento".

Guigsy está totalmente correto nessa afirmação. Soltos na estrada e finalmente recebendo a aclamação que sabiam que um dia teriam, os integrantes do Oasis começavam a ter um gostinho real do estrelato com o qual sonhavam.

O que mais eles poderiam pedir? Tudo o que haviam lido, invejado e fantasiado em relação às bandas de rock'n'roll agora se aplicava a eles. As garotas queriam dormir com eles e os caras queriam ser eles. Tocar para vinte pessoas desinteressadas num pulgueiro esfarrapado qualquer era coisa do passado. Viver de seguro-desemprego e não ter dinheiro para comprar discos, roupas ou drogas eram coisas do passado.

As notícias estavam se espalhando, e, alinhado a isso, o Oasis corria solto e louco ao ver toda aquela ostentação ser completamente validada. Ao chegar num hotel, secavam o frigobar e saíam para tocar músicas que levavam o público a um frenesi, e então farreavam madrugada afora.

Quartos eram destruídos, garotas iam para a cama e, então, na madrugada, com quantidades enormes de álcool e narcóticos correndo pelas veias, eles saíam correndo do hotel, deixando as contas pendentes. Massa, era o que diziam a si mesmos, enquanto discutiam o show e os acontecimentos da noite anterior, massa pra caralho.

No dia 28 de março, o Oasis tocou no Jug of Ale, em Birmingham, que foi onde Noel se encontrou de novo com o Ocean Colour Scene (depois de conhecê-los num show de Paul Weller em Oxford). Ouvira uma demo deles no escritório da Creation, porque Johnny Hopkins estava bem disposto a levar a banda para o selo. McGee, porém, não estava convencido.

Noel estava, e atuou efetivamente a favor do Ocean ao colocá-los como banda de abertura em diversas datas, enquanto buscavam um contrato. Dois anos depois, quando o segundo álbum do Ocean, *Moseley Shoals*, estava vendendo mais de meio milhão de cópias, ouviram Noel dizer ao agente de A&R deles da MCA, em Knebworth:

– É melhor você cuidar bem dos meus rapazes.

A turnê acabou dois dias depois, com shows no Fleece and Firkin, em Bristol, e no Moles, em Bath. Depois de quatro dias de descanso, o Oasis começou sua própria turnê de divulgação do single de estreia que estava por vir, "Supersonic". O compacto em vinil contaria com duas novas músicas, "Take Me Away" e uma versão ao vivo de "I Will Believe".

Quem comprasse o single em CD ganharia uma faixa extra, neste caso, a versão de selo branco de "Columbia". Esse privilégio concedido aos compradores de singles em CD poderia parecer uma anomalia estranha para uma banda que crescera ouvindo vinil, até nos darmos conta de que, naquele momento, as bandas ganhavam muito mais com a venda de CDs do que com a de discos de vinil.

A turnê do Oasis começou com três shows consecutivos, um no Lucifer's Mill, em Dundee, no dia 5 de abril, um no La Belle Angel, em Edimburgo, na noite seguinte, e então um no Tramway, em Glasgow.

Foi depois desse show, no Forte Crest Hotel em Glasgow, quatro dias antes do lançamento de "Supersonic", que Liam e Noel se reuniram com John Harris, que então escrevia para o *NME*, para conceder uma entrevista que daria o tom de toda a relação futura que eles teriam com a imprensa.

A essa altura, o *NME* estava exageradamente ávido por tornar o Oasis, por meio de uma cobertura contínua, "a banda deles". Já havia publicado uma entrevista de duas páginas, concedida a Emma Morgan, na edição de 2 de abril. Nela, Noel mais uma vez prevê o futuro.

"Você está preocupado em fazer jus às expectativas?", pergunta Emma.

Noel nega: "Tudo vai ficar aparente quando 'Supersonic' (o primeiro single) sair. E daí em diante vai ser só IU-HUL!".

Agora, Harris estava ali para escrever uma matéria bem maior. A título de contexto, está óbvio que o incidente na balsa ainda incomoda Noel. Liam, sentindo a irritação do irmão, está determinado a se defender publicamente.

O artigo começa com Noel e Liam desafiando um ao outro, com Liam gritando: "Vamos lá então, caralho, seu BABACA! Vamos lá brigar, porra".

Harris então reconta a pitoresca história do Oasis até ali, para depois entrar no assunto dos ataques de Noel à banda Smash e a Miles Hunt, ex-Wonderstuff, que, sem o conhecimento de Noel, tem uma entrevista marcada com os irmãos para seu programa na MTV.

Harris então lança uma pergunta relacionada à imagem da banda de porcos do rock'n'roll, e Liam responde dizendo que curte isso e está louco para colocar 2 mil pessoas num show para *vê-lo*.

Noel então intervém:

– Não é disso que ele [Harris] está falando.

– É, sim.

– Não é porra nenhuma. Ele está falando de ser expulso de balsas.

É nesse ponto que um bate-boca épico, registrado e depois lançado no single "Wibbling Rivalry", então explode, iluminando com perfeição a tensão entre os irmãos.

Para Noel, há a música e ela é a coisa mais importante; sem ela, ninguém se interessaria pelo Oasis nem por qualquer outra banda. Todo o resto vem depois.

Para Liam, no entanto, a música não é nada sem a atitude. A atitude é a chave. Caso contrário, você acaba tipo o Andrew Lloyd Webber.

– Quem é Andrew Lloyd Webber? – pergunta Noel, preparando uma armadilha para o irmão.

– Não faço ideia – responde Liam. – É um jogador de golfe ou qualquer coisa assim.

Estivessem ou não blefando, a verdade é que, em sua primeira entrevista importante, que seria lida por milhares e mais milhares de pessoas, Noel e Liam Gallagher não tiveram pudores em expor sua relação tempestuosa.

Brigam, berram e batem boca. Acabam ameaçando um ao outro e entrando em diálogos surreais a respeito de testículos e, naturalmente, John Lennon.

O que deu o verdadeiro impacto desse artigo foi sua natureza totalmente espontânea. Não foi – como poderia muito bem ter sido, dada a malandragem de Noel e Liam – uma conversa ensaiada, elaborada para gerar manchetes. Porque na manhã seguinte, um Noel preocupado sentou-se à mesa com Marcus no café da manhã e confessou que talvez eles tivessem estragado tudo com a entrevista. Na verdade, foi o oposto.

"Para mim, foi uma das maiores entrevistas do rock'n'roll", afirma Johnny Hopkins, que estava na sala quando a entrevista aconteceu. Foi ele quem tentou separar os irmãos quando eles quase saíram no braço e era ele quem sabia que todo jornalista da cidade tentaria chegar a todo custo até a banda. O Oasis era, agora, indiscutível e indubitavelmente, uma grande pauta.

—— // ——

Na noite seguinte, o Oasis tocou numa arena em Middlesborough, logo depois de receber a notícia chocante de que Kurt Cobain, do Nirvana, havia se suicidado com um tiro de espingarda na cabeça.

Não eram fãs do Nirvana, mas viriam a admirar a obra de Cobain com o lançamento do álbum *MTV Unplugged in New York*, e dedicaram "Live Forever" a ele.

Foi um gesto simbólico. O movimento grunge encabeçado por Cobain viu os EUA finalmente sucumbirem ao punk rock. Porém, a visão de mundo niilista do grunge, cujo principal apelo era entre jovens brancos de classe média entediados, conflitava com o modo de pensar de Noel, que, como contraponto, escreveu "Live Forever".

No dia 11 de abril de 1994, "Supersonic" foi lançada. A banda estava em Stoke para tocar no Wheatsheaf. No dia seguinte, foram para Leeds tocar no Duchess of York. Desta vez, o lugar estava abarrotado. Mais uma vez, muita gente ficou de fora.

Na noite seguinte, no Lomax, em Liverpool, uns moleques espertalhões foram descobertos na frente do show vendendo canhotos inúteis de ingressos para fãs ingênuos. A banda admirava esse tipo de comportamento: era exatamente o que eles fariam no lugar daqueles garotos.

No dia 17 de abril, numa pausa da turnê, a banda ficou empolgada com a notícia de que "Supersonic" entrara nas paradas em 31º lugar. Era uma posição boa, se não espetacular, para uma estreia nas paradas.

Foi gravado um clipe com a banda no terraço de uma companhia de táxis em King's Cross, em Londres. Dirigido por Mark Szaszy, é um vídeo bem direto da banda tocando, intercalado por tomadas variadas (filmadas em Heathrow no dia em que o IRA lançou um ataque de morteiros contra o aeroporto) de, surpresa!, aviões voando supersonicamente.

O single em si estabeleceu o padrão da maioria dos futuros lançamentos: o lado A trazia um Oasis totalmente roqueiro, e o lado B, com "Take Me Away", trazia uma bela demonstração da habilidade de Noel de compor baladas, e então uma música ao vivo que era também uma raridade, como "Columbia", por exemplo.

Em termos de letra, tanto "Supersonic" quanto "Take Me Away" traziam à luz alguns dos principais temas aos quais Noel retornaria com frequência.

Seu uso das rimas em "Supersonic" funciona num nível muito básico, totalmente alinhado com sua sensibilidade pop setentista, costurada por todos aqueles compactos de glam rock dos anos 1970.

A sensibilidade de Noel é tamanha que ele é capaz de admirar arroubos pop de três minutos (e extrair o apelo fundamental deles), e também de se deslumbrar com Burt Bacharach e outras obras mais profundas. Nos singles do Oasis, ele demonstraria ambos os lados dessas formas de arte.

Assim, "*supersonic*" rima com "*gin and tonic*"; "*doctor*" com "*helicopter*"; "*home*" com "*alone*"; "*tissue*" com "Big Issue".[55] Para alguns, essa era a prova de que precisavam para ridicularizar a inteligência de Noel.

Porém, comparemos esse estilo deliberadamente pop descartável com a abordagem bem mais singular de "Take Me Away", na qual Noel expressa sua necessidade impetuosa de fugir do mundo e retorna a um tema recorrente dos Gallaghers (ouvido primeiramente nos versos que abrem "Supersonic": "*I need to be myself / I can't be no one else*"),[56] o de como as pessoas tentam ser tudo, menos elas mesmas, algo que ele também vivencia.

Sem dúvida, Noel considerava escrever letras a parte mais difícil de seu trabalho, mas de forma alguma era um letrista fraco, embora fosse, às vezes, preguiçoso.

A imprensa certamente ficou dividida em relação aos méritos de "Supersonic". Keith Cameron, do *NME* (outro jornalista que destacou "Live Forever", em sua resenha do show no Tramway), elegeu a música o single da semana, e não poupou elogios à banda. Chamou a canção de "um epítome de virtude pop", e se perguntou como era possível ao Oasis ser tão competente. Compreendia por completo as imagens deliberadamente *nonsense*, porém divertidas criadas por Noel na letra, e concluía chamando o Oasis de "simplesmente uma grande banda de rock'n'roll".

55 Respectivamente: "supersônico" e "gim-tônica"; "médico" e "helicóptero"; "lar" e "sozinho"; "lenço de papel" e "*Big Issue*" (jornal britânico). Evidentemente, essas são traduções literais dessas palavras e não entram na questão das rimas em inglês, que é a questão apontada no texto. (N. do T.)

56 "Preciso ser eu mesmo / Não posso ser mais ninguém".

I need to
be myself /
I can't be
no one else

Peter Paphides, na *Melody Maker*, discordava totalmente. Disse aos leitores que o single soava como o Blur de quatro anos antes, comentário que teria deixado Liam seriamente furioso.

O Blur, a essa altura, estava prestes a reconquistar parte do terreno que perdeu depois de ter sido, de início, apontado como a banda mais provável de estourar. O álbum *Modern Life is Rubbish* deveria abrir caminho para *Parklife*, do ano seguinte, que venderia horrores. O Oasis desprezava a maioria de seus contemporâneos da mesma forma com que você limpa poeira do ombro de um casaco, mas o Blur, com sua mistura de canções que satirizavam o estilo de vida *cockney* londrino e de um *background* estudado, enervavam feio o Oasis. Em especial Liam, que farejava falsidade, e isso sempre o irritava.

Em meados de maio, numa noite de bebedeira, ele teria a chance de expressar seu desgosto quando, junto com Noel, encontrou o guitarrista do Blur, Graham Coxon, no pub Good Mixer, em Camden. Era bem sabido que o Blur costumava frequentar esse bar, então Liam insistiu em ir até lá. Para seu deleite, viu Graham assim que chegou, e os irmãos Gallagher foram direto até ele. Depois de se apresentarem rispidamente, começaram a insultar suas roupas e, então, sua banda.

Em seguida, começaram a cantar, na melodia de "Lazy Sunday", dos Small Faces, "*Blu-uur are cocknee, cocknee cunts*".[57] Nesse momento, o guitarrista, espumando, reclamou com o proprietário. Os irmãos foram rapidamente expulsos e informados de que estavam banidos para sempre do pub.

Inabalados, seguiram para o pub Underworld, perto da estação de metrô Camden, onde arranjaram briga com alguns dos frequentadores e foram, mais uma vez, expulsos e banidos. Mais uma noite massa na cidade.

Na mesma edição da *Melody Maker* que trazia o desprezo de Paphides por "Supersonic", Calvin Bush, grande fã, publicou uma entrevista de uma página com a banda, que trazia Noel num clima de muito *bullying*.

57 "O Blu-uur são uns cuzões *cockney*", em tradução livre. (N. do T.)

"Escuta só", afirma Noel, sem meias palavras, "se ninguém comprar os meus discos, eu vou ser o cara mais aborrecido do mundo. Fazemos música para o cara que vai todo dia a pé comprar um exemplar da porra do *Daily Mirror* e um maço de Bensons, e não tem porra nenhuma a favor dele, não tem dinheiro".

"Mesmo se ele não tiver dinheiro para comprar o nosso disco, se ligar o rádio enquanto faxina a casa e assoviar junto com a música e pensar, 'puta que pariu, vocês ouviram essa música?', é *isso* o que importa".

Tais sentimentos tão virulentos não eram expressos na imprensa musical há anos, e sem dúvida causaram uma leve alienação aos estudantes de classe média que compunham o grosso dos leitores da revista.

Porém, em seguida, Noel, como passou a fazer cada vez mais nas entrevistas, começou a distorcer fatos de forma a glamorizar ainda mais a história do Oasis. Disse a Bush que, no show no King Tut's, McGee pulou no palco no meio da segunda música e ofereceu um contrato a eles no ato. Claro... Noel revelou, ainda, que só ouvia música velha, mas que três discos recentes o haviam impressionado: *Wild Wood*, de Paul Weller, *Fuzzy*, do Grant Lee Buffalo, e o single "Loser", de Beck, "que fez o meu cérebro explodir".

Não havia dúvida de que Noel fora cativado pelo uso incomum que Beck fez de um violão blueseiro com uma batida pesada de hip-hop, e guardou essa combinação musical cuidadosamente para uso futuro. Decerto, "Wonderwall" se vale dos mesmos ingredientes, embora numa estética muito diferente.

Nesse artigo, "All Around the World" também é mencionada pela primeira vez e Noel insiste que o Oasis vai entrar no concurso Eurovision com ela e vencer por "pelo menos, aaah, uns trinta pontos".

Na verdade, quando escreveu a música, no início dos anos 1990, ele "sabia que as pessoas não estariam prontas para ela, não entenderiam. Precisei deixá-la de lado e esperar, e por isso ela não entrou no primeiro álbum. Depois, considerei brevemente colocá-la no segundo álbum, mas aí escrevi 'Champagne Supernova', e não dá para ter dois épicos de sete minutos num mesmo álbum, não é?".

No momento, essa música, uma das composições mais belas e arrepiantes de Noel, está no páreo para entrar no terceiro álbum do Oasis, provisoriamente intitulado *Be Here Now*.[58] Para termos uma ideia da potência dela, é como se McCartney tivesse escrito "Hey Jude" e guardado-a escondida por anos.

No dia 29 de abril, o Oasis retomou a turnê, tocando no Adelphi, em Hull, e então na Universidade de Coventry, onde 200 jovens ficaram de fora. Na noite seguinte, 2 de maio, foi a vez do Wedgewood Rooms, em Portsmouth, onde o jornalista do *NME* Simon Williams se encontrou com a banda para escrever a primeira matéria de capa do jornal sobre ela. Mais uma vez, foi um sonho para qualquer jornalista.

Depois do show, no hotel, o barman, imprudentemente, abandonou o bar. Habilmente, dois membros da equipe do Oasis afanaram várias garrafas de cerveja e as esconderam. Bonehead então decidiu dar um mergulho na piscina ao lado da área do bar.

O grupo passou então para a piscina, onde, de súbito e decerto muito loucos, Noel e Liam começaram a sair no braço agressivamente. Quando Guigsy tentou apartá-los, também levou um soco.

Enquanto os dois brigavam no chão, alguém começou a jogar cadeiras em Bonehead, que estava na piscina. Depois, algumas mesas voaram na direção dele também. A comoção acordou alguns hóspedes, que foram ver que porra estava acontecendo, e uma garota, atrás do namorado na varanda, insistia em abrir a toalha e exibir o corpo nu para a banda.

Por fim, às seis da manhã, o *entourage* do Oasis foi informado pelo vigia noturno de que ele não poderia mais servir drinks porque estava indo dormir e de que, aliás, a polícia estava a caminho.

No dia seguinte, na hora do almoço, Noel e Liam riram da briga e ambos concordaram que nunca deveriam ficar hospedados num hotel daqueles.

---

58 Este livro foi lançado originalmente em abril de 1997, antes, portanto, de *Be Here Now*, que saiu em agosto de 1997, incluindo, é claro, "All Around the World". (N. do T.)

– É verdade – disse Noel, olhando para a piscina. – Essas portas de vidro só pedem pra gente jogar uma cadeira nelas.

O show daquele dia era no TJs, em Newport, e a banda ficou no King's Head Hotel. Coincidentemente, o bar do hotel se chamava The Oasis, e Liam posou devidamente diante do letreiro para a câmera do fotógrafo Kevin Cummins. A foto foi usada na capa do *NME*.

Cummins também sugeriu uma sessão de fotos com Noel e Liam com camisas do Manchester City. O fotógrafo é de Manchester e torcedor fervoroso do City, vai a todos os jogos que pode.

Não surpreende que os irmãos tenham acatado prontamente à sugestão. Com a marca Brother – então patrocinadora do City de nome propício – estampada no peito, os dois posaram diante de uma cerca de ferro ondulado com a palavra BLUES pichada. O *NME* usou duas fotos. Em uma, Liam apoia o braço amigavelmente sobre os ombros de Noel, e na outra os dois fingem brigar.

A mensagem que essas fotos passavam era a de que o Oasis era uma grande banda, saída diretamente das arquibancadas de futebol, e a primeira dos anos 1990 a colocar o futebol no mesmo patamar da música.

Pergunte a Noel Gallagher qual foi o melhor dia da vida dele e ele – o homem que fez o maior show da história britânica, que escreveu músicas imortais e que se tornou um multimilionário –, sem hesitar, vai apontar para o dia, em 1989, em que se encontrava no estande Kippax com outros torcedores camaradas do City, loucos de ecstasy, e viu o Manchester City vencer o Manchester United por 5 a 1.

Esse tipo de atitude não só precedia a enorme popularidade corrente do futebol, como também espelhava uma transição cultural melhor exemplificada pelo sucesso da revista *Loaded*, lançada em 1994, que refletia o apelo do Oasis. De fato, sempre que Noel se encontrava com algum jornalista da *Loaded*, dizia: "Arrumem um programa de TV da *Loaded* – vou apresentar sentado na minha sala, vai ser massa".

O apelo da *Loaded* se apoiava na celebração descarada da masculinidade jovem. A revista não se incomodava em publicar fotos de garotas seminuas, tinha sua própria linguagem para elogiar o comportamento jovem machão – "Bom trabalho, amigão" – e, assim como o Oasis, celebrava e defendia o hedonismo total.

Tamanho era esse apelo que em questão de poucos meses a *Loaded* superou todas as outras revistas masculinas do mercado e forçou concorrentes como a *FHM*, a *Arena* e a *Maxim*, entre outras, a incorporar parte de sua filosofia.

Em paralelo à rápida ascensão do Oasis, a *Loaded* se tornou o fenômeno editorial dos anos 1990, e não surpreende que na primeira matéria publicada na revista sobre o Oasis a banda tenha sido fotografada jogando futebol.

De forma bastante semelhante, as mulheres dos anos 1990 também adotaram uma abordagem muito mais agressiva. Elas tampouco tinham pudores em expressar sua sexualidade e exigiam não apenas igualdade, mas, como inúmeros artigos atestariam, também queriam muito mais dos homens, dentro e fora da cama. Muitas dessas garotas noventistas eram encontradas nos shows do Oasis, cujo apelo não se limitava ao público masculino.

Liam, naturalmente, era o homem da *Loaded* por completo, mas sua imagem pública, assim como a do resto da banda, não era algo calculado. Ele era real, saído diretamente da escola de pensamento estou-cagando-e-andando-de-verdade. Assim, o Oasis poderia estourar a qualquer momento.

Noel já havia prenunciado essa sensação na música "Hello". Escrita muito antes de o Oasis entrar na consciência coletiva, nela, ele afirma: "*We live in the shadows and we / Had the chance and threw it away*".[59]

Ao longo dos dois anos seguintes, era precisamente isso que o Oasis parecia estar fazendo. Porém, quem previa isso se esquecia de um fator crucial: a música. A essa altura, ninguém além dos membros da banda tinha uma percepção real da verdadeira natureza das habilidades de Noel

59 "Nós vivemos nas sombras e / Tivemos a chance e a jogamos fora".

como compositor. Como teria? Ninguém tivera o privilégio de ouvir canções como "All Around the World", "Stand by Me" ou "Daytura Dream Deferred". A banda, sim.

A banda sabia que Noel, apesar de seu apetite implacável por qualquer coisa que alterasse drasticamente seu estado mental, não só era dono de um talento imenso, como também de uma disciplina absoluta.

Ele tenta compor todos os dias e, mesmo quando não está compondo, seu radar musical se recusa a se desligar. Bastava prestar atenção nele naquela época e lá estaria ele, dedos tamborilando, olhos inquietos, a mente 24h alerta para qualquer coisa que pudesse lhe servir de inspiração. É claro, nem tudo o que fluía de sua musa era ótimo, mas a maior parte era excelente.

O restante da banda sabia que o Oasis tinha condições de criar músicas que reverberariam ao longo dos anos, assim como as dos seus ídolos. Quantas vezes eles haviam ouvido os Beatles, os Kinks, Bob Marley, Burt Bacharach, Jimi Hendrix e afins, e pensado como seria incrível fazer música da qual sucessivas gerações sempre desfrutariam?

Agora, com o Oasis, eles seriam capazes de atingir esse objetivo. Era por isso que, a cada grande desentendimento, a música era a cola que os mantinha juntos. Ela vinha em primeiro lugar, e eles sabiam que jogar fora algo tão precioso os assombraria pelo resto da vida. Mas Liam, acima de tudo, testaria e sempre testará essa força, e é por isso que um milhão e tantos caras queriam ser exatamente como ele.

A turnê seguiu em frente e a banda seguia ganhando força. Um show no Wherehouse, em Derby, no dia 4 de maio, foi seguido por uma noite de folga, e então por mais shows, no Charlotte, em Leicester, no Old Trout, em Windsor, e no Roadmenders, em Northampton.

Em todos eles, fãs ficaram de fora à medida que a reputação da banda por suas músicas brilhantes e comportamento ultrajante entravam numa espiral no conhecimento do público.

O Oasis era agora mencionado constantemente nas colunas de fofoca da imprensa musical. Matérias "zoeiras", tais como a "At Home With Oasis" ["Em Casa Com o Oasis"], do *NME*, em torno da relação tempestuosa de Noel e Liam, haviam agora se tornado regulares.

Desde o Primal Scream não aparecia uma banda tão aberta em relação a seu comportamento. Porém, o custo desse tipo de cobertura, como Gillespie e cia. logo descobririam, era que os jornalistas fechavam a mira nas vidas pessoais das bandas e se esqueciam da música.

Johnny Hopkins tinha ciência dessa possível armadilha. Sua política era incentivar os jornalistas a descobrir as bandas por conta própria e então tirar as próprias conclusões.

"E isso funcionava", aponta Marcus, "porque eles iam aos shows e viam com os próprios olhos uma banda de rock'n'roll brilhante, com todas aquelas músicas maravilhosas".

Notariam ainda a reação fanática do público à banda nos shows no Army and Navy, em Chelmsford, no Boat Race, em Cambridge, e mais uma vez em Londres, no The Venue, em New Cross.

Nesse dia, depois de passar o som, Noel foi até o pub para beber alguma coisa e depois voltou. Na porta, um segurança alto o impediu de entrar, não acreditava que ele era do Oasis. Noel enfim o convenceu de suas credenciais. O nome do segurança era Terry e, dois anos depois, ele e Kevin, da Top Guard, seriam empregados pela banda como seguranças particulares.

Nesse mesmo show, a banda arrumou briga com o Shed Seven, banda de Sheffield, por causa das bandeiras que eles ergueram no palco, e, dito e feito, o *NME* publicou que, no Columbia Hotel, Liam e uma garota que ele acabara de levar para a cama foram atrapalhados por Alan, do Shed Seven, que foi bater na janela.

No dia 14 de maio, o Oasis tocou no Leadmill, em Sheffield, e então se preparou para o lançamento do segundo single, "Shakermaker", canção que já ganhara notoriedade pelo uso descarado da melodia vocal da música "I'd Like to Teach the World to Sing", dos New Seekers, imortalizada num comercial de TV da Coca-Cola nos anos 1970.

Noel, numa postura de novo manchesteriano, não só copiara a melodia a granel, como também se aproveitou da óbvia conotação com drogas ao incluir e adulterar o verso "*I'd like to buy the world some coke*".[60]

Na edição de 21 de maio do *NME*, foi noticiado que a banda se recusara, apesar da ameaça de ação judicial da parte da Coca-Cola, a remover o verso.

"Talvez a gente tenha que ceder metade dos royalties", resmungava Noel na matéria, "mas foda-se. Nada a ver um engravatado chegar e dizer que precisamos mudar uma música que já tocamos há dois anos. Se a gente chegar a pagar o nosso adiantamento, o que não acontece com a maioria das bandas, então vai ser só mais cinco mil em cima disso".

Uma semana depois, a *Melody Maker* publicou um release da Creation que afirmava que o verso não havia sido gravado. A única maneira que ele poderia vir a público seria em versões ao vivo da música e nem se considerou essa possibilidade.

Isso sabido, a declaração inflamada de Noel ao *NME* foi obviamente elaborada para instigar uma controvérsia que, para começo de conversa, nem chegou a existir, e, assim, manter a banda nas manchetes. O Oasis não precisava da imprensa, mas agora se encontrava numa posição de começar a fazer joguinhos. E gostava desse tipo de poder.

A banda foi incluída no *lineup* do festival de Glastonbury e, a julgar pela atenção que vinha recebendo, parecia que "Shakermaker" provavelmente venderia mais até do que "Supersonic". Mais uma vez, Mark Szaszy foi contratado para dirigir o clipe, e desta vez filmou a banda tocando no jardim da casa de Bonehead e jogando futebol num campo ali perto. Fizeram também tomadas de Liam e Bonehead sendo conduzidos num carro por Brian Cannon, amigo e designer das capas da banda.

No dia 1º de junho, o Oasis partiu em sua terceira turnê britânica, que teve o pontapé inicial no Edward 8, em Birmingham, e em seguida na

60 "Eu gostaria de comprar coca para o mundo".

Universidade de Cardiff. Depois desse show, Noel foi entrevistado em seu quarto no Moathouse Hotel por Lisa Verrico, da revista *Vox*. Na metade de um discurso em que tentava minimizar a imagem rock'n'roll da banda, de forma a voltar as atenções para a música, sua concentração foi interrompida por uma mesa que passou voando em frente à janela.

Noel foi até o parapeito, olhou para cima e viu Bonehead sorridente, examinando triunfantemente o dano que acabara de causar.

– O que você estava dizendo sobre as histórias de hotéis destruídos não serem verdade? – perguntou Lisa a um envergonhado Noel.

Na noite seguinte, tocaram no The Island, em Ilford, e Stuart Bailie, do *NME*, expressou a impressão predominante que crescia em torno do Oasis: uma banda brilhante, bárbara, mas "capaz de se autodestruir amanhã".

Em seguida, no show Undrugged da Creation, que, ambiciosamente, aconteceu no Royal Albert Hall na noite seguinte para celebrar o décimo aniversário do selo, Alan McGee, ainda em recuperação, pediu que seu tio apresentasse o Oasis, desfalcado de Liam, que estava com dor de garganta.

– Como Alan não pode estar aqui hoje, me pediu que transmitisse suas cordiais saudações a todos vocês; e quis que eu apresentasse a próxima atração, sobre a qual suas palavras foram: "Eles são a melhor razão para acreditar no rock'n'roll em 1994: Oasis!".

Noel e Bonehead, empunhando violões, entraram então no palco para ofuscar todas as outras atrações da noite. Abriram com uma bela versão de "Live Forever", tocaram uma "Shakermaker" rascante e encerraram, acompanhados pelas palmas da plateia, com "Sad Song".

Mais tarde, no Hotel Embassy, farrearam até altas horas com a maioria dos outros artistas que se apresentaram. Como parte das comemorações do aniversário da Creation, o selo deu ao *NME* uma fita com uma seleção de músicas de todos os seus artistas para acompanhar a edição do momento. Sabiamente, a última faixa da fita era "Cigarettes & Alcohol", do Oasis, o que fortaleceu ainda mais a reputação de banda com grandes singles e uma atitude singular.

Dois dias depois, em 6 de junho, voltaram ao palco no Arts Centre, em Norwich, para então retornar a Londres para uma participação no programa *Naked City*, do Channel Four.

O Oasis tocou duas músicas, "Supersonic" e "Shakermaker", e então Noel foi entrevistado na TV pela primeira vez. A entrevistadora foi Caitlin Moran, com quem Bonehead depois reclamaria da falta de cerveja grátis.

– Colocamos uns dois milhões de pessoas a mais na audiência de vocês – fungou ele –, e não temos breja de graça? Isso é uma porra de uma piada, não?

Noel usou óculos escuros durante a entrevista, numa decisão sábia. Havia tomado ecstasy naquele dia e suas pupilas estavam seriamente dilatadas. Com ele, foi entrevistado também Peter Cunnah, do grupo D:Ream, mas, ao final do bate-papo, Peter provavelmente estava se perguntando por que sequer se deu ao trabalho de ir ao programa. Noel dominou a conversa do começo ao fim.

– Como o fato de você ser famoso afetou seus amigos, Noel? – perguntou Moran.

– Não vejo meus amigos faz uns seis meses. Com exceção daqueles que trabalham para nós.

– Você coloca seus amigos para trabalhar para você para que assim possam viajar num grupo grande?

– Não. É para explorá-los, mesmo. O negócio é que, se nós não os colocássemos para trabalhar para nós, estariam assaltando as nossas casas, então é melhor tê-los conosco – Noel então olha para seu amigo Chris Johnson, que está na plateia. – Né não, Chris?

No dia seguinte, a banda se encaminhou para o Marquee, em Londres, para um show pelo qual todos estavam ansiosos. Depois da passagem de som, por volta das seis da tarde, Noel e Liam se sentaram numa loja de música ali perto para serem entrevistados por Gary Crowley, do *The Beat*, e voltaram caminhando para o Marquee.

A casa já fora testemunha de shows de todos os artistas favoritos do Oasis, de The Who a Jimi Hendrix, dos Sex Pistols ao The Jam, e desde o início Noel quis que o Oasis combinasse elementos de todos eles; que fosse tão libertino quanto os Stones, tão destrutivo quanto o The Who no começo, tão inconsequente quanto os Pistols, tão significativo quanto o The Jam, os Smiths e os Stone Roses, e talvez, só talvez, tão culturalmente importante quanto os Beatles.

Agora, no Marquee, era a chance do Oasis de provar que eles eram capazes disso, que *eles* eram os jovens que mandavam. Naturalmente, foram bem-sucedidos. O lugar estava abarrotado de fãs ansiosos e a banda fez um set destruidor, com o incentivo do público jubiloso.

"Absolutamente eletrizante", na opinião de Crowley.

Na noite seguinte, a banda voltou para casa, em Manchester, tocou na universidade, para então seguir para o Avenham Park, em Preston, para tocar num festival gratuito patrocinado pela cerveja Heineken.

Por alguma razão, os Boo Radleys foram colocados como atração principal, e o guitarrista e compositor Martin Carr depois disse à *Melody Maker* que se sentiu "um verdadeiro otário em relação ao Oasis, porque

é a primeira banda que eu adorei de verdade desde que eu mesmo entrei numa banda... não consigo falar com eles direito, porque não paro de pensar 'vocês são foda pra caralho'".

Alguém jogou um copo de cerveja no palco. Liam ameaçou ir embora e afirmou:

– Nós não somos a porra do Blur.

Viajaram para Glasgow para dois shows no Cathouse, e então para Paris, para estrear nos palcos franceses no clube Erotika.

"Foi massa pra caralho", recorda o roadie Jason Rhodes, "enquanto a gente estava guardando os equipamentos, uma stripper subiu no palco e começou a se apresentar".

A banda retornou à Grã-Bretanha para um show na ala leste do Brighton Centre, e dois dias depois, em 20 de junho, foi lançado o single de "Shakermaker", com "D'Yer Wanna Be a Spaceman?", a versão demo de "Alive" e uma versão ao vivo de "Bring it on Down" como lado B.

Mais dois dias depois, a participação no *Naked City* foi exibida e tanto o *NME* quanto a *Melody Maker* elegeram a canção o Single da Semana.

Paul Mathur escreveu que "Shakermaker" era uma das cem maiores canções já feitas, e Mark Sutherland, depois de ouvi-la, escreveu que "você sabe que [aqui] estamos lidando com uma grandeza".

Enquanto "Shakermaker" vendia feito água e marcava quinze execuções na Radio One naquela semana, a banda viajou para o festival de Glastonbury. Na noite de sábado, depois de assistir a Paul Weller superar Elvis Costello, a atração principal, Noel falou brevemente pela primeira vez com o ex-*frontman* do The Jam no bar do backstage.

Weller disse a ele que gostou de "Supersonic", e Noel só assentiu timidamente, incapaz de falar, ou por estar totalmente embasbacado ou totalmente louco da cabeça. Era difícil diferenciar.

No dia seguinte, o Oasis subiu no palco do *NME* e, ao final do show, as garotas estavam sentadas nos ombros dos namorados e a grande maioria do público aplaudiu insanamente quando a banda entrou com tudo em "I Am the Walrus".

Mais tarde, o Channel Four transmitiu três músicas da apresentação, "Fade Away", "Digsy's Dinner" e "Live Forever". A prova de que a fita distribuída com o *NME* alcançara o público foi quando Noel mandou o riff que abre "Cigarettes & Alcohol" e o público gritou em deleite. Ele então parou de tocar, olhou para o público como se dissesse "Peguei vocês!" e se lançou em "Live Forever".

Ao saírem do palco, foram parabenizados por Marcus com um sorriso largo e muito feliz. "Shakermaker" estava em décimo primeiro lugar nas paradas.

"*Way-hey*" foi o grito de guerra, e o Oasis então foi ficar ainda mais chumbado, festejando inclusive com alguns membros do Stone Roses.

Dois dias depois, se reuniram para assistir à entrevista dada ao falecido programa da Carlton TV, *The Beat*, apresentado por Gary Crowley. Foi a primeira vez que Liam e Noel foram entrevistados juntos para a TV, e provaram ser uma bela dupla.

Crowley começa perguntando do contrato com a Creation.

– Vocês não precisaram encaminhar uma fita demo, não é?

– *Nah* – responde Liam – fomos contratados pelo destino, sabe?

– Mas o destino dispensou a gente depois do primeiro single – brinca Noel –, e aí a Creation ficou com a gente – os rapazes caem na gargalhada, e Liam gesticula em aprovação.

– Bom, qual foi a história com a Creation, porque o Alan McGee viu vocês...

– Bem – começa Noel –, no princípio, na criação, Gary, houve uma grande explosão do sol, de onde saíram uns gases, e daí em diante...

Os irmãos então conversam um pouco sobre a Creation, "o selo certo para nós", e Liam diz:

– É assim que essas coisas rolam, né? Você segue o seu caminho, tropeça, quebra a perna e fica arrasado. A gente vai, faz um show e consegue um contrato. Essas coisas assim, né?

É esse tipo de declaração que faz com que tanta gente se afeiçoe por Liam. De fato, ao longo da entrevista, para a surpresa de Noel, Liam rouba a cena, respondendo a todas as perguntas.

Em uma das respostas, ele afirma:

– Tem muitas boas garotas que vão ao nosso show e é [ele ajeita a postura e faz um sotaque aristocrático] formidável de se ver. Mas acho que também vão muitos caras que acham que a gente é uma banda *hooligan* muito louca, e a gente não é. Eu não sou *hooligan* de jeito nenhum [nesse momento, Noel começa a rir], sou só eu mesmo. Eles provavelmente vão ao show esperando uma selvageria, mas não é o que a gente é – Liam faz uma pausa. – Entende o que eu quero dizer?

– Gosto da parte que você diz que não é *hooligan* – diz Noel –, porque já li você dizer coisas do tipo "Eu, eu gosto de brigar, sim".

Liam responde:

– É, eu sou disposto, mas não vou atrás disso. Se alguém me desafiar, estou disposto a brigar. Você tem de estar. O mundo é bem, bem dureza.

– Como é ser irmãos numa banda? – pergunta Crowley.

Tanto Noel quanto Liam ficam em silêncio. Noel então exclama:

– Ele ficou sem palavras, olha lá! – e cai na gargalhada.

– Eu, eu acho que é de boa – diz Liam. – É bem, bem divertido.

//

Quando chegou a manhã de 29 de junho, o Oasis provavelmente sorriu de ressaca ao acordar com a oportunidade que todo músico britânico jovem deseja: se apresentar no *Top of the Pops*.

Bruno Brookes os anunciou sob uma legenda que dizia "UM NOVO TALENTO BRITÂNICO DE MANCHESTER", e a banda então trocou de posição. Tony McCarroll foi colocado bem na frente do palco, com Guigsy e Bonehead logo atrás dele, e então, numa plataforma mais alta, os irmãos Gallagher. Lembrava a última apresentação do The Jam no programa, quando Weller colocou os outros dois membros à frente e se posicionou ao fundo para cantar "Beat Surrender".

A imagem da bandeira britânica no ralo da capa da fita demo foi usada como pano de fundo. Liam usou óculos e uma jaqueta marrom. Noel, óculos escuros e a jaqueta que usaria na capa do primeiro álbum. Todos com expressões sérias, a banda dublou ao som de um playback da música, e foi isso. Todos aqueles anos assistindo ao programa e sonhando como seria participar do maior programa de música pop do país, para descobrir que você passava horas num camarim, para então dublar sua música por pouco mais de três minutos.

E isso vendia discos? Geralmente, sim, mas "Shakermaker" não ultrapassaria o décimo primeiro lugar nas paradas.

//

O Oasis agora entrava no Maison Rouge Studios, em Fulham, para gravar, com muito prazer, "Whatever".

Owen Morris foi o produtor, e essa foi a primeira vez que ele realmente trabalhou com a banda como uma unidade, foi quando enfim conheceu Bonehead e Guigsy. Ele se recorda da experiência como "uma das melhores semanas da minha vida".

"Noites iradas com Bonehead, raspando o cabelo dele e competindo para ver quem bebia mais vinho, todo mundo muito bebaço. Noel era com quem eu passava mais tempo, porque ele era quem fazia a maior parte do trabalho, na verdade. Ele usava muita droga, naquela época".

"Noel Gallagher, doidaço de ecstasy, tomando pílulas o tempo todo, e o resto da banda só enchendo a cara. Passei uma semana com eles, que foi um caos completo, daqueles, e 'Whatever' foi a trilha sonora".

O caos a que Owen se refere não se delimitava ao estúdio, mas transbordava para o Columbia Hotel, onde a banda estava hospedada. Esse hotel é onde a maioria das bandas de fora fica, e é preparado para esse propósito. A tolerância dos funcionários para o mau comportamento é consideravelmente maior do que na maioria dos outros hotéis. Dane-se. O Oasis os levou ao limite e empurrou mais um pouco ainda.

A banda foi banida de lá para o resto da vida depois de uma noite de arruaça, que começou com brigas, cadeiras e mesas quebradas e janelas estilhaçadas e terminou com alguém jogando uma pedra contra o vidro traseiro do carro de luxo do gerente.

O Oasis fez as malas e, na verdade, saiu cagando e andando. Sempre haveria outro lugar para ficar.

No Maison Rouge, a banda passou cerca de quatro dias aperfeiçoando "Whatever", e o que tomou mais tempo foi a gravação ao vivo do arranjo de cordas.

Também gravaram Marcus, os Abbots, Brian Cannon, Jason e outros amigos batendo palmas e assoviando. Isso tudo embalou a conclusão da música, uma pequena torcida de futebol numa comemoração das grandes.

No tempo de estúdio que restou, gravaram versões completas de "Listen Up" e "Fade Away", e Noel fez uma demo de uma música nova, intitulada "Some Might Say".

A banda ficou duplamente animada, porque agora não só tinha um álbum prontinho e um novo single para ser lançado em seguida, para o Natal, como também estava, enfim, prestes a embarcar para os EUA na mesma época da convenção musical anual que acontecia em Nova York.

Os EUA. O país que se descortinara nas telas da TV ao longo da vida toda deles. Seriados policiais como *Carro Comando*, *Police Woman* e *Kojak*, mas não aquele com as duas detetives, Cagney e não sei que lá, *nah*, esse era chato.

Enfim, eles veriam o país com os próprios olhos.

"Lembro que me sentei com eles", diz Marcus, "e falei que os EUA seriam osso duro, que não seriam nada como a Grã-Bretanha. Aqui é só uma zoação, em comparação aos EUA. E eles diziam: 'A gente está louco com essa viagem, vamos curtir muito'".

Antes da partida, Noel, para o grande desgosto de Liam, subiu ao palco de uma faculdade em Londres para tocar uma versão de "Pushing Too Hard", do The Seeds, banda de garage rock dos anos 1960, com Ian McNabb, ex-Icicle Works, que agora era acompanhado pela banda de Neil Young, o Crazy Horse. Essa foi a isca que atraiu Noel.

A essa altura um fã dedicado de Neil Young, Noel disse que "foi insano. Um ano antes eu estava desempregado, e agora estava tocando com o Crazy Horse". Depois do show, Noel supostamente teria tocado "Supersonic" para os caras do Crazy Horse. O quão louco era isso?

Liam, sempre purista, se perguntou por que porra o irmão ia querer tocar com um bando de roqueiros velhos e cansados.

"Não conseguimos ouvir direito qual era a do Noel no palco, porque estava alto demais", disse McNabb a Cliff Jones na revista *Guitar*, "mas acabei de ouvir as fitas do show e fiquei estupefato. O Noel tocou tipo o Peter Green, porra".

Noel sorri diante do comentário. "Eu nem sabia os acordes antes de entrar no palco".

Nesse mesmo artigo, Noel revela que Johnny Marr lhe deu de presente uma guitarra que pertenceu a Pete Townshend, e que fica louco quando os jornalistas fazem perguntas a respeito das músicas do Oasis a Liam, "porque ele não faz a mínima ideia de onde elas saíram".

Com Liam em mente, Noel define sua relação com o irmão como "um caso clássico de odiar quem você ama. Ele queria ser eu, porque eu sei compor as canções, e eu queria ser tão despachado e convencido quanto ele, e não sou. E é isso aí".

E então, numa citação irreverente que Liam não esqueceria por um bom tempo, Noel diz: "Vivo no meu próprio mundo e, nesse mundo, a única coisa que realmente importa é a música. Se o Diabo aparecesse para mim amanhã e dissesse que deveria escolher definitivamente entre a música e algum relacionamento – seja com a minha mãe, com a minha namorada ou com Liam –, eu assinaria no ato".

Quando Liam leu isso, lhe subiu o sangue. *Que babaca, nunca mais insulte a Mamãe assim.* Foi uma espécie de blasfêmia.

Na primeira noite do Oasis em Nova York, a Sony levou a banda para jantar. Foi lá que um executivo disse a Liam que ele tinha sorte de ter assinado com a gravadora. Liam fez uma careta para ele. *Sortudos? Nós? Escuta só, amigo...*

Na noite seguinte, Liam teve uma interação semelhante com um executivo influente da MTV, que esbanjou escárnio pelas bandas britânicas que vinham até os EUA na crença de que poderiam se inserir no mercado local, só para morrer na praia. Liam entendia o ponto, mas o Oasis era diferente. O cara da MTV discordou e é claro que Liam perdeu a boa com ele.

"Ele disse ao cara para dar um tempo, pois só estávamos ali há uns cinco minutos", recorda Marcus. "Veja bem, naquela época, os EUA eram muito cínicos em relação ao rock de guitarra britânico. Viam fracasso atrás de fracasso, e acho que o último desses pobres coitados fodidos foi o Suede".

"Eu tinha bastante consciência disso, e tive reuniões longas com a companhia para discutir como driblar esse cinismo, como quebrá-lo aos poucos. A estratégia toda foi bem meticulosa: como abordar a mídia e as rádios, porque não podemos fazer do mesmo jeito que todo mundo, blá-blá-blá".

"E então, nas primeiras horas da madrugada, no hotel Paramount, um fulano da MTV diz ao Liam: 'Vocês não têm porra nenhuma de chance', e o cara não calava a boca, não parava de falar que os EUA já tinham sua própria música, Pearl Jam, Nirvana. E então Liam enfim perdeu a boa. 'Eu e você, lá fora', disse".

"Foi o grande assunto no meio da indústria musical no dia seguinte, e o motivo foi que um sujeito teve a coragem de peitar um executivo da MTV e dizer: 'Vai se foder, você está errado e eu não vou puxar o seu saco'".

"No dia seguinte", Marcus relembra com um sorriso, "fui abordado por um pessoal do departamento de promoção, fodidos, lamentáveis, que me disseram: 'Achamos que você deveria jantar com esse cara para apaziguar as coisas'".

"Respondi que preferia enfiar um prego no olho, que estava orgulhoso de Liam e não tinha vergonha do que acontecera. Disse que estaria torcendo pra caralho na lateral se estivesse lá. Foi daí que surgiu a citação de Liam sobre o Kurt Cobain ser um desgraçado triste".

Marcus faz uma pausa. "E foi por isso que a esposa do cara caiu em lágrimas, ela era amiga do Kurt Cobain".

O Oasis tocou no Wetlands Hall, no Brooklyn, em Nova York. Dessa forma, contornaram Manhattan, o coração da convenção. Foi um show pago, por insistência de Noel: nenhum gato gordo ia entrar ali de graça, amigo. Sonya, do Echobelly, estava presente, assim como alguns outros músicos britânicos.

Depois houve uma festa, e no dia seguinte, 21 de julho, o Central Park serviu de locação para um clipe do próximo single, "Live Forever", dirigido por um americano, Carlos Grasso, para ser exibido na Grã-Bretanha. Depois, seria feito outro clipe em Londres com um diretor britânico, Nick Egan, para ser exibido nos EUA.

Egan também fez um novo clipe para "Shakermaker" quando a banda retornou aos EUA. Em ambos os clipes, suas ideias se basearam em filmes cult do diretor Nicolas Roeg: *O Homem Que Caiu na Terra*, para "Shakermaker", e *Performance*, para "Live Forever".

O clipe de Grasso mostra Liam sentado numa cadeira suspensa num muro e, então, numa antecipação simbólica do que estava para acontecer, a banda enterra Tony McCarroll, que não protesta e de nada desconfia.

Parte das filmagens também envolveu a banda tocando no Central Park. Ligaram pequenos amplis portáteis e, entre os takes, mandaram algumas outras músicas. O mic de Liam, porém, ficou desligado, pois não havia onde amplificá-lo.

"E daí? Foda-se o clipe. Vamos fazer um show de graça. Vai ser sensa".

"Não", disse Noel, que apontou que eles precisariam alugar equipamento e, às dez e meia da noite, mesmo em Nova York, isso estava fora de questão.

"Por quê?"

Mais uma vez vieram os ataques de nervos, os insultos, mais uma vez Liam saiu pisando duro, desta vez num Central Park escuro e perigoso, chamando Noel de *pop star* lamentável.

– Olha a porra do Elvis Presley ali – dizia ele aos passantes.

A banda retornou à Grã-Bretanha e Marcus imediatamente convocou Liam e Noel para uma reunião. A relação deles havia agora alcançado tamanhos níveis de mau temperamento que estava afetando a todos. Deveriam voltar a termos razoáveis, ou então a banda implodiria.

Os irmãos concordaram em pegar mais leve um com o outro e voltaram para suas respectivas casas em Manchester e Londres. Não seria a primeira vez que os EUA testariam Noel e Liam Gallagher severamente.

— // —

Na Grã-Bretanha, era outra conversa.

Em um dos dez dias que antecederam 31 de julho, data do próximo show grande da banda, no festival T in the Park, em Hamilton, perto de Glasgow, foi gravado um clipe para "Cigarettes & Alcohol" no clube Borderline.

O diretor foi, mais uma vez, Mark Szaszy. A banda chegou cedo e montou os equipamentos. Szaszy os filmou tocando. Entre os takes, brincaram com algumas novas ideias para outras músicas, "Fade Away", por exemplo. Essa era a homenagem de Noel ao punk, um rock'n'roll furioso a 150 km/h. Noel então mudou o andamento, desacelerou bem a música e, com isso, o potencial da canção veio à tona e brilhou.

Ele então começou a passar uma nova sequência de acordes que havia escrito e a banda fez uma *jam* em cima. Soava bastante como Neil Young, mas sem dúvida havia alguma coisa ali. Um ano mais tarde, o público conheceria a canção como "Hey Now!".

Owen Morris chegou com a mix de "Whatever". A banda ouviu nos alto-falantes e todo mundo concordou que era irada. Assim, foram providenciadas as bebidas e, logo depois, as pílulas e o pó.

Depois de filmados os close-ups da banda, um público especialmente convidado foi trazido para dentro do clube. Enquanto isso, a banda estava no backstage, filmando cenas com um grupo de modelos.

– Deve ter sido o máximo – alguém disse a Liam.

– Porra nenhuma, cara, uma daquelas vacas derrubou cerveja na minha camisa toda.

//

O Oasis voltou ao palco e tocou para o público presente, que reagiu da maneira com a qual a banda estava acostumada: com total entusiasmo.

A filmagem acabou e os rapazes, a essa altura completamente doidos, seguiram cada um seu caminho, cada um suas artimanhas.

//

No dia 31 de julho, em pleno verão britânico, choveu. O Oasis estava em Glasgow, pronto para viajar até o festival T in the Park, porém, havia um percalço. O motorista do ônibus da banda parou num posto e abasteceu com diesel, ao invés de gasolina. Esperaram por horas até que a assistência chegasse.

O show serviu para consolidar ainda mais a reputação do Oasis ao vivo. O elo celta entre banda e público desafiou até a chuva.

No dia 9 de agosto, mais caos, mais manchetes. Será que um dia eles conseguiriam fazer um show tranquilamente? O mais provável era que não.

O Oasis está no palco do Riverside, em Newcastle, e Noel está entrando no solo de "Bring it on Down". Já se deu conta do cara no gargarejo que não para de falar "Dennis Tueart" para ele. Tueart, no caso, é o jogador de futebol *Geordie*,[61] que era um herói local, mas que fez o Judas e foi jogar no Manchester City em 1974. Esse passe obviamente ainda incomodava aquele cara.

O Oasis ainda não contava com seguranças. Por que precisariam? Banda e público são uma coisa só, não?

O público está pressionado contra o palco, exceto por esse cara. De repente, ele está em cima do palco, metendo um soco numa das célebres sobrancelhas de Noel. A dor dispara pela cabeça do guitarrista, o sangue jorra, sujando o palco.

No momento seguinte, Noel já está esmurrando o cara com os dois punhos, e Liam, é claro, se junta a ele. Pânico no salão do Riverside.

O cara foge e os irmãos Gallagher recuam para o camarim.

Liam retorna ao palco para dizer que a banda não vai voltar a tocar.

O Oasis então segue rapidamente para a van, enquanto o público raivoso começa a se dispersar pela rua, irritado por ter o show interrompido. Assim como a banda, que se aperta na van com Maggie. O veículo abre caminho lentamente por entre as pessoas; os membros da banda, sabiamente, não estão à vista, abaixam a cabeça de modo a não aparecer nas janelas.

No Irish Centre, em Leeds, na noite seguinte, se sentam no camarim e ouvem a transmissão daquele show pela Radio One.

Marcus, enquanto isso, está ao telefone. Quer seguranças, e rápido. O show de Leeds corre bem, mas a verdade é que, enquanto todos inflavam alegremente a bolha, se esqueceram de uma coisa: "O mundo é bem, bem dureza".

E é uma dureza muito real. Esse foi o primeiro beliscão para a realidade do Oasis.

---

61 Apelido dado a quem é originário da região de Tyneside, ao nordeste da Inglaterra. (N. do T.)

Maybe you're
the same as me

We see things
they'll never see

You and I are
gonna live
forever

Noel e Liam numa pausa nas gravações, num pub perto de Abbey Road. Jill Furmanovsky recorda: "O clima entre eles andava tenso nas semanas anteriores, mas o apoio empático de Noel a Liam depois de este ter sido pego com drogas ajudou a encerrar a rusga. Daí em diante, os dois trabalharam harmoniosamente durante as gravações de *Be Here Now*".

© Jill Furmanovsky via rockarchive.com

O segundo e último dia de uma sessão de fotos para o lançamento de *Be Here Now*. Por coincidência, foi o dia em que Tony Blair se tornou primeiro-ministro do Reino Unido, e isso trouxe um certo ar de comemoração. As palavras na lousa foram escritas por Noel: *Os melhores que já existiram, os melhores que existem, os melhores que existirão!*

© Jill Furmanovsky via rockarchive.com

THE BEST THERE WAS
THE BEST THERE IS AND,
THE BEST THERE EVER
WILL BE!

DIAMOND
VISION

O Oasis tocando no Slane Castle em 1995, abrindo para o R.E.M. Quatro anos depois, eles seriam a atração principal do festival.

Jill Furmanovsky recorda: “Viajei com o Oasis de Frankfurt a Amsterdã. Esta foto foi tirada no aeroporto de Schiphol, em novembro de 1997, enquanto aguardávamos a bagagem. Juntei-os e pedi que se sentassem na borda da esteira. Estava focando somente em Noel e Liam quando, de repente, vi um par de pernas passar ao fundo do quadro. Era Bonehead, deitado de costas com as pernas para cima, fingindo ser uma mala na esteira, agora em movimento. Para a segunda parte nesse esquete de comédia, ele pulou no colo de Noel e deu um beijo nele. É preciso ser ágil no meio desses caras, e perdi a oportunidade de várias fotos, mas esta foi um golaço”.

no olho do furacão

NOEL GALLAGHER ACORDOU DE REPENTE E, POR UNS BREVES DOIS SEGUNDOS, PERGUNTOU-SE ONDE DIABOS ESTAVA. O CHÃO ONDE ESTAVA DEITADO ERA CONGELANTE E, POR ALGUM MOTIVO, HAVIA UMA BANHEIRA AO SEU LADO. E ENTÃO ELE LEMBROU.

Por volta das quatro da manhã, vendo o teto rodar, ele desmaiou de bêbado no banheiro do hotel. Estava em Cardiff e, pois é, isso mesmo, acabara de fazer dois shows na grande International Arena, do outro lado da rua. Na noite de terça-feira, o Heavy Stereo, nova banda contratada da Creation, fez a abertura, e na noite seguinte, os Manic Street Preachers fizeram o primeiro show desde que perderam sob circunstâncias misteriosas o guitarrista Richey Edwards.

O Oasis, por sua vez, tocou brilhantemente nas duas noites. Estavam tão azeitados por tantos shows seguidos que raramente tocavam abaixo de um certo patamar.

Noel tremeu de frio, se levantou e checou o relógio. Voariam para Dublin naquele dia e ele tinha de estar no lobby às 13h30min.

Lutando contra a ressaca, como de costume, tomou banho e fez as malas. Percebeu, então, que o anel que deixara sobre a cômoda havia sumido. Procurou cuidadosamente pelo quarto, mas não conseguiu encontrá-lo, e aí começou a ficar bravo. Era um item pessoal seu, e alguém entrara no quarto e o roubara. Era a única explicação em que ele conseguia pensar.

Sem dúvida, pensou ele amargamente, dali a vinte anos o anel seria leiloado por milhares de libras na Sotheby's. Tinha de admitir que esse jogo da fama estava, agora, realmente lhe enchendo o saco. No início foi divertido, mas agora estava se tornando um grande estorvo, um estorvo do caralho.

Desceu rabugento para o lobby. Todos esperavam por ele, exceto Liam. Bem cedo naquela manhã, ele aparecera no lobby com Patsy Kensit a seu lado e anunciara que eles haviam decidido voltar para Londres antes de se reunir ao grupo em Dublin, na noite seguinte.

A caminho de casa, ligaram para o programa matinal de Chris Evans na Radio One. Os jornais haviam publicado que o casal vinha brigando e que o rompimento era iminente.

Disseram a Evans que essas notícias eram totalmente mentirosas; estavam apaixonados e mais felizes, impossível. O radialista então transmitiria a entrevista para milhões de ouvintes por todo o país.

Quando Noel ouviu essa história a caminho do aeroporto, ficou incrédulo.

– Esse idiota, no que ele está se metendo? – perguntou, balançando a cabeça. – Está apaixonado – fez uma careta. – Vou mostrar o amor pro babaca. Vai ouvir umas poucas e boas por isso.

O voo foi tranquilo e às sete da noite a banda já estava abrigada no Westbury Hotel, em Dublin.

– Te dou um grito se decidir sair – disse Noel a Kevin, o segurança –, mas duvido muito que decida.

Noel então se instalou no quarto, esperou mais ou menos uns dez minutos e então se esgueirou pelas escadas e saiu do hotel sozinho. Precisava de um tempo sozinho para colocar a cabeça no lugar.

Caminhou rapidamente pelas ruas de Dublin, com o capuz do casaco verde cobrindo bem seu rosto. Ninguém o reconheceu e, no dia seguinte, no café da manhã, ele estava radiante.

– Dei uma bela de uma passada de perna no Kevin, porra – disse a Alan White e a Bonehead, erguendo triunfalmente o punho. – Andei pela cidade toda, foi muito massa.

Era 22 de março de 1996, por volta das onze da manhã.

A banda decidiu ir fazer compras e Kevin os acompanhou. Sua firma, a Top Guard, cuidava da segurança do Oasis. A maioria de seus clientes eram boxeadores, mas como este foi um dos maiores trabalhos que apareceram, Kevin se encarregou pessoalmente da banda.

Na metade do caminho na movimentada rua principal, o Oasis foi reconhecido. Os jovens paravam impressionados e cercavam a banda. Se entrassem numa loja, uma multidão estaria esperando por eles do lado de fora.

Quando chegaram ao fim da rua, havia uns cinquenta jovens atrás deles. Noel era o alvo principal e fez um esforço sobre-humano para assinar pedaços de papel, mas já estava ficando ridículo.

Assim, rumaram para lojas situadas numa área predominantemente estudantil, onde as coisas talvez fossem mais tranquilas. No caminho, um cara de uns vinte e poucos anos abordou Noel.

– Fui ao show do Bruce Springsteen ontem no The Point – informou ele. – É onde vocês vão tocar, não?

– Isso mesmo – respondeu Noel.

– Bem, eu tive o prazer de conhecer o Bruce e perguntei o que ele achava de vocês. Ele disse que estava feliz de ter uma boa banda de rock'n'roll por aí.

– É mesmo? – disse Noel, com um desinteresse óbvio.

Na hora do almoço, depois de visitar algumas lojas de discos e de roupas, os rapazes pararam para comer num café discreto. Pediram o de sempre: ovos, linguiças, feijão, batatas, pão, chá.

Alan White acabara de comprar uma coletânea da Motown e, durante o almoço, pegou para olhar a capa interna do disco. Cada lado trazia impressas as capas de outros discos da Motown.

– Vamos dar uma olhada nisso aí – disse Noel, que examinou a capa por um minuto e acrescentou: – Devíamos fazer isso. Colocar as capas dos nossos discos no próximo álbum.

– Pois é, mas não ia preencher o espaço todo desse jeito aí – apontou Bonehead.

– Tudo bem – replicou Noel –, podemos preencher o resto do espaço com as capas de todos os nossos discos favoritos. Ia ficar massa.

– Baita ideia, Noel – concordou Bonehead.

Noel devolveu a capa para Whitey e disse, sarcástico:

– Mais uma grande ideia de Brian Cannon, nosso designer gráfico.

Depois de comer, caminharam de volta até o hotel. Quando chegaram, havia cerca de uns cem rostos jovens radiantes à espera deles.

– Noel! – gritaram ao correr para cima dele.

Kevin rapidamente se lançou na frente de Noel e o conduziu em meio à turba violenta. Nesse momento, o sorriso mais extasiado se abriu no rosto do guitarrista, como se ele estivesse esperando a vida toda para que isso acontecesse.

À noite, Liam e Patsy chegaram. Subiram para o quarto e imediatamente já começaram uma briga cabulosa. Houve lágrimas, objetos quebrados, gritos e berros.

Por fim, Liam saiu pisando duro. Para esfriar a cabeça, sentou-se numa cadeira de frente para os elevadores. Quando as portas se abriam, todo mundo que saía fugia rapidamente dele.

Depois de finalmente ter se livrado do mau humor, saiu para beber alguma coisa e se viu num bar com Michael Hutchence, o cantor do INXS. Os dois já tinham um histórico: um desentendimento numa premiação da MTV em Paris, alguns meses antes naquele ano, supostamente relacionado à namorada de Hutchence, Paula Yates, que não escondia o desejo de ir para a cama com Liam. Agora, era a primeira vez que os vocalistas se encontravam desde o incidente.

No bar, os clientes se esforçaram para manter um longe do outro, mas o cantor de coração selvagem não ia engolir isso e logo os dois estavam trocando palavrões e insultos. No dia seguinte, os jornais publicaram, equivocadamente, que houve uma troca de socos.

Enquanto isso, os fãs mantinham vigília na frente do hotel. Alguns chegaram de fato a passar a noite na rua e acordaram sabendo que, como o show era naquele dia, em algum momento a banda apareceria. Havia fãs na entrada do hotel e outros nos fundos.

O dia estava cinzento, mas ninguém se importou. Cantavam "Wonderwall", "Don't Look Back in Anger", depois "Wonderwall" de novo, e então berravam ao achar que tinham visto alguém da banda espiando por uma janela, mas se tratava apenas de Terry, o segurança. Aí então lamentavam e começavam a cantar de novo.

Às 13h30min, a banda se reuniu no lobby, que ficava no primeiro andar, acima do térreo. Lá embaixo, no estacionamento, três carros enormes já estavam com os motores ligados. Kevin e Terry conduziram a banda até o elevador de serviço e dispararam para o estacionamento.

Saltaram para dentro dos carros, que saíram para a rua, onde uma escolta da polícia aguardava em silêncio. Alguns garotos espertos se ligaram na banda e cercaram um dos carros, batendo no teto enquanto o veículo saía correndo.

O incidente deixou a banda histérica. Já tinham visto isso tudo acontecer nos documentários dos Beatles, e agora estava acontecendo com eles. Surreal.

A caminho do The Point, o carro passou por dois motoqueiros de roupas de couro, parados com as motos no meio-fio. Noel imediatamente abriu o teto solar, se levantou e gritou para eles:

– Seus fedorentos! – e, ao se sentar, explicou a Alan White: – É como a gente costuma chamar esses desgraçados em Manchester.

No The Point, a banda foi direto para o palco. Passaram algumas músicas, incluindo "Free as a Bird", dos Beatles, e Noel então passou o som de seu violão. A primeira música que tocou foi "Ticket to Ride". Porém, ao contrário da gravação dos Beatles, tocou-a como uma balada lindamente doída, atingindo de imediato a alma do lamento agridoce de Lennon.

O melhor estava por vir. A Irlanda sempre teve grande estima pelo Oasis. Todos os shows que fizeram lá foram de um sucesso acachapante e o público se identificava no ato com o elemento irlandês da música de Noel.

– Se você pegar as bandas irlandesas, e eu não estou comparando a gente a nenhuma delas – disse Noel no camarim –, mas se você pegar bandas tipo U2, The Skids, Simple Minds, Stiff Little Fingers, The Undertones, elas sempre tiveram uns refrões avassaladores, grandiosos. E suponho que também seja porque nós temos um clima mais raiz, mais folk em algumas das outras músicas, que subconscientemente lembram a infância.

Qualquer que fosse o motivo, naquela noite, o público do The Point foi o mais visceral, o mais comprometido, o mais passional que a banda encontrou em muito tempo. Considerando-se a recepção que o Oasis já costumava ter em todos os shows, foi realmente extraordinário.

Do gargarejo até a última fila, a centenas de metros do palco, a resposta era uniforme, absolutamente fenomenal. Todos bateram os pés, aplaudiram, se jogaram, acenderam isqueiros durante o set de Noel e cantaram até perder a voz.

O Oasis deu tudo de si ao tocar, se entregou ao máximo.

Era com esse tipo de show que eles sonhavam quando eram meros desconhecidos que arrumavam encrenca em Manchester. Agora o momento era deles, e não o deixariam passar.

Logo depois desse show incrível, Noel e sua namorada Meg saltaram num carro com um representante da Sony na Irlanda e foram levados apressadamente para o *The Gay Byrne Show*, um programa de entrevistas ao vivo, o mais popular do país. Noel concordou em participar principalmente porque era um dos programas favoritos de Peggy e, em parte, porque o ajudaria a vender mais uma porrada de álbuns.

A caminho do estúdio, ele ainda estava tremendo de emoção por conta do show.

– Que público foi esse – disse, incrédulo –, inacreditável pra caralho.

Quando entrou no set do programa, recebido por aplausos fervorosos, de algum modo conseguiu manter a compostura, como se tivesse passado o dia turistando e agora acabasse de chegar para um bate-papo.

Foi uma entrevista tranquila, inofensiva. Noel, de camisa estampada verde e calças marrom-claras, abriu com uma versão acústica de "Wonderwall", e então conversou com Gay Byrne, que fez perguntas sobre composição e pressões.

Noel respondeu com graça e humildade, ciente de que aquela era uma entrevista a que Peggy e as amigas dela assistiriam. De jeito nenhum ele a envergonharia por perder a linha.

Disse a Byrne que acabara de fazer um de seus melhores shows e que a banda estava muito ocupada com trabalho para dar atenção à enorme histeria ao seu redor.

– O olho do furacão é onde é mais calmo – disse, citando inconscientemente George Harrison na série *Anthology*, dos Beatles.

Alguém da plateia lhe perguntou por quanto tempo o Oasis duraria e Noel respondeu que detestava prever o futuro.

– Veja só os Beatles – apontou –, perguntavam isso a eles e eles respondiam dez meses ou qualquer coisa assim. Porém, trinta anos depois, continuam lançando discos deles.

Com o tempo acabando, Noel pegou o violão e, assim como fizera com "Ticket to Ride", transformou "Live Forever" de uma canção celebratória numa balada reflexiva e, por vezes, lúgubre.

O público ouviu em silêncio absoluto e então explodiu em aplausos genuínos. Noel agradeceu timidamente (foi, afinal, uma performance da qual toda mãe ficaria orgulhosa) e então foi embora, de volta para o The Point, onde o bar ainda estava aberto e talvez ainda houvesse alguma chance de conseguir alguns aditivos.

Parecia improvável. Dublin passava por uma espécie de seca de drogas, e a maioria das pessoas se contentava com o álcool para dar um grau. A banda chegou de volta ao Westbury por volta das duas da manhã.

O bar ficava ao lado do lobby, mas todos se sentaram no enorme saguão do hotel. A atmosfera estava calma, um clima de fim de uma ótima festa, até que Noel acabou olhando na direção de uma garota que o encarava.

– Tudo bem aí? – perguntou a ela.

– Estou bem – ela respondeu, agressiva. – E você, está como, porra?

– Estou ótimo – disse Noel, ressabiado, já pressentindo o que estava por vir.

– Aposto que está mesmo – disse a garota amargamente. Noel percebeu o tom dela.

– O que foi que você disse? – perguntou ele.

– Você se importa?

– Olha só – disse Noel –, tome um drink, o que quiser, mas não seja atrevida, beleza?

– Ah! – disse ela, jogando a cabeça para trás. – E o que você vai fazer quanto a isso? Mandar me expulsar?

– Se eu quisesse, poderia fazer isso, sim, então sossega aí.

– Ah, você poderia, é? Bem, um beijo na bunda da sua mãe.

– Falou.

Noel colocou seu drink na mesa e olhou para os seguranças.

– Terry, Kevin! – chamou, gesticulando para eles se aproximarem.

– Você tá brincando, né? – disse a garota.

– Não estou, não.

Kevin chegou.

– Ponha essa garota daqui pra fora – foi só o que Noel disse, sem se dar ao trabalho de olhar para ela.

– Ah, puta que pariu – berrou ela. – Que porra você pensa que é?

Nesse momento, as orelhas de Liam se atiçaram. Três noites atrás, em Cardiff, ocorrera um incidente semelhante. Liam estava sentado com Terry, Kevin e um fã, mas esse fã não parava de provocar Liam, e chegou a jogar um cigarro nele, que se levantou e foi se sentar em outra mesa.

Kevin e Terry agarraram o cara e o jogaram para fora do hotel. Nisso, Liam viu e gritou:

– *Oi*, não façam isso, porra, é só um moleque – fora insultado, mas ainda assim estava do lado do garoto.

Então, quando viu Noel expulsando alguém que ele pensava ser uma fã, se aproximou para ver o que estava acontecendo.

– O que você está fazendo? – quis saber.

– Mandando ela embora daqui – respondeu Noel preguiçosamente.

– Mas por quê, porra? O que ela fez?

– Não é da sua conta.

– Claro que é, porra. Você não pode expulsá-la.

– Posso sim, senhor, inclusive expulsei.

– Seu babaca do caralho.

Nisso, Noel se levantou com um salto.

– É o seguinte – falou alto –, se eu quiser expulsá-la, vou expulsar, e você não tem nada a ver com isso, tá certo?

– Não, não tá certo porra nenhuma – Liam gritou de volta.

No ato, os irmãos foram um para cima do outro, e agora seus rostos quase se encostavam. Naquele exato momento, para Noel e Liam Gallagher, o mundo desapareceu. Só conheciam, viam e ouviam um ao outro. Seria inútil tentar separá-los, porque nem iam saber que havia outra pessoa perto deles.

– Ela insultou a nossa mãe, falou? – berrou Noel.

Nisso, Liam recuou imediatamente.

– OK, OK – disse ele, levantando os braços em concordância. – Entendido.

– Porra, você é o melhor, Liam, falou? – prosseguiu Noel, com uma emoção real na voz. – O melhor do mundo, mas não se mete nas minhas coisas.

– OK, OK – disse Liam –, relaxa, beleza.

E saiu de perto. Noel voltou a se sentar, mas agora a festa estava terminada, destruída por alguns minutos explosivos.

—— // ——

No dia seguinte, na passagem de som, Noel mostrou uma música nova. Gritou para Hugh:

– Grava essa aqui, senão eu vou esquecer e não vou ganhar um tostão, hahaha...

E começou a atacar então um riff incendiário e uns acordes enormes, e mais ou menos um minuto depois o resto da banda entrou. Tocaram uma *jam* por mais de cinco minutos e Noel parecia mais do que satisfeito quando saiu do palco.

O astral na banda era alto. Sabiam o que esperar do público e mal podiam esperar para voltar ao palco. Era tudo muito eletrizante. Na cozinha, Phil Smith, antigo roadie e velho amigo, esperava por eles. Viajou de Manchester, onde dividia uma casa com Mark Coyle, para vê-los.

A última vez que Noel viu Phil foi na casa deles. Os três se sentaram na sala para ouvir discos de *easy listening* enquanto Phil e Noel faziam comentários ultrajantes por Mark ser torcedor do Manchester United.

Naquele dia, Noel tivera uma reunião com Francis Lee, presidente do City, no centro de treinamento do time. O City queria estampar o logo do Oasis no uniforme da temporada seguinte.

– Mas com bom gosto – destacou Lee. – Impresso no próprio tecido e tal.

Noel não fez nenhum comentário, nem contra, nem a favor, só ouviu em silêncio e então disse a Lee e a seus assessores que ligassem para Marcus. Ficou óbvio que ele não estava 100% seguro quanto à ideia. Mas havia se encontrado com Francis Lee.

– E então, você vai vir ao jogo contra o Coventry, rapaz? – perguntou Lee.

– De jeito nenhum – respondeu Noel –, sempre que eu venho ver o City jogar, vocês perdem. Sério. Os jogadores me veem e já pensam, 'puta merda, ele está aqui, já era'. E aí não jogam bem, de jeito nenhum. Eu vou é assistir pela TV.

Depois da reunião, à noite Noel foi até a casa de Phil e Mark. Quando chegou lá, disse que havia dado o telefone deles ao maior ídolo dos dois, Burt Bacharach, que estava tentando entrar em contato com Noel a respeito de possíveis gravações.

Foram Mark e Phil que apresentaram a música de Bacharach a Noel, e o três o adoravam igualmente. Noel sempre dizia que sua música nunca alcançaria o patamar de qualidade da de Bacharach, cuja obra punha no bolso a maioria das obras dos outros, e quando se tratava do cara que compôs "This Guy's in Love With You", provavelmente a música favorita de Noel de todos os tempos, então, pode esquecer.

Naquela noite, toda vez que o telefone tocava, os rapazes congelavam momentaneamente, e então Phil ou Mark iam atender calmamente. Mas nunca era o homem.

Agora, em Dublin, Phil dizia a Noel que Burt de fato ligou, uns dois dias depois.

– Aí nós mandamos emoldurar o telefone – contou Phil, muito animado –, porque foi o telefone para o qual Burt Bacharach ligou para nossa casa.

Jill Furmanovsky, a principal fotógrafa do Oasis, também estava presente. Trouxe consigo fotos da recente turnê americana, que a banda examinou por pelo menos meia hora. Noel raramente escolhia uma em que eles estivessem sorrindo.

Mais tarde, a maioria deles assistiu ao show dos Manics na lateral do palco e, então, cinco minutos antes de o Oasis entrar, sentaram-se para ouvir a gravação da música nova que foi tocada na passagem de som.

– É massa pra caralho – se empolgou Liam.

– Já tenho uma melodia ótima para ela – disse Noel, para ninguém em particular.

– Você devia entrar com a bateria aqui – disse Liam.

– Puta merda – disse Noel, exasperado. – Nem escrevi a música ainda e ele já está me dizendo como tocá-la.

Mais uma vez, o show foi uma enorme celebração, uma verdadeira união de banda e público, em que todos os presentes se entregaram à música e à ocasião, só retornando à realidade quando "I Am the Walrus" parou de ecoar pelos alto-falantes.

No backstage, Bono, do U2, foi cumprimentar a banda e os convidou para ir até sua imensa casa. A banda recusou o convite e sentou-se exausta no camarim, rodeada de gente.

Guigsy acabou indo para o clube do U2 com Ruth, Mouse, da equipe da alimentação, e algumas outras pessoas. Para seu incômodo, Hutchence estava lá e o baixista ficou encarando-o.

– Se ele fizer um movimento sequer, dou um certeiro no queixo dele – rosnou. – Ele não pode falar com o meu camarada daquele jeito – disse, referindo-se ao incidente com Liam na noite anterior.

Alguém do clube se aproximou e convidou Guigsy e seu grupo para uma área privada, evitando, assim, qualquer encrenca. Às duas da manhã, Guigsy, Ruth, Maggie e Melissa caminharam de volta até o hotel.

A maior parte da equipe já tinha ido dormir, mas lá estava Liam, sentado numa cadeira no saguão, dizendo:

– Vou ter que descer a mão nesse babaca, vou descer a mão nele pra caralho. Não quero saber com quem ele está, vou dar uma de jeito no babaca.

Terry e Bonehead estavam a seu lado, tentando acalmá-lo.

– Não, Liam, deixa disso – disse Terry, com seu sotaque londrino carregado. – Deixe-o tomar seu drink e só ignore ele, porra.

– Terry tem razão – disse Bonehead –, ignore o babaca. É isso que vai irritá-lo. Ele quer que você vá até lá e faça alguma coisa.

– Bom, eu vou mesmo, caralho – afirmou Liam.

As duas mulheres mais próximas de Liam não estavam no hotel. Peggy estava em outro hotel com suas irmãs, e Patsy estava agora em Londres, para onde voara de manhã.

Enquanto isso, Thomas Gallagher, supostamente pago pelo tabloide *News of the World* para se hospedar no mesmo hotel que o Oasis, se encontrava no mesmo bar que seu filho mais novo. Olhou na direção dele e esperou.

– Que porra ele está fazendo aqui? – Liam quis saber. E, nisso, levantou-se e foi direto até o pai, que não via há anos.

Terry correu atrás dele e, assim que Liam chegou à mesa do pai, rapidamente se colocou na frente dele.

– Seu babaca do caralho, vou quebrar suas pernas! – gritou Liam para o pai, tentando contornar Terry.

– Você não conseguiria quebrar as pernas nem do Albert Tatlock[62] – ironizou Thomas.

– Seu babaca, vou te mostrar.

Liam tentou desferir um soco, mas, a cada movimento seu, Terry o acompanhava habilmente. Liam jogou os braços para o alto, num gesto de desgosto, e saiu andando, de volta para onde estava sentado. Parecia magoado, devastado.

De repente, Noel entrou no salão, passou reto pelo pai e foi direto até Liam.

– Liam, venha comigo.

---

62 Personagem da novela *Coronation Street*, interpretado pelo ator Jack Howarth, caracterizado como um velhinho rabugento. (N. do T.)

– Não quero ir.

– Liam! Você vem comigo, agora – Noel não estava no clima para discutir, e seu tom deixou isso patentemente claro.

Liam se levantou e Noel o conduziu pelo braço até o canto mais distante do salão. Os dois desapareceram atrás das cortinas.

Bonehead os viu sumir e disse:

– Tinha de acontecer. Esperamos há anos por isso. Sabíamos que uma hora ia chegar. E agora chegou.

Kevin foi até Bonehead.

– Acho que precisamos esvaziar o bar. Ele já foi.

– Acho que é exatamente o que tem de acontecer – disse Bonehead, em total concordância.

O bar foi rapidamente esvaziado para que Noel Gallagher e seu irmão ficassem sozinhos, trocando palavras que ninguém podia ouvir.

Por fim, Noel voltou para seu quarto.

Ao entrar, Meg acordou e Noel contou a ela o que acabara de acontecer.

– Oh, meu Deus – choramingou ela –, você está bem?

– Sim, estou bem – disse Noel. E então não resistiu: – Puta merda, Meg, você deveria ser minha *wonderwall*,[63] e você estava dormindo profundamente quando tudo isso aconteceu. Que tipo de *wonderwall* é você?

//

No dia seguinte, foram designados seguranças para ficar na porta dos quartos de Noel e de Liam. Thomas já havia ido embora. Noel pediu uma garrafa de Jack Daniel's e uma de Coca-Cola, e ele e Meg curtiram o dia inteiro e a noite inteira. Feche os olhos, o monstro se foi.

---

63 A expressão pode descrever, entre outras coisas, alguém com quem se pode contar para tudo e a todo momento, e de quem ter total apoio – um "muro (ou muralha) de maravilhas". (N. do T.)

Liam reapareceu no meio da tarde e desceu até o bar. Parecia feliz e relaxado. A coisa que eles temiam desde que a fama bateu à porta aconteceu. A tempestade veio e passou. Agora, poderiam relaxar sob o sol. Talvez.

Uma garçonete se aproximou e Liam pediu sanduíches.

– Em que quarto você está? – perguntou ela docemente.

– Não tenho quarto – respondeu ele.

A garçonete riu:

– Claro que tem.

– *Nah* – disse Liam, se animando. – Não tenho quarto.

– Mas você está hospedado aqui.

– Estou – confirmou –, mas não tenho um quarto, porque a TV está no chão, o colchão está na banheira, a cama está de ponta-cabeça, e eu não chamo isso de quarto.

Tanto ele quanto a garçonete caíram na risada.

Na mesa com Liam estavam Tim e Chris Abbot e seus pais. Pediram sanduíches também, e, assim que a comida chegou, os fãs na frente do hotel começaram a cantar "Wonderwall".

– Acho que seus fãs te querem – disse Tim.

Liam se levantou, foi até a janela e afastou as cortinas para observar os fãs, que olharam para cima e berraram. Liam fingiu oferecer um sanduíche a eles, que então berraram ainda mais alto. Fechou as cortinas e voltou à mesa.

– Ora – anunciou –, isso é que é a porra da fama. Berros enquanto você está comendo um sanduba – ele sacudiu a cabeça.

Atrás dele, em cima de outra mesa, havia exemplares dos tabloides do dia, que traziam fotos suas com Patsy. As matérias principais alegavam que ela estava grávida de Liam.

Liam deu uma mordida no sanduíche e disse:

– O quão louco é isso?

Dirigia-se aos Abbots, mas, na verdade, a pergunta era para ele mesmo.

parte três

- Quatorze -

MUITO ANTES DE ASSINAR CONTRATO COM A CREATION, NOEL GALLAGHER CONDUZIA SUA CARREIRA COMO O MELHOR JOGADOR DE PÔQUER DA CIDADE. SABIA QUE TINHA TODOS OS ASES NA MÃO. NÃO FAZIA IDEIA DE POR QUE RECEBERA ESSAS CARTAS. ISSO O INTRIGARIA PELO RESTO DA VIDA.

Porém, fatos eram fatos. Cartas em punho, agora era questão de *timing*, quando mostrá-las, quando escondê-las, quando blefar.

"Live Forever" foi o primeiro ás que ele lançou na mesa. Se os primeiros dois singles do Oasis sugeriam que algo de especial poderia estar acontecendo, "Live Forever" era a prova irrefutável de que algo especial *estava* acontecendo. É um clássico.

Noel sabia que, uma vez que lançasse esse ás, sua reputação dispararia de forma meteórica. No single, a música vinha acompanhada de uma versão acústica de "Up in the Sky" (título adaptado de "Up From the Skies", de Jimi Hendrix), "Cloudburst" e uma versão ao vivo de "Supersonic", e foi lançada um dia antes de Noel ter a testa rasgada em Newcastle.

Ao contrário dos dois singles anteriores, "Live Forever" trazia uma letra direta e um êxtase musical. Começava com uma bateria de levada algo hip-hop, e terminava numa rajada de caos musical, com Liam insistindo que todos nós vamos viver para sempre.

A canção de celebração à vida funcionava em dois níveis. Primeiro, tocava as pessoas ao usar o clássico sentimento de Nós Contra Eles ("*We see things they'll never see*"),[64] e segundo, a música era tão inspiradora que dava todos os motivos para acreditar que até a morte poderia ser vencida.

Liam dissera que "queria uma banda capaz de fazer músicas que te deixam chapado sem precisar de substâncias", e "Live Forever" era isso.

Foi a música que fez todo mundo que ainda não havia se convencido dar o braço a torcer e dizer, "somos todos seus, rapazes", exatamente como Noel sabia que aconteceria. Ele sabia também que esse seria o primeiro single do Oasis a penetrar o círculo dos clubes e alcançar quem não ligava para música indie ou sensações pop. Essas pessoas ouviriam a música no rádio e se perguntariam: "Quem é mesmo que está tocando?". Isso porque as sensações da canção espelhavam a euforia que o ecstasy dava aos usuários.

Num mundo perfeito, o single teria disparado direto para a primeira posição, mas entrou na décima e dela não saiu. Também deveria ter sido o Single da Semana do *NME* (foi, sem dúvida, o Single do Ano para a maioria das pessoas), mas, ao invés disso, John Mulvey o considerou "um single fantástico" e acrescentou que "passa TOTALMENTE a impressão de que os Gallaghers acreditam ser capazes de fazer o mundo dançar ao redor de seus dedinhos quando bem quiserem, o que, hoje em dia, mais ou menos são, mesmo".

Noel Gallagher deu uma piscada, tendo embolsado a primeira de muitas fichas. No dia 11 de agosto, tocaram no Wulfron Hall, novamente em Wolverhampton, e, no dia 13, na Suécia, num festival em Hultsfred. Bastou um show, e o país era deles.

"Eles entraram no palco por volta das seis e meia da tarde, que é sempre um bom horário para tocar", relembra Andres Lokko, fundador da influente revista *Pop*. "Tocaram no palco secundário, e sabe aquela sensação de quando você descobre uma banda e pensa: 'Sim, essa é a minha banda!'. Bem, foi o que aconteceu com 20 mil suecos".

64 "Nós vemos coisas que eles nunca verão".

Num clima de triunfo, o Oasis voltou para o hotel, onde se encontrou com o The Verve, o Primal Scream e um barman muito desafortunado, que teve o trabalho ingrato de informar às bandas que não seriam servidos mais drinks naquela noite. Errado.

Depois de várias ameaças, as bandas repensaram a situação e colocaram um Plano B em ação. "OK, amigo, você pode ir pra casa, a gente só vai ficar aqui conversando um tempinho. Vamos ficar de boa. Até mais. Boa noite".

Então, chaves de fenda em punho, o bar foi desmantelado e cuidadosamente saqueado.

Três horas depois, Bobby Gillespie estava surrando um violão, berrando "Satisfaction", dos Stones, com Liam, até que Malloy, o chefe dos seguranças do Primal, apareceu, pegou Bobby e o levou embora.

– Liam! – gritou Bobby, em cima do ombro de Malloy. – Nós vamos viver para sempre!

Quando a bebida acabou, as bandas então contemplaram o próximo passo. Um dos caras deu uma sugestão: não era uma igreja que eles tinham visto no caminho? E o que as igrejas usam nas missas? Vinho. Vinho tinto formidável. Vamos nessa!

Os rapazes saíram do hotel, acharam a igreja e a invadiram. Procuraram por todo lugar, na sacristia, no altar. Contrariados, voltaram para o hotel de mãos vazias. Enquanto caminhavam de volta para o bar do qual haviam saído há pouco, uma tropa da polícia, alertada por um hóspede horrorizado, vinha na direção deles. A polícia chegou às seis horas, cercou o hotel e as bandas foram conduzidas para seus respectivos ônibus, como prisioneiros condenados.

No dia seguinte, o Oasis estava nas primeiras páginas dos jornais suecos. *Nós realmente precisamos desse lixo?,* perguntavam as manchetes.

Em 15 de agosto, o Oasis tocou no Rock City, em Nottingham, para então começar uma sequência de três dias que correram como uma montanha-russa, com dois shows triunfantes em Londres: um show no Forum, no dia 16 (quando Paul Weller foi ao backstage e Noel finalmente conseguiu começar a conversar com ele), uma apresentação de "Live Forever" no

Top of the Pops no dia 17, e mais um show no Astoria, no dia 18, quando Donna, do Elastica, foi até o camarim de Liam depois da apresentação e reclamou que o *NME* ignorava uma porrada de bandas independentes.

– O *NME*? – disparou Liam. – A porra do *NME*! Olha só, a gente passou três anos ralando pra caramba por aí e nenhum desses filhos da puta escreveu sobre a gente. Mas a gente conseguiu. Conseguiu, e sem o *NME*. Não se preocupe com esses otários.

– Acho que você está certo – disse ela.

– Estou certo pra caralho – disse Liam, andando de um lado para o outro no camarim minúsculo.

Depois, houve uma festa no Leisure Lounge, em Holborn. Enquanto a fila para entrar contornava a esquina, lá dentro, no bar, jovens músicos invejavam e sonhavam com o dia em que tudo aquilo seria deles. O Oasis era a banda mais descolada do mundo, e os traficantes de droga ganharam a noite.

Numa banca de jornais ali perto, o Oasis estampava as capas do *NME* (de novo), da *Melody Maker* e da *The Face*. Esta última questionava se a relação tempestuosa entre os irmãos os separaria, sem ter notado que, durante a sessão de fotos, Johnny Hopkins interveio para que os trabalhos terminassem o quanto antes ao sentir que o clima estava pesando entre Liam e Noel.

A *The Face* chamou o Oasis de Sex Beatles, e Noel pensou: "Porra, por que não pensei nesse nome?".[65]

Mais tarde, quando Richard Ashcroft saiu do The Verve, Noel se lembrou do nome e sugeriu que Ashcroft o usasse em sua nova banda.

– Não, tenho um nome melhor. The Heat.

– Porra – disse Noel, mais uma vez se dando um tapa mental –, por que não pensei nisso?

---

65 É curioso lembrar que, nessa época, já existia no Brasil uma banda chamada Sex Beatles, fundada no Rio de Janeiro em 1990 e que lançou dois discos, em 1994 e 1995, ambos pelo selo Rock It, do guitarrista Dado Villa-Lobos. A banda acabou em 1995. (N. do T.)

Até os jornais estavam agora farejando uma pauta que poderiam abocanhar. O *Evening Standard*, de Londres, deu uma página inteira à banda no dia 11 de agosto, com Noel colocando ainda mais lenha na fogueira.

"Liam é o astro", disse ele a Sam Taylor. "Ele é o cantor, e os cantores sempre foram babacas convencidos; olha só o Morrissey, o Mick Jagger, o Roger Daltrey... Liam é um *frontman* genial, mas não seria nada sem mim".

No dia seguinte, o *Guardian* publicou uma matéria e, no domingo, foi a vez do *Observer Review*, além de um artigo condescendente no *Sunday Times* que comparava o Oasis ao Suede e concluía com o seguinte: "Se [*o Oasis*] não quiser ter o mesmo fim do Suede, é melhor eles colocarem o espelhinho de lado". Como se isso fosse acontecer.

Na terça-feira, no *Independent*, Noel fez o seguinte voto: "As pessoas param de se reafirmar, e isso é algo que eu nunca vou deixar acontecer com essa banda".

Na segunda-feira, 22 de agosto, o Oasis finalmente apareceu num jornal que eles mesmos liam. O *Daily Mirror* publicou uma matéria sobre o show em Newcastle. É aí que você se certifica de que qualquer dúvida que ainda reste sobre a sua popularidade está errada: quando os tabloides entram em cena.

É claro que o Oasis era material de primeira para eles. Sexo e drogas. Pano e mais pano e mais pano e mais pano para manga...

Os fãs estavam começando a ter voz agora. "Ver o Oasis colada no palco no T in the Park valeu cada hematoma, e a pessoa que escreve os *setlists* deles não sabe soletrar a palavra '*Alcohol*'. Meio irônico, né?", escreveu a Próxima Groupie de Liam em Glasgow para o *NME*. Outras cartas gongaram severamente o cara que arruinou o show em Newcastle.

"Queria comprar ingressos pra shows do Blur, do Suede e do Ride pra ele", escreveu Tom Bradshaw, de Solihull.

Na mesma edição, esses leitores e milhares de outros leram uma resenha estelar do álbum de estreia do Oasis. Depois de lançar mão de todos os superlativos possíveis, o jornalista Keith Cameron concluiu: "É claro, como o próprio Liam Gallagher avisa no mantra da conclusão em espiral de 'Rock'n'Roll Star': '*it's just rock'n'roll*'.[66] Exatamente, meu jovem. É tudo o que *Definitely Maybe* é. Porém, quando é tão brilhante assim, isso basta".

Na *Melody Maker*, Paul Lester disse aos leitores para comprar "esse disco hoje mesmo e, se vocês não concordarem que ele oferece uma dúzia de motivos para acreditar que 1994 é o melhor ano de todos os tempos para o pop e o rock, então vocês estão... errados".

Noel se refestelava com esses louvores, mas parte dele também implicava com aquela última linha: 1966 teve coisas um pouco melhores do que Suede, Blur, Gene etc.

No dia 28 de agosto, a banda foi para a Holanda sem a balbúrdia de costume e tocou no Lowlands Festival. Evan Dando, dos Lemonheads, estava lá nessa noite. A banda dele fazia sucesso no Reino Unido com uma versão de "Mrs. Robinson", de Simon & Garfunkel, e estava sendo bem respeitada pela imprensa. Dando colou no Oasis naquela noite e, nas primeiras horas da manhã, ele e Noel escreveram uma música juntos, intitulada "Purple Parallelogram".

"Nem me lembro de ter escrito a música com ele", confessou Noel mais tarde. "Não faço ideia de como ela é". Dois anos depois, ele provavelmente se lembrou do que se tratava; seus editores rapidamente vetaram a inclusão da música no álbum *Car Button Cloth* dos Lemonheads.

Entretanto, Dando, como a maioria das pessoas que travava contato com o Oasis, ficou obviamente deslumbrado com a banda. Voltou para a Grã-Bretanha junto com eles para ver *Definitely Maybe* exposto nas vitrines e nas prateleiras de todas as lojas. Iu-hu!

Houve uma tarde de autógrafos na Virgin Megastore da Oxford Street, em Londres. Pelo menos mil fãs aguardavam do lado de fora da loja, mas só foi permitida a entrada de duzentos para testemunhar um set acústico de seis músicas, com Dando no palco, batendo palmas e, de vez em quando, tocando meia-lua atrás de Liam, Noel e Bonehead, sentados.

66 "É apenas rock'n'roll".

O trio (Guigsy e McCarroll ficaram de lado, assistindo) tocou "Sad Song", "Slide Away", os três primeiros singles e, por fim, "Whatever", pela primeira vez ao vivo.

Os membros do Oasis então deram autógrafos por cerca de duas horas e meia, a parte do trabalho que Liam especialmente detesta. Canetas, papéis e escrita lembravam-lhe demais a escola.

– Quisemos fazer isso por eles – disse Noel, referindo-se às centenas de fãs que ficaram de fora enquanto tocavam –, porque, sem eles, não somos nada.

Lá fora, os fãs falavam de como o Oasis tirou a música da cena rave e usavam palavras como "melhor", "novo", "único", "confiante" e "incrível". As pessoas sabem, elas sempre sabem.

Tudo isso foi dito diante das câmeras da Granada TV, que estava fazendo um documentário de 25 minutos sobre a banda que seria transmitido dali a dois meses. A equipe de TV, juntamente com Dando, acompanharia a banda ao próximo show, no Tivoli, em Buckley, no País de Gales. Na passagem de som, Noel e Liam foram entrevistados. Separadamente.

– O motivo por estarmos em todos os jornais é porque existe algo a ser escrito – afirmou Liam. – Estamos jogando o jogo pra valer, somos sinceros, temos as melhores músicas e é por isso que estamos na cara de todo mundo.

Em sua análise, a música do Oasis era pop com uma pegada pesada. Depois, foi a vez de Noel falar, e ele disse que, se sua banda fizesse as pessoas se ligarem nos Beatles e nos Stones, então tudo valeria a pena. Até mesmo ter perdido Louise.

– Perdi muitos amigos – apontou ele –, terminei com a minha namorada. Eu namorava havia seis anos, morava com ela e tudo. Com sorte, vou superar.

E as composições?

– A música e as melodias, consigo compor todos os dias – disse casualmente, atrás dos enormes óculos escuros –, mas, para as letras, preciso de um tempo. A música é moleza.

Naquela noite, enquanto os fãs exaustos e excitados saíam do show, Evan Dando, empunhando um violão, subiu no telhado da casa e fez uma "serenata" para o público.

O próximo passo era voltar à Suécia, onde a gravadora, sem querer, havia soltado o álbum uma semana mais cedo, despertando o medo de que o Oasis perderia vendas no Reino Unido se os fãs descolassem cópias importadas, o que não aconteceu.

Fizeram check-in num hotel na noite anterior ao show e saíram pela cidade.

Na manhã seguinte, Marcus acordou cedo para uma reunião no café da manhã. Estava sentado no lobby com um funcionário da Sony quando a gerente do hotel o abordou zangada, brandindo um exemplar do jornal do dia.

O funcionário da Sony traduziu: o Oasis estava na primeira página porque o jornal não conseguia acreditar que, depois do incidente no bar em Hultsfred, aquele bando de palhaços estava de volta ao país.

A gerente concordava. Acabara de dizer o mesmo a uma funcionária.

– Mas eles estão hospedados aqui – disse a moça a ela. – Aquele ali é o empresário deles.

Agora, ela exigia inspecionar os quartos de todos eles às nove da manhã (e fazia duas horas que eles tinham ido dormir) para checar se havia danos. Se houvesse, seriam expulsos.

Marcus tentou dissuadi-la, mas acabou rindo.

– OK, vai lá acordar o Oasis a essa hora da manhã. Pode ir.

De todos os quartos saíram insultos, palavrões e ameaças.

Na estrada, todos da banda compartilhavam quartos, exceto Noel, que agora insistia em ter seu próprio quarto, o primeiro membro do Oasis a fazer tal exigência.

– Afinal, não sou chamado de Chefe à toa – sorria ele.

Liam e Guigsy dividiam um quarto, e isso forçava um infeliz Bonehead a dividir com Tony McCarroll.

– Uma só palavra e você vai levar – dizia ele ao baterista.

Isso, porém, não era nada comparado às injúrias que Guigsy pesava sobre os ombros de McCarroll. Às vezes, era tão veemente, tão cruel, que até Liam e Bonehead se comoviam a ponto de puxar de lado o baixista, que espumava.

– Olha só, Guigs, deixa o cara em paz, relaxa um pouco.

Guigsy não conseguia evitar. Se McCarroll ao menos conseguisse ficar de bico calado, mas não conseguia, e quando falava, soltava coisas do tipo como adorava aquela música dos Beatles, “Ringo in the Sky with Diamonds”, ou, pega essa, que a Europa era uma ilha.

Para Liam, essa era de matar.

– Eu sou burro pra caralho – berrava para o baterista –, não tive educação nenhuma, mas até eu sei que a Europa não é uma porra de uma ilha, seu puta idiota do caralho.

Depois do show na Suécia, a banda voou para a Irlanda. Apropriadamente, o primeiro show irlandês, no Tivoli, em Dublin, foi no dia em que o IRA anunciou um cessar-fogo. “Show insano”, recorda Marcus.

Na noite seguinte, no Limelight, em Belfast, no meio de, ironicamente, “Bring it on Down”,[67] a explosão de uma bomba legalista solitária foi ouvida lá fora. Marcus perdeu esse show, optando por retornar a Londres por conta de reuniões de negócios.

No dia seguinte, o Oasis sobrevoou bem alto o mar que Peggy e a mãe de Bonehead haviam cruzado há tantos anos, e pousou em Manchester. Marcus estava lá, com um sorriso largo no rosto.

Definitely Maybe, disse ele, não só disparara para a primeira posição das paradas, como já era também o álbum de estreia que vendeu mais rápido na história.[68] O Oasis, acredite se quiser, estava no *Guinness Book*, ultrapassando até mesmo Michael Jackson. E Luciano Pavarotti, Plácido Domingo e José Carreras, os Três Tenores, cujo álbum era uma das maiores apostas para esse posto naquela semana.

A Creation soltou um release presunçoso em que se gabava de que o Oasis era capaz de superar três cantores gordos em qualquer dia da semana.

---

67 O título da canção poderia ser traduzido livremente como “derrube tudo”, ou algo próximo desse sentido de levar algo abaixo. (N. do T.)

68 Atualmente (2020), o álbum que detém esse título é *I Dreamed a Dream*, de Susan Boyle, lançado em 2009. (N. do T.)

Definitely Maybe permaneceria nas paradas de mais vendidos por anos a fio.

Assim, naquela noite vitoriosa, que lugar melhor para se apresentar do que o Haçienda, cenário da adolescência da banda e gerenciado pela primeira companhia que a recusou? O Oasis arrasou o lugar, e o fez com uma certa vingança no coração. *Vocês não ouviram direito, não é mesmo? Viram o que perderam?*

A Europa também estava começando a prestar atenção. O *120 Minutes*, da MTV, transmitira uma entrevista extensa com Noel e Liam em agosto, a última vez[69] que os dois se sentariam juntos diante das câmeras. Miles Hunt, do The Wonder Stuff, foi o entrevistador. Hunt lera os comentários mordazes a seu respeito feitos por Noel na *Melody Maker* e confessou estar um pouco nervoso em conhecer os irmãos. Os dois, porém, estavam desarmados: reservavam as armas para usar um contra o outro.

No set, Noel se escondeu atrás dos óculos escuros e permaneceu impassível. Liam, sentado a seu lado, manteve a expressão blasé no rosto.

A entrevista começou bem, mas o atrito logo começou a surgir, quando Miles perguntou do cara que havia dado um soco em Noel em Newcastle. Noel responde:

– Foi porque ele descobriu que eu estava dormindo com a namorada dele.

– Foi, é? – pergunta Liam, se reanimando um pouco.

– Foi – diz Noel, sem olhar para ele.

– Mandou bem – comenta Liam, mas sem energia alguma. Alguns meses antes, os dois estariam rebatendo um ao outro depois do comentário de Noel, mas hoje, ali, havia um ar ruim entre eles.

O assunto logo cai para a história da banda, e a fenda se abre largamente para todo mundo ver.

69 Pelo menos até a publicação original deste livro, em 1997. (N. do T.)

– Ele manda nas composições – diz Liam –, mas não manda na forma como a banda funciona, nem como eu toco a minha vida. Ele não manda em mim.

– Mando, sim – intervém Noel, mas Liam o ignora e continua:

– Ele manda nas estruturas das músicas e em como elas devem soar, e nos deu disciplina, o que está certo. Mas não manda nos vocais, nem no cara que fica atrás do microfone, porque esse sou *eu* – dispara.

Noel segue fervilhando em silêncio, até que Miles se volta para ele e pergunta:

– Então todas as composições são suas?

Tranquila e cuidadosamente, Noel diz:

– Faço todas as músicas, todas as letras e, ah, coproduzi o álbum também. Supere isso aí, *bro*, que quer todas as atenções o tempo todo.

Noel, depois de se reafirmar como o Chefe, é então requisitado para escolher um clipe e opta por "Hung Up", de Paul Weller, música que posteriormente elegeria como a melhor da carreira solo do ex-líder do The Jam num livro de fotografias sobre ele, lançado no ano seguinte.

A segunda aparição do Oasis na MTV naquele mês, no programa *Most Wanted*, foi, felizmente, mais agradável. Noel, Liam e Bonehead tocaram ao vivo, sentados em banquinhos, com Bonehead no piano elétrico.

Embora *Definitely Maybe* tivesse acabado de sair, eles ignoraram esse fato e tocaram "Whatever" pela primeira vez diante das câmeras de TV. Ao final da música, com a melodia de "All the Young Dudes", os irmãos Gallagher inseriram um coro para o Manchester City cantando "*All the young Blues / Carry the news*".[70]

Em seguida, tocaram uma versão suave de "Live Forever", com muita classe.

O Oasis seguia agora a toda velocidade, agindo como se, de alguma forma, fosse acordar no dia seguinte e descobrir que tudo havia sido ape-

70 "Todos os jovens Blues / Trazem as boas-novas"; os "Blues", no caso, sendo os jogadores do City. (N. do T.)

nas um glorioso sonho, maldição essa que aflige todos da classe proletária cujas ambições de fato se concretizaram.

Hora de ir para o exterior, para a Alemanha, e não havia lugar melhor do que Hamburgo para o Oasis estrear no país, a cidade onde os Beatles se consagraram como a banda mais afiada de sua geração, antes dos gritos ensurdecedores começarem e tudo ir por água abaixo, no que se referia a shows.

O Oasis tocou no Logo, cujo *promoter* disse com tranquilidade:

– Não, não precisamos de barreiras na frente do palco.

Ao que Marcus respondeu:

– Se você não as colocar, nós vamos embora.

Relutantemente, o *promoter* mandou que as barreiras fossem instaladas. Depois do show, ele foi até Marcus e disse:

– Graças a Deus você pediu para colocá-las. Nunca pensei que o público fosse a tamanha loucura.

De lá, foram para a Holanda tocar na Amsterdam Arena e, depois de uma breve parada em casa, seguiram para o Japão (o Japão!), onde o disco nem havia sido lançado ainda mas os ingressos dos shows estavam todos esgotados. O quão louco era isso? (No voo, Noel e Guigsy se sentaram juntos, ambos enfrentando uma ressaca, enquanto o resto da banda se ocupava em convidar duas garotas para os shows. Quando elas apareceram, apresentaram uma delas a Guigsy. Seu nome era Ruth e os dois estão juntos até hoje.)

A rede de clubes The Quattro fechou com eles uma turnê de uma semana, dos dias 13 a 19 de setembro. Quatro shows em Tóquio, um em Osaka e outro em Nagoya. Foi absolutamente insano.

Voltaram com fotos de Noel esmagado contra um muro por cerca de trinta garotas japonesas, com mais um sorriso jubiloso no rosto.

As garotas esperavam na frente do hotel. Gritavam quando a banda aparecia, gritavam nos shows e gritavam de deleite quando conseguiam festejar com eles a noite toda.

Numa dessas noites, o Oasis foi levado para ver uma banda cover dos Beatles chamada The Parrots, que era tão boa, tocava tudo tão na mosca, que Noel subiu no palco para tocar umas duas músicas. Dali foi de volta para o hotel e para mais garotas e mais drinks.

No relato dessa loucura gloriosa que Danielle Soave escreveu para a revista *GQ*, ela aponta que Liam enquadrou Tony McCarroll no hotel e berrou com ele:

– É melhor você se ajeitar, ou está fora da banda!

Naturalmente, McCarroll também estava tirando Guigsy do sério. Certa noite, o baixista enfim explodiu. Disse a McCarrol que jurava por Deus que, se ele não calasse a boca e sumisse dali, iria esfaqueá-lo.

McCarroll, imune aos insultos depois de tanto tempo e geralmente capaz de se convencer de que estava tudo bem, percebeu de forma perturbadora que o baixista não estava brincando. Estava falando muito sério.

Em pânico, McCarroll foi até o quarto de Noel e bateu na porta.

– O que foi? – atendeu Noel bruscamente.

Havia uma garota deitada na cama. McCarroll contou a Noel da ameaça real e assustadora de Guigsy.

– Bem, diz pro Guigsy – latiu Noel – que eu sou o primeiro da fila para te esfaquear, e que se ele fizer isso antes de mim, vou esfaquear ele também.

McCarroll foi embora, sem saber o quão seriamente sua presença na banda perturbava Noel.

O álbum que Noel tinha em mente exigia um nível mais alto de proficiência de todos os músicos. Estava determinado a mostrar que, no próximo disco, seria capaz de ser mais profundo e de impressionar as pessoas ainda mais com o alcance de sua música. Com *Definitely Maybe*, o Oasis nocauteou seus opositores. Agora, Noel queria pisoteá-los. *Definitely Maybe* era um grande álbum, mas mostrava apenas alguns aspectos do talento de Noel. Para realmente se consolidar, ele e a banda precisariam içar velas ainda maiores, como todos os seus ídolos fizeram. E Noel duvidava muito que isso fosse possível se McCarroll permanecesse na banda.

Dito isso, Noel também não podia se esquecer de que McCarroll estava lá desde o início. Gostasse ou não dele, ele batalhou junto com os demais e, mesmo que estivesse totalmente deslocado, seus esforços não poderiam ser menosprezados.

Antes de voltar a dar atenção à garota sorridente na cama, porém, Noel soube que alguém teria de ceder.

E foi o que aconteceu, mas não foi McCarroll quem foi embora. Foi Noel Gallagher.

—— // ——

Ele conheceu Brian Cannon por meio do The Verve; Brian fazia as capas deles. Noel gostava de seu estilo e, quando se conheceram, se deram bem. Tinham gostos parecidos e Brian também era nortista, de Wigan, para ser exato.

Além disso, Brian era mais novo do que Noel, então, quando se tratava da apresentação visual do Oasis, Noel insistia em trabalhar com o designer. Parte de sua visão envolvia dar oportunidades a quem estava de fora. Trabalhariam juntos, embora Noel deixasse claro, desde o princípio, que a palavra final era sua.

Numa das primeiras reuniões, Brian mostrou vários logos a Noel e os dois decidiram parodiar e referenciar o design da Decca Records, colocando a palavra OASIS numa pequena caixa retangular. O fundo seria preto, e OASIS viria em branco.

Para o single de "Supersonic", Brian convocou Michael Spencer Jones para fotografar a banda no Monnow Valley Studio. A foto então foi tratada de forma a esbranquiçar o rosto dos membros da banda e enfatizar as cores ao redor deles.

Para o de "Shakermaker", as cores receberam tratamento semelhante, mas sem a presença da banda. Em vez disso, a capa mostrava uma fita do Oasis tocando e todos os objetos na sala derretendo ao som da música.

Para o de "Live Forever", mudaram a estratégia e optaram por uma foto em preto & branco estourada da casa na Menlove Avenue, em Woolton, onde John Lennon morara com sua tia Mimi.

Na capa de *Definitely Maybe*, mais uma vez se valeram de um cenário doméstico, a antiga casa de Bonehead em West Didsbury. A beleza dessa capa é que ela não dá indicação alguma da música incendiária e afrontosa contida no disco.

Na foto, a banda está totalmente estática. Com exceção de Liam, que está deitado no chão olhando para o teto, estão todos assistindo a *Três Homens em Conflito*, de Sergio Leone, numa TV. O único objeto em movimento é um lustre psicodélico.

Ao redor deles há vários pontos de referência do Oasis, como fotos de Burt Bacharach, Rodney Marsh e George Best. George Best? Mas ele joga pelo United. "Ah, sim", respondia Noel, "mas era, antes de tudo, um irlandês".

Ao ver a banda relaxando despretensiosamente naquele apartamento com vasos de plantas e chão de madeira, a impressão que se tem é de um bom gosto contido. Agora coloque o disco para tocar e sinta a faixa de abertura, "Rock'n'Roll Star", saltar com tudo dos alto-falantes e retumbar em seus ouvidos.

Brian Cannon, não surpreendentemente, era um grande fã da banda e, quando surgiu a oportunidade de ir a Los Angeles para fotografar a capa do próximo single e vê-los tocar, aceitou de muito bom grado. Não fazia ideia de que, nessa viagem, veria a banda se desfazer. Nem ele, nem o país que ficou para trás.

A Grã-Bretanha estava agora completamente apaixonada pelo Oasis. Só se falava neles, em todo lugar. O *Top of the Pops* os deixou tocar uma faixa que não era single, "Rock'n'Roll Star", no programa, o *Daily Star* publicara uma matéria de página inteira em que chamava o Oasis de "a banda mais selvagem e mais chocante desde o The Who", e, na revista *Vox*, Noel ganhou as graças de todos os amantes da música ao dizer que "tenho noção de que sem [a banda] não sou nada, da mesma forma que, sem mim, [a banda] não é nada. O dinheiro não vai durar para sempre, e todos nós vamos acabar duros um dia, porque bandas como a gente sempre acabam assim. Mas daqui a dez anos, quando já tivermos alguns álbuns na praça, meu nome vai estar entre parênteses ao lado dos títulos das músicas. Isso é algo que vai durar para sempre, e é tudo o que eu quero desse negócio".

"Não dou a mínima para sair na capa disso ou daquilo, ou para ser um *sex symbol* ou a voz de uma geração, minha única preocupação é alcançar o mesmo patamar de Ray Davies, Morrissey e Marr, Jagger e Richards, Lennon e McCartney, Pete Townshend, Paul Weller e Burt Bacharach".

Na Creation Records, os problemas financeiros da companhia foram varridos de uma só vez pelo Oasis. McGee voltou sua natureza obsessiva para um estilo de vida saudável, agora se exercitava todos os dias na academia, recusava álcool, drogas e tabaco. Sua brisa agora vinha da ativação da endorfina em seu cérebro por meio de exercícios regulares. Estava com setenta quilos e nunca se sentira tão positivo na vida.

De forma semelhante, mas numa direção totalmente diferente, Tim Abbot estava desfrutando seriamente da vida. Trabalhava e se divertia com a banda mais sensacional da década. Foi por esse motivo que, quando foi acordado às cinco da manhã por um telefonema de Noel dos EUA, de início ficou animado com o contato dele. Porém, quando Noel disse que iria se encontrar com ele no dia seguinte, Abbot ficou confuso. O Oasis acabara de começar a primeira turnê de verdade nos EUA.

– Já era, a porra da banda acabou. São todos uns pentelhos que não merecem nada disso. Mande de volta as minhas guitarras e a minha bagagem e, por favor, ligue para o Marcus e peça desculpas, diga a ele que sinto muito por todos os problemas que causei, mas eu não consigo mais seguir com isso – foi o que ele disse, segundo lembra Abbot.

Cinco horas depois, Abbot estava num avião rumo aos EUA.

—— // ——

Não gostavam daquela terra estranha cheia de luzes de neon e hábitos esquisitos. Os EUA os desconcertavam. Havia uma falsidade latente em tudo. As pessoas hasteavam bandeiras americanas no jardim e diziam coisas como "Tenha um bom dia" como se realmente quisessem desejar isso.

E também havia outros, como o pessoal da gravadora, que chegavam e diziam: "Oi, Loam, onde está o seu irmão, Nile?".

Nos hotéis, ligavam a TV e, justo quando estavam se envolvendo em algum seriado policial idiota, a programação de repente mudava para uns comerciais extremamente estúpidos e falsos, que tratavam o espectador como idiota.

Ficavam tão irritados que mudavam de canal, só para então se deparar com algum pirado religioso falando de Deus e pedindo milhões de dólares.

Mas o que matava mesmo era que haviam pousado num país que não os conhecia. Ao longo do ano que se passou, o Oasis foi rei. Só conheceu o sucesso e recebeu uma atenção enorme. Aonde quer que a banda fosse na Grã-Bretanha, as pessoas paravam para vê-la. Nos EUA, mal os conheciam. Era como voltar para a porra do Boardwalk ou algo do tipo.

Marcus os alertou disso e Noel sabia o que esperar. Os outros, porém, não.

Começaram num pequeno clube chamado Moe's, em Seattle, a cidade natal do Nirvana, no dia 23 de setembro, e na noite seguinte tocaram no Satyricon, em Portland. No dia 25, viajaram para São Francisco, onde participariam do programa de rádio *Live 105*.

Secretamente, o apresentador convidou o Blur para o programa, pensando que as duas bandas morreriam de alegria ao se encontrarem. Errou. Quando o Blur entrou, Damon só disse "olá" e Liam o chamou de otário. Daí em diante, foi basicamente só ladeira abaixo.

No dia 27, fizeram o que Marcus chama de o primeiro show na terra dos caipiras, no Melarky's, em Sacramento. A recepção do público foi boa, o que serviu de incentivo.

Depois, no dia de folga, chegaram a Los Angeles, onde descobriram a metanfetamina, a forma mais potente de *speed* de que se tem conhecimento. Use uma vez e fique sem dormir por dias. Depois, quando o efeito baixa, a depressão é garantida e você chega a uma exaustão tamanha que perde a paciência com tudo e todos ao seu redor.

O primeiro erro que alguns da banda cometeram foi experimentar a droga e então continuar usando, dia e noite, sempre atrás da brisa. O segundo foi ir à festa que a Epic imprudentemente deu no terraço do hotel da banda, na noite do show de estreia no Whisky.

A Epic esbanjou US$ 50 mil na festança que levou Noel a perguntar a Marcus:

– Que porra é essa? O disco ainda nem saiu e eles estão tratando a gente que nem a porra do Bon Jovi.

Noel estava começando a sentir a pressão. Era um show importante para uma banda cuja regra a respeito de álcool e drogas é simples: se você conseguir tocar em sua melhor forma no show, ótimo, pode usar. Se não conseguir...

Dentre todos da banda, Noel era o único que não só conhecia seus limites, como também nunca os testaria num show decisivo. A melhor brisa do mundo era tocar suas músicas e ver um público ir à loucura.

Ele também estava determinado a tornar o Oasis a primeira banda britânica a estourar nos EUA em anos. Foi por isso que ficou calado naquela primeira noite em Nova York, quando seu irmão soltou o verbo para o cara da Epic. Viu como as coisas funcionavam nos EUA quando esteve lá com os Inspirals. Gostasse ou não delas, era preciso ter aquelas pessoas do seu lado, porque assim seria possível concretizar algo muito maior do que simplesmente mandar um cara de gravadora se foder.

Qualquer um poderia fazer isso. Porém, fazer sucesso nos EUA significava que você poderia de fato ajudar a mudar a atmosfera musical do país. O quão irado seria isso? Suas músicas terem tamanho efeito. É claro que, ao fazer isso, você ganharia dinheiro suficiente para muitas vidas, e esse pequeno detalhe tampouco teria escapado da atenção de Noel.

Gostasse ou não, o show no Whisky seria de muito prestígio. Toda a cena musical de L.A. estaria lá, incluindo a Epic, que, apesar da generosidade, ainda não estava convencida de que o Oasis não era mais uma dessas bandinhas britânicas com muito hype e pouco talento ou vigor. O show era a primeira chance do Oasis de provar que estavam acima da média e, é claro, eles arruinaram horrivelmente essa chance.

Liam entrou no palco trincado e à procura de briga. Atrás dos amplis, ele esticou carreiras de metanfetamina e de vez em quando sumia para reabastecer.

Com exceção de Noel, o resto da banda tocou preguiçosamente.

E nisso, ao longo do show, Noel foi ficando cada vez mais bravo. Então viu Liam ir para trás dos amplis e, quando o irmão retornou, gritou para ele, ao que Liam se virou e jogou sua meia-lua em Noel.

Ao observar do público esse fiasco, Marcus teve um troço. Quando o show acabou, marchou até o camarim, onde Liam e Noel estavam, trancou a porta e soltou os cachorros.

Noel, igualmente furioso, se levantou para bater em Liam, e Marcus teve de entrar no meio dos dois. Enquanto isso, do lado de fora, Guigsy, McCarroll e Bonehead ouviam os gritos enlouquecidos e raivosos e aguardavam para entrar, ao lado de funcionários da Epic.

Uma hora depois, a porta finalmente se abriu. Noel saiu do camarim pisando duro e procurou por Maggie, a *tour manager*.

– Quanto dinheiro você tem aí? – ele quis saber.

Maggie entregou cerca de US$ 800 a ele, e Noel retornou ao hotel.

"Se você é um instigador", aponta Marcus, "e não sente que as pessoas apreciam aquilo que você instiga, você se magoa. Noel ficou seriamente magoado e não sabia a que ou a *quem* recorrer num país onde você se sente muito alienado muito rápido, numa cidade que, sejamos justos, não é exatamente a porra da vida real. E quando você soma tudo isso, chega rapidamente à conclusão, como Noel obviamente chegou, de que há coisas melhores a se fazer da vida".

Do hotel, Noel ligou para uma garota que conhecia em São Francisco e perguntou se poderia se hospedar na casa dela por um tempo. Em seguida, viu o horário do próximo voo e partiu para o aeroporto, sem avisar ninguém.

No apartamento da garota, ligou para duas pessoas na Inglaterra. A primeira, é claro, foi Peggy.

"Ele não parava de falar do Liam", relembra ela, "e que estava a caminho de casa. Eu falei que as coisas provavelmente se resolveriam, sugeri que ele conversasse com Liam, e ele dizia que não, que Liam era isso e aquilo. 'Depois de tudo o que você sacrificou por nós', ele me disse, e eu falei que não sacrifiquei nada, pois eles eram meus filhos, era o meu dever criá-los".

"Ele disse que sabia disso, mas que eu havia colocado tudo de lado e ficado sem muitas coisas. E eu respondi que aquele era o meu trabalho. Veja bem, Noel pensava que eu havia sacrificado tudo, mas, como eu sempre disse a ele, 'Noel, enquanto eu estiver aqui, essa sempre vai ser a sua casa. Não importa o que você faça ou deixe de fazer, esta é a sua casa'".

Seu segundo telefonema foi para Tim Abbot, que, depois de desligar, organizou seu voo para Los Angeles ("os desgraçados me custaram três mil dólares") e foi até lá para encontrar uma banda agora devastada com o desaparecimento de Noel. Ninguém mais, na verdade, do que seu irmão mais novo.

"Liam estava perdendo completamente a cabeça", diz Marcus. "Ficava sentado encarando a parede. Simplesmente não conseguia conceber a separação do Oasis. Isso me mostrou muito de como eles eram. A maioria das bandas teria voltado para casa aos prantos, mas eu disse: 'Foda-se, fique aqui, há uma chance de Noel voltar e de nós terminarmos a turnê'".

"Mas a pior parte para todo mundo foram os primeiros dois ou três dias em que ficamos sem contato com Noel. Ficamos realmente preocupados com ele. Não sabíamos em que porra de lugar ele estava, em Manchester, na Irlanda, no Canadá, na Colômbia. Foi horrível".

Depois de dois dias de espera e preocupação, alguém sugeriu que pedissem a fatura telefônica do quarto de Noel. Quando a examinaram, o único número que parecia estranho era um de São Francisco.

Abbot ligou.

"Uma garota atendeu", diz ele, "e eu falei que era Timmy Abbot, amigo de Noel, e que acreditava que ela soubesse do paradeiro dele. Ela me pediu para ligar em um minuto. Subi para o meu quarto e liguei de novo. Ela atendeu e me colocou para falar com Noel".

– Tudo bem? Como você está? – perguntou ele.

– Que porra está acontecendo, cara? Todo mundo está preocupado pra caralho. Onde você está? – disse Abbot.

Noel, crente de que Abbot ainda estava em Londres, se recusou a revelar onde estava até que Abbot lhe contou que estava com a banda em L.A. e pediu para ir vê-lo. Noel concordou, mas ainda não deu o endereço.

– Me ligue do aeroporto amanhã – orientou ele a Abbot.

"Pensei, como diabos alguém tem um álbum no primeiro lugar das paradas, tudo aquilo a seus pés, e joga tudo fora? Tudo havia sido conquistado. Era o maior álbum de estreia, e o que vendera mais rápido. Número um, Beatlemania no Japão, o que mais você quer?".

Naquele exato momento, Noel Gallagher queria sair do Oasis. No dia seguinte, Abbot voou para São Francisco e, do aeroporto, ligou para Noel, que lhe deu o endereço e, uma hora depois, um táxi o deixou na região de Chinatown.

Tocou uma campainha e uma garota asiática bonita atendeu a porta e o recebeu em seu apartamento escuro e cheio de antiguidades.

"Eu estava esperando encontrar um moleque absolutamente drogado, bêbado, desgrenhado, que eu não via há semanas e que havia pirado estilo Brian Wilson, e lá estava ele num belo casaco de esqui, e nós nos abraçamos e ele puxou um grande saco de cocaína e uma garrafa de Jim Beam e disse: 'Vai um?'. Vão dois, amigo".

Com Abbot seguro de que Noel não estava pirando, longe disso, aliás, passaram dois dias fazendo compras, curtindo a cidade e, em geral, relaxando. Como bônus, a garota em cujo apartamento estavam hospedados tinha uma ótima coleção de discos, cheia de músicas que eles curtiam.

"E então, lá pelo terceiro dia, pensei que precisava tirá-lo dali para conversar sério", diz Abbot, "porque dois é bom, três é demais. Falei: 'Olha só, eu tenho um cartão de crédito, para onde vamos? Já esteve em Las Vegas? Vamos lá, eu e você, e fazemos a festa'".

A ideia agradou a Noel e, no dia seguinte, partiram para Vegas.

Enquanto isso, Abbot ligava em segredo para a banda. Eles, Liam em especial, exigiram que ele os mantivesse informados do estado de espírito de Noel, pedido que Abbot não podia recusar, mas que dividia por completo sua lealdade. Sabia que, se Noel o pegasse ligando para a banda, a mínima chance que houvesse de o guitarrista voltar para o Oasis desapareceria no mesmo instante. E aí o Oasis acabaria de vez, e Abbot não só perderia um amigo, como ganharia um inimigo para o resto da vida.

"Eu não queria quebrar a confiança dele", aponta Abbot, "mas saía e ligava para a banda, e Liam dizia: 'Não me importo com nada, contanto que esteja tudo bem com ele'".

"Eu respondia: 'Acho que ele não vai falar com você, mas, para ser sincero, ele está bem, sim'".

Noel e Abbot se hospedaram num hotel em Las Vegas e dividiram um quarto. De manhã, começaram a conversar sobre os EUA e Noel falou várias, afirmando o quanto ele achava o lugar tão falso e alienado.

"Então eu disse a ele que era parte do plano, parte do plano maior. Os EUA sempre estiveram na minha cabeça em relação à Creation. Acabara de passar por lá com o Primal Scream, e quase conseguimos, mas não entregamos. É, eles não vão te entender aqui, mas não deixe isso te afetar".

"Falei que aquele país era só fingimento e que a gente era mais esperto do que isso. Sabemos comunicar, e isso vai se erguer acima de tudo. E aí entramos num táxi e o taxista começou a falar de OVNIs".

Depois que Noel começou a falar de seus sentimentos, Abbot se sentiu livre para apontar fatores diversos. Do tipo, como os EUA e sua cultura estranha também eram uma coisa nova para os outros membros da banda.

– Eu e você somos velhacos – disse Abbot a Noel –, os outros caras mal saíram do Reino Unido. Aí chegam em Los Angeles e é uma matança total, por causa da metedrina. Já vi isso acontecer com o Primal Scream, vi a loucura que a metedrina fez com eles. Olha só, os EUA são uma doideira, mas dá para aproveitar.

Mais tarde naquela noite, conversaram de novo, "sobre a vida, sobre família, pais, escola, música, a coisa toda".

Então Noel foi tomar banho e Abbot foi até o telefone para ligar para L.A., mas desistiu. Já era o bastante, ele não conseguiria manter aquele subterfúgio.

"Porque se tem uma coisa que se destaca em Noel", aponta ele, "é sua honestidade absoluta".

Quando Noel reapareceu, Abbot disse a ele que iria ligar para Marcus e contar como as coisas estavam. Noel disse que tudo bem, e até conversou um pouco com o empresário para lhe dizer que estava bem, e devolveu o telefone a Abbot.

"Eu disse a Marcus que reunisse as tropas no ônibus e fosse para Austin, Texas, porque tínhamos um estúdio reservado e Owen Morris tinha um voo marcado".

O estúdio fora reservado para a banda gravar lados B para o single que viria depois de "Whatever".

"Seria dali a três dias", prossegue Abbot, "e eu imaginei que, até lá, o pior teria passado".

A suspeita de Abbot se provou certeira na noite em que ele e Noel foram a um cassino, se sentaram com drinks à espera de um show começar e vivenciaram a situação mais estranha.

"Uma americana se aproximou da gente", recorda Abbot, "e disse ao Noel: 'Com licença, mas você é a cara do George Harrison, e eu estou com o meu marido aqui, a gente acabou de se casar e tem um pacto, por escrito, que diz que eu poderia trair ele com o George Harrison, e você é a cara dele'".

"Então eu disse a ela: 'Isso quer dizer que eu fico com o seu marido?'. Enfim, eles se juntaram a nós, tinham provavelmente uns quarenta e tantos anos, e ela tinha visto todos os shows dos Beatles em seu estado natal, a Filadélfia, tinha todos os discos dos Beatles e conhecia todas as músicas, e estava hipnotizada com Noel. E então perguntou o que ele fazia".

"'Por incrível que pareça, toco numa banda', disse Noel, que então fez uma pausa e completou, 'Bem, meio que não toco mais', e então meio que pulou fora do assunto e começou a elogiar o outro lado dos EUA, o das pessoas que apreciam e de fato adoram música, e como isso as afeta. Enfim, ficamos trêbados com esse casal, trocamos endereços e ela disse: 'Quando a sua banda for tocar na Filadélfia, dá um alô, nós adoraríamos ver o seu show'. E Noel disse: 'Claro, vou fazer isso, sim'".

"E isso foi a gota d'água", diz Abbot, "porque ele ficou realmente tocado por aquela completa estranha. Acho que ele realmente se deu conta do poder que tinha, de como ele poderia compartilhar seu amor pelos Beatles, pela música, e que tinha algo ali que poderia fazer".

"Então eu disse a ele: 'Sabe o que o John Lennon faria? Ele sairia no auge, com um último single. O que você precisa fazer é dar uma polida nos lados B. Então, por que não vamos para Austin?'. Ele disse que ia pensar no assunto. Passou a noite pensando e, no dia seguinte, acordou, tipo: 'Andei pensando, que tal irmos para Austin?'".

Sim! Abbot reservou duas passagens no ato.

Curiosamente, os dois chegaram ao aeroporto de Austin no exato momento em que Owen Morris chegava.

"E isso foi bem esquisito", ressalta o produtor, "porque eu cheguei ao aeroporto e Tim estava lá com Noel, que veio falar comigo, 'Como vai?' e tal, e eu respondi 'Beleza, engraçado encontrar vocês aqui, onde está o resto da banda?'. E Noel disse: 'Sei lá, saí da banda. Vou fazer essa sessão e já era'".

"Então fomos para o hotel e Noel subiu direto para o quarto. Fui para o bar e toda a banda estava lá, se perguntando se estava tudo bem com ele. 'Tudo joia', eu disse, e comecei a me embebedar com eles. Então, por volta da meia-noite, Noel desceu e logo de cara foram só amor, abraços e beijos, e Liam, mais do que todo mundo, falava, tipo 'Vem cá, meu irmão'. Guigs e Bonehead estavam numa boa, e ficou tudo lindo".

No dia seguinte, o Oasis voltava a fazer o que fazia de melhor: música.

—— // ——

A primeira faixa que gravaram foi "(It's Good) To Be Free", canção que contrapunha, num ótimo resultado, riffs de guitarra traiçoeiros de Noel ao piano elétrico de Bonehead, e foi então envolta naquele som potente, implacável e agora familiar do Oasis.

Começaram por volta do meio-dia e, em torno das dez da noite, tinham uma mix bruta. Gravaram o instrumental primeiro, então Liam ficou no hotel. De jeito nenhum ele iria passar horas sentado no estúdio esperando para gravar o vocal.

"E foi nessa sessão que a coisa realmente começou a ficar feia para o Tony McCarroll", recorda Owen. "Noel ficou na técnica sozinho, e ditava instruções pelo microfone para o resto da banda. Tony não tocou certo nem na primeira, nem na segunda, nem na terceira vez".

"Ele acertou lá pelo sexto take, e Noel estava ficando muito irritado com ele, dizendo coisas do tipo: 'Se você não acertar dessa vez, eu vou entrar aí e chutar a sua cabeça'. McCarroll enfim pegou o ritmo e o resto da banda registrou suas respectivas partes, Noel tocou uma guitarra solo incrível. Ele estava numa viagem demente de cocaína ainda da semana anterior".

"No outro dia, por volta das dez da manhã, fizemos 'Talk Tonight'. Noel ainda estava escrevendo a música, mas nós gravamos em coisa de duas horas. Ele escreveu e cantou e é uma das melhores gravações. Há um *feeling* incrível ali, totalmente brilhante".

"Então o resto da banda chegou e Noel ficou, tipo, 'haha, já gravamos a faixa sem vocês, otários'".

"Depois, fizemos 'Half the World Away', que tem um *shuffle* sutil como batida, e Noel disse a Tony: 'Você não vai nem chegar perto da bateria nessa. Vaza, agora', e então o próprio Noel tocou a bateria".

"No dia seguinte, voltei para a Grã-Bretanha para começar a trabalhar no álbum do The Verve. A sessão foi boa, mas muito esquisita, muito estranha, esse clima todo com o Tony foi muito desagradável".

Tanto "Half the World Away" quanto "Talk Tonight" são grandes canções e declarações lindamente bem resolvidas. Noel começou "Talk Tonight" em São Francisco e a concluiu em Austin, para então escrever "Half the World Away". Para essa, ele inverteu os acordes de "This Guy's in Love With You", de Burt Bacharach, acrescentou um piano elétrico que ecoa o tema da canção e, com isso, produziu uma balada tocante, que serviria como um diário pungente de seu estado emocional naquele momento: "*And when I leave this planet / You know I'd stay but I just can't stand it / And I can feel the warning signs / Running around my mind*".[71]

Os temas de fuga, pânico e solidão distante também estão presentes na assombrosa "Talk Tonight". Nela, Noel está a mil milhões de milhas de casa, sozinho, embora o garoto de Burnage ainda esteja ali, dentro dele, para lembrá-lo de sua sorte: "*Sleeping on a plane / You know you can't complain*".[72]

---

71 "E quando eu deixar este planeta / Saiba que eu ficaria, mas simplesmente não suporto mais / E posso sentir os alertas / Correndo pela minha mente".

72 "Ao dormir num avião / Você sabe que não pode reclamar".

And when I leave this planet / You know I'd stay but I just can't stand it / And I can feel the warning signs / Running around my mind

Seria justo apostar, ainda, que quando ele escreveu versos como "*You take me walking / To where you played when you were young*" e "*I landed, stranded / Hardly even knew your name*",[73] Noel tinha em mente a mulher do cassino de Las Vegas, lembrando-se das histórias vívidas dos Beatles da adolescência dela e, justamente como Abbot apontou, relembrando-se de seu ímpeto inicial e do poder restaurador da música. Agora ele estava agradecendo àquela mulher da melhor maneira que sabia, ou seja, numa canção.

—— // ——

A turnê norte-americana recomeçou no dia 14 de outubro, no Uptown Bar, em Mineápolis, na mesma noite em que estreou o filme *Pulp Fiction*, de Quentin Tarantino. Em seguida, passou por Chicago, no dia 15, Detroit, no dia 16, e Cleveland, no dia 18.

No primeiro show no Canadá, no dia 19 no Lee's Palace, em Toronto, Patsy Kensit foi ver o Oasis pela primeira vez. Seu amigo Simon Halfon, um designer gráfico britânico que na época morava nos EUA, insistiu que ela fosse ao show, e ela prontamente atendeu, embora ainda fosse levar um tempo até que ela e Liam ficassem juntos.

De lá, seguiram para o Local 186, em Allston, e então para o Met's Café, em Providence. O show seguinte, no 9:30 Club em Washington, foi, diz Marcus, "muito casca grossa", e a banda seguiu rapidamente para encerrar a turnê com mais duas datas. Uma no Maxwell's, em Hoboken, terra natal de Frank Sinatra, o primeiro *pop star* americano a receber gritos histéricos, e a última no Wetlands, em Nova York, onde alguns funcionários-chave da Epic, informados do fiasco em Los Angeles, apareceram com certo receio.

73 "Você me leva para passear / Nos lugares onde brincava quando era jovem" e "Pousei, abandonado / Mal soube seu nome".

"Foi um show incrível", afirma Marcus, "uma das pouquíssimas vezes que eles fizeram um bis, o que é um indicador do quão contentes estavam com a turnê, porque a haviam terminado".

"Ao final da turnê, a maior que eles haviam feito até então, estavam tocando com uma potência única. A gravadora sabia que havia algo fora do comum acontecendo, e três semanas depois aparecemos em Nova York e o que foi testemunhado foi uma megabanda de rock'n'roll. Tudo isso só somou a quem o Oasis é".

Entre o frenesi em Los Angeles e o recomeço em Mineápolis, o novo single, "Cigarettes & Alcohol", foi lançado no Reino Unido no dia 10 de outubro. Vinha acompanhado de uma versão ao vivo de "I Am the Walrus" (atribuída ao show no Cathouse, em Glasgow), "Listen Up", outra grande pérola, além da versão punk de "Fade Away".

"Cigarettes & Alcohol" chegou nas paradas na sétima posição e seu clipe era, fácil, o melhor do Oasis até então. Apresentando a banda numa aparência tão ameaçadora quanto acabada e um grupo de modelos magérrimas e como que em transe à espera dos músicos no camarim, o clipe atualizava a cultura de sexo, drogas e rock'n'roll e a situava bem no meio dos anos 1990. Era uma velha história contada por novas mãos, e servia brilhantemente a esse propósito. Agora, um milhão de jovens rapazes queriam estar no Oasis e um milhão de jovens garotas queriam pôr as mãos no Oasis.

Mas não haveria respiro para a banda, que partiu para a Europa, com quatro datas na França, a começar pelo dia 3 de novembro em Lille, seguindo para Paris, Lyon e Marselha.

Depois do show em Paris, ao lado de outros talentos britânicos menores no festival Les Inrockuptibles, Liam foi acusado por Simone Foerst, gerente do hotel Amiral Duperré, de ter sido pego "urinando num corredor", denúncia que ele refuta até hoje, alegando que um Gallagher foi, sim, pego, mas não era ele. Nem seu irmão.

Na manhã seguinte, descobriram que Noel sumira. Foi localizado pelo segurança da banda, Iain Robertson, que dois anos depois seria mandado embora após um desentendimento com Liam e então escreveria um livro sobre o Oasis.

Entre os dias 6 e 16 de novembro, a banda esteve na Grã-Bretanha. No dia 9, Noel foi ao Q Awards, no Park Lane Hotel, onde o Oasis venceu a categoria de Melhor Banda Nova. Seu discurso foi breve e objetivo. Disse à plateia, que incluía o líder do Partido Trabalhista, Tony Blair:

– Aos leitores [da revista *Q*], eu só gostaria de aplaudir a sabedoria de vocês. Obrigado.

Ao voltar para seu assento, ainda tentava entender como *Definitely Maybe* havia perdido o prêmio de Melhor Disco para o novo álbum do Blur, *Parklife*, mas foi fotografado com Damon Albarn e conversou cordialmente com ele.

Nesse meio-tempo, Noel começara um relacionamento com a apresentadora da MTV Rebecca de Ruvo, que o *Daily Mail* descreveu como "uma loira de longas pernas", apesar de sua baixa estatura.

Noel a conheceu em Nova York por meio de Evan Dando e, depois, descobriu que ela dividia um apartamento térreo em Maida Vale com duas outras garotas: Kadamba Simmons, que mais tarde se envolveria com Liam, e a prima do jogador de futebol Matthew Le Tissier, Meg Matthews, que na época era sócia da agência de DJs Flavor com seu amigo Karl Castillo.

Noel conheceu Meg naquele dia terrível de novembro em que o Manchester United goleou o Manchester City por 5 a 0, e ele foi chorar as mágoas com Tim Abbot no Landmark Hotel. O que tornava a coisa ainda pior era o fato de o City não ter marcado um gol sequer, ao contrário do United, que conseguira marcar pelo menos um contra o City no dia mais feliz da vida de Noel.

Abbot se vangloriava, e Noel só dizia:

– Se você falar mais alguma coisa, vou te chutar desse quarto.

O quarto, recorda Meg, entregava o estilo de vida rock'n'roll. Ela acompanhara Rebecca e Kadamba para se encontrar com Noel e se lembra de que "havia coisas jogadas por todo lado, uma completa bagunça, com a estatueta do Q Award em cima da TV. Acho que a conta dele no hotel ficou em coisa de cinco mil libras, e isso era só em bebidas".

A primeira impressão que teve de Noel foi de "um cara amigável e tranquilo, simpático. Não senti nada por ele, mas o Oasis fez um show em Amsterdã mais ou menos uma semana depois, e Tim me convidou para ir com Rebecca. Mas Rebecca queria ir ao MTV Awards, então eu e Kadamba fomos para Amsterdã".

No dia 16, o Oasis voltou à vida mais uma vez, no primeiro de três shows na Suécia, seguidos por quatro na Alemanha antes de retornar a Amsterdã.

Foi nessa turnê que Liam foi visto roubando barbeadores descartáveis numa loja de conveniência na Suécia. Coisa que custaria cerca de uma libra e meia. Foi pego por dois policiais quando estava prestes a embarcar no ônibus e solenemente conduzido de volta à loja para devolver os barbeadores. O incidente saiu na primeira página dos jornais no dia seguinte.

Depois, no ônibus, Liam botou firmemente a culpa em Noel pelo incidente.

– Mas como é que pode ser culpa minha, caralho? – perguntou Noel. – Como é que você consegue passar a culpa para mim? Conte para nós, eu quero muito saber.

Liam olhou para o irmão.

– A porra da culpa é sua porque foi você quem me mostrou onde estavam os barbeadores. Foi você quem os apontou para mim.

– Mas eu não falei pra roubá-los, não?

– *Nah*, mas eu não tinha dinheiro.

– Por que você não pediu dinheiro emprestado, então?

– Você devia saber que eu ia precisar pegar emprestado. Mas aí, como você não me emprestou dinheiro nenhum e me mostrou onde os barbeadores estavam, então a culpa é sua por eu ter tentado roubá-los.

Noel pensou por alguns segundos no que acabara de ouvir e disse:

– Liam, eu não faço ideia de como o seu cérebro inventa esse tipo de merda completa e absoluta, e nem quero saber, mas preciso admitir que você está de parabéns.

Em Amsterdã, Noel se encontrou com Meg, Kadamba e Abbot. Depois do show, visitaram o distrito da luz vermelha, tomaram alguns drinks e voltaram para o hotel American, onde ficaram "só batendo papo, conversando", relembra Meg. "Ficamos tipo amigos. Não sentia nada por ele. Bem, você não sente nada se o seu amigo está saindo com alguém, a pessoa se torna meio que andrógina para você. Nós só nos divertimos juntos e tivemos um final de semana incrível".

Meg voltou para Londres e o Oasis seguiu para a Alemanha para um show em Essen no dia 27, e então para Bruxelas, onde tocou no Botanieve na noite seguinte. Sem parar, a banda voltou para a Grã-Bretanha para mais uma turnê do Reino Unido, começando no Guildhall, em Southampton, e seguindo para o Octagon, em Sheffield.

Lá, o *promoter* do show disse a Marcus e à banda:

– Quero lhes mostrar o lugar onde quero fazer o próximo show de vocês aqui em Sheffield – e então os levou até a Sheffield Arena, com capacidade para 12 mil pessoas.

Noel olhou para aquele espaço imenso e disse ao empresário:

– Porra, ele está de brincadeira, certo? Nunca vamos conseguir encher isso aqui.

Três dias depois, 4 de dezembro, tocaram no Corn Exchange, em Cambridge, e as filas contornavam o quarteirão. Em seguida, voltaram para Londres para gravar o clipe de "Whatever" num estúdio em Wimbledon.

No dia 5, reuniram-se nos estúdios da BBC em Maida Vale para gravar uma participação, a ser exibida mais perto do Natal, no programa *Later*, que alcançava cada vez mais prestígio.

Noel convocou um octeto de cordas para acompanhar a banda em "Whatever" e "I Am the Walrus", e tocou também "Sad Song" ao violão.

A noite seguinte viu uma prova real da natureza impulsiva de Liam. No palco do Barrowlands, em Glasgow, diante de um público um pouco mais desordeiro do que de costume, Liam saiu do palco reclamando de uma dor de garganta.

Noel, pressentindo um tumulto em potencial, voltou ao palco e tocou um set acústico de uma hora. Depois, decidiram cancelar uma turnê australiana com o Primal Scream que estava proposta para janeiro, de forma a dar um descanso à voz de Liam. Além disso, Kate, a namorada de Bonehead, daria à luz naquele mês. Seria um bom momento para descansar.

Vinte dias depois, retornariam a Glasgow para compensar por aquele último show, e nesse meio-tempo tocaram em Wolverhampton, em Cardiff e no Hammersmith Palais em Londres. Nesse último, o Oasis contou com a seção de cordas e, em dado momento, um fã lançou uma carta ao palco.

– Diz aqui que eu engravidei a namorada de um cara – Noel leu a carta em voz alta para o público. Não foi um grande show, mas os do Royal Court, em Liverpool (onde Noel finalmente conheceu Lee Mavers, do The La's), e do Academy, em Manchester, foram.

Assim como o show no Brighton Centre, no dia 29, onde o The La's fez um de seus raros, ainda que erráticos, shows, e o Ride tocou no lugar do The Verve. Esse show seria o último da história do Ride: a banda se separaria no ano seguinte.[74]

O Oasis encerrou o calendário de shows de 1994 no Town Hall, em Middlesborough, no dia 30 de dezembro. Sem contar o show interrompido em Newcastle, esse foi o 105º show da banda naquele ano, superando em mais de três vezes os 27 de 1993. E agora havia vinte e três canções de Noel Gallagher em circulação, muitas delas aparecendo nas listas de melhores do ano de muita gente. A da revista *Select* é um bom exemplo: "Supersonic" e "Live Forever" foram os dois melhores singles do ano e *Definitely Maybe* entrou em segundo lugar, atrás de *Parklife*, do Blur, como melhor álbum do ano. O Oasis também ficou em segundo lugar na categoria Banda do Ano, com o Blur (essa porra de banda de novo!) em primeiro.

Foi irônico, portanto, que, na aparição do Oasis no *Top of the Pops* para apresentar "Whatever", tenha sido Damon Albarn a introduzir a banda com os dizeres "Eles são maravilhosos!".

Por algum motivo, girassóis de mentira gigantes foram colocados no palco, e Noel abanou um atrás de Liam enquanto ele cantava. Na manhã

---

74 Andy Bell, guitarrista do Ride, entrou para o Oasis em 1999 como baixista, substituindo Guigsy, e ficou na banda até seu fim, em 2009. O Ride se reuniu em 2014 e segue na ativa. (N. do T.)

seguinte, no *Big Breakfast Show*, do Channel One, o Oasis foi denominado "Banda do Ano".

A única má notícia foi que os New Seekers estavam levando Noel à justiça por ele ter roubado descaradamente a melodia de "I'd Like to Teach the World to Sing". Noel sempre negou que tirou a melodia de "Shakermaker" dessa canção, afirmando que sua fonte de inspiração foi, na verdade, "Flying", faixa instrumental dos Beatles. Por fim, as partes chegaram a um acordo fora dos tribunais.

Noel, porém, permaneceu inabalado. Nada seria capaz de parar sua banda agora. Deixaram o Suede no chinelo, o Stone Roses caiu feio, e embora *Parklife*, do Blur, se recusasse a sair do Top 10 – dane-se. Levariam uma sova no ano seguinte.

—— // ——

Noel e Meg eram agora um casal.

Seu relacionamento com Rebecca de Ruvo foi acabando aos poucos e, como ele passou a morar sozinho num pequeno apartamento alugado perto de Primrose Hill, Meg o convidou para ficar no apartamento dela durante as festas de final de ano até encontrar acomodações melhores. Rebecca dificilmente estaria lá.

Consequentemente, Noel e Meg foram a festas de Natal juntos, passaram a noite toda acordados bebendo e conversando e se tornaram amigos firmes.

No dia da filmagem do clipe de "Whatever", Meg o acordou no sofá com uma xícara de chá, uma lata de Coca-Cola e um punhado de comprimidos de vitaminas.

"Eu cheguei para ele", recorda ela, "e disse que ele precisava tomar aquelas vitaminas, e ele: 'Do que você tá falando? Vitaminas? Porra, você tá de brincadeira, né?'"

O clipe, mais uma vez dirigido por Mark Szaszy, alterna momentos bem animados da banda em preto e branco e em cores, acompanhada da seção de cordas no estúdio. Era Natal, e o vídeo mostra muitos sorrisos. Foi um grande ano.

Para encerrá-lo, no dia 19 de dezembro foi lançado "Whatever" com os lados B "(It's Good) To Be Free", "Half the World Away" e uma versão ao vivo de "Slide Away". Na semana seguinte, a canção que Noel, na cara de pau, descreveu como "possivelmente uma das maiores de todos os tempos" alcançou a terceira posição nas paradas.

Uma semana antes do lançamento do single, a música já tivera incríveis vinte e seis execuções na Radio One, e o *NME* a chamou de "o melhor single de 1994".

Porém, para os detratores do Oasis, aqueles que acreditavam que Noel Gallagher não passava de um charlatão, "Whatever", de influência óbvia dos Beatles, era a prova da qual eles precisavam para conceder esse alvará de charlatão a Noel.

Tais acusações nunca teriam sido feitas se Noel tivesse lançado a igualmente poderosa "(It's Good) To Be Free" como lado A e gravado "Whatever" como uma canção acústica de lado B. Mas aí onde estaria a diversão para esse novo manchesteriano?

Com "Whatever" (cuja melodia de cordas Noel cantou num gravador K7 e então deu a um arranjador "propriamente dito" para colocar no papel), ele pôde inserir todo tipo de referência aos Beatles, como fazer a voz de Liam soar exatamente como a de Lennon na frase "*Here in my mind*",[75] ou gravar as cordas exatamente como o produtor dos Beatles, George Martin, teria gravado.

Ele não se importava com as acusações que poderiam ser feitas. Essa ênfase nos Beatles tinha um efeito colateral agradável: desviava perfeitamente a atenção das outras fontes, como Stooges, MC5, Rolling Stones, Bee Gees do início, U2, The Jam, Pink Floyd, Stone Roses etc. Noel estava se divertindo demais para se deixar preocupar com essas coisas, e o single em si era perfeito para a época. Alto, inspirador, e ele já conseguia ouvi-lo soar a todo volume de milhares de rádios no Natal.

---

75 "Aqui na minha cabeça".

Enquanto o single era preparado para o lançamento, o Oasis tocou um set ao vivo para os ouvintes da Radio One nos estúdios em Maida Vale. As rádios comerciais ainda não estavam tocando Oasis e, como o agente de rádio da banda, Dylan White, apontou, foi a Radio One, então recentemente revitalizada, quem deu apoio à banda desde o início.

O Oasis tirou cinco dias de folga para as festas. Meg convidou Kadamba e outra amiga, Angie Parker, para passar o Natal com ela e seus pais em Liverpool.

Como Noel iria para Manchester, os quatro viajaram juntos. No carro, com Noel no banco do passageiro da frente e Angie dirigindo, Meg mencionou que, depois do show do Primal Scream em Shepherd's Bush, Abbot foi para a casa dela e, muito louco, acabou capotando na cama dela enquanto ela dormia.

– Ele fez o quê? – disparou Noel, virando-se para olhar para ela obviamente bem incomodado.

"E eu achei aquilo esquisito", diz Meg. "Enfim, chegamos à casa de Peggy e entramos para tomar um chá. Liam estava lá sentado e acho que ele ficou meio nervoso em me ver, porque me lembro de ele derrubar uma xícara de chá sem querer e tentar limpar".

"Então fomos embora e seguimos para Liverpool, e eu capotei na cama assim que cheguei na casa dos meus pais, porque estava absolutamente exausta. De manhã, minha avó disse que Noel havia ligado para me desejar Feliz Natal, e eu pensei, 'estou com saudades dele'. Foi a primeira vez que me senti assim".

Os dois conversaram por telefone naquele dia e Noel convidou Meg para uma festa em Liverpool e também para o show remarcado no Barrowlands, que seria aberto pelo Ocean Colour Scene.

Na noite da festa, Meg dormiu com Noel na cama dele no hotel, mas nada aconteceu, os dois estavam muito nervosos para dar um primeiro passo, e só adormeciam e acordavam, se apaixonando cada vez mais.

No dia seguinte, viajaram de ônibus para Glasgow. Depois do show, foram para uma balada que tocava house a noite inteira. Noel logo ficou entediado e foi embora com duas garotas, dizendo a Meg que ia voltar ao ônibus da banda.

Enquanto saía, Lisa Moorish, amiga de Meg que, mais tarde, teria um caso com Liam, parou-o e perguntou o que ele estava fazendo. Ele não tinha se ligado que Meg gostava dele?

– Ela gosta de mim? – respondeu, obviamente bem contente.

Porém, quando Meg chegou ao ônibus, não o encontrou.

O ônibus sairia às duas da manhã, e cinco minutos antes da partida Meg ouviu várias pessoas dizerem que não havia motivo para se preocupar com Noel, que ele provavelmente estava com alguém e que conseguiria voltar sozinho.

"Então pensei: 'Certo, vou voltar para a balada porque estou me sentindo uma otária. Não conheço ninguém aqui, só o Noel, e não vou passar oito horas sozinha nesse ônibus'. Faltando dois minutos para a partida, Noel entra no ônibus com um sorrisão no rosto e me diz: '*Oi*, vem aqui'. Então nos sentamos nas poltronas da frente e ele me falou o que Lisa havia dito. E aí ficamos nos beijando o caminho todo de volta até Londres. Foi um amor".

No dia 29, o Oasis tocou em Brighton. Antes do show, Noel foi tomar uma ducha. Meg, que não havia trazido uma troca de roupa, pegou um ferro e começou a passar sua camisa. Noel saiu do chuveiro e disse:

– Por que você está passando uma camisa suja?

"E eu fiquei muito envergonhada", diz Meg, "sabe como é, quando você ainda não conhece alguém direito. E aí, no show, ele disse: 'Essa vai para a garota de camisa suja, ela sabe quem ela é', disse isso duas vezes. Coyley tem isso gravado, e eu fiquei com muita vergonha".

Mais tarde, quando Noel ouviu a gravação do show, outra lâmpada se acendeu em sua cabeça. "The Girl in the Dirty Shirt" daria um bom título de música.

No dia 30, tocaram no Town Hall, em Middlesborough, e depois, na véspera de Ano-Novo, Noel e Meg foram à festa Sunday Social, no pub Albany, em Londres. No bar, um jovem bonito abordou Noel e desejou-lhe um Feliz Ano-Novo.

– Qual foi a melhor coisa que te aconteceu em 1994? – perguntou.

Sem hesitar, Noel respondeu:

– Conhecer o Paul Weller.

O casal só ficou na festa mais uns dez minutos depois disso, mas não era de se surpreender. Noel reservara uma suíte no caríssimo Landmark Hotel, e ele e Meg dariam boas-vindas a 1995 com uma garrafa de Jack Daniel's e a companhia um do outro.

Naquele momento, não havia nada mais que eles quisessem.

—— // ——

Todo mundo fala em Britpop, trip-hop, "*Noel rock*", *dad rock*, mas todas as bandas inteligentes sempre evitaram tais categorias.

A imprensa musical foi quem bolou esses "títulos". Precisava de um movimento. A história ensinava que movimentos são bons para os negócios. Vendem jornais. Assim como os slogans, e essa nova leva era obra dos jornalistas que tentavam abarcar o influxo de bandas cuja música era tão fortemente influenciada pelo passado.

Para alguns, parecia uma conspiração, como se todos os envolvidos houvessem planejado secretamente esse golpe e, agora, aqui estavam todos eles, trocando tapinhas nas costas e aparecendo nos shows uns dos outros, todos pirando em Beatles, Bob Marley, Jimi Hendrix, Rolling Stones, Small Faces e no começo do The Who.

Alguns jornalistas se entusiasmavam com essa mudança de direção da música, outros a detestavam, achavam-na tradicional demais e pouco progressista. Apontavam para o trip-hop ou para o jungle como o caminho a seguir. Barulhos estranhos, batidas diferentes, outras texturas. Lembrava os anos 1960, quando as bandas *underground* eram o futuro e artesãos da música eram o passado.

O que eles não se deram conta foi de que as bandas dos anos 1990, que agora ganhavam espaço, vendiam shows e discos, haviam emergido separadamente. As forças que as levaram até esse ponto é que seriam muito mais interessantes.

A maioria desses músicos cresceu nos anos 1980, quando a música era julgada a partir das vendas de discos e soava falsa, insípida. Ouviram os sons vazios da alma daquelas pessoas que diziam para que as acordassem antes de ir embora. Não significava nada. Assim, retornaram ao básico.

Ao longo da década de 1980, a música dos Beatles foi considerada ultrapassada, o que talvez explique a natureza quase sempre medonha de muito da música daquele período. Porém, nos anos 1990, as marés musicais trouxeram os Beatles de volta à terra firme e reafirmaram a banda como uma grande influência.

Para muitas bandas formadas nos 1990, a única música contemporânea que as inspirava era o hip-hop e, depois, o house. Música jovem, em outras palavras. Das ruas e para as ruas.

E a primeira banda do Reino Unido a realmente inspirá-las foi o Stone Roses. Lee Mavers e o The La's poderiam ter as canções, mas os Roses tinham o visual e a atitude que acompanhavam a música. Assim como seu público, pareciam passar as noites nos clubes, num barato de esperança, para então, nas primeiras horas da manhã, ouvir Beatles, Byrds e Neil Young.

Não surpreendia que membros do Oasis e do Ocean Colour Scene estivessem devidamente presentes no show mais famoso dos Roses, na Spike Island.

Agora, no início de 1995, essas novas bandas haviam assimilado suas influências e as amarrado com suas próprias habilidades de composição. Como que para acrescentar ainda mais incentivo, começavam a surgir notícias sobre o ressurgimento dos Beatles.

O ano veria o lançamento de três antologias de sobras de estúdio e material inédito, um especial de TV que documentava a história da banda e, como se isso já não fosse o bastante, aconteceria uma gravação novíssima dos Beatles.

Foi lançado também um livro importante sobre eles, *Revolution in the Head*, de Ian MacDonald, que Noel devorou. Noel evitava ficção e se concentrava em literatura de qualidade a respeito de suas obsessões favoritas. A autobiografia de John Lydon, *Rotten: No Irish, No Blacks, No*

Dogs, era outro livro favorito seu. As diferenças entre MacDonald e o Oasis poderiam ser resumidas pelo desprezo brutal do crítico por "All Together Now", dos Beatles, canção que ele disse ser "banal o suficiente para ser entoada nas arquibancadas ao longo de várias temporadas do futebol inglês".

Tal sentença enfureceu Noel. Que porra esse cara estava falando? Esse é o elogio definitivo: 30 mil pessoas cantarem a sua música numa tarde fria de sábado. Nas arquibancadas sagradas.

Noel imaginara a vida inteira um acontecimento desses e, no início da temporada 1995-1996, viu essa ambição, como todas as outras que tinha, se tornar realidade quando a torcida do Manchester City refez e cantou "Wonderwall".

Um torcedor muito influente do City que provavelmente estava presente quando esse cântico aconteceu pela primeira vez era Tony Meehan, que foi responsável pelo departamento de propaganda do time e compreendia mais do que a maioria o elo cada vez mais forte entre a música e o futebol britânicos.

"O novo rock'n'roll" era o título dado por algumas revistas ao "belo esporte" ao apontar que jogadores como Ryan Giggs e Eric Cantona comandavam um séquito comparável ao de qualquer banda pop.

Foi Meehan quem providenciou para que Noel, Liam e Guigsy aparecessem em anúncios vestindo a nova camisa do Manchester City, em julho, e para que eles, juntamente com Johnny Marr e Phil Smith, entrassem no campo do Maine Road logo antes de uma partida contra o Blackburn. O público foi ao deleite.

Depois, ele persuadiu o City a dar à banda seu próprio camarote no campo, e convidou os integrantes para um jantar com ex-jogadores do time, como Mike Summerbee.

"Foi muito divertido", recorda Guigsy. "Summerbee estava na mesa e disse: 'Sabem, rapazes, eu não dou mais conta disso'. Pensamos que ele estivesse falando que estava tão farto que iria desistir de assistir futebol. Alguém perguntou: 'Não dá conta mais do quê, Mike?'. E ele respondeu: 'De beber cinco garrafas de vinho e trepar a noite inteira'".

Meehan também foi um dos responsáveis por iniciar uma campanha vigorosa e bem-sucedida para que Francis Lee, ex-jogador e lenda do City, ocupasse o posto de presidente do clube. Os torcedores estavam bastante desiludidos com Peter Swales, o então presidente. No dia em que ele apontou Brian Horton como o novo empresário, houve protestos na frente do estádio. Noel, Guigsy e Liam participaram, junto a centenas de torcedores que expressavam seu desgosto estilhaçando janelas e portas. Swales por fim renunciaria e Lee assumiria o posto. Porém, a sorte do clube afundaria ainda mais sob a presidência de Lee. Em 1996, uma semana depois dos shows do Oasis no Maine Road, o time caiu da Premier League para a Primeira Divisão.[76]

Durante esse período de descanso do Oasis, enquanto Bonehead e Kate aguardavam a chegada iminente de sua filha Lucy (de quem Noel foi padrinho), Meehan sugeriu que Noel escrevesse uma canção para o clube, convite que ele aceitou, e então se sentou para compor.

"Porém", lembra Meehan, "o que ele compôs foi 'Acquiesce'". E a música era boa demais para ser simplesmente dada.

Em janeiro, o Oasis foi à cerimônia do Brat Awards do *NME*, organizada num contraste direto com o Brit Awards, patrocinado por gravadoras. Os Brats surgiram especificamente para honrar as bandas sempre ignoradas pelos Brits e para promover o *NME* como o jornal "do novo".

O Oasis recebeu o prêmio de Melhor Show e as palavras de Liam foram:

– Gostaria de agradecer muito a vocês, e o fato de o Shed Seven não ter ganhado mostra que vocês fazem um bom trabalho.

– Acho que não é preciso dizer mais nada – acrescentou Noel.

O Oasis foi então chamado novamente, para receber o prêmio de Melhor Single por "Live Forever", este decidido numa votação do público. Os jornalistas ficaram com "Girls and Boys", do Blur.

– Ainda bem que o Elastica não ganhou – disse Liam.

---

76 Depois da criação da Premier League do futebol inglês, em 1992, a Primeira Divisão passou a ser a segunda categoria da liga. (N. do T.)

Noel acrescentou:

– Gostaria de aceitar este prêmio em nome de "Hung Up", do Paul Weller, e "Rocks", do Primal Scream. Para terminar, queria dizer que *indie schmindie*, *jungle schmungle*, *techno schmecno*, *new wave*, sem chance.

Voltaram para seus assentos, mas logo tiveram de se levantar de novo para receber o prêmio de Melhor Álbum do Ano.

– Ainda bem que nenhum outro ganhou – disse Liam.

– Eu gostaria de agradecer a Alan McGee, Marcus Russell, Brian Cannon, Chris Abbot, Johnny Hopkins, e espero que o Menswear ganhe o prêmio de banda mais bem-vestida no ano que vem.

Alan McGee então recebeu um prêmio por seus serviços a favor da música ao longo dos anos.

– Creation para toda a nação! – gritou Noel.

Depois, Noel foi entrevistado para a MTV por Donna Matthews, do Elastica, e disse a ela que todo prêmio concedido porque uma molecada votou neles seria sempre especial; sentença essa que ele viria a repetir muito.

Depois da cerimônia, que contou com uma trupe de dança que se apresentou ao som de "Cigarettes & Alcohol", houve certa balbúrdia quando Liam e Noel foram convidados a posar com o Blur para fotos. Noel aceitou, mas Liam não quis saber. Lançou insultos ao Blur ao dizer a Damon que sua banda era ridícula, e então recebeu um beijo na bochecha do guitarrista do Blur, Graham Coxon. Noel deu um chega pra lá em Liam por sua truculência, chamando-o de "*pop star*".

– Tá, tá, tá... – murmurou Liam.

Na semana seguinte, Noel e Damon adornaram a capa do *NME*.

Noel também tirou um tempo para ir até o Manor Studios, em Oxford, onde Paul Weller estava gravando o álbum *Stanley Road*, sucessor do bem-sucedido *Wild Wood*.

Weller perguntou a Noel se ele gostaria de tocar violão num cover que eles pretendiam gravar de "I Walk On Gilded Splinters", de Dr. John. Claro, ele adoraria.

Pegou um violão, entrou na sala do estúdio e perguntou casualmente qual era o tom da música. Depois de saber, tocou acompanhando a faixa que tocava em seus fones de ouvido.

Quando acabou, voltou para a técnica, onde Weller, sorrindo, perguntou:

– Você não conhece a música, né?

Noel teve de concordar. Nunca tinha ouvido aquela música na vida.

Porém, o que realmente o impressionou foram as músicas que Weller já tinha gravado até então, entre elas "Porcelain Gods", "Whirlpool's End" e "Wings of Speed".

"Eu havia acabado de escrever 'Roll With It'", revela Noel, "sabe, 'You gotta roll with it / You gotta take your time',[77] e ao ouvir aquelas músicas do Paul, pensei que precisava fazer melhor. Precisava mesmo".

Ao longo dos três meses seguintes, ele escreveria "Don't Look Back in Anger", "Cast No Shadow" e "Wonderwall".

Para os EUA, Marcus Russell elaborou uma estratégia à parte daquela executada em outros países. Os EUA exigiam uma abordagem renovada. Marcus sabia que as gravadoras não convenciam com bandas britânicas e que para se infiltrar no mercado americano não só eram necessários meses de turnê, como também apoio completo daquelas companhias.

O plano de Marcus era levar o Oasis não só aos grandes centros, mas às cidades não tão visadas também. Era sua forma de mostrar à gravadora o quão séria a banda estava no objetivo de se estabelecer.

77 "Você tem que se deixar levar / Você tem que se dar um tempo".

"E aí você chega [na gravadora] e diz: 'Certo, nós dissemos que íamos fazer isso. Agora que fizemos, podemos ter mais apoio na próxima turnê?'. E assim você vai construindo essa relação", explica Marcus.

Em relação a discos, foram enviados singles às estações de rádio, mas não às lojas. Na verdade, o primeiro single do Oasis a ser lançado nos EUA seria o oitavo da banda, "Wonderwall".

No país, os singles de música pop não serviam como nada além de propagandas para os álbuns. O objetivo de Marcus era estabelecer o Oasis como uma banda de álbuns consistentes, com mais do que apenas um single de sucesso na manga.

Enquanto isso, ainda havia muitas cidades onde tocar.

No dia 28 de janeiro, a segunda turnê norte-americana da banda começou em Seattle. Depois do show, o Pearl Jam, que compartilhava um gosto semelhante por Neil Young, foi ao backstage.

"A *vibe* toda deles dizia: 'Caramba, vocês realmente são sérios'", recorda Marcus. "Eles conseguiam ver o que estávamos tentando fazer acontecer".

No dia seguinte, no voo para o Canadá, Bonehead teve uma dor de dente tão desesperadora que precisou passar por uma cirurgia assim que chegou. O show, no Commodore Ballroom, em Vancouver, foi transmitido ao vivo pelo rádio.

Na noite seguinte, no Roseland Theatre, em Portland, Liam perdeu a voz de novo e, frustrado, destruiu o camarim. Em São Francisco, porém, no lendário teatro Fillmore, o show foi um estouro, e depois, para contrastar com o fiasco no Whisky da última vez, incendiaram o Palace, em Los Angeles.

Daí em diante, caíram na estrada para cidades mais fora da curva, como Salt Lake City, Mesa, no Arizona, Denver, Dallas, Austin, Houston, Memphis e Atlanta. O último show aconteceu no dia 18 de fevereiro.

No dia 19, voaram de volta para a Grã-Bretanha para comparecer à cerimônia do Brit Awards na noite seguinte, no Alexandra Palace. O Oasis recebeu o prêmio de Melhor Revelação Britânica, ao passo que o Blur levou cinco prêmios.

A banda recebeu a estatueta do líder dos Kinks, Ray Davies, e Noel disse:

– Tem muitas pessoas que gostaríamos de agradecer, mas nós pagamos muito dinheiro a elas para massagear seus egos. Eu gostaria de agradecer ao Ray Davies por me influenciar. A George Martin por produzir a melhor banda da história, os Beatles, e aos pais de todos nós. Vivam para sempre!

De lá, seguiram para o sul do País de Gales para gravar o novo single, "Some Might Say", no Loco Studios. Seria a última sessão de gravação de Tony McCarroll com o Oasis. Conversas a respeito de suas habilidades já haviam acontecido entre Marcus e Owen Morris.

"O grande problema do Tony era que ele só sabia tocar duas levadas", explica Owen. "Fazia um *shuffle* em algumas canções e descia o braço em outras, e isso atravancava seriamente a banda, que não podia fazer outras coisas além dessas duas. Então cogitamos arrumar umas aulas para ele".

E foi o que fizeram. Colocaram-no em contato com o ex-baterista do The Bible, Dave Larken, que lhe passou vários exercícios e cujo ponto de vista era o de que Tony tinha potencial para ser um grande baterista, mas só utilizava um dos braços de maneira correta. Larken então disse a Tony que arrumasse um pequeno kit de estudo e treinasse exercícios diversos para corrigir o problema.

"E eu me encontrei com Tony um dia antes de gravarmos 'Some Might Say' e perguntei a ele como estavam as aulas", relembra Owen. "Estávamos passando o som da bateria e tal, antes de o resto da banda chegar. Ele respondeu: 'Não fiz nenhum exercício, não tive tempo'. 'Ah, porra, lá vamos nós', pensei".

Já havia sido feita uma demo do novo single no Maison Rouge e, segundo Owen, era enormemente diferente da versão final. Essa demo viria à tona, depois, num CD lançado apenas no Japão.

"A demo tem um *groove* ótimo, certeiro, um *groove* lento meio Stones, é bem mais lenta", explica Owen. "Mas o que acontece quando o Oasis entra em estúdio é que Noel fica hiperempolgado e começa a tocar num andamento dobrado. No final, quando eu e ele estávamos ouvindo a gravação, achamos rápida demais em comparação à demo".

"Então trouxemos a banda de volta e Noel dizia: 'Seus desgraçados, a culpa é toda de vocês'. Mas ele era quem havia começado a tocar mais rápido. Fizemos três takes e escolhemos o melhor. Eu e Noel, porém, achávamos que tínhamos ferrado bastante a música".

"A bateria está uma bagunça, de fato a bateria dessa faixa é lamentável, porque já se perde no primeiro refrão. Então, na mix, tivemos de tentar dar uma escondida na bateria, o que, para uma faixa de rock, é muito infeliz, e ficamos só vagamente satisfeitos com o resultado".

"Por outro lado, 'Acquiesce' ficou muito boa, então a banda disse: 'Vamos lançar essa como single!'. A reação de Noel, porém, foi: 'Não, o plano é lançar 'Some Might Say' primeiro, ela é o single. Decidi isso há oito meses'".

Alguns dos membros do Oasis não eram os únicos a duvidar da decisão de Noel. Segundo ele, inclusive, Alan McGee não gostou nada do lado A e defendeu fortemente "Acquiesce". Não era difícil ver por quê.

Para muita gente, é uma música superior a "Some Might Say", e faz a primeira menção ao álbum que catapultaria o Oasis ao estrelato mundial. Enquanto os acordes rasgados se anunciam na introdução da canção, é possível ouvir a voz de Noel ao fundo cantando "*What's the story, morning glory?*".[78]

Ele pegou o título de uma garota que ligou para ele nos EUA e se apresentou com essa pergunta. A frase em si vem de um musical chamado *Bye Bye Birdie*, que ganha montagens todos os anos em muitas escolas americanas. "What's the Story, Morning Glory" é uma das canções centrais da peça e foi devidamente adaptada como um ditado por muitos alunos.

---

78 A rima em si, como contida na expressão, seria mais ou menos semelhante ao nosso "bom dia, flor do dia", porém o título pode trazer uma série de outros significados: além do contexto da canção do musical infantil, *morning glory* é, também, uma flor que se abre pela manhã e se fecha no início da tarde, além de uma gíria para designar uma ereção ao acordar; acompanhada da pergunta *what's the story*, algo como: "Qual é, qual a boa, *morning glory*?". (N. do T.)

Ao ouvi-la, os radares de Noel se ativaram. Ele anotou a expressão e começou a compor a música durante a turnê. Como sempre, não tinha letra, exceto pelo refrão.

Porém, se ele esperava lapidar a música no Loco Studios, as sessões tensas de "Some Might Say" o fizeram desistir, culminando num bate-boca sério com Liam.

A discussão aconteceu quando a música concluída foi tocada no estúdio cheio de amigos. Owen explica:

"Na demo havia uma passagem psicodélica esquisita de guitarra ao contrário que achamos meio insossa. Então eu e Noel terminamos todos os *overdubs* e havia muita cocaína rolando, cocaína demais, na verdade, e tocamos a faixa para a banda e para um bando de gente que estava lá pelas drogas".

"Liam simplesmente explodiu na frente de todo mundo. 'Seu idiota do caralho, você não sabe o que tá fazendo. Cadê aquela guitarra?'".

"E Noel responde: 'Tire ele daqui ou eu vou matá-lo, porra. Eu sei o que estou fazendo, vai se foder'. Liam sai furioso e então todo mundo deixa a técnica, onde sobramos só eu e Noel".

"Aí começo a pensar que Liam provavelmente esteja certo, enquanto Noel fala: 'Ele é um idiota do caralho, um otário, que porra ele sabe?'. E eu: 'Bem, talvez ele esteja certo'. E Noel começa: 'Você não ouse ficar do lado dele, caso contrário, está demitido'".

"Três horas depois, Noel se acalma, entra na técnica e diz: 'Sabe, talvez ele esteja certo mesmo'. Daí então ele gravou a passagem de guitarra, mas tocando algo diferente. Mudou um par de notas para que pudesse justificar dizer a Liam: 'Coloquei uma melhor ainda, agora'. E aí todo mundo ficou feliz. Mas foi uma sessão realmente movida a cocaína, todo mundo muito tenso". (Um ponto proeminente a favor de Liam é que, quando ele fumava maconha, ficava muito menos propenso a arroubos de fúria do que quando consumia grandes quantidades de cocaína.)

A banda então retomou a turnê nos EUA, mas, na cabeça de Noel, o destino de Tony McCarroll estava selado. Ele teria de sair, embora não pudessem despedi-lo de forma alguma ainda.

De 3 a 25 de março, havia shows nos EUA a cumprir, depois, em abril, a gravação de um clipe para o single, e então mais três datas que culminariam com um show enorme na Sheffield Arena. Noel estava enganado: os ingressos se esgotaram rapidamente. Depois disso, era hora de voltar para o estúdio para começar a trabalhar no segundo álbum, a que Noel daria o título de *(What's the Story) Morning Glory?*.

Além disso, os tabloides agora traziam a banda regularmente em suas páginas. O *Sunday Mirror* publicou uma matéria no dia 19 de fevereiro, sob a manchete ESCÂNDALO DE DROGAS DO OASIS, que começava da seguinte forma: "A famosa banda pop britânica Oasis causou furor em sua cidade natal ao ostentar o uso de drogas". Depois, citavam Alf Morris, do Partido Trabalhista, que teria dito que "o que o Oasis deveria dizer aos americanos é quanta gente luta todos os anos para ganhar uma vaga na universidade".

A turnê norte-americana recomeçou em Nova Jersey e seguiu para Washington, Virginia Beach, Filadélfia, Nova York (onde conheceram e saíram com o tenista John McEnroe), Providence, Boston, dois shows no Canadá, e então Cleveland, Detroit e Indianápolis, onde Liam foi atingido no palco por um par de óculos e a banda ameaçou revidar com instrumentos. Na noite anterior, ele e Bonehead foram ao show de outra banda do Reino Unido, o Bush, e participaram de uma roda na frente do palco.

A turnê seguiu para Chicago, e então para o Orbit Room, em Grand Rapids, onde Liam deixou o palco depois de três músicas e Noel teve de cantar todo o restante do set. Na noite seguinte, tocaram no clube de Prince em Mineápolis e lá conheceram Nigel Dick, diretor britânico que agora morava nos EUA, e viria a dirigir os clipes de "Wonderwall" e "Don't Look Back in Anger".

O último show, em Milwaukee, foi talvez o melhor da turnê, e então a banda, exausta, voou de volta para casa. Foi um trajeto penoso pelos EUA, mas ajudou muito a torná-los conhecidos por lá.

Ao retornar, o Oasis viajou para Chatley Heath, em Surrey, para dois dias de filmagem de um clipe, a começar em 29 de março. O orçamento ficara em torno de £40 mil.

Hospedaram-se num hotel, mas, no primeiro dia, Liam simplesmente não apareceu. Alguém enfim ligou para ele no hotel, e ele disse que a ideia era uma merda e que não queria saber de filmar. E então desligou o telefone. Liam, o purista.

Marcus voltou a ligar para ele e informou o vocalista de que, se ele não aparecesse, isso custaria uma diária de filmagem à banda, coisa de uns vinte mil.

– Caguei – disse Liam –, eu pago. O single não precisa de clipe, mesmo.

A filmagem foi então cancelada e, no lugar dela, fizeram uma colagem com diferentes partes de clipes anteriores, incluindo a versão americana de "Supersonic".

Agora, havia mais três shows a fazer: dois de aquecimento, em Southend, e outro em Paris, no Bataclan, para então voltar a Sheffield para o terceiro e maior show até então.

No show em Southend, Noel quebrou o *setlist* e, pela primeira vez no Reino Unido, sentou-se num banquinho e fez um set acústico.

Em Paris, no dia 19 de abril, há quem diga que Liam teve um desentendimento com McCarroll. Ele nega: "Eu estava no bar, e uma mina doida com quem ele estava saindo apareceu e começou a brigar com ele. Ele caiu no chão, eu estava comendo umas cerejas e então comecei a cuspir os caroços nele enquanto ele rolava de um lado para o outro".

Enquanto isso, Noel tinha outras coisas em mente, como lapidar uma música que andava flutuando em sua cabeça, intitulada "Don't Look Back in Anger".

Nos últimos meses, ele vinha ouvindo uma fita que ganhara nos EUA que continha uma gravação de John Lennon começando sua biografia. Nela, o ex-Beatle diz: "Eu adoro aquele negócio que disseram sobre o George Bernard Shaw, que a inteligência dele lhe subiu à cabeça."[79] Noel

79 "*...his brains had gone to his head*".

também adorou. Era o ímpeto que ele precisava para começar a trabalhar no que se mostrou uma canção excepcional.

A empolgação dele pode ser medida pelo fato de que ele estreou a música em público ao violão em Sheffield. Paul Weller e Johnny Marr estavam presentes, e o Ocean Colour Scene e o Pulp abriram. Um sinal do que estava por vir.

"Aquele show foi divertido", recorda Noel. "Lembro-me de estar no palco naquele espaço enorme, e de Liam me perguntar: 'Por que tem barreiras segurando essa molecada toda?'. Respondi com um berro: 'Não sei, estou tentando tocar guitarra, seu otário'".

Foi aí que Liam e Noel disseram ao público que tocassem o foda-se às barreiras e aos seguranças e viessem mais à frente. De imediato, uma massa de gente se impulsionou para a frente, imagem que Noel diria depois do show que "parecia uma revolução ou algo assim".

Mais tarde naquela noite, já no hotel, Noel abordou um amigo e disse:

– Você tem noção de que, um ano atrás, estávamos prestes a lançar nosso primeiro single, e hoje tocamos para 12 mil pessoas?

Foram doze meses assombrosos, a julgar por qualquer padrão. Dois dias depois, "Some Might Say", lados B "Talk Tonight", "Acquiesce" e "Headshrinker" foi lançado.

Tanto o *NME* quanto a *Melody Maker* o elegeram como Single da Semana, e ambas as resenhas afirmavam que, apesar de não se tratar do melhor single do Oasis até então, tinha tanta potência que de fato varria todos os anteriores.

Na semana seguinte, o single entrou nas paradas na primeira posição, enquanto o mais recente de Paul Weller, "The Changingman", entrou na sétima. Uma das ambições de Noel era eclipsar o recorde de Weller com o The Jam de três singles entrarem direto em primeiro lugar. E lá estava ele, seis posições à frente de Weller.

Numa festa no Soho, depois de o Oasis tocar no *Top of the Pops*, Noel, sentado numa cadeira, dizia empolgado às pessoas:

– O single do Weller entrou em sétimo. É o primeiro lugar no Top 10 que ele consegue em anos.

– Sim, Noel, mas você está em primeiro.

– Eu sei, mas o Weller está em sétimo. É massa pra caralho, não?

Enquanto isso, Tony McCarroll estava de volta a Manchester, tentando se ajustar à vida sem o Oasis. Depois do show em Sheffield, Marcus o convocou para uma reunião e o informou daquilo que McCarroll ouvia há anos, mas se recusava a acreditar. Se ele não melhorasse, estaria fora da banda. Agora, era verdade. Aquele foi seu último show com o Oasis.

- Quinze -

"QUANDO LEIO QUE 'O OASIS É A BANDA DO NOEL', ESSA PORRA ME DEIXA FURIOSO. A BANDA NÃO É DE NINGUÉM. TIRE UM DE NÓS E NÃO RESTA NADA".

No cerne de tudo estava a forma como seu irmão mandava na banda, dominava as composições e tomava todas as decisões importantes. Isso enfurecia Liam seriamente e o fazia sentir que, caso um dia ele escrevesse uma música quase tão boa quanto "Hey Jude", seria muito, muito pouco provável que Noel escolhesse gravá-la. E isso o deixava louco da vida.

Ele também acreditava que o sucesso do qual a banda toda agora desfrutava se devia tanto a ele quanto a Noel. Claro, nós sabemos quem escreve as músicas. E sejamos justos, todas são um estouro.

Mas será que elas teriam tanta força se fossem cantadas por outra pessoa? Seriam elas tão bem amarradas sem sua voz única posicionada bem no centro? E quem servia de modelo para todos os garotos? E por quem as garotas ficavam doidas nos quartos de hotel de madrugada? Por ele, Liam. *Li-Am the walrus, koo koo ka choo*. Ele mesmo.

O que mais o deixava com a pulga atrás da orelha era quando Noel embolsava todo o dinheiro dos direitos autorais. Ficava louco. O Oasis não se resumia a ganhar dinheiro. Não havia sido formado com esse propósito, e sim para ir a fundo na música e, portanto, Noel deveria compartilhar sua boa fortuna. Era uma banda. Tudo ou nada. É o que ele faria. Se importar, "aqui estão os trocados, rapazes". Coisa que Noel se recusava a fazer.

Quanto a Liam, ele estava determinado a aproveitar, e muito. Esperou anos por reconhecimento e sucesso e, agora que os tinha, não ia largar. Liam ia curtir tão intensamente quanto trabalhava. Nos dias de folga, acordava de ressaca por volta das quatro da tarde. Às seis, já estaria com um drink na mão. Às nove, à noite, uma promessa cheia de prazer clamaria por ele e ele não iria, nem poderia, resistir. A única coisa que o incomodava era a atenção da mídia.

No dia 28 de fevereiro de 1995, bêbado, arrumou briga no Dry Bar, em Manchester. Isso não só saiu em todos os jornais, como algum infeliz deu ao *The Word* o vídeo da câmera de segurança que mostrava Liam sendo expulso. E os filhos da puta o exibiram.

Porém, ele nunca se esquecia de outros princípios em meio à arruaça que causava pela cidade.

"Lembro-me de ir até aquele clube Brown's e encontrar Liam lá", recorda McGee. "Fazia um bom tempo que eu não o via e ele estava cercado de mulheres, umas mulheres lindas que tentavam chamar a atenção dele. Então me aproximei para dar um oi e ele disse: 'Senta, senta'. Começamos a conversar e eu disse: 'Liam, olha só, se você quiser pegar todas essas mulheres, eu vou embora, não ligo, na verdade entendo perfeitamente. No seu lugar, eu faria o mesmo'".

Liam olhou para McGee.

– Elas podem esperar – disse, e então completou: – Mas vamos lá, o que você tem feito? Ainda está contratando bandas de merda com o nosso dinheiro, é?

//

Noel e Meg estavam agora morando em Camden, num pequeno apartamento na Albert Street. Obviamente, já era um relacionamento sério, mas, de início, Meg achou difícil se acostumar com Noel.

Para começar, o trabalho dela não ia bem. A Flavor, companhia que havia fundado, estava fracassando. Telefonemas de mais, resultados de menos. Noel disse a ela para abandonar esse trabalho e encontrar um que fosse menos estressante, ela estava se esgotando muito.

Meg, porém, não conseguia evitar. Era de sua natureza ser determinada. Mas ela era realista também. Sabia que o trabalho a estava massacrando de preocupações e estresse. Relutante por ter falhado, Meg largou a Flavor.

"E então, de repente eu estava sem um tostão", afirma ela. "Não tinha emprego e sentia que Noel achava que eu tinha largado o trabalho por quem ele era, e que eu simplesmente ia parar de trabalhar. Mas isso não é do meu feitio. Estava desesperada por um emprego, então foi aí que comecei a trabalhar como *hostess* nos clubes, só para mostrar a ele que eu trabalhava duro".

"Ele então começou a trabalhar em *Morning Glory*, e eu consigo entender que, quando se está compondo, é preciso se desligar, mas, ao mesmo tempo, não me sentia forte".

Segundo Meg, quando alguma imagem ou alguma coisa na TV ou no pub capturava Noel, o que quer que fosse que ativasse as antenas dele, ele largava tudo e corria para a cozinha para escrever furiosamente. Foi assim que surgiu a letra de "Champagne Supernova".

"Eu comprei um pote de açúcar que vinha com o boneco de um homenzinho pendurado na tampa, quase enterrado no açúcar", diz Meg, "e aí Noel correu para a cozinha e escreveu a música". Há uma foto dessa jarra no encarte de *Morning Glory* ("*Someday you will find me / Caught beneath the landslide...*"[80]).

Mas Meg também achava difícil tirar alguma reação de Noel, que não era uma pessoa de muito tato e nem afeito a sentar e conversar sobre seus sentimentos. Era brilhante em divertir as pessoas e seu humor era con-

80 "Algum dia você vai me encontrar / Pego por um deslizamento de terra".

tagiante, mas, se você tentasse ir um pouco mais a fundo, as barreiras se levantavam num tiro. E isso a deixou desconcertada. No mundo de Meg, se um casal se senta para assistir TV, faz isso no sofá, se abraçando. É o que amantes fazem. Noel se sentava em sua poltrona, sozinho, como se estivesse se protegendo.

"Às vezes eu achava que ele era assim só comigo, mas eu meio que fiquei sabendo que ele é assim com todo mundo, com os amigos, gente próxima dele, todo mundo. Eu o escutava falar ao telefone ou conversar, e ele nunca entregava nada, nunca expressava nada".

Porém, ele se expressava, sim. Tudo ia parar em suas canções. E ele sabia disso mais do que todo mundo. Em "Hey Now!", ele diz: "*And time as it stands / Won't be held in my hands / Or living inside of my skin / And as it fell from the sky / I asked myself why / Can I never let anyone in?*".[81]

E era por isso que quando o idiota do irmão choramingava com ele a respeito de dinheiro, sobre como a banda recebia salários, mas Noel estava podre de rico, ele nunca conseguia enxergar por esse ponto de vista.

Liam não fazia a mínima ideia do quanto de esforço ele investia, nem ouvia as vozes em sua cabeça, que lhe diziam que ele não passava de um merda. Será que Liam não via que era uma das pouquíssimas pessoas no planeta em quem Noel podia confiar totalmente? Se quisesse dinheiro, bastava pedir. Pode apostar que Noel ficava com o dinheiro, o máximo de dinheiro que desse.

E foi nesse estado de espírito que o Oasis se reuniu no Rockfield Studios, no País de Gales, para fazer o álbum que primeiro os quebraria, para depois fortalecê-los.

---

81 "E o tempo, do jeito que é / Não vai ser segurado por mim / Nem viver na minha pele / E enquanto ele caía do céu / Eu me perguntava por que / Nunca consigo deixar ninguém entrar?".

And time as it stands / Won't be held in my hands / Or living inside of my skin / And as it fell from the sky / I asked myself why / Can I never let anyone in?

— // —

Noel o ouviu pela primeira vez no corredor de um estúdio de ensaios. Tocava de maneira tão límpida que fez o compositor parar de súbito e perguntar:

– Quem é esse na bateria?

A resposta era Alan White, que, assim como Noel, tinha um irmão chamado Paul, além de um segundo irmão chamado Steve, que, sem dúvida alguma, estava rapidamente se tornando o melhor baterista do país.

Os irmãos White cresceram em Eltham, sul de Londres. Paul, o mais velho, tinha pouca aptidão para instrumentos musicais e foi exercer empregos variados: pedreiro, estucador, taxista.

Steve, porém, era diferente. Aos dez anos de idade, persuadiu os pais a comprar uma bateria que custava £30. Steve a montou na sala e desceu o braço. O barulho não podia continuar ali, então o pai transformou o sótão da casa num espaço de ensaios, instalou algumas cortinas para abafar o barulho, e "é todo seu, filho".

Alan, o mais novo, era pequeno demais para dar atenção a isso. Nasceu a 26 de maio de 1972 e frequentou a Deansfield Primary School. Foi quando estava prestes a entrar no ensino médio, na escola Crown Woods, que começou a sentir uma atração pela bateria.

Na mesa de jantar, Steve sempre batucava. De repente, Alan já estava fazendo o mesmo. Agora estava sempre comprando discos. O compacto "Dancing in the Street", de Martha and the Vandellas, foi o primeiro, e ele logo passou para James Brown. Eram as viradas de bateria, aquelas que Clyde Stubblefield, o baterista *funky* de Brown, inseria em cada música, que realmente chamavam a atenção de Alan.

Aquelas batidas de funk certamente diziam mais a ele do que a escola. Alan não queria saber da maioria das matérias, um pouco de arte, um pouco de inglês, e mais nada lhe interessava. Mas era bom em corrida e jogava um pouco de futebol.

Torcia para o Charlton FC, o time local. Seu pai o levava com os irmãos para ver o Charlton jogar e era isso. Assim como Guigsy e os irmãos Gallagher, ele não teve escolha nesse aspecto, na verdade.

Alan tinha mais ou menos uns dez anos quando seu irmão Steve começou a trabalhar com Paul Weller e deu início a uma parceria musical duradoura e frutífera.[82] Quando não estava tocando com Weller, Steve se ocupava em incentivar o irmão.

Steve foi o primeiro a instruir Alan a respeito da bateria e de bateristas. Mostrava *licks*, colocava discos para ele ouvir. Os adorados discos de jazz de Steve não bateram para Alan, mas os de funk – The Meters, Sly Stone, James Brown –, esses sim o pegavam.

Quando Steve saía em turnê, Alan subia para o sótão e praticava. Era um baterista *soulboy*, e estava ficando bom. Promissor o suficiente inclusive para Steve sugerir que ele fizesse aulas com seu antigo professor, Bob Armstrong, que, segundo Steve, lhe ensinaria o domínio das mãos.

Os pais de Alan levavam numa boa o interesse do filho mais novo. Sempre incentivaram os filhos e sua filosofia era simples: sigam seus instintos. Quer tocar bateria? Então toque.

Alan se formou na escola sem notas das quais valesse a pena falar e foi trabalhar na loja de roupas Next, situada perto da Ponte de Londres. Entrava às dez da manhã e saía às três da tarde. Funcionava bem para ele: logo depois do trabalho, ia para casa praticar. A cada duas semanas, ia ter aulas com Bob. Alan raramente perdia uma aula ou passava um dia sem tocar bateria. Steve o ensinara, por exemplo próprio, o valor real da disciplina. Você quer ser bem-sucedido, então pratique. Não fique de brincadeira.

E então, numa manhã quente de verão no trem a caminho do trabalho, Alan rasgou as calças na altura da virilha, e sua cueca não era estilo boxer. Ao chegar na estação, rezando para que ninguém notasse, conseguiu chegar até um telefone e ligou para o chefe. Um nunca gostara do outro.

82 Steve White foi baterista do Style Council, banda que Paul Weller formou após o fim do The Jam em 1982, e seguiu tocando com Weller em sua carreira solo até meados dos anos 2000. O último disco de Weller no qual Steve toca é o ao vivo *Catch-Flame!*, de 2006. (N. do T.)

"Falei que estava ligando da estação, que havia rasgado minhas calças e precisaria voltar para casa para trocá-las. E que então iria me atrasar", lembra Alan. "E ele disse: 'Ah, não, venha direto para cá. Volte para o trem, segure as calças e atravesse a ponte'. Respondi que não iria atravessar a Ponte de Londres com as partes à mostra, e ele disse que, se eu não fosse para o trabalho naquele momento, não teria mais trabalho. Então só desliguei e foi isso. Fiquei de bobeira por um tempo".

"Então arrumei um emprego na Footes, loja de bateria que fica na Golden Square, no West End, em Londres, e trabalhei lá por uns dois anos e meio".

Nesse meio-tempo, continuou as aulas com Bob Armstrong, que era um expoente hábil do método Moeller, um estilo elegante que permite ao baterista, por meio de um determinado uso das mãos, tocar duas batidas onde outros só conseguem tocar uma.

Alan pôs em prática essa técnica tanto em casa quanto no trabalho, onde estava fazendo muitos contatos úteis.

Comprou de Steve sua primeira bateria ("paguei 500 libras, ele me extorquiu") e agora a usava para acompanhar uma cantora folk chamada Tamara. Alan White fez sua estreia como baterista no King's Head, em Fulham, e ainda se lembra da ocasião.

"Estava me cagando, mas muito animado. Achei que seria um pouco mais difícil, mas não foi tão ruim quanto pensei".

Essa associação durou cerca de um ano e meio, mas Alan então se entediou e quis partir para outra. Foi quando Steve, que havia tocado numa gravação de uma banda chamada Starclub, recomendou Alan a eles. Chamaram-no para um teste e ele passou.

Antes de ele entrar, a banda já tinha um contrato com a Island Records e um álbum gravado.

Dois singles se seguiram prontamente. O primeiro, "Let Your Hair Down", recebeu boas críticas, teve boa execução em rádio e prometia colocar a banda no mapa, mas nunca chegou a decolar de fato. Tampouco o seguinte, "Hard to Get", o fez.

Foi aí que a banda decidiu que os EUA seriam mais promissores e embarcou numa turnê massacrante, voltou para casa e ouviu da gravadora que deveria gravar um segundo álbum. Formado então por Alan, Steve French, Owen Weiss e Julian Taylor ("o melhor baixista que já ouvi na vida"), o Starclub começou a trabalhar.

Então, o agente de A&R colocou na cabeça que a falta de sucesso do Starclub era responsabilidade do guitarrista, Steve French, e começou a pleitear para que ele fosse retirado da banda. Percebendo que, se permanecesse, a banda seria dispensada da gravadora, Steve saiu e foi para Nova York. Nem precisava ter se dado ao trabalho: sua partida foi um golpe tão grande para o grupo que o Starclub nunca conseguiu recuperar forças. "Dane-se, o tempo está correndo, estou fora dessa", pensou Alan.

O seguro-desemprego era o jeito. Alan contou com o benefício por cerca de um ano e levou um tempo ponderando como todos da banda haviam ficado sem um tostão, mas todo mundo ao redor deles estava agora de carro novo.

A banda chegou a se reunir, mas com um novo nome, Paint, pouco inspirador. Alan se viu tocando no circuito de pubs de Camden – o Dublin Castle, o Monarch – e sentia que não estava chegando a lugar algum. Mais uma vez, caiu fora.

Pouco depois, Dr. Robert, que agora estava lançando uma carreira solo após o fim de sua banda, The Blow Monkeys, chamou Alan para gravar com ele.

"Gravei parte do álbum dele", afirma Alan, "e trabalhei com ele por cerca de três meses. Gostei demais, Robert é um cara massa e tem umas canções insanas. Uma que gosto muito de ter tocado é 'Circular Quay'. É linda e fiquei bem contente com o que toquei nela. Depois, viajamos para uma turnê no Japão, que foi boa. Estava bastante satisfeito em trabalhar com ele, mas então Noel ligou".

Alan estava ensaiando com uma artista da Creation chamada Idha num estúdio quando Noel passou pelo corredor e o ouviu tocar. Anotou seu nome com interesse, especialmente ao descobrir que ele era irmão de Steve White. Quando Tony McCarroll foi mandado embora, Alan foi o primeiro baterista para quem Noel ligou. Alan não estava em casa, foi sua mãe que atendeu.

– Um cara que falava como um personagem de *Coronation Street*[83] te ligou hoje – disse ao filho quando ele chegou em casa naquela noite. – Noel Gullagugga, alguma coisa assim.

Alan deu um passo para trás.

– Você quer dizer Noel Gallagher? – perguntou.

– Isso, ele mesmo. Anotei o número ali. Quer uma xícara de chá, meu amor?

No dia seguinte, Alan retornou a ligação.

– Tudo bem, Noel? É o Alan, acredito que você queira conversar comigo.

– Sim, quero que você entre pra minha banda.

– Não quer que eu faça um teste?

– Não, não se preocupe com isso. Já te ouvi tocar. Contanto que você não pese 120 kg e tenha um casaco legal e um bom par de Levi's, já está na banda.

Encontraram-se pela primeira vez no Café Delancey, em Camden. Noel lembra que "não sabia como ele era, até que um cara se aproximou e disse: 'E aí, Noel? Tudo bem? Vai uma Nelson?'[84] Daí já soube que seria legal".

Noel estava morando temporariamente em Fulham, no apartamento alugado de Johnny Marr, então, depois de uma cerveja, foram até lá e Alan tocou uma fita com as gravações que já havia feito. Noel achou brilhante, e ele estava na banda.

No dia seguinte, reuniram-se no estúdio seis do espaço de ensaios John Henry's, ao norte de Londres. Fizeram uma *jam* por umas duas horas e desceram para um pub para encontrar Guigsy.

Ao entrar no pub e ver o baixista do Oasis, Alan pensou duas vezes.

"Fomos nos encontrar com ele num pub no final da rua e eu achei que ele tivesse uns trinta e cinco anos. Tinha um cabelo todo bagunçado e

83 Novela britânica muito popular, gravada em Manchester, que estreou em dezembro de 1960 e está no ar até hoje, ambientada na cidade fictícia de Weatherfield, inspirada em Salford, parte da Grande Manchester. (N. do T.)

84 Gíria *cockney* para a cerveja Stella Artois, ou simplesmente Stella, por conta da rima com "Nelson Mandela". (N. do T.)

grisalho. Tomou uma cerveja e estava tremendo. Pensei, 'que diabo, parece algum dos Stones que usou demais'. Aí então descobri que ele tinha a minha idade e pensei, 'essa banda está mandando ver'. Guigsy está grisalho, Bonehead está ficando careca, Liam está sempre nos jornais por alguma coisa que causou, em que porra estou me metendo?"

Os três retornaram ao estúdio e tocaram juntos. Noel então disse:

– Vamos voltar amanhã e tocar algumas do álbum novo.

– Mas eu não sei nenhuma das músicas – disse Alan.

– Não tem problema, ninguém sabe – replicou Noel.

A primeira que aprenderam foi "Roll With It", depois "Don't Look Back in Anger" e então "Hello". Uma semana depois, Alan conheceu Liam e Bonehead.

"Por sorte, nos demos todos muito, muito bem", observa Alan. "Por tudo que lia nos jornais, pensei que ficaria meio travado porque eles são tão Manchester e poderiam achar que eu era um completo lunático do sul. Mas, depois de umas duas semanas, já me senti realmente em casa. Não acreditava como era tranquilo".

Liam, é claro, tinha de testar o novo baterista. No dia em que se conheceram, o vocalista entrou marrento no estúdio e disse:

– Certo, vamos fazer uma música dos Beatles, "It's All Too Much".

– Beleza – disse Alan, e contou: – 1, 2, 3, 4.

Depois disso, Liam sossegou.

Na quarta-feira seguinte, a banda foi até o estúdio do *Top of the Pops* para tocar "Some Might Say". Aí a ficha começou a cair para Alan. Lá estava ele, tocando bateria para uma banda que acabara de decolar para o número um das paradas e prestes a aparecer na TV pela primeira vez, com milhões de pessoas assistindo.

Como sempre, houve muito tempo à toa, mas era um dia ensolarado. A banda providenciou as cervejas, curtiu o sol e conheceu melhor o novo membro. Não houve tensão, e como poderia haver? Eram todos da mesma classe ali. Mundos diferentes, sotaques diferentes, mas todos vinham da mesma região da cidade.

"Fiquei pra lá de Bagdá", recorda Alan, vítima de ouvir entrevistas demais dos jogadores do Charlton.

Só Deus sabe o que Tony McCarroll pensou naquela noite quando assistiu ao Oasis tocar o single de número um na TV. A última vez que ele apareceu na TV com a banda foi no programa *The White Room*, do Channel Four, quando Noel escolheu destacar os lados B do single, "Acquiesce" e, ironicamente para Tony,[85] "(It's Good) To Be Free".

Durante a apresentação, Liam encarava a plateia com uma expressão tão impassível e brava que alguns dos presentes até desviavam os olhos ao olhar para ele. No backstage, o clima na banda não estava bom.

Ainda assim, foi uma performance poderosa, que ficou ainda melhor para Noel quando ele foi até o outro palco e tocou "Talk Tonight" acompanhado por Paul Weller no piano elétrico e segunda voz, o que pode muito bem ter inflamado o sempre protetor e ciumento Liam.

Depois, quando alguém abordava Paul e dizia coisas do tipo, "foi brilhante, fantástico", ele retrucava:

– Bem, vão dizer isso ao Noel, foi ele quem escreveu a porra da música!

Essa foi a última vez que Tony McCarroll apareceu na TV com o Oasis. Quando ele se sentou para assistir à banda de novo, foi para ver "Some Might Say" no *Top of the Pops*, que terminou com Noel erguendo sua guitarra triunfalmente, como se tivesse acabado de ganhar a Copa da Inglaterra.

Se é que McCarroll sequer suportou assistir à banda que agora tomaria conta do mundo.

//

Tudo começou tão bem. A banda, no rastro de um single de número um, estava ávida para gravar o novo álbum. Não só seria eletrizante aprender

85 O título da canção pode se traduzir como "(É Bom) Estar Livre". (N. do T.)

e tocar uma leva completamente nova de canções de Noel Gallagher, este talvez um dos aspectos mais prazerosos de se trabalhar no Oasis, como isso significava também que, na turnê seguinte, haveria um novo *setlist* a ser tocado. Adoravam *Definitely Maybe*, mas a essa altura já tinham tocado o disco mais de cem vezes.

Reservaram seis semanas no Rockfield Studios, ao sul do País de Gales, e o produtor Owen Morris pegou rapidamente a energia renovada que demonstravam. Ele acredita que a presença de Alan foi um fator decisivo.

"Ele acalmou os ânimos dentro da banda, porque toda aquela tensão que havia com Tony desapareceu", explica. "Além disso, Alan não engole nenhum sapo. Não cheguei a ver nada, mas ouvi histórias de Liam tentar provocá-lo e de Alan responder: 'Vamos lá então, pode vir pra cima de mim', peitando Liam".

"E ele tem o total respeito de Noel, porque é um músico fenomenal e todos se apaixonaram por ele, ficavam impressionados com as viradas dele e diziam que ele era o novo Keith Moon".

A primeira faixa que gravaram foi "Roll With It". Noel apareceu umas duas da tarde, trançando as pernas de bêbado. Enquanto cambaleava pelo estúdio, o roadie Jason preparou suas guitarras e o resto do equipamento foi montado.

Cinco horas depois, estavam prontos. O método era gravar o instrumental primeiro, para então Liam cantar em cima do resultado.

A essa altura, Noel já estava um pouco mais sóbrio, mas desesperado para gravar algo logo. Já eram sete da noite e o futebol começaria dali a meia hora na TV.

"Ele estava bêbado", explica Owen, "o que provavelmente era bom, porque aí começou a tocar a música devagar e tranquilo; não conseguiria tocar rápido nem se quisesse. Todos estavam tocando ao mesmo tempo, uma barulheira só, fora de controle. Fizemos uns cinco takes e, enquanto eles assistiam ao futebol, ouvi todos, e foi tipo, 'o primeiro é o melhor'. Então foi o que usamos".

Liam gravou os vocais na manhã seguinte e a banda passou então para "Hello". Mesma coisa: instrumental em alguns takes, vocais de Liam acrescentados depois.

"E naquela noite, depois que gravamos 'Hello', foi quando Noel me mostrou 'Wonderwall'", diz Owen.

Foi nessa mesma noite também que mais linhas de batalha começaram a ser traçadas e a tensão entre os irmãos se tornou palpável de verdade.

Começou quando Noel tocou "Wonderwall" e "Don't Look Back in Anger" para Liam e disse a ele para escolher apenas uma para cantar:

– Porque pode acreditar que eu vou cantar uma dessas duas.

Segundo Owen, Noel queria cantar "Wonderwall", o que faz total sentido, já que ele havia escrito a música com Meg em mente. Era a única maneira que ele sabia de expressar seu amor por ela devidamente, com uma canção que detalhava os esforços dela para encontrar trabalho, mas que também celebrava sua habilidade de rebater as adversidades.

"Então terminamos o instrumental de 'Wonderwall'", prossegue Owen, "e Liam disse: 'Certo, vou cantar essa'. E o vocal dele foi resplandecente, brilhante".

A próxima foi "Champagne Supernova", a que deveria ser a peça central do álbum. Mais uma vez, o instrumental foi gravado numa rapidez espantosa e Noel gravou coisa de vinte partes diferentes em um dia. O vocal, porém, não estava bom. Liam estava começando a ter dificuldades para alcançar as notas.

"Ele estava cantando há três dias seguidos", aponta Owen. "E também começou a beber muito".

Em seguida, numa doce ironia, gravaram "Don't Look Back in Anger".

Era uma noite de sexta-feira e o designer Brian Cannon chegou para comemorar com eles o aniversário de Owen, que seria no dia seguinte, 13 de maio.

O instrumental de "Don't Look Back in Anger" foi gravado naquela noite e então Noel, Owen e Brian encheram a cara até por volta das três da tarde seguinte, portanto o sábado estava cancelado.

Os outros não se importaram muito. Guigsy trouxera vários itens com os quais passar as horas, entre eles rifles de pressão e um bastão de cricket.

No domingo, Noel voltou ao estúdio para gravar seu vocal e Liam foi para o pub. A essa altura, já estava intensamente incomodado e frustrado.

Nessa conjuntura, sentia-se um excedente para os requisitos do Oasis, e isso o magoava.

No pub, foi reconhecido e começou a beber pesado. Owen e Noel estavam no estúdio e Owen se lembra de receber telefonemas agressivos de Liam, que, bêbado, dizia:

– Seus velhotes otários, vai, vou pegar vocês depois.

Havia toda uma agressividade no ar.

Alan estava no pub com Liam. "Ao sairmos de lá, fui até o estúdio para ver Noel, queria ver em que pé as coisas estavam", lembra ele. "Depois de uma hora e meia mais ou menos, voltei com ele para a casa, que estava tomada por centenas de pessoas. Liam convidou todo mundo para ir até lá".

Noel bateu o olho na cena e explodiu de raiva. Mandou todo mundo embora, insultou uma garota que Liam queria que ficasse. Isso irritou seriamente o vocalista, que então começou a derrubar mesas, cadeiras, vasos de plantas, tudo o que estivesse ao seu alcance.

Um caos absoluto se instalou. Guigsy ameaçava socar um cara que tinha entrado em seu quarto, Bonehead e Alan pegaram os rifles de pressão para que Liam não se aproximasse deles, e objetos voavam para todo lado enquanto as pessoas iam embora. Uma garota se trancou no quarto de Alan, morrendo de medo.

"Quando Liam perde a cabeça, é assustador", aponta Owen.

Naquela noite, Liam perdeu o controle e descontou a raiva em tudo e em todos ao seu redor. Entre outras coisas, foi até o estúdio determinado a destruir as guitarras de Noel e se frustrou ao se deparar com as barras de ferro nas janelas e com as portas pesadas fechadas firmemente.

Segundo Owen, ele chegou a trocar socos com Bonehead mais tarde.

Em dado momento, também partiu para cima de Noel, que prontamente pegou o pequeno taco de cricket trazido por Guigsy e, furioso, começou a golpear o irmão com ele.

Quando acabou, Noel foi para seu quarto, mas Liam não se dava por vencido. Tentou arrombar a porta de Noel a chutes, machucando feio o pé. O quarto era térreo, então Noel saiu pela janela, deu a volta na casa e perguntou se alguém sabia dirigir.

"Respondi que eu sabia", recorda Alan. "E Noel então disse para levá-lo para casa. Entrei no carro com ele, nem peguei nada, só tirei a chave do bolso".

Liam, ao perceber o que estava acontecendo, correu para fora da casa e começou a jogar lixeiras plásticas pesadas contra o capô do carro de Alan. Naquela noite, Liam pôs para fora toda sua raiva e dor, e as descontou nas pessoas mais próximas dele. Para Noel, deve ter sido como ver o pai de novo.

No carro, no caminho de volta a Londres, percebendo que Noel havia se acalmado um pouco, Alan disse:

– Caralho, não tinha percebido que entrei pro The Troggs.

Isso colocou um sorriso no rosto de Noel, mas, na verdade, seu irmão o deixara profundamente preocupado.

"Mais tarde, no carro, Noel disse que não acreditava que Liam poderia fazer aquelas coisas", revela Alan. "Ele [Noel] estava surtado, dizia: 'Não quero mais fazer isso, não aguento mais. Vou tocar o foda-se e fazer meu próprio trabalho sozinho'. Pensei: 'ótimo, acabei de entrar na banda e já vou voltar pro seguro-desemprego'".

E então Noel Gallagher saiu da banda pela segunda vez no espaço de um ano e meio. Era típico do Oasis: em uma semana, a banda foi de um alto absoluto para um baixo desastroso. Era como se eles não conseguissem fazer nada sem algum tipo de turbulência que validasse suas ações.

"Foi a pior briga que já vi", diz Alan, "e acho que muito provavelmente foi a pior que qualquer um dos outros caras já viu também, porque foi horrível. Alguns momentos foram engraçados, mas, no final das contas, não foi nada legal".

Noel se resguardou em seu apartamento em Londres, e Brian levou Liam para Wigan para acalmá-lo. No dia seguinte, no estúdio, Owen e o restante da banda receberam um telefonema de Marcus Russell, que lhes disse para fazer as malas. Noel havia saído da banda.

Por incrível que pareça, os danos ao quarto não foram tão feios. Depois que Guigsy recolheu tudo, o resultado era uma porta com as dobradiças quebradas e uma televisão, uma mesa e uma máquina de bebidas destruídas. Nada que o estúdio já não tivesse visto, e a conta foi encaminhada à banda.

Enquanto isso, Noel passou parte da semana sozinho no apartamento em Camden. Meg estava de férias em Portugal e ele ficou a ponderar sobre seu futuro, sentindo-se ao mesmo tempo culpado e preocupado com a explosão do irmão e a briga subsequente. Já haviam brigado antes, mas ele nunca vira Liam tão violento. Aquilo o preocupara até o osso.

Meg retornou no dia em que a Go Discs deu uma festa de lançamento do álbum *Stanley Road*, de Paul Weller.

Paul concordara em tocar um set antes da festa no estúdio de ensaios Nomis, onde tem um escritório. Noel chegou com uma fita com as músicas que o Oasis havia gravado e as mostrou para Weller e sua banda antes da apresentação. "Don't Look Back in Anger" e "Champagne Supernova" foram cobertas de elogios de imediato.

Depois do pocket show, todos foram para o lançamento do álbum, onde Meg, sem saber dos últimos acontecimentos, se encontraria com Noel.

"Quando cheguei, ele pegou e me abraçou", relembra ela, "e eu disse: 'Me diz que você me ama, faz um tempão que não te vejo'. Ele falava, 'sim, sim, sim', mas eu conseguia ver nos olhos dele que havia algo errado".

"Fomos então para casa e ele não parava de andar pelo apartamento. Deixei-o assim por um tempo, até ele me dizer o que havia acontecido com o irmão, que aquilo havia sido um soco no estômago e tanto para ele, o havia afetado muito seriamente".

"Aquilo acabou com ele de verdade. Estava arrasado com o que havia feito a Liam. No dia seguinte, recebeu a notícia de que Liam estava bem, mas continuou pensando no fato de que havia dado uma surra no irmão, sangue do seu sangue".

—— // ——

No dia em que o Everton derrotou o Manchester United na final da Copa da Inglaterra de 1995, Noel partiu para Guernsey, onde se encontraria com Meg, que o convidara para uma reunião de família. Duas horas antes de ele sair, Meg ligou e disse:

– Não traga nada. Na alfândega,[86] quando falei que você viria, eles revistaram tudo.

De qualquer forma, Noel não estava mesmo muito interessado em levar cocaína. Tinha coisas mais urgentes na cabeça: será que ele deveria mesmo sair do Oasis? E o que seria de Liam?

Depois da estadia em Guernsey, ele e Meg viajaram então para Jersey, onde ele tocou para ela uma fita com as músicas, entre elas "Wonderwall".

Meg suspeitou que a canção pudesse ser sobre ela, mas não quis perguntar. Só teve certeza quando Noel revelou tudo nas entrevistas que deu na divulgação do álbum.

E isso se deu uns bons meses depois.

//

Enquanto Noel estava em Jersey, Marcus ligou para Owen e lhe pediu que voltasse ao estúdio e mixasse as músicas já gravadas. O produtor concordou e trabalhou em "Roll With It" e "Hello".

"Foram umas mixes de merda", afirma ele, "eu definitivamente não estava no clima".

No início da quarta semana das seis reservadas no estúdio, Marcus ligou novamente. Boas notícias: Noel estava pensando em voltar. Pouco depois, Liam apareceu no estúdio e foi com Owen ao pub, onde insistia que a banda não havia acabado, mas o fazia de maneira muito discreta.

Liam diz agora que "eu fui um babaca, ele foi um babaca, e tivemos de lidar com isso. Fim".

Um por um, os demais integrantes da banda retornaram ao estúdio, e Liam pediu desculpas humildemente a cada um. Porém, ainda não havia

86 Guernsey é uma ilha no Canal da Mancha, na costa da Normandia, dependência da Coroa Britânica, mas que não faz parte do Reino Unido. (N. do T.)

sinal de Noel. E então, no domingo, da forma mais casual possível, enquanto todos estavam jantando, Noel chegou.

"Foi a mesma coisa que em Austin, no Texas", recorda Owen. "Liam falou, tipo: 'Oi, meu irmão, eu fodi tudo, sinto muito'. E Noel disse, tipo: 'Seu idiota', e deu um cinto dos Beatles de presente ao irmão".

O Oasis tinha agora duas semanas para concluir o álbum.

"Não me lembro em que ordem fizemos as músicas naquela semana", diz Owen, "mas gravamos 'Morning Glory', 'Hey Now!', 'She's Electric', 'Bonehead's Bank Holiday', 'Step Out', que não entrou no álbum,[87] e 'Cast No Shadow'".

Esta última, Noel começou a escrever na viagem de volta ao Rockfield. O trem teve de ficar parado por um tempo debaixo de uma ponte, então Noel pegou o violão e começou a compor uma canção sobre a natureza de se compor canções. Como sempre, a música veio rápido, mas ele ainda estava trabalhando na letra quando ele e Liam entraram para gravá-la.

"Foi a única vez que vi Noel e Liam juntos dentro da sala de gravação do estúdio", recorda Owen. "Noel ainda estava escrevendo a letra enquanto Liam cantava, um muito perto do outro. Liam cantava, e então Noel pedia para ele segurar um pouco, mudava a letra e dizia: 'OK, cante isso'. Foi muito bonito e o vocal de Liam nessa música é incrível. Liam é um vocalista fantástico, realmente tem muita alma".

Como sempre, a música curou e reuniu os irmãos.

Noel gravou também uma versão solo da canção de John Lennon "You've Got to Hide Your Love Away" e, depois, tarde da noite, sozinho com Owen no estúdio, passou algumas de suas composições ainda não gravadas, músicas que ele estava guardando para o momento certo, para o álbum certo.

"Tenho uma infinidade de fitas das músicas de Noel", diz Owen. "Entre vinte e trinta canções que nunca saíram, e são todas ridicula-

87 Quando do lançamento original de *(What's the Story) Morning Glory?*, "Bonehead's Bank Holiday" só saiu na versão em vinil, mas não no CD. (N. do T.)

mente incríveis e ele vai progredindo, as canções vão ficando cada vez mais profundas".

A última faixa gravada no Rockfield foi "The Swamp Song", música que seria inserida como vinheta em alguns momentos ao longo do álbum, ideia que Noel provavelmente tirou de *Wild Wood*, de Paul Weller.

Porém, não conseguiram usar a mix.[88]

"Noel começou rápido demais, de novo", suspira Owen, chateado.

88 Ainda assim, há duas vinhetas sem título em *(What's the Story) Morning Glory?* que são excertos dessa "The Swamp Song" inicial/original. (N. do T.)

- Dezesseis -

A NOTÍCIA DA DEMISSÃO DE TONY MCCARROLL SE ESPALHOU RAPIDAMENTE PELA MÍDIA. A MTV NEWS ACRESCENTAVA QUE O OASIS HAVIA, AINDA, RECUSADO CONVITES PARA ABRIR SHOWS DO BON JOVI E DE DAVID BOWIE, MAS ABRIRIA PARA O R.E.M. EM HUDDERSFIELD NO DIA 25 DE JULHO. DEPOIS, DESISTIRIA DESSA ABERTURA TAMBÉM.

"O show do Bon Jovi não vale a humilhação", Noel supostamente teria dito, "e, quanto ao David Bowie, talvez vinte anos atrás, sim, mas não agora. Ele é um velhote".

Noel passou um tempo mixando *Morning Glory* com Owen Morris no Orinoco Studios, no sul de Londres. Durante as sessões, que foram tranquilas, Paul Weller foi gravar guitarra solo e acrescentar backing vocals em "Champagne Supernova". Além disso, também contribuiu com gaita e guitarra em "The Swamp Song".

"Notei que havia uma gaita nas coisas dele", disse Noel, "e perguntei qual era o tom do instrumento. 'Ré', ele respondeu, e eu disse: 'Já pro estúdio, tenho mais uma música pra você aqui'".

Noel batizara a música originalmente de "The Jam", mas agora, com a participação de Weller na faixa, achou que o título ficaria muito cafona, e mudou para "The Swamp Song". Paul lhe diria depois que ele deveria ter mantido o título original, era bem mais engraçado.

Em "Supernova", o solo de guitarra expressivo de Weller termina assim que o coro de "*yeah, yeah, yeah*", deliberadamente Beatles, entra. Noel, sentado à mesa de som, costurou esses elementos ao tecido de sua própria música. Não seria a primeira vez que essas conexões seriam feitas.

No início de junho de 1995, tanto o Oasis quanto Weller foram indicados ao Mercury Music Prize de Melhor Álbum do Ano. Nenhum dos dois ganharia, e o prêmio foi para *Dummy*, do Portishead.

Enquanto isso, numa sacada astuta de marketing, a Creation ofereceu os seis singles do Oasis num esquema três-por-£10. Foi revelado, ainda, que tanto "Whatever" quanto "Some Might Say" haviam alcançado 250 mil cópias vendidas.

A música pop voltara a ser um negócio lucrativo. No início dos anos 1990, a indústria musical sofreu uma queda brusca. Apenas a introdução dos CDs no mercado, que permitiu às gravadoras voltar a vender o catálogo antigo, conseguiu disfarçar a crise iminente. A maioria dos especialistas apontava para o rápido crescimento dos jogos de computador como prova positiva de que a música pop não mais encantava os jovens.

Sega em vez de shows, Game Boys em vez de guitarras. Porém, foi uma previsão equivocada. Em 1995, a indústria musical do Reino Unido não só reportava os maiores lucros domésticos da história, como o sucesso do Oasis, do Bush e de artistas consagrados, como Rolling Stones e Eric Clapton, rendeu ao ramo mais de £1,25 bilhão em vendas no exterior. No mínimo, fazer parte de uma banda voltava a ser algo desejável. A música voltara a ser importante.

"É tudo o que eu quero", disse Noel recentemente. "Se o Oasis significar que cinco anos depois de termos acabado haverá mil bandas novas por aí, então cumprimos nossa tarefa".

No dia 17 de junho de 1995, o *NME* publicou uma entrevista com Noel. Nela, ele previa um futuro limitado para a banda.

"Não nos vejo durar para sempre, vejo três álbuns, e chega", disse ele ao jornalista Ted Kessler. "Não acho que eu possa fazer muita coisa mais com o Oasis depois disso. Você só consegue escrever um número limitado de hinos. Não sei ao certo, mas eu diria que o próximo álbum será o último".

Questões provocativas, porém Noel foi rápido em minimizar a citação, dizendo que foi mal compreendido. O Oasis continuaria, insistia ele, mas a música teria de mudar. Precisava mudar. Ele não conseguiria se manter compondo nessa vertente por muito mais tempo. Em muitos aspectos, estava preparando o público para *Morning Glory*, que se desviava fortemente do álbum de estreia. Sem dúvida, era um cutucão em Liam também.

"Acho que o som de *Definitely Maybe* é um pouco unidimensional", prosseguiu Noel. "Tudo tem o mesmo timbre, volume no 10, e lá vamos nós. Há algumas músicas no novo álbum que poderiam ter entrado no *Definitely Maybe*, mas, no todo, acho que há muito mais variedade nas canções e muita coisa a mais acontecendo, de modo geral".

A verdadeira prova para o Oasis a essa altura seria a participação como atração principal no vigésimo quinto aniversário do festival de Glastonbury. Seria a estreia ao vivo de Alan White com a banda. No fim das contas, foi inserido um show de aquecimento no Bath Pavilion na noite anterior. Aliviado, Alan estreou diante de centenas de pessoas, ao invés de milhares. A última banda que havia tocado no local fora o The Jam, coisa de treze anos antes.

Depois do show, que abriu com "The Swamp Song" e teve cerca de um quarto do set composto por material do novo álbum, a banda retornou ao Holiday Inn, em Bristol, onde Liam e Brian Cannon ficaram de farra mais do que todo mundo, acordados até as nove do dia seguinte, para surpresa de quem ia tomar café da manhã.

Às quatro da tarde, partiram para o Glastonbury.

Não foi um grande show. A imensidão do público desconcertou o Oasis, que nunca havia tocado para uma multidão daquele tamanho. Liam convidou Robbie Williams ao palco, ao que Noel deu de ombros e claramente virou as costas. Alguém jogou algo no palco e Liam chamou todo mundo para briga.

E assim por diante, o tipo de show que pegava embalo para, então, inexplicavelmente, empacar. O som também não ajudou, pois era levado para cima pelo vento. Só o final eletrizante dava uma ideia do que poderia ter sido.

Noel depois comentaria que, se aprendeu alguma coisa nesse show, foi que deveria ser mais cuidadoso com o *setlist*. Tocaram cinco canções novas e isso, acreditava ele, havia desmantelado as expectativas de bagunça braba que o público tinha das músicas que já conhecia e estimava.

O único a emergir com mérito de verdade foi Alan White. No estúdio, Noel e Owen concluíram "The Swamp Song" ao colocar a bateria da performance do Glastonbury na mix. Estava em perfeita sincronia com o tempo da música.

A banda retornou ao festival no dia seguinte. Graças à promoção da Creation, todos os singles agora estavam no Top 40. Liam chegou com a cantora Lisa Moorish, conhecida como Lisa M., uma das pouquíssimas garotas que podia dizer que tinha um relacionamento sério com ele.

Para brincar com a curiosidade dos tabloides por sua vida amorosa turbulenta, Liam também se deixou fotografar com Fran Cutler, amiga de Meg, e disse ao repórter que iria se casar com ela. Essa história, para o divertimento de todos (com exceção do namorado de Fran), apareceu prontamente nos tabloides no dia seguinte.

Noel passou a maior parte do tempo em Glastonbury num micro-ônibus branco estacionado no backstage, e foi ali que conheceu Sean Rowley, logo apelidado de Travis Bickle, o personagem psicótico de Robert De Niro no filme *Taxi Driver*.

Rowley ganhou as graças de Noel naquela tarde ao concordar em ser filmado para o *My Glastonbury* do Channel Four. Quando perguntaram o que tinha achado do festival, a resposta de Rowley foi sacar uma pequena garrafa de nitrito de amila – *poppers* – e inalar profundamente, para então sair andando.

– Isso – disse Noel, rolando de rir – é o melhor momento que já vi na TV.

Posteriormente, quando chegou o momento de fazer a foto da capa de *Morning Glory*, Noel insistiu que Sean aparecesse. Na imagem, fotografada às cinco da manhã na Berwick Street, em Londres, Rowley vem de encontro à câmera enquanto Brian Cannon passa por ele na direção oposta.

– Adoro gente que não está nem aí pra porra nenhuma – disse Noel.

A propósito, o Glastonbury de Brian Cannon não foi tão bom. Ele foi preso no domingo e passou a noite na cadeia.

Já o Glastonbury de Tim Abbot foi mais produtivo. Ele havia deixado a Creation Records e montado seu próprio selo, Better Records (Smaller, a banda de Digsy, foi uma das primeiras contratadas), e viu em que direção os ventos sopravam para Robbie Williams, do Take That. Sua presença pública no Glastonbury e a algazarra que fez com os "*bad boys* do rock" estavam fadadas a sujar sua imagem impecável e cuidadosamente manufaturada.

Pouco após o Glastonbury, Williams anunciou sua saída do Take That. Não muito tempo depois, Abbot começou a empresariá-lo.

Uma semana depois do festival, o Oasis começou uma série de participações em outros festivais europeus, que também contariam com dois shows numa tenda, a maior já erguida na Grã-Bretanha, em Irvine Beach, na Escócia. Para o Oasis, tudo agora tinha de ser o maior e o melhor.

O primeiro desses shows foi no Roskilde Festival, na Dinamarca, apresentação que Noel elege como uma das melhores da história da banda.

Antes do show, Liam foi questionado pela MTV sobre a declaração de Noel a respeito de o Oasis acabar depois do álbum seguinte e respondeu:

– Eu não estou a fim de terminar a banda. Se ele acabar, vai enfurecer muitos fãs, então ele que o faça. Os fãs podem atear fogo na casa dele, então deixa ele fazer isso.

Liam prosseguiu dizendo que Noel tinha uma porção de álbuns dentro de si e que "talvez um bom tapão na cara pode fazê-lo mudar de ideia".

Naquela noite, Liam entrou no palco envolto numa bandeira britânica e a imprensa noticiou que ele havia "curtido" com a modelo Helena Christensen.

No dia 3 de julho, o Oasis tocou em Milão, e no dia 5 em Lyon, na França. No dia 7, na Suíça, e no dia 8 voltou à França, de onde, depois, fez uma viagem noturna para a Alemanha, e então partiu para casa para se preparar para os shows em Irvine Beach.

Lá, foram duas noites, 14 de julho, sexta-feira, e 15, sábado. Nessa última, o Cast, formado por John Power, ex-The La's, fez um de seus primeiros shows e Liam disse ao empresário deles que não seriam convidados a abrir de novo porque eram bons demais. O Ocean Colour Scene também tocou.

O Oasis apresentou dois sets incendiários, que deixaram os jornais da semana seguinte salivando. A resenha mais pertinente foi a de Taylor Parkes, na *Melody Maker*, um autoproclamado cético em relação aos méritos da banda que admitira sua intenção de afundá-la. Ao invés disso, fez grandes elogios ao escrever:

"No sábado, fizeram aquele que estou perto de aceitar que foi o show de rock'n'roll mais empolgante que já vi na vida".

—— // ——

Na semana seguinte, Noel e Owen concluíram a mixagem do álbum, encerrando o trabalho no dia 25 de julho. Foi então anunciado à imprensa que o disco seria precedido por um novo single, "Roll With It".

A data de lançamento seria 14 de agosto de 1995. De repente, o Blur anunciou que eles também lançariam um novo single, "Country House", do álbum *The Great Escape*. A data? 14/8/1995.

O Oasis deu de ombros e prosseguiu a turnê. Tocou em Madri no dia 18 e no Zeebrugge Beach Festival, na Bélgica, no dia 21. Em seguida, a banda voou para a Irlanda para um show no Slane Castle, em Dublin.

"Havia muita gente indo à loucura na frente do palco", recorda Noel, "mesmo apertadas umas contra as outras e tal. O show estava cada vez melhor, mas, quando chegamos em 'Live Forever', pensei: 'se tocarmos isso, pessoas vão morrer'".

E alguns jovens de fato morreram. Ao longo do festival, três pessoas mergulharam no fosso que separava o palco do público e se afogaram.

No ônibus, ao ir embora do festival, Noel e Liam entraram numa briga feia e trocaram socos. No dia seguinte, mais uma pancada certeira na têmpora, mas agora de origem inesperada.

Mark Coyle deixou seu posto de engenheiro de som.

Coyley estava com sérios problemas de audição e precisaria de um tempo para se recuperar. Embora nunca tenha demonstrado, Noel ficou mal com a notícia. Coyley estava lá desde o início e Noel o considerava um de seus poucos amigos próximos. Com sua partida, mais um rosto familiar desaparecia.

No fim, a audição de Coyley se recuperou o bastante para que ele produzisse o álbum do Smaller no ano seguinte. E Noel fez uma participação especial.

—— // ——

O Oasis teve um certo respiro enquanto os preparativos para o lançamento do segundo álbum começavam a andar. Noel tirou um tempo para subir no palco no show de Paul Weller como atração principal do festival T in the Park e, com ele, tocar uma versão "I Walk On Gilded Splinters" e uma "The Swamp Song" incendiária.

No dia 26 de julho, a banda se reuniu num estúdio em King's Cross e, sob a direção de John Klein, gravou um clipe para "Roll With It". A plateia era composta por fãs que conseguiram garantir ingressos por meio de um concurso por telefone, e depois da filmagem a banda tocou um show inteiro para eles.

O Oasis então anunciou cinco shows para setembro, além do lançamento do registro em vídeo do show de Southend, intitulado *Live by the Sea*, que foi o título de trabalho original de "(It's Good) To Be Free".

Enquanto isso, o hype da mídia em torno dos singles tanto de Blur quanto de Oasis começava a tomar proporções incontroláveis. Começou na imprensa musical, passou para os tabloides e acabou com uma cobertura grande dos noticiários *News at Ten*, da ITV, *Nine O'Clock News*, da BBC, e *The Channel Four News*. Foram apontadas referências aos Beatles e aos Rolling Stones nos anos 1960, quando uma banda informava à outra de seus próximos lançamentos.

Desta vez, tal acordo seria impossível. Ambas as bandas eram teimosas, e um lado dizia que o outro era quem havia começado. Uma disputa acirrada agora emergia, e a maior parte do veneno vinha da turma do Oasis.

A declaração do assessor de imprensa Johnny Hopkins, por exemplo: "Oasis versus Blur? Está mais para Oasis versus Chas & Dave".[89] Ou a de Noel ao descobrir que o single do Blur continha as palavras "*morning glory*" na letra: "O Blur pode roubar as nossas letras, mas para nós seria impossível fazer o contrário, já que não consigo pensar em alguma coisa que rime com 'saco de merda'".

O hype apresentou a palavra "Britpop" à nação e, como Noel astutamente observou, "as únicas que vão realmente se beneficiar com isso, no final das contas, são as gravadoras e as lojas de discos".

Por mais que o Oasis não quisesse esse duelo, a guerra de palavras continuava. E não passava disso. Para colocar esse bate-boca público em perspectiva, nos EUA, onde uma guerra havia sido declarada entre as comunidades do rap das costas Leste e Oeste, o Tha Dogg Pound, grupo de L.A., foi gravar um clipe em Nova York e teve de correr para buscar abrigo quando alguém abriu fogo contra eles.

Noel foi ágil em transformar aquela pantomima numa guerra de classes, afirmando que os caras do Blur eram uns otários de classe média que não deveriam se misturar com caras da classe trabalhadora.

Enquanto isso, o Oasis teve de sondar para descobrir como havia se enredado numa briga na qual nem queria estar. Logo ficou aparente que era coisa do Blur. O single, segundo a edição de 8 de julho do *NME*, estava originalmente programado para sair no dia 28 de agosto.

Para se sentir ainda mais insultado, o Oasis ouviu uma entrevista de Damon Albarn a Chris Evans, na Radio One. Evans tocou o single do Oasis e, enquanto ouvia, Albarn começou a cantar "*And I like it, I like it*", na melodia de "Rockin' All Over the World", do Status Quo.

Isso enfureceu a todos da parte do Oasis.

---

89 Dupla britânica de pop rock do início dos anos 1970, cuja música tinha certo tom humorístico. (N. do T.)

– Agora eles já estão de chacota – disse Noel, e encomendou camisetas que traziam "Quoasis" escrito. Ele então as usou numa sessão de fotos para a revista *Loaded* e diante das câmeras da MTV.

– Devia ser sobre música, mas não é – disse. – É sobre quem é maior. Mas todo mundo sabe que nós temos as melhores canções.

No dia 9 de agosto, Noel e Meg saíram de uma Grã-Bretanha que passava pelo verão mais quente em anos e tiraram uma semana de férias em Sorrento, na Itália. Noel passou seu tempo se escondendo do sol e recusando todo tipo de comida que não fosse cachorro-quente ou filé com fritas.

Na viagem, entrou por acaso numa loja de *scooters* chamada Auto Motors e comprou cinco Velociferos de cores diferentes, para ele e para os outros quatro da banda. Os *scooters* lhe custaram £5 mil.

"O cara que me atendeu não parava de falar '*Mamma mia*, obrigado, meu Deus, obrigado'", enrola Noel. É claro que o cara não falou nada disso. Mas a história era boa.

Noel retornou a Londres na quarta-feira, 16, dois dias depois do lançamento dos singles do Blur e do Oasis, e ao chegar já recebeu más notícias. A Creation havia mandado embora o gerente de marketing por conta de uma contenda referente a pagamento. Na confusão que se seguiu, milhares de singles do Oasis ficaram sem os devidos códigos de barras. Isso significava um desastre e uma provável derrota.

Quando alguém compra um disco numa loja que dá retorno às paradas, os atendentes registram a venda inserindo o código de barras num computador, que então informa a venda ao compilador das paradas.

Se o código de barras não funciona, a venda ainda acontece, mas não é registrada. Potencialmente, milhares de singles do Oasis seriam comprados e nunca registrados.

– A maior semana da história da música pop – gritou Noel – e a minha gravadora come bola.

Em comparação, a EMI era um modelo de técnica de marketing e lançou duas versões do single do Blur: um continha três faixas ao vivo inéditas, e o outro continha uma canção totalmente nova, além de um dueto de Damon com a cantora francesa Françoise Hardy na música do Blur "To the End".

O clipe, dirigido pelo controverso artista Damien Hirst, também se destacava em comparação ao do Oasis, que foi preguiçoso ao optar por uma performance ao vivo direta e não particularmente interessante.

Diante de Noel na mesa da cozinha, enquanto ele assimilava todas essas más notícias naquela Quarta-Feira Negra,[90] estavam as resenhas da imprensa musical.

David Stubbs, da *Melody Maker*, resenhou os dois singles juntos. Apontou que nenhum deles era o melhor trabalho das respectivas bandas, mas pediu aos leitores que reparassem "como a guitarra de Noel entra discreta, se esgueira por entre os seus mecanismos de defesa depois dos primeiros compassos e te empurra rumo ao refrão – o Oasis nunca é tão 'certinho' quanto os detratores da banda querem que você acredite".

No *NME*, Mark Sutherland foi inequívoco em seu julgamento. O do Blur não era "nada menos do que um single pop clássico", ao passo que "a campanha ridiculamente intensa [do Oasis] sugere que o ritmo de trabalho prolífico está finalmente pesando sobre o poço outrora aparentemente sem fundo de onde Noel Gallagher tirava cantigas arrasadoras".

Noel jogou o jornal longe, de tanto desgosto. Tinha 60% de certeza de que o Oasis perderia. E então Marcus ligou. O Blur, mais uma vez, aumentara as apostas. Haviam acabado de anunciar que tocariam em Bournemouth na mesma noite que o Oasis. Isso já estava indo longe demais. Mais uma dessas e foda-se a simpatia. Vamos pegá-los ao estilo de Burnage (o Oasis acabou por tomar o caminho mais nobre e passou o show para a noite seguinte, explicando que não queria que os fãs se envolvessem em nenhum tipo de problema).

---

90 Referência à quarta-feira, 16 de setembro de 1992, quando especuladores desvalorizaram a libra esterlina, quebrando o banco central inglês e obrigando o Reino Unido a se retirar do Sistema Monetário Europeu. A data ficou então conhecida no país como Quarta-Feira Negra (Black Wednesday). Embora a quarta-feira relatada aqui tenha sido a de 16 de agosto de 1995, foi como uma Quarta-Feira Negra para Noel e o Oasis. (N. do T.)

Naquela noite, Noel pegou um táxi até o Kensington Hilton e se encontrou com Paul Weller. Tomaram alguns drinks no bar e voltaram para o apartamento de Noel em Camden, onde passaram a noite enchendo a cara. Encheram tanto a cara, na verdade, que, quando Marcus chegou ao meio-dia para buscar Noel e levá-lo para o *Top of the Pops*, ele estava, na expressão memorável de Weller, "espumando".

No estúdio de TV, Noel e Liam decidiram trocar de papel: Liam tocou guitarra enquanto Noel posou perigosamente diante do microfone para "cantar" a música. Segundo um tabloide, a BBC só se deu conta porque "Noel mostrou a língua num momento em que deveria estar cantando". Depois do programa, Noel voltou para casa e capotou.

No sábado seguinte, o Oasis saiu do país para começar uma turnê japonesa. Às sete da noite do domingo, a Radio One anunciou o vencedor da batalha de singles: o Blur, direto para a primeira posição.

"Roll With It", lados B "It's Better People", "Rockin' Chair" e uma versão ao vivo em Glastonbury de "Live Forever", na segunda.

Na semana em que foram vendidos cerca de 1,8 milhão de singles, "Country House" vendeu 274 mil cópias e "Roll With It", 216 mil. Agora o Oasis sabia bem o que era perder uma final em Wembley.

Noel se agilizou para dar a volta por cima da derrota e lembrou de fevereiro de 1967, quando "Release Me", de Engelbert Humperdinck, impediu que o melhor single de todos dos Beatles, "Strawberry Fields Forever", lado B "Penny Lane", chegasse ao primeiro lugar das paradas.

Era uma desculpa vaga que não poderia disfarçar o gosto amargo que o Oasis sentia na boca. A entrevista seguinte de Noel foi para Miranda Sawyer, para um grande perfil da banda no *The Observer*. Ao falar sobre o Blur, disse esperar que "o baixista e o cantor – os dois – peguem AIDS e morram, porque odeio aquela porra daqueles dois".

A própria Sawyer é de Manchester e não se surpreendeu com o linguajar de Noel.

"É o tipo de coisa que dizem em Manchester", alega ela. "As pessoas dizem: 'espero que fulano e sicrano morram'. Quando Noel falou aquilo, achei que ele foi meio babaca, mas também achei bem engraçado. Eu certamente não esperava que fosse tomar a expressão que tomou".

Tampouco seus editores esperavam. O *Observer* não chamou atenção alguma para a afirmação no artigo publicado e o deixou escondido em alguma linha da segunda página.

Porém, foi sem dúvida uma observação infeliz, cuja insensibilidade foi destacada algumas semanas depois, quando uma mulher cujo namorado acabara de morrer por ser soropositivo relatou que ele havia pedido que tocassem músicas do Oasis em seu funeral.

A *Melody Maker* foi a primeira a sinalizar o comentário. Dois dias depois da publicação do *The Observer*, a revista reportou que Noel havia rebaixado o embate Blur/Oasis a novos níveis de indecência. Essa deixa foi pega pelo restante da mídia, e a história não parou de crescer.

Enquanto isso, Sawyer, antes de embarcar de férias para Nova York, foi contatada pela *Melody Maker*, que, alega ela, distorceu suas palavras. Ao retornar, conversou com o assessor de imprensa do Oasis, Johnny Hopkins, que lhe disse para escrever uma réplica à revista. Foi o que ela fez, e a réplica foi também desmembrada.

"Àquela altura, eu não conseguia fazer nada certo", diz ela.

Ela também refuta por completo a declaração posterior de Noel de que ele teria retirado o que disse logo em seguida. "Se ele tivesse feito isso, eu nem teria escrito, ou então teria apontado que ele retirou o que disse".

Miranda descreveu o humor de Noel ao longo da entrevista como "jovial". "Não sei dizer se ele estava bêbado ou não. Foi uma entrevista por telefone, que aconteceu às seis da manhã, e só por telefone fica difícil perceber".

Jovial ou não, ao voltar para a Inglaterra, Noel teria mais uma contenda pública da qual se defender.

—— // ——

O Japão era um bom lugar para se estar quando as notícias chegaram. No mínimo, o público estava ainda mais selvagem agora que tinha discos do Oasis para ouvir no quarto. Uma fã fez um estêncil de Peggy com os três filhos numa camiseta e apareceu na imprensa britânica, e outros dois fãs usavam a nova camisa do Manchester City, embora a temporada tivesse acabado de começar.

A banda tocou cinco noites em Tóquio, em três lugares diferentes. Duas no Club Citta, uma no Liquid Room, duas no Garden Hall. Depois de um desses shows, duas garotas apareceram no backstage com pó e pílulas.

A banda e alguns seguidores voltaram para o hotel e fizeram festa a noite toda na piscina, e às cinco da manhã conseguiram fazer um gerente irado informá-los de que estavam banidos para sempre daquele hotel. Liam havia arrancado todas as placas de saída de emergência que encontrou; descobriram dezesseis no quarto dele.

Em seguida, partiram para Osaka para duas noites triunfantes no Imperial Hall. E então embarcaram para Londres, sabendo muito bem que, ao chegar, o comentário de Noel falando de AIDS levantaria uma tempestade de má publicidade.

A Terrence Higgins Trust, organização dedicada a prestar auxílio a soropositivos, declarou-se "profundamente chocada".

No hospital Lighthouse, em Londres, que trata de pacientes soropositivos, o porta-voz Ben McKnight teve uma abordagem um pouco mais calma, concordava que a declaração era insensível, mas acrescentou que "[Noel e o Oasis] só estavam interessados em mais propaganda do que em pensar em como pessoas poderiam ser afetadas".

Damon e Alex do Blur não quiseram se pronunciar, e o Oasis correu para minimizar os danos. Noel soltou um comunicado à imprensa se desculpando pelas declarações, afirmando que "assim que falei aquilo, me dei conta de que foi algo insensível de se dizer, e imediatamente retirei o que disse. Fiquei horrorizado ao ver que a jornalista em questão optou por publicá-lo. Todos que me conhecem podem confirmar que sou empático para com a causa dos portadores de HIV, além de apoiar o desafio das campanhas de conscientização a respeito da AIDS e do HIV. Embora não seja fã da música deles, desejo a Damon e Alex vida longa". Depois disso, a barra começou a esfriar.

//

Quando Noel voltou para casa naquela tarde de quarta-feira, encontrou uma mensagem na secretária eletrônica que perguntava se ele estaria disponível para ser fotografado com os Stone Roses para uma possível capa do *NME*. A matéria seria baseada numa empreitada singular da qual o Oasis, antes de viajar, concordara em participar.

Tratava-se de *The Help Album*, disco que arrecadaria fundos para as vítimas da Guerra da Bósnia e tentaria entrar nos livros de recordes ao ser gravado, produzido e distribuído no espaço de uma semana. A ideia era de Tony Crean, da Go Discs Records.

Atordoado pelo estágio de brutalidade absoluta a que a guerra chegou na Bósnia, Crean ficou determinado a fazer alguma coisa. Sua ideia era contar com os serviços de bandas britânicas jovens, que entrariam todas em estúdio à meia-noite do domingo, dia 3 de setembro, e entregariam uma faixa completa até a meia-noite da segunda, dia 4.

As masters seriam cortadas e enviadas para prensagem na terça e transformadas em cassetes na quarta. Depois, iriam para o centro de distribuição da Polygram, em Chadwell Heath, na quinta, e distribuídas às lojas na sexta, para enfim serem postas à venda no sábado.

Era uma missão inédita e seu sucesso dependia da participação integral e do profissionalismo dos envolvidos.

Ao ouvir a mensagem com o convite para as fotos, Noel pulou num táxi até o estúdio do fotógrafo Steve Double, no East End, em Londres. Estava de bom humor naquele dia. Alan McGee contratara Meg para o departamento de relações com os artistas. Agora ela tinha motivo para se levantar de manhã.

No estúdio, Noel posou para fotos com Ian Brown, Robbie Maddix, que havia entrado para os Roses recentemente, e Sice, dos Boo Radleys.

Os músicos foram então entrevistados por Mark Sutherland, do *NME*. Noel não mencionou a recente e má resenha de Sutherland. Em vez disso, todos conversaram sobre as preocupações com a guerra, mas, ao contrário do movimento Red Wedge dos anos 1980, que inadvertidamente tentou colocar músicos no papel de políticos, professaram não ter soluções, só compaixão pura e simples.

No domingo seguinte, o Oasis entrou no Maison Rouge Studios, em Fulham, pouco antes da meia-noite. De cara, Liam e Noel já bateram boca por causa da gravação.

A banda perguntara a Noel que música eles iriam fazer.

– Lembram de como tocamos "Fade Away" no Borderline? Como balada? Essa vai ser a música. E eu vou cantar.

Liam, naturalmente, teve de bater boca com ele quanto a isso e, no fim, concordou em cantar backing vocals. Com uma participação de Johnny Depp na guitarra, a banda gravou uma bela versão da música. Lisa M. também faz backing vocals e Fran Cutler é quem diz "*You know it*" no final da faixa. Às cinco horas, saíram do estúdio, Noel com a fita em mãos.

Crean não só conseguiu a participação de artistas como Portishead, The Levellers, Radiohead, Suede, Neneh Cherry, Manic Street Preachers, Blur, The Charlatans e Chemical Brothers, como também mexeu os pauzinhos para que Paul Weller gravasse "Come Together", dos Beatles, no estúdio 2 de Abbey Road.

Na semana anterior, Weller escreveu uma carta a Paul McCartney contando do projeto e deixando em aberto um convite para que ele participasse da sessão.

Foi precisamente para lá que Noel seguiu naquele dia. Contou a Liam do encontro, e o irmão disse:

– Caguei. Se for para conhecer o Macca, vou conhecer. Mas não vou atravessar a cidade por causa dele.

Noel chegou em Abbey Road, o estúdio onde sua banda favorita de todos os tempos reuniu-se para criar algumas das canções pop mais eletrizantes e abrangentes do nosso tempo.

Havia uma enorme dúvida se McCartney apareceria, mas, às duas da tarde, de repente, lá estava ele, com sua esposa Linda. Depois, tocou piano elétrico, baixo e fez backing vocals. Também ensinou à banda de Weller uma canção que compusera no dia anterior, mas não houve tempo de gravá-la.

Cerca de uma hora depois de sua chegada, Noel gravou sua parte de guitarra na pequena técnica onde quase todas as músicas dos Beatles haviam sido gravadas. Com McCartney à direita e Weller à esquerda, o registro em vídeo desse momento não só simbolizava o pop britânico dos anos 1990, mas também a jornada musical de Noel Gallagher. Nunca haveria um dia como aquele.

Pouco depois, Noel foi embora do estúdio e correu para a Radio One para dar uma prévia de "Fade Away" e promover o álbum. Em seguida, retornou para Abbey Road e enfim foi para casa, por volta da meia-noite.

Era como se ele, o bom garoto católico, estivesse agora pagando publicamente por todos os seus pecados.

—— // ——

O plano B foi colocado em ação na segunda-feira, 28 de agosto. Os tabloides (não a imprensa musical) anunciaram que o Oasis tocaria na Earls Court Arena no dia 5 de novembro de 1995.

As poltronas seriam retiradas para receber um público de 20 mil pessoas. Os ingressos custariam £14 por cabeça.

O maior show do Blur até então havia acontecido naquele verão, no estádio Mile End, em Londres, para um público de 17 mil pessoas. Os ingressos do Oasis começariam a ser vendidos no dia seguinte.

Na noite do dia 29 de agosto, Noel ligou para Marcus para saber notícias das vendas. Marcus disse que a demanda foi tanta que o Oasis agora teria de tocar duas noites na arena. Quarenta mil pessoas os veriam tocar. Seriam os maiores shows em local fechado da Europa. Isso colocou um sorriso no rosto da banda.

Recostaram-se, então, para aguardar as resenhas de *Morning Glory*, e todos da banda esperavam uma chuva de louvores que cairia sobre eles como moedas douradas do céu. Porém, naquele verão turbulento de 1995, nada aconteceria como planejado.

Para começar, havia um problema sério com "Step Out", a canção que claramente copiava "Uptight", de autoria de Stevie Wonder, Sylvia Moy e Henry Cosby. A música foi enviada aos EUA para liberação, e os compositores pediram uma quantia imensamente alta em royalties. A música, que havia sido escolhida para abrir o lado B do álbum, foi rapidamente removida. Porém, isso tudo se deu num estágio tão avançado que a Creation já havia soltado CDs que continham a faixa (estes são, hoje, itens de colecionador caríssimos, assim como os compactos de selo branco de "Columbia", "I Am the Walrus", "Acquiesce" e da mix de Brendan Lynch de "Champagne Supernova").

"Era uma faixa meio nada a ver", disse Noel à revista *Loaded*. "Se eu pudesse voltar atrás, definitivamente teria trocado "Rockin' Chair" por ela, mas tivemos de tomar uma decisão num piscar de olhos e eu me equivoquei".

No dia 30 de setembro, o *NME* e a *Melody Maker* publicaram resenhas de página inteira do álbum, e elas não eram o que a banda esperava. John Robinson, do *NME*, escreveu que o álbum tinha a sensação "da manhã seguinte da noite anterior". Reclamou daquilo que compreendeu como uma mudança deliberada no estilo de compor de Noel, que se afastava do rock'n'roll rápido e furioso e se aproximava de um classicismo roqueiro, e terminou dizendo que o álbum continha "histórias de uma banda que espiou a beira do abismo e quase escorregou [...] Por fim, é uma olhadela nervosa por entre as cortinas, não um despertar vigoroso". Deu sete estrelas, de dez.

David Stubbs, da *Melody Maker*, pegou mais pesado e foi mais escarnecedor. "Agora sabemos que o motivo por eles não se articularem bem é o fato de não serem muito inteligentes" foi uma de suas primeiras sentenças, e depois ele diria que o álbum era "ocasionalmente sublime, mas quase sempre forçado e preguiçoso", e concluiria afirmando que "o Oasis é quase uma estrela caída. Soa exausto".

O pior viria na *Vox*, onde Steve Sutherland reclamou que o álbum continha "Paul Weller de mais, John Lydon de menos, Noel de mais, Liam de menos", antes de concluir que "quando se compara [*Morning Glory*] com *The Great Escape*, o Blur é melhor".

E assim por diante.

"[É] uma oportunidade perdida, para ser generoso", escreveu David Cavanagh na *Q*. "Um tiro no pé, para ser mais melodramático".

As resenhas mais favoráveis seriam encontradas em jornais respeitados, como *The Independent* e *The Guardian*. Marcus também apontou à banda que as resenhas britânicas eram praticamente anuladas pelas estelares que começavam a chegar da Europa.

O Oasis se surpreendeu com a recepção. Os cinco não ouviam nada além do álbum há semanas, e eram inteligentes o suficiente para saber o que era bom e o que não funcionava. Só Liam, mais tarde, é que apontaria que o ritmo acelerado das gravações às vezes deixava certas canções com a sensação de que foram feitas às pressas demais ou, pior, fazia-os perder oportunidades de tocar e cantar melhor.

Houve uma concordância geral de que o próximo álbum seria feito com paciência, mas eles ainda nutriam dúvidas quanto a *Morning Glory*. Estavam imensamente empolgados com o álbum. Bonehead chegou a ser banido do hotel Swiss Cottage quando subiu no telhado de madrugada e colocou o disco para tocar, muito alto, para todos os hóspedes ouvirem.

O guitarrista estava em Londres porque o Oasis estava de volta ao estúdio para continuar de onde havia parado no domingo e gravar duas novas músicas para lados B. Eram elas "Round Are Way" e "The Masterplan".

Depois que a base da gravação estava concluída, Liam, Alan White e Guigsy então viajaram para Paris para dar entrevistas, enquanto Noel ficou com Owen no estúdio mixando as músicas.

O segurança Iain Robertson os acompanhou na viagem. Foi lá que ele e Liam se desentenderam feio, quando Iain entrou no quarto do cantor para arrastá-lo para uma coletiva de imprensa. Como Liam tinha companhia, não levou a intrusão nada bem. Passou o dia todo implicando com Robbo, como o segurança era conhecido.

"Tudo o que sei", diz Guigsy, "é que, mais tarde, eu estava num bar dando uma entrevista. Eram umas dez da noite e Liam começou a ficar irritado com alguma coisa, então foi embora e, ao passar, disse: 'Pode ir se foder também, seu idiota'".

"Umas três horas depois ele volta e já chega dizendo: 'Seus babacas do caralho'. Está de casaco, mas sem camisa. O casaco estava aberto e ele, com o peito nu, dizia: 'Seus babacas do caralho, seus cretinos', então caí fora. Pensei: 'vou embora, não vou dar mais entrevista nenhuma'. Assim, na manhã seguinte, me recusei a falar mais à imprensa e voltei para casa".

Cerca de uma semana depois, Liam ligou para Guigsy e pediu desculpas. Nesse meio-tempo, Iain Robertson foi dispensado de suas funções. Robertson disse que conversou com Noel a respeito e Noel disse que, embora concordasse com ele, Liam era seu irmão, e era do lado dele que ficaria. E assim ficou.

Depois de terminar os trabalhos no Maison Rouge, a banda então começou os ensaios no Brixton Academy para a turnê britânica que estava por vir. O primeiro estava marcado para as cinco da tarde, porém, às sete da noite, Guigsy ainda não tinha chegado. Estavam acostumados com atrasos, mas geralmente era Liam quem tendia a isso.

Guigsy era o cara firmeza, aquele que varria o que ficava para trás, que ficava no fundo fumando seu baseado, mas cuidadosamente de olho em tudo. Compreendia por completo a psicologia da banda, sabia as características de cada personalidade. Era Guigsy quem era capaz de acalmar uma situação, sossegar os ânimos. Era Guigsy quem conseguia prever como algum deles ia reagir com pelo menos cinco minutos de antecedência. Era Guigsy, o bom e velho e confiável Guigsy, com seu temperamento sossegado e sua paixão e conhecimento enciclopédico de futebol, suas tiradas matadoras e sua habilidade de encontrar brechas nos argumentos dos outros para então gentilmente desmantelá-los, que funcionava como um antídoto para o caos. Porém, bastava aborrecer a ele ou à banda uma vez e seu temperamento se inflamava e ele defenderia seus amigos e sua família até o fim, assim como fizera na balsa a caminho de Amsterdã.

E, enquanto todo mundo esperava que Noel ou Liam desabassem sob o estresse de sua relação complexa e incendiária, foi Guigsy quem acordou no primeiro dia de ensaios e literalmente não conseguiu se arrastar para fora da cama. Seu corpo desistira dele. Seus nervos estavam arrasados. Sempre que ele minimamente pensava num baixo, sentia um mal-estar abjeto no estômago.

Ficou na cama, fechou os olhos e dormiu por vinte e quatro horas seguidas. Depois foi até a casa de Marcus. Era uma sexta-feira. Guigsy disse a ele:

– Olha só, se eu não consigo sair da cama, não consigo fazer uma turnê. Logo, não consigo fazer parte da banda, então você vai ter que arrumar outra pessoa.

A princípio, Marcus pensou que ele estivesse numa ressaca forte.

– Não, não – insistiu Guigsy. – Você não está entendendo. Estou fisicamente impossibilitado. Não é que eu não queira estar na banda, eu literalmente não posso ficar na banda.

De lá, foi ao médico, e o Oasis foi forçado a lidar com mais uma crise séria.

—— // ——

Mais tarde, deitados na cama, ouviram as palavras ao vento se esgueirarem pelas janelas e entrarem em suas mentes, dizendo a cada um deles que, agora, estavam acabados, o jogo havia terminado. Agora, desceriam lentamente de volta para onde começaram, e o fariam com os olhos do mundo inteiro sobre eles. Enquanto ouviam, seus punhos, em coletivo, se cerravam cada vez mais.

—— // ——

Eles mesmos admitem que haviam tirado os olhos de Guigsy por completo. Talvez o alarme devesse ter soado no dia em que Alan White entrou para a banda e viu o baixista tremendo feio ao levar o copo à boca no pub. Ou talvez devessem ter tirado mais tempo de folga.

“Mal houve um respiro entre a campanha de *Definitely Maybe* e a de *Morning Glory*”, admite Marcus. “Eu sabia disso, mas fazia parte da coisa toda de transmitir que essa banda era um fenômeno e não apenas uma banda que lançava álbuns de vez em quando. E Guigsy não estava mentalmente pronto para ir com tudo, da forma como se deve estar para fazer isso. E ele teve coragem o suficiente para vir até mim e me contar isso".

O foco sempre estará em Noel e Liam. São os dois que as pessoas procuram, e em quem elas mantêm o olhar. É pra cima deles também que corre a mídia, passando batido pelos outros integrantes para chegar ao núcleo.

Guigsy, Bonehead e Alan White nunca tiveram problema com isso. Para eles, só de fazer parte de uma banda tão importante e ter seus nomes agora gravados na história da música era o bastante. Sabiam seu respectivo valor e o que contribuíam à banda. Sabiam que estavam trabalhando com um compositor excepcional e um cantor singular.

Ao lado desses dois, haviam viajado o mundo, vivido a vida ao máximo, ganhado segurança financeira e formado lares com suas companheiras.

Guigsy, por admissão própria, diz: "Não sou um grande baixista, mas, por algum motivo, meu estilo se encaixa nessa banda, e é isso".

Porém, agora, seu corpo não aguentava mais. No primeiro dia de ensaios, ele se recusou a se mover. No segundo, foi ao médico, era importante fazer isso. A menos que o Oasis apresentasse um atestado médico genuíno, o cancelamento da turnê custaria milhares de libras à banda.

"Tive uma doença", revela Guigsy, "que é como você não ter radiador no organismo, não tem sistema de refrigeração. É algo de nascença. Faz sua pressão subir cada vez mais e ficar lá, sem baixar".

"Então, se você usar coisas tipo cocaína, a pressão sobe mais ainda e o corpo não aguenta mais. Começa a trabalhar muito rápido e você simplesmente desaba. O que é basicamente o que aconteceu. Mas demorou um pouco até descobrirmos".

Com Ruth e sua família longe, em Manchester, depois de ser examinado, Guigsy viajou para o norte para passar um tempo sozinho na casa em que cresceu. Desde que alcançou o sucesso, vinha suplicando para a mãe se mudar para uma nova casa, numa região em que ninguém soubesse o que seu filho fazia da vida.

A casa já havia sido assaltada uma vez. Porém, tudo o que foi levado foi parte da coleção de CDs de Guigsy. Esquisito. Mas era um sinal, ele dizia à mãe, do que estava por vir. Teresa McGuigan se manteve firme: se mudaria quando quisesse, dizia ela.

Guigsy passou uns dois dias na casa, completamente sozinho, e então retornou a Londres.

"Fiquei basicamente relaxando", diz ele. "Não falei praticamente com ninguém, nem saí da casa, exceto para fazer uma porção de exames de sangue, fui a uns quatro ou cinco médicos diferentes, exame de urina, até de cabelo, fiz de tudo até que finalmente conseguiram me diagnosticar. Aí, quando descobriram o que havia de errado, me receitaram uns remédios e já no dia seguinte eu estava no jeito. Tudo estava de volta ao normal".

Mas a cura, na verdade, não foi tão imediata. Enquanto Guigsy se recuperava lentamente, o Oasis adiou em um mês a turnê e se reuniu para procurar um substituto temporário. Alan White sugeriu Julian Taylor, de sua antiga banda Starclub, mas Liam não quis saber.

– O cara tem que ser de Manchester – afirmou. – Não quero saber de mais *cockneys* na banda. Não leve a mal, Alan, mas você entende o que eu quero dizer.

Por fim, decidiram chamar Scott McLeod, do The Ya Ya's. Ele concordou em entrar na banda temporariamente e os ensaios enfim aconteceram no estúdio John Henry's. Nesse período, Liam e Noel foram à festa de aniversário de James Brown, editor da *Loaded*, em King's Cross.

Todo mundo tomou umas, todo mundo cheirou umas, todo mundo se divertiu. Porém, enquanto estavam saindo, um dos caras na porta chamou Liam de cretino. Antes que o sujeito pudesse reagir, Noel partiu para cima dele.

– Nunca mais chame meu irmão disso – rugiu. E então os dois irmãos caíram em cima dele antes de ir embora, cada um para um lado bem oposto.

- Dezessete -

NO DIA 12 DE SETEMBRO DE 1995, O OASIS FOI À CERIMÔNIA DO MERCURY AWARDS NO HOTEL SAVOY, EM LONDRES. NÃO GANHARAM, MAS PARTE DO EVENTO ENVOLVIA TODOS OS ARTISTAS INDICADOS RECEBEREM UMA PLACA E DAREM UM DISCURSO.

No palco, Noel disse que gostaria de agradecer a... e leu o menu.

– Eu gostaria de agradecer a mim mesmo – disse Liam, ao que Noel acrescentou:

– ...todos os seis dele.

Na Europa, a MTV transmitiu parte da entrevista feita com Noel em julho, que incluía uma versão acústica de "Don't Look Back in Anger". Ao final da música, Noel diz:

– Melhor do que o Blur, fácil.

Agora parecia que o mundo estava se dividindo em duas torcidas, Oasis ou Blur. No futebol, havia Cantona (Oasis) ou Shearer (Blur). Na sinuca, Ronnie O'Sullivan (Oasis) ou Stephen Hendry (Blur).

Porém, talvez o melhor exemplo disso fosse o romance *Trainspotting*, de Irvine Welsh, que estava vendendo numa velocidade fenomenal, na primeira vez em muitos e muitos anos que um autêntico escritor britânico de classe operária entrava com um estrondo no esnobe mundo literário, sem esconder suas raízes ou seu estilo de vida puramente anos 1990.

Se a perspectiva de Irvine era o Oasis, então a do outro grande sucesso editorial recente, Nick Hornby, com os livros *Febre de Bola* e *Alta Fidelidade*, era o Blur.

Noel viria a conhecer Irvine Welsh no ano seguinte, no Festival de Cannes, onde a adaptação cinematográfica de *Trainspotting*[91] foi exibida. Noel e Meg ficaram a noite toda com o escritor escocês, que mais ou menos a cada vinte minutos agarrava o homem do Oasis e rugia:

– Eu sabia que você ia ser um chapa formidável, Noel, eu sabia, seu filho da mãe!

O enorme sucesso de Irvine abriria levemente as portas para outros escritores de viés semelhante, como John King e seu romance *The Football Factory*, precisamente da mesma forma como o Oasis levara agentes de A&R de todo o país a procurar por todo canto, desesperados, o "novo Oasis".

Mais uma vez havia paralelos com os anos 1960. Assim como muitas das grandes bandas da época socializavam entre si e faziam participações especiais nas gravações umas das outras, muitas das novas bandas dos anos 1990 firmaram relações saudáveis parecidas. Na sua maior parte, elas não se viam como rivais, e sim complementares.

De fato, depois do show em Irvine Beach, Noel imaginou nomes como Primal Scream, Paul Weller, Ocean Colour Scene e Cast todos lançando álbuns no mesmo dia e, para promovê-los, uma sessão de fotos com os artistas segurando os discos uns dos outros. Teve ainda a ideia de organizar um enorme show a céu aberto e dar o nome de Mods in the Park.

O sucesso do Oasis também introduziu outros elementos à cultura. Agora, ao invés de adjetivarem as coisas como "*wicked*", as pessoas usavam "*top*". Você se referia a alguém de quem não gostava como "*dickheads*", e dizia "*arsed*" para coisas para as quais não ligava.[92]

---

91 Noel notoriamente se recusou a ceder uma música do Oasis para a trilha sonora do filme, pois não sabia do que tratava a história e pensou ser um filme sobre, literalmente, a observação de trens. (N. do T.)

92 Mantivemos os termos em inglês, muito usados pelos membros do Oasis e no contexto

Hedonismo, drogas, *mods*, *scooters*, Beatles, os ecos dos anos 1960 repetidamente serviam de base para a cultura pop dos 1990. A única diferença era econômica: a maioria dos adolescentes tinha algum dinheiro na década de 1960; na de 1990, a sociedade britânica era caracterizada por um abismo enorme e crescente entre ricos e pobres. Estes tinham de enfrentar, entre muitas outras coisas, ameaças ao sistema de saúde público, à seguridade social e às políticas públicas habitacionais. Isso determinava as condições daquilo que a direita chamava de subclasse, os mais pobres dos pobres. Numa de suas primeiras músicas, "Bring it on Down", o Oasis os representava fortemente.

Nesse aspecto, Noel apoiou publicamente o líder do Partido Trabalhista e futuro primeiro-ministro Tony Blair, trazendo à mente a relação que existiu entre os Beatles e o então primeiro-ministro Harold Wilson.

Noel conheceu Blair no Q Awards e ficou admirado quando o político lhe informou que ouvia o primeiro álbum do Oasis no carro ao ir trabalhar.

No futebol, os anos 1960 também vieram à mente quando a Inglaterra foi anfitriã do Campeonato Europeu de 1996. Em junho, em Wembley, a seleção inglesa, mais uma vez, jogaria melhor do que a alemã, exatamente como o fizera trinta anos antes, mas, desta vez, iria dormir derrotada.

Esse, porém, não seria o destino do Oasis. *(What's the Story) Morning Glory?*, apesar das críticas, entrou arrebentando no primeiro lugar das paradas na semana em que a turnê do Reino Unido acabou. O Oasis tocou em Blackpool, Stoke, Bournemouth e Gloucester. A Vital Distribution informou que mais 150 mil cópias foram encomendadas pelas lojas na primeira semana, para somar às 400 mil enviadas de início.

No dia 10 de outubro, o Oasis partiu para outra turnê nos EUA. Havia agora sinais de que o país estava começando a ficar um pouco mais do

---

do qual eles vinham, para ilustrar o impacto linguístico que o autor afirma ter acontecido, o que não seria possível simplesmente trazendo essas palavras para o português nessa passagem em particular, uma vez que se trata de gírias.

lado da banda. Na primeira semana de lançamento, *Morning Glory* vendeu cerca de 250 mil cópias lá, uma marca encorajadora.

Além disso, a *Music Week*, publicação do ramo, acabara de realizar um workshop para o rádio americano no Hurlingham Club, em Londres. Oito dos mais proeminentes programadores de rádio dos EUA ouviram uma faixa de cada uma das novas bandas britânicas bem-sucedidas. A playlist incluía Supergrass, Blur, Pulp, Black Grape e Oasis.

"Morning Glory" foi eleita a faixa cujo sucesso era o mais provável nos EUA, e Brian Phillips, da Atlanta Radio, ainda acrescentou:

– E essa não é nem a melhor faixa do álbum. Se não der certo, desisto.

Servindo ainda mais de incentivo, "Kelly's Heroes", do Black Grape, ficou em segundo, e "Girl From Mars", do Ash, em terceiro. "The Universal", do Blur, e "Common People", do Pulp, foram consideradas "inglesas demais".

Comparada às anteriores, essa turnê norte-americana foi curta. Earls Court estava chegando e ninguém queria o Oasis exausto naquele palco.

A viagem começou em Baltimore e seguiu para Nova York, Danbury, Boston, Pittsburgh, Buffalo, Toronto, Detroit e Chicago.

A banda aproveitou ainda para fazer uma aparição crucial na TV, no programa *The David Letterman Show*, de popularidade imensa e transmitido do Ed Sullivan Theater, em Nova York, precisamente o mesmo local e o mesmo palco no qual os Beatles conquistaram os EUA em fevereiro de 1964 com uma performance de apenas cinco músicas.

Depois do show em Pittsburgh, a *tour manager* Maggie estava sentada sozinha no ônibus quando Scott McLeod, o baixista temporário, tomou o assento a seu lado.

– Quero voltar para casa – afirmou ele.

– Pois é, quem não quer? – concordou ela distraidamente.

– Não, eu quero ir para casa, de verdade.

E foi o que ele fez. Enquanto a banda estava dormindo, ele exigiu que Maggie lhe providenciasse um voo para Manchester e partiu no dia seguinte, com quatro shows ainda por fazer. Ao acordar, o Oasis ficou estupefato ao descobrir que outro membro havia debandado.

– O que acontece com os baixistas dessa banda? – Noel se perguntou. – Num minuto, o cara está vivendo de seguro-desemprego, aí de repente se vê na maior banda britânica, tirando a maior grana, e cai fora.

Só rindo mesmo.

Liam então levantou uma sugestão:

– Por que não mandamos trazer aquele baixista que o Whitey falou? Vamos chamar ele pra cá.

Noel olhou estupefato para o irmão. Essa havia sido a sugestão inicial.

– Liam, ou você é um gênio, ou o maior idiota do planeta. Eu realmente não consigo decidir qual.

O carisma de Liam, é claro, vinha em grande parte disso. Ele realmente era uma peça única. Peguemos, por exemplo, seus comentários sobre o interesse ávido do irmão por OVNIs. Noel acredita firmemente na existência deles, e Liam tem uma visão um pouco mais pragmática.

– Se eu visse um alien – disse –, o mandaria se foder no ato, porque, qualquer que fosse o planeta de onde ele veio, lá não teria Beatles, nem porra nenhuma de música decente. Então eles podem muito bem ir se foder, eu não vou pra lugar nenhum com eles.

A respeito de Deus, ele disse:

– Se um cara aparecesse de repente na minha frente com uma barba grande, cachos, um manto, aquela coisa toda, realizasse um milagre e então me dissesse, "Liam, eu sou Deus", aí eu diria: "Justo, tenho de admitir. Eu não acreditava em você, mas justo, você venceu". Mas, até esse dia chegar, ele pode muito bem ir à merda.

Liam nunca teve muito tempo para Deus. Na infância, ele e seus irmãos tentavam desesperadamente livrar a mãe de Thomas, mas a religião dela a segurava. Isso significava mais violência contra todos eles, mais dor. Liam expressava essa dor por meio da agressividade, e Noel descontava no pai da melhor maneira que podia: por meio da música. "Você toca violão, pai? Bem, eu também. Só que melhor. Você é conhecido na cidade? Eu sou conhecido no mundo inteiro, meu chapa".

O sucesso do Oasis era a revanche pessoal de Noel contra o pai, e um fator importante para seu ritmo incessante de trabalho.

A música, e não a religião, era a salvadora dos Gallaghers. A música os colocava num mundo diferente, um mundo muito, muito melhor. Era seu Paraíso na Terra, sua salvação. Mais do que qualquer coisa.

Noel não tinha crença alguma. Só estava esperando pelos OVNIs. Liam, porém, sem ter lido nenhum livro, havia se tornado um budista por natureza. Sua crença firme é a de que a alma nunca morre. O corpo, sim, mas o espírito sobrevive. Você de fato vive para sempre. Daí sua crença irredutível de que tem dentro de si o espírito de Lennon.

Ele acha que isso aconteceu quando, na adolescência, teve uma experiência extracorpórea. De súbito, estava vendo a si mesmo do alto e, nesse momento, diz ele que Lennon se esgueirou para dentro dele.

"Não ligo se isso soa louco pra caralho", afirma ele viciosamente. E não liga mesmo, porque crê no espírito e crê na música. Essas são as duas crenças mais inabaláveis de Liam. Mais uma vez, ele personifica dois grandes elementos dos anos 1990: a jovialidade masculina e o espiritualismo.

"Eu acredito em preto no branco. Já o Liam atira para todo lado", diz Noel.

– Vocês são todos loucos pra caralho. O que vamos fazer em relação ao Scott? – perguntou Bonehead.

A resposta era cancelar os shows que faltavam, ir a Nova York e fazer o programa de TV.

E foi o que aconteceu. Chegaram ao Ed Sullivan Theater para descobrir que o ator William Shatner seria um dos convidados de Letterman.

– Adivinha quem vai ser entrevistado? – perguntou Noel a Liam.

– Quem?

– O Capitão Kirk.

– Quem é esse?

– O Capitão Kirk. William Shatner.

– Não sei quem é.

Noel pensou por um segundo e então disse:

– O T.J. Hooker.[93]

– Ah, ele! Sério? Do caralho.

Bonehead tocou baixo e a banda mandou ver "Morning Glory", a música que havia sido lançada nas rádios. Em seguida, voltaram para casa. O Oasis estava sem baixista e os maiores shows de sua carreira aconteceriam dali a duas semanas.

— // —

Marcus ligou para Guigsy para saber como ele estava e informá-lo do sumiço inesperado de Scott.

– Foda-se, se o médico disser que tudo bem e você conseguir uns dois dias de ensaio pra gente, vamos fazer essa porra – disse o baixista.

Foi a primeira boa notícia desde o lançamento do álbum, e ficou melhor ainda quando o médico de Guigsy disse que tudo bem ele tocar, desde que passasse no consultório a cada sete dias para uma geral.

Aliviado, Marcus reservou o estúdio John Henry's para a banda.

"Acho que nem tocamos as músicas antigas", diz Guigsy. "Só fizemos uma *jam* por umas duas horas e então demos um pulo no pub, porque eu não podia voltar forçando a barra. Tinha de voltar como eu mesmo".

No dia 30 de outubro, a Creation lançou o avidamente aguardado novo single do Oasis, "Wonderwall", lados B "Round Are Way", "The Swamp Song" e "The Masterplan".

Nas três semanas que antecederam o lançamento, a Radio One tocou "Wonderwall" quarenta e cinco vezes, e as rádios comerciais agora se deram conta de seu equívoco e se ocuparam em dar tempo de sobra para a música em suas programações.

No que dizia respeito a singles, "Wonderwall" era um total desvio para o Oasis. Todos os outros singles até então haviam sido animados,

93 O protagonista do seriado *Carro Comando*, dos anos 1980, também interpretado por Shatner. (N. do T.)

e a maioria tratava de otimismo em face das adversidades. *You gotta roll with it. You gotta make it happen. We're gonna live forever. Get a grip on yourself, it don't cost much. You need to be yourself. Some might say we will find a brighter day.*[94]

"Wonderwall" era muito mais pessoal. Acústica, mas acompanhada por uma batida que flertava com o hip-hop, e demonstrava uma faceta diferente da voz de Liam. Em questão de meses, tornou-se a música mais popular do ano. Era cantada em todo lugar. Nos pubs, nas arquibancadas de futebol, em todo lugar onde pessoas se congregassem. Não só aumentou ainda mais a popularidade do Oasis no Reino Unido, mas ganhou os EUA para eles.

E, melhor ainda, o single também continha duas outras grandes canções. Mais cedo naquele ano, Noel foi ao 50º aniversário do clube 6Ts, uma sessão mensal de *Northern soul* que acontecia no 100 Club, em Londres.

Não foi tanto a música que o conquistou, foi mais a dedicação do público à música, o estilo de se vestir e as danças únicas. Ele também curtiu o fato de que, se não ficasse dançando o tempo inteiro sem parar, poderia tirar um tempo para explorar as prateleiras de discos instaladas ali.

"Round Are Way" era, então, sua homenagem a essa cena. A canção (que, em parte, lembra "Eton Rifles", do The Jam) se vale, assim como tantas faixas nortistas, de uma batida direta (com efeito de *phaser* na bateria, em homenagem ao som de Kenny Jones em "Itchycoo Park", que Noel gostaria de também ter usado em "Wonderwall"), uma melodia estrondosa de metais e uma letra celebratória ("*Round are way / The birds are singing*"[95]) que combinava com a alegria imaculada da música.

94 Você precisa se deixar levar. Você precisa fazer acontecer. Nós vamos viver para sempre. Recomponha-se, não custa muito. Você precisa ser você mesmo. Há quem diga que vamos encontrar um dia mais bonito. ("Roll With It", "Cigarettes & Alcohol", "Live Forever", "Whatever", "Supersonic" e "Some Might Say", respectivamente.) (N. do T.)

95 "Perto da gente / Os pássaros estão cantando".

"The Swamp Song" é tensa e afiada na cocaína, e "The Masterplan" é uma das maiores realizações musicais de Noel, e só pode ser encontrada na versão em CD do single de "Wonderwall".[96] No todo, é provavelmente o melhor single do Oasis até hoje, mas nunca chegou à primeira posição. Robson & Jerome, atores do seriado *Soldier, Soldier*, sucesso da TV britânica, impediram isso com "I Believe".

Embora o Oasis fosse a maior banda do país, Noel teria de esperar para garantir seus quatro primeiros lugares.

No dia do lançamento de "Wonderwall", o Oasis conseguiu se infiltrar no pub Underworld, em Camden Town, de onde haviam sido banidos, para conferir uma nova banda de Manchester chamada Northern Uproar. De lá, foram beber ao longo da madrugada num bar em Farringdon.

Na manhã seguinte, acordaram de ressaca e tomaram o trem para Bruxelas, onde tocaram no La Luna e Guigsy retomou seu posto.

Na última música, Liam perdeu a voz. Chutou o pedestal do microfone para o público e saiu do palco.

No dia seguinte, 1º de novembro, de volta à Grã-Bretanha, retomaram os ensaios, que duraram dois dias.

Na sexta, Noel foi até Earls Court para ver como andavam os preparativos. A equipe teve apenas uma semana para montar o equipamento necessário, tarefa que normalmente leva três semanas.

No sábado, os novos manchesterianos acordaram determinados a mostrar a Londres e ao mundo quem é que mandava.

—— // ——

Naquela manhã, às oito horas Meg já estava de pé. Falava tão alto ao telefone na cozinha que acabou acordando Noel. Estava meio frenética.

96 "The Masterplan", é claro, viria a se tornar a faixa-título da compilação de lados B do Oasis lançada em 1998, depois, portanto, da publicação original deste livro (1997). (N. do T.)

Meg fora incumbida da tarefa de organizar as duas festas pós-shows e, é claro, absolutamente todo mundo se encontrava desesperado por um convite. Além dos amigos mais próximos, das equipes do Oasis e da Creation, jornalistas e gente do rádio e da TV, também estariam presentes o U2 e George Michael, e talvez a Madonna. Ah, e não se esqueça de Elton e Bowie, talvez os Stones, todos eles teriam de ser acomodados.

O Oasis não se deixava abalar pelos convidados pesos-pesados. O U2 era legal, mas quem eles estavam realmente empolgados em ver era John Squire, dos Stone Roses.

– Se ele vier – disse Liam –, vai ser a primeira vez que ele sairá para um rolê desde 1987. O quão doido é isso?

O único convidado que Noel ficou chateado em saber que não poderia ir era Paul Weller.

Meg saiu de casa por volta das dez. Noel se levantou, assistiu ao *Football Focus* da BBC1 e, pouco depois, Les chegou para levá-lo até o show.

No carro, Les disse:

– Noel, onde o The Who vive?

– Sei não.

– Ao vivo em Leeds.[97]

Na Marylebone High Street, pegaram um engarrafamento.

– Cadê a porra da escolta policial quando você precisa dela? – perguntou Les.

– Ligue o rádio – pediu Noel.

Les o fez, e o som inconfundível do Blur surgiu. O motorista rapidamente trocou de estação.

– Volta lá – disse Noel.

Les assentiu, e o novo single do Blur, "The Universal", inundou o carro. Quando a música acabou, Noel, que ouviu atentamente do começo ao fim, disse:

---

97 Brincadeira com o célebre disco ao vivo do The Who, *Live at Leeds.* (N. do T.)

– Sinto muito, mas não consigo ouvir uma melodia nessa música – e fitou a janela. – Porra, mal posso esperar pra ver os Bootleg Beatles hoje.

O Oasis oferecera o show de abertura primeiro a Richard Ashcroft, que havia saído do The Verve, e depois ao Smaller, mas ambos recusaram o convite. Agora, a melhor banda cover dos Beatles da Inglaterra tocaria no lugar deles. Mais tarde, ao conhecer o guitarrista, Noel lhe perguntou:

– Você toca alguma outra coisa além de músicas dos Beatles?

– Não.

– Nem eu, amigo – sorriu Noel.

O trânsito enfim melhorou e logo Les se aproximou da Earls Court Arena, onde duas fotos gigantescas de Noel e Liam flanqueavam a entrada principal, virou à direita e entrou na área do backstage. A primeira coisa que Noel viu ao sair do carro foram os cinco *scooters* Velocifero.

Ele então adentrou a arena e cumprimentou toda a equipe de palco. Todos corriam de um lado para o outro, exacerbados, determinados a deixar tudo no lugar para a passagem de som. Tinham no rosto expressões rígidas, como a de corredores numa maratona. Bem acima dessa colmeia em alta atividade, cortinas pretas enormes foram penduradas no teto para melhorar o som.

– Imagine ter de instalar essas porras – disse Noel, erguendo o pescoço.

– Bem – apontou Hugh, o engenheiro de som –, se os Inspiral Carpets tivessem feito sucesso, essa seria a sua função, Noel.

– Nem fodendo – retrucou ele.

Alguns minutos depois, os demais membros do Oasis chegaram e Noel lhes deu os *scooters* como se fossem cigarros. Deleitados, pularam em cima dos veículos e saíram passeando pela área do backstage, desviando de pessoas e carros como *mods* alucinados de anfetamina.

Enfim estacionaram e Liam adentrou a área principal, maravilhado com o espaço imenso por onde sua voz ressoaria à noite.

"Eu estava fodido naquele show de Bruxelas", revela ele. "Na última música, minha voz sumiu. Joguei o microfone e acertei uns dez fãs".

Ali, porém, ao observar todo aquele espaço, ele disse:

– Estou louco por esse lugar. Vou subir nesse palco e só dizer: "Vamos nessa!".

Mais alguns minutos e o Oasis passou o som com "Hello" e "Acquiesce". Noel então parou e apontou para seu mic, que Jason foi ajeitar. Enquanto o técnico fazia isso, Noel tocou os acordes de "Hung Up", de Paul Weller.

Liam então entrou no palco. Diante do mic, com a banda em silêncio, cantou "Shakermaker" *a cappella*, dissipando todas as dúvidas sobre sua voz potencialmente levantadas pelo show de Bruxelas.

A banda começou "Champagne Supernova", mas, desta vez, foi o mic de Liam que falhou. Frustrado, largou a meia-lua e foi se sentar, carrancudo, no tablado da bateria.

Um roadie correu para o palco e consertou o microfone enquanto a banda continuava a tocar "Supernova". Problema resolvido, Liam voltou a cantar. Enquanto o Oasis terminava a canção, a seção de cordas começava a se instalar na plataforma acima deles. Para a passagem de som das cordas, a banda teria de parar de tocar, então todos saíram do palco e partiram do local nos novos *scooters*.

Já havia um número grande de fãs reunidos do lado de fora e, quando os cinco surgiram em seus *scooters* em sua direção, a multidão comemorou surpresa.

– Linguiças em promoção – berrou Liam inexplicavelmente ao passar pelos fãs.

– Tarde – disse Noel.

– Isso é massa pra caralho – disse Liam ao estacionar ao lado dos camarins da banda, dois grandes trailers abastecidos com cerveja, garrafas de Jack Daniel's e a variedade costumeira de batatinhas, sanduíches e refrigerantes. – Devíamos levar com a gente em turnê. Uns dois trailers desses.

– Se levarmos só dois, vamos é brigar pra caralho por causa deles – apontou tristemente seu irmão.

Com a seção de cordas pronta, a banda retornou ao palco para tocar "Whatever". Ao final, Noel gritou para Hugh:

– Como está o som? Deu para ouvir as cordas?

– Até que deu, por pouco – respondeu Hugh, não muito seguro.

– Está ótimo, então – disse Noel, que logo se ligou e se voltou para os instrumentistas: – Desculpa, não falei por mal.

Os cinco músicos sorriram, tentando não parecer incomodados pela casualidade do insulto.

Tocam "Whatever" e Liam salta do palco para assistir do meio da pista. Ao final, ele grita para Noel:

– As cordas estão estranhas.

– Estão, é? – diz Noel, tirando a guitarra.

– Estão, sim – insiste Liam.

– Para mim, está bom – afirma Noel, que então pega um violão, senta-se num banquinho e toca "Wonderwall". Liam resmunga frustrado e sai andando.

Na metade de "Wonderwall", Noel para e pergunta:

– Tem algum efeito ligado, Jacko?

Jacko confirma.

– Porra, típico – diz Noel. – Quando você pede um efeito, não tem. Quando você não quer, tipo agora, aí tem. Desliga, pelo amor, porra. Estou soando como o Syd Barrett.

No backstage, enquanto a voz de Noel preenche a arena com as palavras *"maybe you're gonna be the one that saves me"*,[98] os rapazes, com a exceção de Guigsy, tornam a dar uma volta de *scooter*. O baixista, por sua vez, começa a brincar habilmente com uma bola de futebol.

Os "scooteiros" param ao lado de uma van cujo rádio está transmitindo os resultados de futebol do dia.

Liam estrala os dedos triunfalmente: o Manchester City ganhou do Bolton Wanderers. Sem dúvida, vai ser um dia perfeito.

98 "Talvez você seja a pessoa que vai me salvar."

Maybe you're gonna be the one that saves me

— // —

Eis as notícias.

"Eles podem ter a capacidade de fazer o tiro sair pela culatra a qualquer momento e possuir a postura de palco de uma banda presa permanentemente num *rigor mortis* de uma passagem de som, mas, em Earls Court, o Oasis provou, entre outras coisas, que tem a confiança e a crença da nação nas mãos como nenhuma outra banda britânica".

Paul Moody, *New Musical Express*

"Começaram esquentando com 'The Swamp Song'. Depois veio 'Acquiesce'. Quem mais abriria os maiores shows da história britânica com dois lados B?"

Nicholas Barber, *Independent On Sunday*

"Marchamos para fora do local, tocados por algo sublime. É como os grandes shows mundiais de antigamente... A meninada, lá fora, é unânime. 'Eles mandaram à merda o Blur no Mile End!', arrisca um jovem suado com um sorriso largo. 'Eu estava em Spike Island e hoje foi *melhor*', argumenta outro".

Ian Harrison, *Select*

"Como o Oasis 'só' quer lembrar as pessoas por que elas se apaixonaram pelo rock'n'roll em primeiro lugar, cumprem essa função melhor do que ninguém dos últimos vinte anos... Quando Liam sai no meio do público durante o cover de 'I Am the Walrus', atrás de uma parede de seguranças de camiseta amarela, para cumprimentar os garotos na frente do palco, ele realmente parece um homem capaz de derrubar governos".

Paul Lester, *Melody Maker*

"No final das contas, tudo se resume a três coisas: canções, canções e canções, e o Oasis transborda canções".

David Cheal, *Daily Telegraph*

"Potencial para Show do Ano: extremamente alto. Até mesmo *haters* durões do Oasis foram ouvidos balbuciando afirmações relutantes a respeito do quão fantástico foi o show".

John Harris, *Raw*

"Acabou de ocorrer um terremoto em partes da região oeste de Londres – graças à banda de rock Oasis. Candelabros tremeram, lustres balançaram e prédios cambalearam, segundo dezenas de depoimentos à Scotland Yard de Fulham, Kensington e Chelsea... Acontecem cerca de 300 terremotos por ano na Grã-Bretanha. Este é o segundo que se acredita ter sido causado por um show".

Geraint Smith, *Evening Standard*

—— // ——

Liam Gallagher e a fotógrafa da banda, Jill Furmanovsky, estão na Earls Court Arena assistindo ao show da noite anterior, exibido nos dois telões enormes, um de cada lado do palco. Hoje, Liam usa um gorro, uma jaqueta de couro de golas felpudas e jeans que passam dos calcanhares e cobrem parte de seus tênis. Tem a barba por fazer.

– Não fui à festa ontem à noite – revela ele. – Não podia arriscar a voz. Mas hoje eu vou aproveitar.

Para o desgosto de Meg, ninguém da banda exceto Noel foi à festa. Ele apareceu, deu uma volta e, em questão de uma hora, já estava em casa.

– Você fica nervoso em algum momento? – pergunta Jill, quando um close do cantor aparece nos telões.

Liam olha para ela com um sorriso consciente.

– *Nah* – responde. – Estou na linha de frente, não? Na frente, você não fica nervoso. Você fica pilhado e se impõe.

– Você viu o Bono depois do show?

– Sim, é um doidão. Ele me lembra o meu pai. Mesma altura, mesmo rosto do meu pai quando jovem. Falei isso pro Bono, e ele disse: 'Eu sou o seu pai'. 'Não é, não', falei. E ele: 'Eu sou o seu pai e o seu filho'. Doidão. Ele vive nos dando presentes. O primeiro foi um cacto.

– Um cacto?

– Oásis. Deserto – explica Liam. – Estávamos em turnê nos EUA e ele nos mandou um cacto enorme. Depois nos deu uns anéis. Ontem à noite, falou que tinha um presente para mim. 'Bem, você podia nos dar um Rolls-Royce, seu babaca'. O que você achou do show, por sinal?

– Muito bom, mas queria que você tivesse cantado "Wonderwall".

– Todo mundo diz isso – observou Liam, melancólico. – Sei que seria irado, mas meu irmão não deixa, o babaca. Quer ter seu momento de glória. Saca só, o John Squire vai vir hoje à noite.

– Vi o Paul Simonon aqui ontem – observou Jill.

– Pois é, já o conheci. Ele é massa.

– Ele pinta há uns oito anos.

– Louco, né? Ir do The Clash à pintura. Eu gostaria de fazer isso. Sei desenhar um pouco. Fiz um pavão irado uma vez. Com todos os detalhes e tal. Ficou bom.

Os telões agora mostravam a banda saindo do palco, acenando para o público. Liam se encara num deles, a seis metros de altura e o dobro de largura, levanta os braços, alonga o corpo e diz:

– Vou pegar uma cerveja. Até mais.

Enquanto ele se dirige à saída, Jill olha para ele com uma expressão amorosa no rosto e diz:

– Eu gosto de verdade dele. É um rapaz muito doce.

Mais tarde, Noel se senta em seu *scooter* e é entrevistado pela MTV. A entrevista é costumeira e ele não dá nenhuma resposta surpreendente. Mais uma vez, nunca olha diretamente para a entrevistadora por mais de cinco segundos, seus olhos se movem para todo lado, como se dissessem que "todo mundo tem algo a esconder, exceto eu e minha guitarra".

Ele então segue para o camarim e, horas depois, entra no palco com o Oasis para sua melhor performance em Earls Court. Para o *grand finale*, os Bootleg Beatles se juntam a eles.

"I Am the Walrus".

Depois do show, no camarim, Noel disse:

– Quando tocamos "Walrus", olhei para cima e, por um minuto, me vi dividindo o microfone com George Harrison diante de 20 mil pessoas.

É difícil tirar isso dele, mas aquele sorriso beatífico se abriu em sua boca com essa lembrança.

Mais tarde, na festa, a banda se espalhou pelos cantos. Liam se sentou com Alan McGee e cantou músicas não gravadas do Oasis no ouvido do escocês. "Algo para contar aos netos, não? Liam Gallagher cantou músicas para mim na festa", diz ele.

Noel perambulou pela festa muito mais confortável do que na noite anterior. Havia bem menos celebridades e muito mais amigos.

Alan White e Bonehead ficaram extremamente bêbados e abusaram da pista de dança e dos DJs. Guigsy bolou um baseado enorme e falou de futebol com quem quisesse ouvir.

Naquela noite, sem dúvida alguma, o Oasis era a banda mais afiada e mais feliz do planeta. Nada iria mudar o mundo deles.

—— // ——

No dia seguinte, Noel Gallagher chegou cambaleando à Capital Radio, depois de passar a noite em claro, e tateou seu caminho pela entrevista.

Quando questionado a respeito do sucesso de Robson & Jerome, fez uma careta e respondeu:

– Robson & Jerome estão mais para "Robson & Go Home".

Ainda estava pilhado do ecstasy e da cocaína que consumira na noite anterior.

Na manhã seguinte, ele e Liam compareceram ao Q Awards, no Park Lane Hotel. O Oasis ganhou o prêmio de Melhor Banda ao Vivo. Ronnie Wood, dos Rolling Stones, foi quem lhes entregou o prêmio e perguntou o que fariam em seguida.

– Partimos para Paris, temos um show lá – disse Noel.

– Sério? Foda, vou dar uma ligada pro Keith e nós vamos dar uma chegada – disse Ronnie, que então cambaleou para fora do palco e não foi mais visto.

Noel voltou à mesa, se perguntando como *The Great Escape*, do Blur, tinha ganhado o prêmio de Melhor Álbum.

Mais tarde naquele dia, o Oasis viajou para Paris para tocar para 8 mil pessoas, um número impressionante. A França é considerada o país europeu mais difícil para se fazer sucesso. Não é incomum um disco ser lançado lá e só entrar nas paradas um ano depois. Em 365 dias, o Oasis teve um progresso que outras bandas levam anos para conseguir.

Na passagem de som no grande salão, ainda eletrizado depois de Earls Court, os rapazes olharam ao redor e pensaram que – inferno – parecia um show de clube.

No dia seguinte, Marcus deixou a banda em Paris e pegou o trem de volta a Londres. Ao tomar seu assento, reconheceu vagamente o cara sentado à sua frente. Era Andy Ross, da Food Records, selo do Blur, que assinava pela EMI.

Os dois trocaram cumprimentos. Obviamente, a lealdade de ambos era firme, mas, assim como dois empresários de futebol que se encontram num bar depois de uma final de campeonato, podiam agora ser abertos um com o outro.

Segundo Marcus, Ross lhe disse que tentou o melhor que pôde para dissuadir Damon Albarn de bater de cabeça contra o Oasis. Argumentara que, a longo prazo, isso não traria benefício algum ao Blur. Ele ainda afirmou que foi Steve Sutherland, o editor do *NME*, quem fez a cabeça do vocalista.

"Eu gostaria de dizer que é verdade", diz Sutherland hoje, "mas não é. Tudo o que sei é que, certa vez, estava jogando futebol com Damon e perguntei: 'Fala sério, foi você quem mudou a data de lançamento do single?'. E ele respondeu que sim. Mas eu certamente não incentivei nada".

No dia seguinte, tanto o *NME* quanto a *Melody Maker* elegeram "Wonderwall" como Single da Semana. "Uma hipnótica declaração de amor", escreveu Michael Bonner na *Melody Maker*. "Evocativa, bela e espontaneamente simples".

John Robinson, do *NME*, escreveu que "'Wonderwall' é uma das melhores músicas do Oasis porque consegue ser imensamente robusta, ao mesmo tempo que é uma das letras mais pessoais de Noel". Robinson acrescentou ainda que a canção era "quase uma 'Penny Lane' para os anos 1990".

A Radio One mostrou apoio semelhante: nos meses que antecederam o lançamento do single, executou a canção sessenta e sete vezes.

Quando a música enfim saiu das paradas, recebera 187 execuções da maior rádio do país.

Porém, naquele domingo, Robson & Jerome se mantiveram firmes e "Wonderwall" quicou neles e permaneceu na segunda posição. Os apostadores de fato consideraram o Oasis como uma boa promessa para o número um no Natal, mas, no fim das contas, Robson & Jerome manteriam a *pole position* até que Michael Jackson lançou "Earth Song" e obteve a cobiçada posição ao final do ano.

A essa altura, todo o país já conhecia Mike Flowers, cantor que emergiu na cena de *easy listening* de Londres e fez um cover de "Wonderwall" em seu estilo retrô particular. Depois de uma guerra furiosa entre gravadoras, Flowers agora era contratado da London Records.

Uma semana antes do lançamento do single, Chris Evans tocou a canção em seu programa e informou aos ouvintes que se tratava de um compacto obscuro, original dos anos 1950, que Noel havia plagiado na cara de pau, nota por nota. Por um dia, a Grã-Bretanha acreditou nele.

"Wonderwall", na versão de The Mike Flowers Pops, entrou no Top 10 e começou a competir em vendas com a original do Oasis. Marcus disse a Noel que ele poderia esperar faturar em torno de umas 250 mil libras em royalties só com essa música.

Foi essa também a quantia em dinheiro que a Sony deu para Noel lançar seu próprio selo, que ele chamou de Helter Skelter Records.

"Depois de um show", revela ele, "os cabeças da Sony foram até o backstage e me disseram que tinham um grande presente para mim. Pensei: 'Massa, é um sacão gigante de cocaína'. Mas aí eles me deram um cheque e disseram: 'Está aqui, comece um selo'. Legal, não?".

Depois que Marcus deixou Paris, a banda foi para uma sessão de autógrafos em uma loja. Um fã disse a Noel:

– Você se arrepende de ser um *junkie*?

Naquele momento, ele não soube o que dizer.

Outro fã lhe informou que seu tio era Alan Williams, o empresário que dispensou os Beatles antes que Brian Epstein fechasse com eles.

– Aposto que ele é um babaca miserável – retrucou Noel.

No dia 14 de novembro, depois de ter tocado no Live Music Hall, em Colônia, dois dias antes, o Oasis voltou para a França para um show em Nantes. Na noite seguinte, tocaram em Lille e então foram para casa.

Na manhã de sexta-feira, 17 de novembro, Noel e Maggie pegaram o trem para Leicester para o show daquela noite, no Granby Hall.

Na viagem, a conversa foi de Beatles a OVNIs e viagens espaciais.

– Vou ser a primeira pessoa a tocar em Marte, e quando tocar lá vou dizer aos extraterrestres: "Olha só, mais cedo ou mais tarde vocês vão ouvir falar dessa banda, os Beatles. Mas não deem bola. Eles eram legais, mas o Oasis, esses vocês vão querer ouvir".

Na estação de trem, pegaram carros e, antes de irem até o Granby, deram uma passada no imenso local onde acontecia o festival de Donnington, ali perto. O Oasis estava pensando em tocar lá no verão seguinte. Noel fez um tour pelo lugar e mostraram a ele como a montagem funcionava. A popularidade da banda era tamanha que ele já havia sido informado de que o Oasis poderia tocar duas noites lá, se assim quisesse.

– Foda-se – Noel disse a Marcus –, vamos tocar uma terceira, sem avisar ninguém. Surpreender até a nós mesmos.

Mais tarde, na passagem de som, antes de Liam chegar, Noel começou a tocar um novo riff que havia composto e, posteriormente, se tornaria a canção "My Big Mouth".

Tocou, ainda, mais uma música nova. Esta era ao violão e lembrava um pouco o trabalho de Ray Davies. Em seguida, ele e Jason foram entrevistados pela revista *Total Guitar*. Noel revelou que a Epiphone o havia convidado para desenhar um modelo de guitarra, que seria a "Epiphone Noel Gallagher".

Ao falar da sonoridade do Oasis, Noel disse: "Já falei ao Bonehead que, se ele tocar acordes abertos,[99] já era, vou despedi-lo. Ele estará fora da banda".

99 Acordes feitos na primeira posição, nas primeiras casas da escala, executados sem pestana. (N. do T.)

Em seguida, foi se aprontar no camarim, que alguns membros da equipe haviam decorado com fotos rabiscadas do Blur.

O show manteve um padrão muito bom e, cerca de duas horas depois, Noel estava a caminho de casa.

"Este ano, ganhamos o campeonato", disse ele na van de volta a Londres naquela noite. "Mas em 1996 acho que devíamos pisar no freio e desacelerar um pouco. Falei isso para a banda e eles só disseram: 'Vai se foder, vamos gravar o próximo álbum assim que possível'".

Deu uma tragada no cigarro e observou as faixas brancas que piscavam atrás dele.

– Vai saber.

Quando chegou em casa, mostrou para Meg as novas músicas registradas na passagem de som. Ela então perguntou se ele participaria de um evento beneficente que estava sendo organizado para um agente de A&R que havia fraturado a coluna ao mergulhar. Meg começou a explicar o que queria fazer, mas a atenção de Noel logo divagou até a TV.

– Você está me ouvindo? – perguntou ela, de súbito.

Noel deu um tranco com a cabeça:

– Perdão, me perdi no momento que você falou "agente de A&R".

No domingo, o Oasis voou para Estocolmo, na Suécia. Naquela noite, a maior parte da banda e da equipe saiu para beber, mas Noel ficou sozinho. Não parecia muito contente.

Havia dias em que isso acontecia. Era possível vê-lo caminhando sozinho pelos corredores dos hotéis luxuosos em que agora ficavam, ou pelas vastas arenas vazias antes de serem preenchidas por sua música, que atrairia milhares de pessoas até ali, e, de cabeça baixa e ombros caídos, ele parecia o homem mais triste da Terra.

Naquela noite, enquanto Liam ia de bar em bar e garotas se reuniam em torno dele para ter seus nomes incluídos na lista de convidados, Noel ficou em seu quarto assistindo ao documentário de Earle Sebastian sobre Marvin Gaye, o genial cantor de soul que, apesar de todo seu triunfo, nunca conseguiu ganhar o amor ou a aprovação do pai.

No dia seguinte, na hora do almoço, enquanto Noel dava entrevistas, uma representante da gravadora conseguiu uma fita com o clipe do novo single dos Beatles, "Free as a Bird", além do recém-lançado *Anthology 1* em fita K7. Ela então correu para o hotel e organizou uma exibição do clipe na sala que era reservada para reuniões de negócios e afins.

Bonehead, Guigsy, Whitey e Liam se acomodaram avidamente para assistir ao vídeo. Era a primeira vez que ouviriam a música que os três Beatles remanescentes gravaram em cima de uma demo de John Lennon da década de 1970.

– Que loucura ouvir essa música – disse Bonehead.

Depois de assistir ao clipe duas vezes, a banda aplaudiu. Foi um grande alívio: o novo single dos Beatles era fabuloso, e não triste.

– Se esse single não ficar em primeiro lugar por causa do Robson & Jerome – disse Liam ao sair do pequeno auditório – e eu encontrar esses caras, vou até eles e direi: "Seus cuzões idiotas, como vocês ousam?", e aí vou fazer isso – e cuspiu duas vezes na parede.

– Certíssimo – disse Guigsy.

No camarim, antes do show, Noel se sentou sozinho e ouviu "Free as a Bird" várias vezes seguidas. Escutou também a fita de *Anthology 1*, em especial as músicas com as quais os Beatles celebremente fizeram um teste para a Decca e foram malsucedidos.

– Que inferno – disse Noel. – Esses anos todos, todo mundo espinafrando o cara por ter recusado os Beatles, e aí você descobre que ele estava certo. Se eu tivesse ouvido essa fita, também não teria chegado nem perto deles.

(Provavelmente foi isso o que impeliu o comentário posterior de Noel de que seus dois primeiros álbuns eram melhores do que os dois primeiros álbuns de qualquer outro artista. Isso incluía seus amados Beatles, mas Noel deixou de levar em conta um detalhe: ele teve vinte e cinco anos de música pop em que se apoiar. Os Beatles não tiveram.)

O show foi irregular. A banda tocou bem, mas não conseguiu se conectar de fato com o público sueco. Este, por sua vez, parecia muito consciente da presença de um grupo de torcedores de futebol, que tinham uma reputação infame de violência.

Iam a shows agora porque o time para o qual torciam foi obrigado a banir todo mundo dos jogos em casa e a jogar num estádio vazio. Isso se deu depois de um incidente em que alguém invadiu o campo e deu uma surra no juiz.

Os shows eram alguns dos poucos lugares em que essa turba poderia agora congregar-se, e sem dúvida foi um deles que atirou uma moeda em Liam no meio do show, o que teve a seguinte resposta, enquanto a moeda voava por cima da cabeça do vocalista:

– Seu cuzão engraçadinho, vou te pegar!

Mais tarde, houve uma festa num clube, onde Liam chegou, entrou e então disse:

– Foda-se, isso aqui está uma merda – entrou de volta no táxi, ainda furioso com o incidente da moeda.

Afundado no banco traseiro, afirmou amargamente:

– Eu preferia ser uma porra de um motorista de táxi com dois olhos a estar no Oasis com um só. Preferia ser açougueiro. Esse jogo da fama, até entendo, mas não quero saber disso, não eu. Poderia ter perdido um olho hoje à noite, e aí não haveria mais Oasis.

No hotel, ele ignorou a todos no bar e seguiu para seu quarto, no oitavo andar. Um minuto depois de bater com tudo a porta do quarto, a máquina de bebidas do corredor estava tombada, cubos de gelo por todo lado e Coca-Cola escorrendo lentamente pelo carpete.

Enquanto isso, Noel foi para uma festinha no quarto de Frank, o iluminador, e de lá foi ver Alan White. Os dois ficaram conversando até que ouviram alguns homens berrando do lado de fora.

Noel e Alan espiaram pela porta para ver o que estava acontecendo. Um irlandês bêbado estava zanzando na frente do quarto de Frank, e Bear, um dos membros da equipe de palco, dizia a ele para cair fora. O homem, porém, tentava entrar à força no quarto.

– Sabe esse cara, o Bear? – perguntou Noel a Alan.

Antes que Alan pudesse responder, Bear, de súbito, levou o punho para trás e desferiu um soco insano na cabeça do homem, que cambaleou para trás e recebeu mais uns dez socos em cinco segundos. O roadie Roger apartou a briga.

– Bem – continuou Noel calmamente –, ele é campeão peso meio-médio de boxe, e o Dennis Andries, boxeador, é primo dele. Mas agora acho que você já deve ter percebido.

Voltaram para o quarto e Noel ligou a TV e começou a zapear os canais. O clipe de "Wonderwall" apareceu. Dirigido por Nigel Dick, era, junto com "Cigarettes & Alcohol", o melhor da banda.

– Sabe o single que saiu de uma briga minha com o meu irmão? – disse Noel enquanto assistia. – Entrou em 42º lugar. E adivinha quantos singles do Oasis estão no Top 100?

– Dez – chutou Alan.

Noel fez uma careta de desgosto e olhou para o baterista como um professor cujo aluno acabou de dizer alguma coisa inacreditavelmente estúpida.

– Nós só fizemos oito, seu idiota.

Alan, porém, foi afiado:

– Pois é, mas o single da briga tem dois lados, então dá dez. Certo? – e então suspirou por ter se safado com a piada.

– É irado pra caralho – disse Noel, voltando-se para a TV.

Na semana seguinte, a versão de "Come Together" gravada em Abbey Road e atribuída a The Smokin' Mojo Filters também entraria nas paradas, garantindo a presença de Noel Gallagher em dez singles no Top 100. Seu irmão Liam estava em nove destes, e os demais membros em oito.

No dia seguinte, o Oasis voou para Paris para o MTV Awards. Um Liam muito bêbado foi entrevistado depois, na festa, por uma das apresentadoras do canal.

– Todo mundo diz que é difícil entrevistar o Liam Gallagher, mas ele está aqui comigo agora – disse ela –, então vamos ver como ele realmente é. Oi, Liam.

– Oi. Meu no-me é Li-am e me dis-se-ram pa-ra fa-lar de-va-gar por-que quem é de Man-ches-ter fa-la mui-to rá-pi-do e nin-guém en--ten-de o que a gen-te fa-la – balbuciou ele, que então passou o braço por trás das costas da garota e começou a massageá-la. A entrevista acabou um minuto depois.

Após o evento da MTV, o Oasis viajou para Copenhague para um show no dia 24 de novembro, e dois dias depois fez uma volta para casa triunfante, na NYNEX Arena, no dia 26.

No dia seguinte, foram até os estúdios da BBC em Wood Lane, em Londres, para gravar três músicas para o programa *Later*, que seria exibido na próxima semana.

No segundo dia em Londres, Liam, que vinha passando a maioria das últimas noites acordado, apareceu dizendo que sua voz não estava boa. Noel ficou furioso, acusando-o de falta de profissionalismo. Liam o mandou se foder, e Noel quase bateu nele.

Quando o programa foi ao ar, o apresentador Jools Holland, com muito tato, explicou que Liam não pôde estar presente "por conta de uma dor de garganta".

Noel então assumiu os vocais e a banda abriu com uma versão incendiária de "Cum On Feel the Noize", do Slade. A música, com suas guitarras barulhentas e sua letra que é um clamor pelo hedonismo, combinava perfeitamente com o Oasis. De fato, a versão deles é melhor do que a original. Sai o vocal levemente jocoso de Noddy Holder, e ambos os Gallaghers a cantam com muita paixão.

Noel foi então entrevistado por Holland.

– Espero não ter passado meu resfriado para Liam – disse o apresentador.

– Eu vou passar alguma coisa para ele quando o vir – disparou Noel.

O guitarrista então falou de seu detestável professor de música da escola ("Tenho uma coisa a dizer a ele", Noel declarou ao encarar a câmera, "você precisa de uns dez contos emprestados?") e, como sempre, achou difícil olhar diretamente para Jools; seus olhos corriam para todo lado, menos para o apresentador.

Depois de assistir a um clipe do Slade tocando "Cum On Feel the Noize", Noel voltou àquilo que se sentia mais à vontade para fazer e tocou "Wonderwall" com uma seção de cordas. O programa terminou com uma "Round Are Way" retumbante, completa com naipe de metais.

Na noite seguinte, Noel apareceu no terceiro dos quatro shows que Paul Weller fez no Brixton Academy. Viu pela primeira vez Simon Fowler tocar sua versão acústica de "Live Forever", e ficou encantado pela forma como o cantor do Ocean Colour Scene transformou por completo sua música.

Depois, para o deleite da plateia, Noel entrou no palco com um violão e tocou seis músicas: "Wonderwall", "Whatever", "Cast No Shadow", "Talk Tonight", "Don't Look Back in Anger" e "You've Got to Hide Your Love Away", dos Beatles, que ele havia doado com exclusividade para rádios para o Dia Mundial de Luta Contra a AIDS, 1º de dezembro.

Tocou de novo na quarta e última noite de Weller no Academy e, no dia seguinte, ele e o Oasis partiram para os EUA.

A banda ainda encontrou um tempo para gravar dois lados B novos para o próximo single, "Don't Look Back in Anger". Eram eles "Underneath the Sky", música de Noel, e o cover do Slade, "Cum On Feel the Noize", que terminava com Tim Abbot balbuciando com um sotaque de Birmingham.

A ideia era lançar "Don't Look Back in Anger" para o Natal, mas, à medida que as semanas passavam, esse plano de ação parecia cada vez mais improvável.

"Wonderwall" se recusava a sair das paradas.

Toda semana, mais e mais pessoas entravam nas lojas de discos e compravam o single, assim como o álbum *Morning Glory*, elevando a banda a um nível de popularidade com o qual nem eles, os orgulhosos e determinados novos manchesterianos, sonhavam. Ninguém sonhara. A Creation, os empresários, a banda, todo mundo achava, de início, que o sucesso do Oasis se igualaria ao dos Stone Roses. Agora, as vendas de seus discos começavam a se aproximar das vendas dos Beatles.

Para se impedir de ponderar sobre as implicações de tamanho sucesso mundial, a banda se manteve trabalhando cada vez mais duro. E, é claro, quanto mais ela se escondia no trabalho, mais discos eram vendidos, até que, enfim, em setembro do ano seguinte, a banda mais uma vez se partiria em duas antes de retomar o equilíbrio.

A turnê americana da vez não fez o circuito usual ao qual o Oasis já estava começando a se acostumar quando tocava nos EUA. A diferença era que agora, na época de Natal, muitas estações de rádio que se inseriam no rótulo de "rock alternativo" organizavam festivais que eram então transmitidos para suas respectivas regiões.

Marcus colocou a banda nessa linha de turnê. "É a teoria do Cavalo de Troia", explica ele. "Notadamente, não estávamos fazendo shows divulgados como shows do Oasis. Eram shows divulgados pelas rádios, mas a razão para isso era demonstrar para as rádios americanas que estávamos dispostos e a fim disso".

"E deu certo. Foi muito significativo. Quer dizer, alguns fãs mais ferrenhos do Oasis diziam: 'Que porra o Oasis está fazendo, tocando com essas bandas tipo White Zombie ou Jawbreaker?'"

"Ao que eu dizia: 'Por que não?!'. Temos todo o direito de jogar o jogo, temos todo o direito de dizer às rádios: 'Por que vocês estão tocando essas merdas? Vocês deveriam tocar a gente'. A menos que você esteja lá no meio para se anunciar, não vai mudar".

"Eu sabia que os *lineups* dos quais fazíamos parte traziam as últimas bandas com quem gostaríamos de tocar. Mas é por isso que chamo de teoria do Cavalo de Troia. Você se infiltra e, quando menos percebem, começa a quebrar muitas das barreiras que os americanos têm e, mais importante, as preconcepções que eles têm da música britânica de guitarra".

O Oasis tocou em festivais de rádio em Seattle, Washington, D.C., Chicago, Mineápolis, Toronto, São Francisco, San Jose e terminou em Los Angeles, onde, além de um festival, tocou na Viper Room, de Johnny Depp.

Na cidade, aproveitaram para gravar um clipe de "Don't Look Back in Anger", mais uma vez dirigido por Nigel Dick e que contou com o ator Patrick Macnee, que ganhou fama nos anos 1960 com o seriado *Os Vingadores*.

Macnee não seria o único nome famoso do passado que o Oasis conheceria naquele dia. À noite, no hotel, John Lydon, acompanhado por seu irmão Jimmy, fez uma visita a eles.

Liam e Noel se sentaram com o vocalista dos Pistols e muito do assunto girou em torno de futebol: Lydon era torcedor do Arsenal. No meio da conversa, Lydon fez algum comentário discreto sobre o vocal de Liam.

– Que porra você quer dizer com isso? – desafiou Liam, e Lydon, então com seus quarenta anos, talvez tenha de repente visto a si próprio vinte anos antes. Ele agora tinha sabedoria, mas Liam tinha a juventude a seu favor.

Lydon disse a Liam que se acalmasse, e ele, em vez disso, começou a zombar do cabelo de Rotten, que então passou a se referir a Liam apenas como "o cantor", antes de revelar que os Sex Pistols se reuniriam em 1996 e fariam uma turnê pelos EUA.

– Talvez vocês pudessem fazer abertura? – convidou.

– Claro, estamos muito a fim – respondeu Liam, sabendo muito bem que, se tal evento acontecesse, o Oasis é que seria a atração principal.

Simon Halfon, designer britânico que morava nos EUA, estava na mesa e relata que o encontro foi "esquisito". "A conversa ia bem, e então Rotten dizia alguma coisa meio fora da curva e tudo ficava tenso. Depois, voltava ao normal. No fim, me lembro de Rotten dizendo coisas do tipo: 'E eu o que sei? Sou só um Pistol podre'".

Depois, Rotten convidou Noel para uma sessão de gravação e foi embora.

No dia 19 de dezembro, o Oasis foi para casa, pousando na manhã do dia 20, e, naquela noite, Noel foi ver Mike Flowers tocar no LA2, em Londres. A imprensa, enquanto isso, publicava suas listas de melhores discos de 1995.

Um exemplo foi o *NME*, que colocou o álbum de trip-hop de Tricky, *Maxinquaye*, na primeira posição, e *Morning Glory* na segunda. Na lista de singles, "Some Might Say" entrou em quarto e "Wonderwall" em sexto.

No dia 22, a banda se reuniu nos estúdios do Channel Four, na região oeste de Londres, para gravar sua aparição sazonal no programa *The White Room*.

Nesse episódio, que iria ao ar na véspera de Ano-Novo, o Oasis tocou versões excelentes de "Don't Look Back in Anger", "Wonderwall", "Roll With It", "Round Are Way" e "Some Might Say". A última e adequada imagem transmitida pelo Channel Four em 1995 foi a de Noel tocando "Wonderwall". No backstage, porém, o clima não estava bom. A exaustão havia se instalado e todos só queriam ir para casa.

Depois da gravação, o Oasis percorreu o curto caminho até o Halcyon Hotel, em Holland Park, onde a Creation havia alugado um quarto.

Todos da banda ganharam ótimos presentes, mas o momento central foi quando Alan McGee entregou chaves a Noel e lhe disse para ir lá fora.

Um Rolls-Royce marrom e branco aguardava Noel, que não sabe dirigir.

Liam, por sua vez, nem saiu do hotel.

—— // ——

Naquele ano, Noel aparecera em três documentários musicais distintos. No verão, participou de *My Generation*, da Granada TV, sobre os Small Faces, e falou entusiasmadamente sobre a potência vocal de Steve Marriott. No Natal, apareceu duas vezes: a primeira, num especial da Carlton TV sobre os Beatles, onde contou que, quando conheceu Paul McCartney, o baixista e compositor lhe disse que ele parecia um Beatle.

– Espero que sim – disparou Noel. – Gastei muito dinheiro na tentativa de parecer um.

Depois, também participou de um documentário sobre Burt Bacharach, onde revelou à nação a "inspiração" por trás de "Half the World Away".

A essa altura, ele e Meg estavam em Manchester, passando um tempo com Peggy e Paul, enquanto Liam ia e vinha.

Para o Réveillon, foram com Jess e Fran para a Sunday Social, onde o mesmo rapaz bonito que falou com Noel exatamente um ano antes o abordou de novo e perguntou:

– E então, qual foi a melhor coisa que te aconteceu em 1995?

– Conhecer o Paul McCartney – respondeu Noel no ato.

Pouco depois, Noel, Meg e mais algumas pessoas retornaram ao apartamento deles em Camden. Por volta das seis da manhã, um dos presentes na festa começou a questionar Jess a respeito do compositor do Oasis, na frente dele.

– Você acha que o Noel é sincero nas entrevistas?

– O que eu acho – respondeu Jess – é que Noel Gallagher revela uma série de verdades e meias-verdades de forma que, daqui a vinte anos, quando forem observar sua carreira, ninguém vai saber de verdade quem ele foi.

- Dezoito -

NA SEGUNDA-FEIRA, 8 DE JANEIRO DE 1996, NOEL ENTROU EM SEU ROLLS-ROYCE E FOI LEVADO POR LES ATÉ O ESCRITÓRIO DE GARRY BLACKBURN EM STAMFORD BROOK, OESTE DE LONDRES.

Blackburn é dono da Anglo Plugging, companhia responsável por garantir as aparições em TV e rádio de artistas como o Oasis, Portishead e The Beautiful South.

Hoje, Noel tem uma participação no programa *Hotel Babylon*, do Channel Four, em que será entrevistado pela apresentadora Dani Behr. Em seguida, ele vai tocar uma versão acústica do novo single, "Don't Look Back in Anger", cujo lançamento já foi empurrado um mês adiante, já que "Wonderwall", tanto na versão do Oasis quanto na do The Mike Flowers Pops, ainda está bem nas paradas.

Como a banda estará viajando em turnê quando o single for enfim lançado, Blackburn acha interessante que Noel faça pelo menos uma aparição na TV para divulgar "Don't Look Back in Anger". O fato de que a música será indubitavelmente um enorme hit não está em questão, mas Blackburn prefere evitar riscos. No passado, já houve muitos incidentes em que bandas bem-sucedidas dispensaram todo tipo de divulgação e viram seus lançamentos fracassarem.

Para Blackburn, também há uma pequena e interessante consequência. Ao garantir um artista de alto gabarito como Noel no programa, Blackburn passa a ter crédito com os produtores. Assim, da próxima vez que ele tiver uma banda nova a promover, tradicionalmente as mais difíceis de entrar na TV, poderá usar essas fichas. "Eu consegui Noel para vocês da outra vez", ele lhes lembraria. Uma mão lava a outra. É a lei na qual a indústria da música se baseia.

Noel gostava de aparecer na TV. Nas entrevistas, era sempre inteligente e charmoso e, é claro, apreciava tocar em qualquer lugar.

O fato de o programa ser filmado numa grande casa de campo que, conforme o haviam convencido, foi comprada por George Harrison para o Partido da Lei Natural, era mais um bônus para Noel. Além disso, ele recebera boas notícias.

– Conseguimos o Maine Road – disse ele a Blackburn enquanto saíam de Londres.

– O quê?

– Pois é, fechamos semana passada. Será em abril deste ano.

– Jesus – disse Blackburn. – Qual a capacidade?

– Quarenta mil pessoas – disse Noel, tentando soar casual. – Talvez mais do que nos jogos. Por sinal, como está Karen?

– Está se recuperando no Sri Lanka – respondeu Blackburn.

Karen era a garota que acompanhava o Oasis em todos os programas de TV e rádio. Sua reputação era a de uma negociadora durona, uma perfeccionista. Sua função era providenciar que tudo corresse tranquilamente: que a banda fosse pontual, que o programa se desenrolasse de acordo com o planejado.

Blackburn, no banco da frente, virou-se para Noel.

– Veja bem, para ser bem sincero com você, nós nunca tivemos uma banda como a sua, que tenha... *shoosh*! – ele fez um gesto com as mãos para imitar um avião decolando rapidamente. – Então tem sido meio doido para ela.

– Para todos nós – Noel foi rápido em lembrar-lhe.

– Quase a matei outro dia – disse Blackburn, rindo. – Liguei para ela no Sri Lanka e disse: "Aliás, você sabe que o single do Oasis foi adiado para daqui a um mês? Vai ser o seu primeiro trabalho quando você voltar" – riu mais uma vez e virou-se para a frente. – Ela adora isso, na verdade.

– Qual foi a pior banda com quem você já trabalhou? – perguntou Noel.

– Não teve nenhuma – respondeu Blackburn, com cuidado –, mas o pior incidente foi com o Primal Scream. Eles tinham lançado o single depois de "Rocks" e a música não estava indo bem. Então, fui ao *Top of the Pops* e implorei para que fizessem algo especial. Na época, a banda estava na Escócia e eu persuadi Ric Blaxill, o produtor do programa, a montar um cenário especial para eles. Foi um negócio bem grande, o programa geralmente não faz esse tipo de coisa.

– Quando chegou o dia – prosseguiu Blackburn –, recebo um telefonema de Jeff Barrett. A banda não conseguiria chegar. Pensei que ele estivesse de sacanagem. Não estava. Não pude acreditar. Às três da tarde, tive de ligar para o programa e dizer: "Olha só, caras, o Scream não vai conseguir chegar, mas tenho essa outra banda...". Isso me colocou numa merda tão grande que os dispensei depois disso. Um pesadelo, um pesadelo total.

– O que tinha acontecido com eles? – perguntou Noel.

– Acho que eles estavam muito doidos para embarcar. Eu não teria me importado, mas era um jato particular. Tudo o que precisavam fazer era se jogar dentro do avião.

Noel caiu na gargalhada, depois de sorrir ao longo da história toda.

– Justo – disse, imitando um dos bordões mais frequentes de Andrew Innes, o guitarrista do Primal Scream –, justo pra caralho – e então se acomodou no banco traseiro. A história o havia alegrado até não poder mais.

O carro se aproximou da casa imponente. Noel desceu, vestindo seu casaco de pele falsa, uma camisa de estampa *paisley*, jeans e tênis Gucci. O produtor do programa o recebeu e o conduziu até seu trailer.

– Imagino que você vá querer maquiagem.

– Imagino que não, mesmo. Mas adoraria um rango.

– Perdão?

– Comida. Alguma coisa para comer.

O produtor riu, caindo em si.

– Ah, claro. O que você quer? Temos algumas coisas, tipo sanduíches de bacon...

– Ah, sanduba de bacon, ótimo.

Dani Behr então entra em cena. Ela já havia entrevistado Noel para o *The Big Breakfast Show*, quando ele estava em turnê no Japão, e a conversa foi por telefone. Na época, Behr estava saindo em segredo com o jogador Les Ferdinand, então do Newcastle United. Noel não sabia que o relacionamento não deveria vir a público.

Lá pela metade daquela primeira entrevista, Noel começou a soltar pistas a respeito do casal. Behr tentava mudar de assunto, mas Noel não quis saber, continuava a falar de Ferdinand. Quando a entrevista acabou, Noel desligou o telefone do quarto do hotel no Japão. E então o telefone tocou novamente. Era Meg, da casa deles em Camden.

– Que porra você fez? – gritou ela. – Você acabou de contar ao país inteiro sobre Les Ferdinand e Dani Behr, quando não era para ninguém ficar sabendo.

Hoje, porém, Behr não tinha ressentimento algum e foi só simpatia e leveza, de botas longas e saia curta.

Como nenhum sanduba de bacon chegaria tão cedo, Noel foi levado até a imensa casa. Os proprietários cederam três dos salões principais ao programa, e o restante da casa estava proibido. Noel seria filmado fazendo "check-in" no "hotel", e então seria entrevistado por Behr antes de se apresentar para uma plateia no bar do programa.

A entrevista veio primeiro, só frivolidades: Quanto dinheiro você ganhou? De quem sua mãe gosta mais, você ou Liam? Como é ser um astro? Do começo ao fim, Noel tentou responder da melhor maneira que pôde. Adotou sua postura tímida e se esforçou para fazer tiradas diante daquela sabatina tão desinteressante. Depois da segunda pergunta, ficou claro que Noel ligou o piloto automático.

Perto deles, uma adolescente de dezesseis anos observava tudo com uma expressão cada vez mais desgostosa. Era uma figurante do programa, contratada para ficar ali sentada e ser bonita.

– Eles sempre fazem essas entrevistas estúpidas – disse ela. – Tudo bem se fosse alguma coisa tipo o Boyzone, mas aquele é Noel Gallagher.

O único momento interessante foi quando Behr perguntou a Noel dos shows no Maine Road. Fazia menos de uma semana que o pessoal do Oasis sabia disso, e a notícia já havia vazado. A pergunta pegou Noel de calça curta.

– Vou recorrer ao meu direito de permanecer calado nessa – disse ele, confirmando os shows, portanto. Mentalmente, fez um lembrete para descobrir como se deu o furo.

Em seguida, foi conduzido a um banquinho ao lado do bar. Enquanto as câmeras e luzes eram preparadas, Noel palhetou distraidamente o violão. Tocou "Hung Up", de Paul Weller, e "A Day in the Life", dos Beatles.

Por fim, tudo pronto. Noel se posicionou no banquinho e tocou "Don't Look Back in Anger" três vezes. A plateia aplaudiu com entusiasmo depois de cada uma.

E então, assim que o liberaram, foi direto para o trailer. Lá estava, finalmente, seu sanduba de bacon.

– Esse programa é uma merda – disse a Blackburn entre uma mordida e outra enquanto devorava o sanduíche.

Blackburn fez uma careta, dividido entre um *rock star* durão e um programa de TV leve e avoado com quem ele teria negócios futuros a fazer.

– Eu sei, Noel, mas os índices de audiência são bons. Por sinal – disse ele habilmente para mudar de assunto –, o Channel Four vai estrear um programa novo. Chama-se *The Girlie Show*. A ideia é que seja apresentado por mulheres meio "molecas". E querem que você participe.

Ao saber disso, Noel deu uma animada considerável.

– Isso eu vou curtir – disse, devorando o que restava do sanduba.

No Rolls-Royce, no caminho de volta a Londres, a conversa passou para a política.

– Não consigo pensar em nenhum político do qual eu goste – disse Noel. – O Tony Blair. E talvez o Tony Benn.

– Pois é, mas foi ele quem proibiu as rádios piratas nos anos 1960 – apontou Blackburn.

– Sério mesmo? Certo, ele pode muito bem ir se foder. Já sei. Dennis Skinner, a Fera de Bolsover. Imagino que um dia desses ele vai se levantar e se dirigir a algum desgraçado do Partido Conservador: "Certo, seu cuzão, faz anos que eu quero dizer o seguinte...".

Blackburn se despediu e desceu do carro em Chiswick. Noel passou para o banco da frente e o carro partiu. Enquanto Les dirigia, Noel começou a examinar o painel de madeira do carro.

– É uma peça única de madeira – disse Les. – Não é como o de outros carros, que eles montam com várias peças diferentes. Eles de fato pegam uma peça enorme de madeira e esculpem o painel nela.

– O quê? Isso é madeira?

– Claro que é, seu besta – respondeu Les. – É uma porra de um Rolls-Royce, né? Você está com tudo, meu chapa. Madeira, couro, a coisa toda.

– Olha só, amigo – disse Noel, abrindo o porta-luvas e apalpando o interior de couro –, eu sou dos anos 70 e 80. Se não é de fórmica, fico confuso.

No centro de Londres, o carro ficou preso num engarrafamento. Em certo momento, parou ao lado de um anúncio enorme do álbum do Blur, *The Great Escape*. Noel o observou e disse:

– Outro dia ouvi que o álbum não está vendendo tão bem quanto eles queriam. Bem feito para a gravadora por querer foder com o *The Help Album* desse jeito. É carma.

Noel se referia à tentativa da EMI de fazer com que *The Help Album* fosse registrado nas paradas como uma compilação, e não como um LP propriamente dito. A EMI encaminhou uma queixa à Associação da Indústria Fonográfica Britânica três dias antes do lançamento do álbum e, em questão de horas depois disso vir a público, foi bombardeada por uma tempestade de críticas, e então retirou a queixa. Porém, já era tarde demais: a associação votou a favor da EMI e não iria anular a decisão.

O álbum agora só apareceria nas paradas de compilações e não na principal de LPs, mais influente. Como *The Help Album* foi lançado na mesma semana que o disco do Blur, muita gente juntou os pontos.

Noel olhou mais uma vez para o pôster e resmungou. O Rolls-Royce seguiu em frente silenciosamente.

No dia seguinte, pela primeira vez, um tabloide publicou que Liam fora visto à noite na companhia de Patsy Kensit.

//

Alguns dias depois, a banda viajou para a Alemanha para quatro shows. Marcus ficou no Reino Unido para ajudar a organizar os shows no Maine Road e prosseguir com as negociações de mais um, em que o Oasis seria *headliner* no Slane Castle, na Irlanda.

No dia seguinte, o *NME* publicou essas informações e o Channel Four reportou que havia sete singles do Oasis no Top 40 irlandês e que *Morning Glory* havia retornado à parada de álbuns em primeiro lugar. A mágica não exibia nenhum sinal de enfraquecimento.

No primeiro show na Alemanha, no Music Centre em Utrecht, a banda foi forçada a encurtar o set quando a voz de Liam começou a sumir. Parte do público reagiu muito mal e começou a danificar o lugar. A banda, abrigada em segurança no camarim, acompanhou tudo pelo circuito fechado de TV.

– Vai lá, meu filho – disse Noel ao ver um fã arremessar uma cadeira.

– É melhor ficar de olho, Noel – disse Guigsy. – É no seu ampli que esse cabra está mirando.

– Nem aí – retrucou Noel.

A banda então partiu para Munique. Para o fascínio de Noel, Liam e Guigsy, o hangar em que o show aconteceria ficava situado na mesma pista em que o avião que levava a equipe do Manchester United caiu, ceifando oito jogadores.

No show, Liam entrou no palco e ficou entoando "*Muu-nich, Muu-nich, Muu-nich*" ao microfone por uns dois minutos. O público respondeu, pensando que era uma saudação. Na verdade, não: era o canto que os torcedores do City entoavam para desestabilizar seriamente seus odiados rivais do United, e Liam não resistiu à oportunidade.

A banda ainda comprou uma série de cartões-postais com imagens do aeroporto e os enviou para Mark Coyle, torcedor fervoroso do United.

Quando Coyley recebeu o primeiro, pensou: "Legal, eles me mandaram um postal. Bacana". Quando o quarto chegou, a provocação ficou evidente. Coyley já estava rangendo os dentes em fúria.

O Oasis seguiu viagem e tocou no Huxley's, em Berlim, onde Liam e Bonehead foram entrevistados pela MTV. Noel deu um baile em seus seguranças e foi visitar o Zoológico de Berlim. Achou que não seria reconhecido e que poderia relaxar por umas duas horas. Que erro. Um grupo de estudantes britânicos que estava lá numa excursão o viu e ele passou meia hora dando autógrafos.

No dia seguinte, retornaram à Grã-Bretanha de ônibus e balsa. Noel passara a noite acordado e, quando chegaram à fronteira, estava capotado. Roger, roadie de Bonehead e de Whitey, o acordou:

– Noel, você tem alguma droga com você?

– Claro – respondeu ele, sonolento, e vasculhou os bolsos. – Estica uma carreira pra mim também.

– Não, seu idiota, joga tudo fora. Estamos na fronteira.

—— // ——

Chegaram em Londres no final da tarde. Noel foi buscar Meg e os dois foram então para a festa de aniversário de Kate Moss num restaurante em Holland Park.

Uma matilha de repórteres aguardava do lado de fora, tendo recebido a dica de onde o evento aconteceria. Noel e Meg passaram rapidamente por entre eles e chegaram ao restaurante, onde todos haviam acabado de comer.

Pediram Jack Daniel's e Coca-Cola e caíram numa conversa com Kate e seu namorado, Johnny Depp, sobre a última vez que haviam se encontrado: cerca de um mês antes, quando o Oasis fez um show surpresa no clube do ator em L.A., o Viper Room.

– O que as pessoas acharam desse show? – perguntou Noel a Johnny.

– Ah, cara, elas ficaram extasiadas.

– Você lembra que tínhamos varado a noite e você nos pediu para tocar, e nós dissemos: "Claro que aceitamos". Bem, quando fui dormir, por volta das dez da manhã, pensei: "*Nah*, todo mundo está chumbado demais para lembrar disso quando a gente acordar, não vai ter show".

– Então fui dormir – prosseguiu Noel –, acordei, liguei o rádio e tinha um cabra dizendo: "E hoje à noite, no Viper Room, o Oasis vai fazer um show especial". Puta merda.

Depp sorriu.

– Isso foi coisa do seu irmão. Eu falei pra ele: "Nós podemos manter isso em total segredo ou podemos divulgar, o que, no caso, vai criar um caos". Liam respondeu no ato: "Caos, vamos de caos".

– Nem me fale – disse Noel. – Cheguei lá e demorei meia hora para conseguir entrar. Eu falava para o segurança na porta: "Eu sou da banda!". E ele: "É, você e mais um milhão de caras, amigo. Agora, pro fim da fila".

Depois da festa, Kate, Jess, Meg, Noel e mais alguns outros foram para o apartamento de Paul Simonon. Simonon, antigo baixista do The Clash, e sua esposa Tricia, tinham uma filha e moravam num apartamento espaçoso em Ladbroke Grove.

Enquanto ouviam discos antigos dos Dubliners, Noel cantava junto todas as músicas. E então ele e Meg deram a Kate seu presente, um conjunto exclusivo de 4 CDs de canções de Burt Bacharach. A compilação foi lançada apenas para figuras influentes da música e apenas algumas poucas cópias foram disponibilizadas.

Colocaram os CDs para tocar. Quando tocou "This Guy's in Love With You", Noel, abraçando Meg no sofá, cantou a música para ela.

- Dezenove -

TINHA DE HAVER ALGUMA MÁ NOTÍCIA. SIMPLESMENTE TINHA. A BOA ONDA NÃO IA DURAR MUITO. A VIDA NO MUNDO DO OASIS NUNCA PODERIA SER SUAVE. SE FOSSE, ENTÃO ERA O MOMENTO DE PENSAR SERIAMENTE EM FAZER AS MALAS.

Em janeiro, foi anunciado que Tony McCarroll estava processando a banda em meio milhão de libras. Sua demissão, alegava ele, não se dera por alguma falta de habilidade sua, mas porque Noel Gallagher não gostava dele. Quando o advogado do Oasis examinou a questão, descobriu um sério problema. Quando McCarroll deixou a banda, o contrato que ele havia assinado com os outros quatro membros não foi renegociado, nem a sociedade dissolvida. Portanto, a reivindicação não poderia ser ignorada.

Enquanto isso, o Oasis se encontrava na Alemanha para tocar em Utrecht no dia 10, Munique ("*Muu-nich!*") no dia 12, Berlim no dia 14 e Bielefield no dia 15. Estavam incomodados com o fato de McCarroll ainda os assombrar, mas toda raiva foi suavizada pelas notícias que chegaram dos EUA.

"Wonderwall" começara a vender bem e, por conseguinte, impulsionou imensamente as vendas de *Morning Glory*. Agora parecia que tanto o single quanto o álbum entrariam em suas respectivas paradas nos EUA. A turnê no país, que começaria em fevereiro, só ajudaria nessa questão.

O Oasis então retornou ao Reino Unido para três shows, um em Whitley Bay e dois no Ingliston Exhibition Centre, em Edimburgo. Na segunda noite, depois do show de abertura do Ocean Colour Scene, começou a tocar no P.A. o remix de "Champagne Supernova" feito pelo produtor Brendan Lynch, disco de doze polegadas elaborado exclusivamente para as baladas.

Liam, o purista, estava no palco com Guigsy e Bonehead na hora e, ao ouvir o remix, começou a berrar:

– Eu odeio pra caralho esses remixes. Isso não é o Oasis, não tem nada a ver com a gente. É uma merda.

Lynch, que trabalhara em todo o material solo de Paul Weller, tinha, a pedido de Noel, completado e entregue três versões da música. A que ele mais gostou foi rejeitada por Noel. A que ele achou óbvia demais, Noel aprovou. Brendan tinha plena consciência do desgosto de Liam por tais remixes. O cantor disse isso a ele com todas as letras.

– Eu queria nem ter aceitado fazer. Foi uma loucura – disse Lynch, arrependido, depois do show, no bar do hotel.

Enquanto ele falava, repórteres do *News of the World* sentados pelo bar observavam casualmente, atentos a cada movimento da banda. O Ocean Colour Scene também estava presente naquela noite. A banda havia recém assinado com a MCA e agora se preparava animadamente para o lançamento de seu primeiro disco em anos.

Noel estava com Meg e Jefferson Hack, editor da *Dazed and Confused*, uma revista nova que queria uma entrevista com ele – que não estava interessado.

– Te proponho o seguinte – disse ele ao editor –, você vai conseguir uma matéria muito melhor se colocar cinquenta fãs do Oasis juntos numa sala e entrevistá-los. Eles vão te dizer muito mais do que eu jamais poderia.

Esse era um traço típico de Noel, diminuir com leveza sua obra e se recusar a analisá-la. Era como se ele acreditasse que colocar a mente para funcionar com explicações quebraria, de alguma forma, a mágica. Frequentemente tirava algumas risadas disso.

– As pessoas insistem em dizer que "Cigarettes & Alcohol" é um grande *insight* sobre os filhos do Thatcherismo – dizia ele, fingindo rir. – Mas eu estava tirando uma onda quando a escrevi. Ou "Live Forever", essa eu escrevi em dez minutos, amigo.

Era seu mecanismo de defesa, outra forma de afastar gente que queria se aproximar demais, que ansiava por respostas.

Na manhã seguinte, Noel acordou e encontrou Liam e o vocalista do Ocean Colour Scene, Simon Fowler, ainda bebendo no bar. Ele e Meg então voltaram para Londres e, naquela noite, foram à cerimônia do Brat Awards do *NME*.

Vic Reeves e Bob Mortimer foram os apresentadores. Entre os vencedores, eleitos por uma mistura de escolhas dos jornalistas e votos dos leitores, Pulp e Black Grape foram homenageados.

Os apresentadores então anunciaram que não falariam de mais bandas, já que uma banda havia abocanhado tudo de lavada. Era, é claro, o Oasis, que naquele ano ganhou os prêmios de Melhor Show, Melhor Álbum, Melhor Single e Melhor Banda.

Noel caminhou lentamente até o palco e, com as quatro estatuetas em punho, disse à plateia:

– É muito difícil subir aqui e ser humilde. Então não vou ser. Vocês são uns merdas.

Mais tarde, no backstage, foi fotografado para o *NME* com Jarvis Cocker e Shaun Ryder. "Foi engraçado", relembraria ele. "O Ryder dizia para o Jarvis: 'Sei qual é a sua, você é tipo aqueles moleques que sempre se sentam no fundo da sala, mas são uns verdadeiros pervertidos e pegam um monte de garotas e tal'. Acho que o Jarvis nem entendeu o que estava acontecendo".

Em fevereiro, Noel foi até um estúdio em Londres para cantar numa faixa dos Chemical Brothers. A ideia surgiu porque os Chemicals tocavam "Tomorrow Never Knows", dos Beatles, regularmente no meio de seus sets cheios de *breakbeats* na Sunday Social. Noel demonstrou interesse em cantar um cover da música com eles. Em vez disso, abandonaram essa ideia e Noel escreveu uma letra que intitulou "Setting Sun" (título original de uma música sua que renomeara "D'You Know What I Mean?") e a cantou numa faixa nova dos Chemicals. Levou cerca de uma hora para gravar e foi embora. Em outubro de 1996, a faixa entraria nas paradas em primeiro lugar.

Mais tarde naquele mês, Noel viajou para Roma com Marcus e Meg para dar algumas entrevistas para o rádio e a imprensa e tirar uma folga num final de semana prolongado.

O Oasis já era muito popular na Itália e na Espanha, e essa era uma chance de promover a banda numa variedade de mídias estrangeiras.

Na quinta-feira, ele se hospedou num dos melhores hotéis de Roma, na Via Sistina. Na sexta, um jornal noticiou que hotel era esse e, à tarde, literalmente centenas de fãs se reuniram na entrada.

Noel deu entrevistas a rádios italianas e espanholas. O entrevistador espanhol lhe contou que *Morning Glory* era o álbum número um no país, com cerca de 85 mil cópias vendidas.

– Para te dar perspectiva desse número – disse ele a Noel –, o Blur vendeu cerca de 25 mil cópias. Essa é a média do que vende um álbum no meu país.

Noel sorriu com a notícia. No sábado, ele e Meg visitaram o Vaticano e foram às compras. Meg o deixou sozinho para voltar ao hotel e, quando ele e Marcus finalmente retornaram, um mar de fãs correu até ele, que foi então literalmente erguido do chão e carregado até a entrada. Enquanto "boiava" até o lobby naquele mar de jovens aos berros e aplausos, aquele sorriso extasiado se abriu em seu rosto mais uma vez.

No domingo, retornou a Londres e foi até os estúdios da BBC, em Wood Lane, onde Paul Weller estava gravando um especial do programa *Later*.

Noel o observou atentamente e, depois, na festa, dançou com a mãe de Paul, Ann. "Puta merda", diz ele. "Eu não parava de perguntar ao pai do Paul, John, se por ele tudo bem, não queria levar uns tabefes dele. E Ann dizia: 'Ah, não se preocupe com ele'".

No dia seguinte, Noel foi para Manchester se encontrar com o presidente do City, Francis Lee, passar um tempo com Peggy e seu irmão Paul e visitar também Mark Coyle e Phil Smith.

Depois, tocou de volta para Londres para o Brit Awards e para começar os ensaios da turnê norte-americana mais importante até então para o Oasis. *Morning Glory* agora se encontrava no Top 10 dos EUA. A única banda britânica a conquistar tal status em 1995 foram os Beatles. E "Wonderwall" entrara nas paradas de singles na vigésima primeira posição. O trabalho duro agora enfim rendia frutos.

A essa altura, o Oasis já estava enraizado firmemente na consciência britânica. Semana sim, semana não, ou os tabloides ou os jornais respeitados publicavam matérias sobre a banda.

Garotas apareciam com frequência nas primeiras páginas sensacionalistas expondo seus casos com Liam. Quanto a Noel, os assuntos geralmente eram do tipo seu pai tentando vender uma folha de papel com a letra de uma das primeiras músicas escritas por ele (aparentemente intitulada "Sunday", que dizia, em parte, "*You said yes on Monday / Wednesday we were wed / You left me on Friday / If it's Sunday, am I dead?*".[100] Conscientemente ou não, lembra muito a antiga cantiga de ninar "Solomon Grundy", que diz "*Born on a Monday / Christened on a Tuesday / Married on Wednesday*[101] etc."). Outros artigos examinavam o sucesso da banda nos EUA.

A prova cabal do status de celebridade do Oasis veio quando o popular programa de TV satírico *Spitting Image* começou a fazer esquetes inspiradas na banda. A mais engraçada delas tratava da bem conhecida afeição dos irmãos pela cocaína, com Liam dizendo a Noel:

– Tem 45 centímetros de neve na Escócia.

– Ah, então foi *lá* que eu deixei – responde Noel.

Na noite de 19 de fevereiro, dia em que a Creation lançou o nono single do Oasis, "Don't Look Back in Anger", lados B "Step Out", "Underneath the Sky" e "Cum On Feel the Noize" (com uma das melhores

100 "Você disse sim na segunda / Na quarta, nos casamos / Você me deixou na sexta / Se é domingo, será que eu vou morrer?".

101 "Nascido numa segunda / Batizado numa terça / Casou-se numa quarta".

capas de Brian Cannon, que trazia a imagem de uma bateria coberta por tulipas coloridas; era uma homenagem à ocasião em que Ringo Starr voltou para os Beatles, depois de sair da banda brevemente em 1968, e George Harrison decorou o estúdio com flores para recebê-lo), a banda chegou a Earls Court para o Brit Awards.

A banda se sentou numa mesa com suas respectivas namoradas (Liam e Patsy agora eram um casal público), empresários e pessoal da gravadora, e foi chamada ao palco três vezes, para receber os prêmios de Melhor Videoclipe por "Wonderwall" ("E eu nem apareço", comentou Guigsy), Melhor Banda e Melhor Álbum.

Nos discursos, falaram uma profusão de palavrões, insultaram o cantor do INXS, Michael Hutchence (Noel Gallagher, sob o efeito de ecstasy, disse que "ultrapassados não deveriam entregar prêmios a promissores"), Chris Evans (Liam afirmou que "nenhum maldito ferrugem pode tirar o Oasis do palco") e se vingaram do Blur cantando o refrão "*All the people, so many people*",[102] de "Parklife", trocando o título por "*Shite life*" ["vida de merda"]. Noel, por fim, afirmou que só havia sete pessoas no recinto capazes de ajudar os jovens britânicos, e elas eram o Oasis, Alan McGee e o líder do Partido Trabalhista, Tony Blair. A indústria musical toda ficou espumando em suas mesas.

Houve apresentações do Pulp, Simply Red, David Bowie e Take That, a última antes de o grupo se separar.

Porém, foi Michael Jackson, em trajes brancos messiânicos e cercado por centenas de crianças no palco, que promoveu a apresentação mais memorável da noite, quando Jarvis Cocker, do Pulp, tentou invadir a cena para expressar seu desgosto. Mais tarde, foi levado a uma delegacia de polícia perto dali para ser interrogado.

Noel permaneceu na arena e disse a todos os entrevistadores que o abordavam que não se importava com o que "figurões que ganham £450

---

102 "Toda a gente, tanta gente".

mil por ano" achavam de sua banda, e que os únicos prêmios que valiam a pena ter eram os votados pelos fãs.

Depois, o Oasis festejou até altas horas no Landmark Hotel e então se recolheu, cada um para seu quarto de hotel ou sua casa, para assistir à cerimônia na TV naquela noite. A Carlton TV editou os palavrões e a intervenção de Jarvis Cocker, mas numa data posterior, num horário tarde da noite, o evento foi reprisado na íntegra. As bandas que haviam ofuscado, irritado e insultado todo o *establishment* da indústria fonográfica eram agora tão populares que os programadores de TV estavam dispostos a exibir a cerimônia mesmo com o risco dos inevitáveis "ultrajes públicos" surgirem nos jornais.

No mínimo, o Oasis e o Pulp ganharam ainda mais fãs quando o comportamento deles veio a público nos jornais do dia seguinte.

E a indústria deveria se preocupar. As vendas de discos, depois de empacarem no início da década, estavam agora, em grande parte graças a essa nova cena, batendo recordes.

A música agora vendia mais do que jogos de computador.

— // —

Por volta de uma e meia da manhã, enquanto o ônibus rumava para St. Louis, Noel Gallagher foi até a frente, onde Guigsy, Bonehead, Liam e Alan White estavam sentados, e lhes disse:

– Eis que tenho um negócio aqui pra vocês ouvirem.

– O quê? – quis saber Liam. – O que você tem aí? O que é?

– Haha – disse Noel, debruçando-se para colocar o CD para tocar. Apertou play e sentou-se com um sorriso sabichão no rosto.

– Vai – exigiu Liam. – Que porra é essa?

De repente, uma velha música do Oasis, "Colour My Life", começou a tocar pelos alto-falantes.

– Puta que pariu – exclamou Bonehead –, é a gente!

– Onde você arrumou isso? Onde?? – perguntou Liam.

– CD *bootleg* que acabou de sair – informou Noel. – Sem prêmio pra quem adivinhar quem soltou.

– Quem? – perguntou Liam.

– Bem, quem mais além de nós e Coyley teria acesso a fitas de ensaio ou de um show no Boardwalk? – respondeu Noel.

Por uma hora, a banda se acomodou e se deleitou ao ouvir a si mesma e à sua música de quatro anos atrás. Canções como "Take Me", "See the Sun", "Must Be the Music", "Better Let You Know", "Snakebite", "I Will Show You" e a acústica "Life in Vain" os levaram direto para o Boardwalk, aos ensaios e aos sonhos, a Liam sendo regularmente expulso da casa, a Noel passando cheques frios para pagar os ensaios.

Parte do CD também continha um dos primeiros shows no Boardwalk.

– Tinha quatro pessoas nesse show – recordou Liam – e nós tocamos bem pra caralho pra elas. Vamos lá, Oasis!

– Sabe – comentou Noel, enquanto a última música acabava –, isso é melhor do que a fita demo dos Beatles. Algumas das letras não são tão ruins. Acho que vou usar algumas delas.

E então parou para pensar.

– Quão irado seria isso? Já copiei todo mundo. Agora vou copiar a mim mesmo.

//

A turnê americana começou em Kansas City, no dia 23 de fevereiro, e seguiu para St. Louis (cidade onde o Oasis cancelou shows duas vezes anteriormente) no dia 24. Jornalistas da imprensa britânica e locais seguiram a banda por todos os lugares.

No backstage, depois do show em St. Louis, um fã disse a Liam, que agora estava de barba:

– Sabe que você me lembra muito o Charles Manson com essa barba?

– Vai se foder, seu idiota – revidou Liam. – Você já viu o Charles Manson cantar num palco? – e saiu andando.

Tocaram em Mineápolis no dia 26 e, depois do show, Noel se recolheu, como de costume, à sala da produção. Liam ficou sozinho em outra sala, ruminando sobre a questão da fama.

– A fama – escarneceu ele –, você tem de mantê-la um passo atrás de você o tempo todo. Nunca pode deixá-la andar na sua frente, porque, se fizer isso, ela bloqueia totalmente sua visão, entra no caminho entre você e seu objetivo. O motivo pelo qual estou numa banda é levar a música às pessoas. É isso. Não posso me preocupar com mais nada.

– É a música – prosseguiu. – Simples assim. Mas aí tem essa gente toda que lê a seu respeito e tal. Essas pessoas acham que te conhecem. Mas não. Como poderiam conhecer? Nunca nem falaram comigo. Só leram a meu respeito.

Liam disse isso numa semana em que mais de 400 mil discos do Oasis foram comprados pelo público britânico. Desses, um quarto de milhão eram do novo single, "Don't Look Back in Anger", que chegara com tudo ao primeiro lugar.

No ônibus, naquela noite, assistiram à apresentação no *Top of the Pops*. O vídeo começou assim que o Blur terminou uma performance frenética de seu novo single, "Stereotypes".

A câmera então foi até Noel, *cool* diante do mic. Usava óculos escuros, uma camisa branca e empunhava sua guitarra com a bandeira britânica. Foi uma performance imponente.

E então, numa das poucas vezes na história do programa, o Oasis tocou uma segunda música, "Cum On Feel the Noize", do Slade, em que Liam deliberadamente cantou fora de sincronia no verso "*So you think my singing's out of time*".[103]

A banda reassistiu ao vídeo pelo menos umas vinte vezes, e Noel apontava com um orgulho verdadeiro na voz:

---

103 "Então você acha que eu estou cantando fora do tempo".

– Além de nós, só o The Jam e os Beatles puderam tocar duas músicas no programa.

Não era nada necessário dizer, mas a guerra contra o Blur estava enfim terminada.

—— // ——

No dia 27 de fevereiro, depois de ter ficado acordado direto até a uma e meia da tarde e então dormido por apenas uma hora, Noel Gallagher entrou no palco com o Oasis e fez um show no Aragon Ballroom, em Chicago, que, segundo Marcus, foi "assustadoramente bom".

Nas cidades americanas importantes, as "terras da música" – como Trigger, chefe da equipe de palco, as chamava – o Oasis prosperava. Nas cidades menores, uma parte significativa do público só ia aos shows para ouvir "Wonderwall" ("essa música é tão legal" era algo que a banda ouvia constantemente) e com frequência ia embora depois de ouvi-la no set acústico de Noel.

Em Mineápolis, a banda foi fotografada para a prestigiada capa da *Rolling Stone*, e Noel e Liam fizeram outro ensaio à parte no dia seguinte. Foram embora depois de uma hora. Ficaram entediados, como disseram diante dos protestos do fotógrafo. A *Rolling Stone* precisava mais deles do que eles da revista.

No show seguinte, em Milwaukee, tocaram numa casa que também havia contratado uma banda mexicana para a balada ao lado, o que causou uma enorme confusão quando os roadies de cada equipe entraram no local com os equipamentos. Noel ficou no ônibus, assistindo à palhaçada e usando aquela que era agora sua expressão favorita:

– Tenho um dos álbuns mais vendidos dos EUA e acontece isso comigo.

Na noite seguinte, 3 de março, o show foi em Cleveland, duas noites depois, em Indianápolis, e então Fairfax e Filadélfia.

Antes do show nesta última, Noel se encontrou com Ben Stud, da *Melody Maker*, e, ao longo da entrevista, confessou que já estivera envolvido com assaltos e roubos de rádios de carro.

Quando a revista publicou o artigo algumas semanas depois, em abril, destacaram essa afirmação de Noel e a tornaram um olho da matéria. Tradicionalmente, o feriado de Páscoa é uma época morna para notícias, então não demorou muito até que um jornalista proativo ligasse para o Dr. Adrian Rogers, do Instituto da Família Conservadora, para pedir sua opinião. Como seria de se esperar, Rogers foi a público, exigindo uma investigação policial completa e pedindo aos fãs britânicos que boicotassem a banda.

A história logo se tornou uma pauta quente durante a Páscoa, e David James, superintendente do IFC, interrogou informalmente o jornalista Ben Stud, que foi então solicitado a encaminhar um depoimento por escrito à polícia a respeito da entrevista.

Stud assim fez, defendendo Noel e afirmando que a banda era bem conhecida por suas afirmações fantasiosas.

"Tivesse eu acreditado que ele foi minimamente sério", escreveu Stud, "como jornalista profissional, com cerca de dez anos de carreira, o teria inquirido mais a fundo sobre o assunto".

Mesmo assim, a contenda continuou e, em dado momento, alguns parlamentares alegaram que levariam a questão ao Parlamento.

Nesse meio-tempo, nos EUA, Noel, e não Liam, sucumbiu a uma dor de garganta e a banda cancelou shows em Phoenix e em Los Angeles. Foi enquanto se recuperava que Noel finalmente conheceu seu herói Burt Bacharach.

Os dois tomaram café da manhã juntos e Burt conseguiu uma consulta com seu médico particular para Noel. A meia hora da consulta custou US$ 1.000 ao guitarrista. Bacharach revelou ainda que estava com dois shows marcados em Londres para junho e convidou Noel para fazer uma participação especial em "This Guy's in Love With You".

No show do Oasis em Providence, devido aos objetos que foram atirados contra a banda no palco em ocasiões anteriores, os ingressos traziam um aviso de que, se alguém jogasse qualquer coisa no palco, a banda interromperia o show.

Previsivelmente, alguém jogou uma bota em Noel durante o set acústico, e a banda se recusou a retornar ao palco. No dia seguinte, Noel viajou até Vernon, Nova Jersey, para fazer um set acústico solo num minifestival chamado "SNOasis",[104] num resort de esqui nas montanhas.

Noel entrou no palco naquele ar gelado e cortante, tocou duas músicas e desistiu. Suas mãos estavam congelando e ele não conseguia tocar violão.

A banda então viajou para Nova York.

Na primeira noite na cidade, todos se reuniram num bar irlandês perto do hotel. Robbie Williams também estava na área e chegou com sua namorada, depois de os dois voltarem de férias no Caribe.

Patsy Kensit também chegou, assim como Tim e Chris Abbot, Johnny Hopkins e Jill Furmanovsky. Noel foi embora do bar irlandês cedo e caminhou até o novo bar da Motown, na frente do Central Park. Pediu bebidas e levou um susto quando o barman se recusou a cobrar dele. Até a Motown Records levava o Oasis a sério.

Naquela noite, houve uma festa no quarto de Liam e Patsy, onde o irmão de Bonehead, Martin, que morava nos EUA e já estava claramente daquele jeito, não parava de tentar conversar com Noel sobre o Oasis. O guitarrista enfim pegou um abajur da mesa de cabeceira, se agachou num canto, ergueu o objeto na altura da cabeça e disse:

– Vai embora. O meu álbum é o mais vendido no...

Richard Ashcroft, ex-The Verve,[105] também estava presente. Ele abriria o show do Oasis no Paramount Theatre.

Mais tarde, em seu próprio quarto, Noel confessou estar com os nervos à flor da pele em relação a gravar o álbum seguinte.

– Sou uma porra de um milionário – disse. – A maioria dessas músicas eu escrevi quando vivia de seguro-desemprego. Vou escrever sobre o quê agora?

---

104 O nome é um trocadilho com as palavras *snow* (neve) e *oasis* (oásis), possivelmente por conta do ambiente onde aconteceu, e não diretamente ligado à banda. Além de Noel, apresentaram-se também Garbage, God Lives Underwater e Stabbing Westward. (N. do T.)

105 Ashcroft saiu em 1995, terminando a banda, porém o The Verve se reuniu em 1997 e voltou a se separar em 1999. Em 2007, reuniu-se novamente, separando-se pela terceira (e até então última) vez em 2008. (N. do T.)

Era uma cortina de fumaça. No caderno de capa vermelha e preta que ele carregava para todo lado, havia cerca de quarenta letras, muitas das quais já estavam musicadas em sua cabeça.

Na manhã seguinte, Noel foi até o aeroporto JFK a convite de Johnny Depp, que estava gravando o filme *Donnie Brasco*, com Al Pacino. Noel esperou por cerca de uma hora no set de filmagem, na esperança de conhecer Pacino, porém, às duas da tarde, precisou sair para fazer uma sessão fotográfica com Jill no Central Park.

Quando Noel retornou ao hotel, a banda toda, menos Liam, estava no bar esperando para começar a sessão. Por fim, Kevin foi até eles e disse:

– Liam não quer fazer as fotos.

– Bem, nós sempre podemos fazer fotos individuais – disse Jill.

Noel arregalou os olhos e disse, apontando para os outros três membros:

– Quem diabos quer ver fotos dele, dele e dele? Foda-se, eu vou fazer compras – e então se levantou e disse: – O Liam é um otário. Eu poderia estar conhecendo o Al Pacino agora, poderia estar falando pra ele: "Agora, Al, não faça desse jeito, tente desse outro jeito".

O Oasis passou o som às cinco da tarde. O show aconteceu, de fato, no mesmo complexo que abrigava o Madison Square Garden. Segundo Marcus, a banda poderia ter tocado lá.

– Mas aí onde tocaríamos da próxima vez? – perguntou retoricamente.

Enquanto isso, ingressos eram vendidos a US$ 250. A Epic foi forçada a comprar de cambistas para que seus funcionários pudessem entrar para ver uma das dez maiores bandas da gravadora.

No dia seguinte, a banda voltou para Londres para um breve descanso antes de retomar os shows, começando com dois em Cardiff, no País de Gales, nos dias 18 e 19 de março, e dois em Dublin.

Enquanto os jornais especulavam a respeito de Liam e Patsy, o Oasis foi para a Alemanha para dois shows. Um em Offenbach, no dia 26, e outro em Munique, no dia 27, para então seguir para Milão, no dia 29, Grenoble no dia 31, Barcelona no dia 2 de abril e Bordeaux no dia 4.

Depois, retornaram à América do Norte para três shows: Vancouver, Seattle e São Francisco, nos dias 10, 11 e 13.

Quando enfim voltaram para casa, o histórico de roubos de Noel já havia estourado na imprensa. No aeroporto de Manchester, uma multidão de fotógrafos e jornalistas à espera de Liam cobrou alguma reação dele.

– Sim, eu fiz isso também – disparou ele – e as casas de vocês são as próximas.

Noel, enquanto isso, foi até o novo programa de Chris Evans no Channel Four, *TFI Friday*, e deu, dentro das circunstâncias, uma entrevista bem-humorada e relaxada.

Aplaudiu a ação de Jarvis Cocker no Brit Awards e, sobre Michael Jackson, disse:

– Ele vem até o nosso país e entra no palco achando que é Deus. Quer dizer, quem ele pensa que é? Eu?

Porém, naquela noite, no apartamento em Camden, Noel trancou todas as portas e disse a Meg:

– Não acredito. Vão fazer uma porra de um interrogatório no Parlamento e tudo o que eu fiz foi escrever umas músicas e falar palavrão na TV.

A maioria das pessoas ao seu redor nunca o havia visto tão preocupado, e ele ainda estava fumegando por conta do processo de McCarroll.

– Os advogados estão nos custando milhares de libras – afirmou veementemente – e ele está pedindo royalties de um álbum que está vendendo por causa do Alan White, que não recebe royalty algum e está ralando mundo afora para promover. Isso não está certo.

A única coisa pela qual Noel estava ansioso eram os dois grandes shows a céu aberto no Maine Road, o estádio do Manchester City.

Depois deles, o Oasis faria uma pausa de três meses.

——— // ———

Liam enfim deu o braço a torcer e se mudou de Manchester para ir ficar com Patsy em Londres. Ainda era desconfiado da capital, mas não podia pôr o pé na rua em Manchester sem que alguém corresse até ele. Relutante, fez as malas e saiu da casa da mãe, endereço que praticamente todo mundo na cidade conhecia.

"Às vezes eu o pegava sentado sozinho, perdido em seus pensamentos", diz Peggy. "Quando perguntava o que estava fazendo, ele respondia: 'Estou colocando a cabeça no lugar, mãe. Aqui é o único lugar onde consigo fazer isso'".

Agora, queria passar o máximo de tempo que pudesse com a garota que passara a dominar sua mente. Naquele verão, ele e Patsy passariam férias com bastante privacidade no Caribe e se apaixonariam ainda mais. O relacionamento era uma experiência nova para Liam, que nunca se sentira dessa forma por ninguém na vida.

Em sua primeira semana em Londres, ele e Noel foram ao primeiro de dois shows do Ocean Colour Scene no Electric Ballroom. O álbum deles, *Moseley Shoals*, fora lançado e estava vendendo mais do que *Morning Glory*, que ainda se encontrava no Top 10.

– Seus desgraçados – brincou Noel com a banda no camarim. – Ajudei vocês esses anos todos e agora vocês estão vendendo mais discos do que eu.

Depois do show, ele e Liam foram a uma festa da Creation, organizada por Meg, para o lançamento do álbum *Fuzzy Logic*, dos Super Furry Animals.

A dupla foi até o Ballroom novamente na noite seguinte e tocou um set acústico curto para o público, e mais tarde se juntou ao Ocean Colour Scene no palco, no bis, para tocar uma versão incendiária de "Ticket to Ride".

Em 24 de maio, Noel foi até o estúdio Hit Factory para se encontrar com Paul Weller, que estava gravando seu novo single, "Peacock Suit".

No dia seguinte, ele e Meg partiram para um mês de férias na ilha de Mustique. Kate Moss e Johnny Depp se juntaram ao casal, assim como Jess e Fran.

Depois de duas semanas dessas férias, parte das quais foram passadas na casa de Mick Jagger (e eles estouraram as caixas de som dele), Owen Morris chegou. Na primeira noite, Noel ameaçou mandá-lo embora quando ele expressou dúvidas quanto ao álbum do Ocean Colour Scene. No dia seguinte, começaram a gravar demos para o próximo álbum do Oasis, que seria intitulado *Be Here Now*.

Ao voltar para casa, Noel tocaria a fita para amigos de confiança, embora raramente mencionasse a existência de uma segunda fita que também gravou com Owen. Esta continha mais sete canções, escritas no começo do ano e que, segundo ele, eram as melhores que já havia criado. Elas ficariam guardadas em seu cofre de composições para uso futuro.

Noel e Meg haviam se mudado da Albert Street e agora moravam em St. John's Wood. Os jornais logo descobriram o novo endereço e começaram a aparecer por lá a qualquer hora do dia ou da noite, à procura de fotos e pautas.

Os fãs também se ligaram. Certo dia, Noel plugou sua guitarra e tocou por uns quarenta e cinco minutos, trabalhando em ideias diversas. Quando terminou, recebeu uma salva de palmas de fãs que ouviam do lado de fora.

Esse jogo da fama estava começando a afetá-lo seriamente agora. Não se tratava tanto da atenção constante, embora isso já fosse bem ruim, mas sim do fato de que tamanha publicidade estava agora tirando as atenções da música.

Para muitos dos leitores dos jornais, o Oasis não era uma força musical séria, e sim uma banda conhecida por tudo, menos pela música.

É claro que havia momentos em que isso vinha a calhar. Certo domingo, Noel e Meg foram ao clube de jazz Ronnie Scott's para ver Paul Weller fazer um show surpresa de abertura para a cantora Gabrielle.

Depois do show, seguiram para o apartamento de Simon Halfon em St. John's Wood, juntamente com Halfon, Keren e Sarah do Bananarama e Brendan Lynch.

Halfon e Lynch conseguiram chamar um táxi, mas, como havia muita gente para caber no carro, os demais ficaram para trás na Tottenham Court Road. Um caminhão de lixo passou por eles e o motorista reconheceu Noel imediatamente.

– Você nos dá uma carona até St. John's Wood, meu chapa? – perguntou Noel.

– Com certeza, subam aí.

Ao descer do táxi, Simon e Brendan ficaram maravilhados ao ver um caminhão de lixo encostar atrás deles e desembarcar seus amigos célebres. Halfon então convidou os lixeiros para subirem até seu apartamento, onde ficaram por uma hora, bebendo, tirando fotos e pegando autógrafos.

– É bom você nos mandar essas fotos – disse um deles ao colega enquanto voltavam ao trabalho –, ninguém vai acreditar nessa porra.

—— // ——

No dia 27 de junho, Noel sentou-se num banquinho no palco do Royal Festival Hall e, com Burt Bacharach ao piano, cantou a música que tanto o inspirou e afetou, "This Guy's in Love With You".

É claro que convidara Coyley e Phil Smith para ficar em sua casa em Londres e finalmente conhecer o homem cujos discos significavam tanto para todos eles.

Liam e Guigsy também estavam na plateia. O baixista, por sinal, estava no processo de comprar uma casa nova e começando a escrever um livro sobre Robin Friday, jogador de futebol da década de 1970 de um talento extraordinário, cuja predileção pela boa vida acabou tristemente por encurtar sua carreira e sua vida.

– Ele poderia ter sido do Oasis – observou Guigsy certa vez.

Bonehead, Kate e Lucy enfim se mudaram do apartamento da capa de *Definitely Maybe* para um imóvel bem maior. O guitarrista passou o verão consertando os dentes e passando o máximo de tempo com a família.

Alan White também se mudou para uma casa nova com sua nova namorada e tirou um mês de férias na Tailândia. Seu irmão Steve, porém, continuava em cima dele.

– Olha só essa barriga de cerveja – dizia, e então Alan começou a correr.

E assim, no final de julho, o Oasis começou a ensaiar no complexo NEC, em Birmingham, para seis shows importantes em festivais: dois no lago Lomond, nos dias 3 e 4 de agosto, dois em Knebworth Park, nos dias 10 e 11, para os quais foram feitos acachapantes dois milhões de pedidos de ingressos, e dois em Cork, na semana seguinte.

Uma tragédia se abateu sobre o festival do lago Lomond quando um trabalhador morreu esmagado acidentalmente na noite anterior ao primeiro show. Outra tragédia também acometeu os Charlatans, que abririam para o Oasis, quando o tecladista Rob Collins morreu num acidente de carro enquanto a banda gravava no Rockfield Studios, no País de Gales. No festival de Knebworth, Meg organizou a rifa de um *scooter* no estande da Creation e arrecadou milhares de libras para a família de Rob.

Os *lineups* de cada dia foram alterados e refletiam a paixão de Noel pela música britânica dos anos 1990. Ocean Colour Scene, Kula Shaker, Charlatans, The Prodigy e Manic Street Preachers foram algumas das atrações.

A primeira noite do Oasis em Knebworth foi boa, mas, como é comum nesse tipo de evento, a banda levou um tempo até se acostumar. Na segunda noite, já estavam se sentindo em casa.

Noel entrou no palco, agarrou o mic e gritou para as 125 mil pessoas:

– Isso é história!

Liam então interveio.

– Não, não é – disse. – É Knebworth.

Esse tipo de pensamento era o que Noel adorava no irmão. "Ninguém mais no mundo seria capaz de lançar uma daquelas. Ninguém", diz ele.

Naquela noite, diante de um público muito maior, o Oasis percorreu o *setlist* com energia e paixão flagrantes. Abriram com a música que os apresentou à nação, "Columbia". Incluíram duas novas, "My Big Mouth" e "It's Gettin' Better (Man!!)". Tocaram "Don't Look Back in Anger" e "The Masterplan" em sequência; e encerraram ambas as noites com a faixa final de *Morning Glory*, "Champagne Supernova", com John Squire – que deixara os Stone Roses, a banda que tanto inspirou Noel e Liam lá atrás, em Manchester – na guitarra.

Depois do show, enquanto seus amigos festejavam no backstage e as demos do novo álbum ressoavam pelo ar da noite, Noel e Marcus se afastaram um pouco e ponderaram aonde poderiam, agora, levar o Oasis, mantendo-o interessante e vibrante.

Esse era o maior problema que se punha diante da banda. E Liam, é claro, seria o primeiro a demonstrar isso publicamente.

//

Eis o que poderia ter sido o terceiro álbum do Oasis. A capa os mostraria em tribunas, vestindo agasalhos, com as cabeças baixas, mas os braços direitos erguidos, fazendo um gesto ofensivo com os dedos.

Possíveis faixas: "Listen Up", "(It's Good) To Be Free", "Take Me Away", "Headshrinker", "D'Yer Wanna Be a Spaceman?", "Cloudburst", "Up in the Sky" (acústica), "Half the World Away", "Fade Away" (versão original), "Talk Tonight", "Acquiesce", "Round Are Way", "It's Better People", "The Swamp Song", "Rockin' Chair" e "The Masterplan".

O título?

B-Side Ourselves.

//

Depois dos shows em Cork, a banda, sob segurança acirrada, começou a ensaiar para um especial *MTV Unplugged.*

Ao longo daquela semana, Noel e Liam bateram boca e, como resultado, o vocalista se recusou a participar do show no Royal Festival Hall, em Londres.

Na terça-feira, Noel ensaiou com a banda e cantou todas as músicas sozinho. Liam sentou-se na primeira fila, empunhando um *pint* de Guinness, aplaudindo sarcasticamente e fazendo comentários em voz alta.

Ele chegou a saltar no palco para cantar "Round Are Way", e foi isso. Noel o evitou deliberadamente. Na noite seguinte, depois de esperar por pelo menos uma hora e meia, as portas enfim se abriram e o público pôde se sentar.

O Oasis entrou no palco sem Liam, e Noel explicou brevemente que o irmão estava "com dor de garganta". Num camarote à direita, Liam assistia enquanto Noel conduzia a banda pelas músicas escolhidas, entre elas uma bem-vinda "Listen Up", que Noel apresentou como "uma canção novíssima".

No final, com a plateia pedindo bis, Liam desceu do camarote até o auditório e atravessou o palco em direção ao camarim.

A MTV, ofendida, disse que o programa provavelmente seria exibido na Europa, mas que uma transmissão nos EUA era incerta.

No dia 27 de agosto, a banda chegou ao aeroporto de Heathrow para embarcar para mais uma turnê norte-americana de três semanas. Dez minutos antes da partida, Liam de repente ordenou que sua bagagem fosse retirada do avião e, enquanto a banda decolava sem ele, explicou aos repórteres que precisava resolver questões imobiliárias, e então voltou para sua casa em St. John's Wood.

Da forma como o Oasis funcionava, isso era costumeiro, mas agora, com os olhos do mundo todo em cima deles, a avalanche de notícias do dia seguinte aumentou as proporções do incidente e levou a uma orgia de especulações a respeito do futuro da banda.

Enquanto repórteres e câmeras de TV aguardavam na frente da casa de Patsy, a banda começou a turnê em Chicago, com Noel assumindo os vocais. Ele também concordou em ser entrevistado para o *GMTV*, programa matutino da Carlton.

– Imagino que você vai dar uns tapas na cabeça do seu irmão quando o encontrar – indagou o repórter.

Quaisquer que fossem os sentimentos de Noel, ele foi rápido em neutralizar a situação e defender Liam. Disse que o irmão obviamente precisava se ajeitar e que ameaças não o ajudariam nesse sentido. Estava claro que Liam precisava de espaço para colocar a cabeça no lugar e, uma vez que fizesse isso, a banda ficaria mais do que contente em vê-lo no palco. Era óbvio também, porém, que a cabeça de Liam estava em outro lugar. Ele emergiu de sua casa na sexta-feira para defender com veemência suas ações, dizendo que não podia deixar os fãs controlarem sua vida.

Vestia um casaco preto elegante com dragonas nos ombros, e quando questionado se Patsy seria a Yoko Ono do Oasis, respondeu:

– Não tem como ela ser, a Yoko é dessa altura – explicou, erguendo a mão – e a Patsy é mais alta.

E então entrou num carro que o levou ao aeroporto. Ao pousar nos EUA, disparou uma saraivada de palavrões contra os repórteres que aguardavam por ele e pulou para dentro de um táxi para ir se encontrar com a banda.

Na semana seguinte, no MTV Awards, em Nova York, o Oasis passou som com as luzes apagadas, para que ninguém pudesse filmá-los. Os organizadores então entrevistaram todas as bandas que chegavam para se apresentar, menos o Oasis. A reação de Liam foi cuspir e xingar no palco.

No show na Filadélfia, alguém observou que o comportamento de Liam no palco agora corria o risco de se transformar numa paródia.

Amigos dos Manic Street Preachers, a banda de abertura, relataram que, nos dois shows em Jones Beach, quando não estava cantando, Liam ou tirava onda com o público, ou adotava uma pose totalmente desinteressada e terminava o show sentado no tablado da bateria, fumando um cigarro ou bebericando de uma garrafa, como um operário entediado na pausa para o almoço.

A gota d'água foi em Buffalo, quando horas antes do show Noel e Liam trocaram socos, cancelaram o evento e voltaram ao hotel para ter uma conversa séria.

No dia seguinte, terça-feira, 12 de setembro, Noel retornou para Londres. Foi a terceira vez que os EUA viram o Oasis chegar a um limite que teria destruído a maioria das bandas. Porém, assim como aconteceu em Las Vegas numa outra ocasião em que Noel se viu perturbado, os Beatles mais uma vez entraram em cena.

No assento logo atrás de Noel no voo de volta para casa estava ninguém menos que o presidente da Apple Records, o homem às vezes chamado de o quinto Beatle, Neil Aspinall.

– Escute bem, meu chapa, não se preocupe em separar o Oasis. Pelo menos você não é o homem que separou os Beatles.

"Muito obrigado", pensou Noel, enquanto ponderava sobre seu futuro e o futuro da banda.

—— // ——

Os demais chegaram em casa na manhã seguinte.

Liam não disse nada ao marchar pelo aeroporto, exceto por um salve ao baterista antes de entrar num táxi: "Whitey!".

O cancelamento da turnê ganhou todas as primeiras páginas. Enquanto os EUA se preparavam para bombardear o Iraque, a história do Oasis punha até mesmo esse conflito de lado ao se tornar o assunto principal da maioria das notícias.

Foram precisos apenas três anos de carreira para que isso acontecesse.

Só havia um único plano definido agora: no dia 7 de outubro, o Oasis entraria no estúdio 2 de Abbey Road para começar a gravar o novo álbum. O estúdio em que os Beatles compuseram e gravaram uma série de canções que, mais tarde, se cravariam nas mentes de Noel e Liam Gallagher e os inspirariam a partir para balançar o mundo.

A última música que os Beatles gravaram antes de se separar se chamava "I Me Mine".[106]

106 O sentido do título da canção pode ser traduzido livremente como "eu e somente eu" – não como a tradução literal, mas essa ideia de um "eu sozinho". (N. do T.)

conclusão

SEMPRE NESSAS. SEMPRE OS DOIS. NOEL E LIAM, LIAM E NOEL. OS IRMÃOS GALLAGHER. SERÁ QUE UM DIA ISSO VAI PARAR? ESSA BRIGA POR CONTROLE. PROVAVELMENTE NÃO. PROVAVELMENTE NUNCA. ESTA NOITE, É CLARO, NÃO É EXCEÇÃO.

É 27 de abril de 1996 e o Oasis está no palco no Maine Road. Acabaram de começar a tocar "Whatever".

Liam está diante do microfone, os punhos, como sempre, firmemente cerrados atrás do corpo. Começa a cantar, mas a multidão de 40 mil pessoas ruge os primeiros versos tão alto que ele se afasta do mic para que elas continuem.

O público, porém, parece não ter certeza dos versos seguintes. O coro se extingue rapidamente e pega Liam de surpresa. Rápido, ele se inclina para a frente para cantar, mas a música já está adiantada. Assim, simplesmente sai do palco, chutando uma meia-lua para longe, frustrado.

– Valeu, mano – diz Noel, que então recomeça a música e a canta sozinho.

O Oasis recebe então um enorme aplauso e, enquanto as palmas inundam o palco com grandes ondas de som, Noel olha ao seu redor e para o lugar em que se encontra.

À sua direita está o estande Kippax, que frequentou por tantos anos, há tanto tempo, com seu pai, para assistir ao Manchester City. Agora, Noel já cortou todos os laços com o pai e, ao fazê-lo, jurou ser melhor do que Thomas Gallagher em tudo.

Esta noite, é ele, Noel, quem se encontra no campo sagrado, e é por seu nome que a multidão clama. Levou anos até chegar ali, mas, como um amigo certa vez lhe disse, a vingança é um prato melhor servido frio.

Seu olhar então se dirige ao camarote acima do estande, de onde sua mãe, Peggy, e Meg o estão assistindo, com puro amor nos olhos, as duas mulheres no mundo que ele permitiu cruzarem as barreiras de seu coração.

Neste camarote também estão Alan McGee, o homem que se deparou com ele por acaso e reconheceu de imediato o talento gritante que tinha diante de si, e Marcus Russell, o homem que o ajudou tão cuidadosamente a planejar o caminho incrível percorrido pelo Oasis.

Ao redor do palco, está a equipe com a qual ele viajou o mundo, Maggie, Jason, Jacko e Pic; diante dele, os responsáveis pela iluminação e pelo som, Hugh e Frank; e, em algum lugar que ele não consegue enxergar, seus grandes amigos Coyley, que ajudou tudo a começar, e Phil Smith.

Ao seu lado, bem perto, está a banda, Alan White, Guigsy e Bonehead, leais até o fim, esperando que ele dê a deixa para mais uma música que eles ainda não se cansaram de tocar.

E ali, à espreita nas coxias, se encontra seu irmão, o homem com quem ele terá um vínculo para sempre. Se o Oasis fosse apenas Liam, nunca teria um contrato e poderia ter sido fadado à autodestruição. Se o Oasis fosse apenas Noel, nunca teria alcançado o patamar que alcançou. A verdade a que se chegava era essa, a verdade que os mantém brigando pela alma dessa criatura chamada Oasis.

Unidos pelo amor e pelo ódio, pela confiança e pela admiração, vão atravessar essa juntos. E não vão deixar ninguém entrar em seu caminho.

– Essa se chama "The Masterplan" – anuncia Noel, que então toca um acorde que levanta voo sobre a multidão e paira sobre toda Manchester, a cidade que ajudou a formá-lo, a cidade que ele teve de deixar.

Enquanto Noel canta "Take the time to make some sense / of what you want to say / And cast your words away upon the waves",[107] o acorde segue em sua jornada até Liverpool, onde a música foi gravada, e então atravessa o Mar da Irlanda, flutuando suavemente sobre as ondas até sobrevoar a terra firme daquele país.

O acorde segue para o sul, rumo a uma garotinha sentada à beira do rio no condado de Mayo, fitando a água em busca de sinais de seu futuro. O acorde a alcança e, por um momento, paira acima dela antes de descer e envolver seu corpo. A garotinha tem um breve arrepio e então olha para o céu, sabendo que foi tocada pela música.

Ela então se levanta e vai embora, assoviando sua canção no ar frio da noite, em direção a um futuro que ninguém conhece.

107 "Tire um tempo para fazer sentido / Daquilo que você quer dizer / E lance suas palavras sobre as ondas".

agradecimentos

ANTES DE TUDO, MINHA GRATIDÃO E LOUVORES ETERNOS VÃO PARA NOEL GALLAGHER, LIAM GALLAGHER, PAUL MCGUIGAN, PAUL ARTHURS E ALAN WHITE, OS MEMBROS DO OASIS QUE GENTILMENTE ME CONVIDARAM PARA ENTRAR EM SUAS CASAS E ME FALARAM DO PASSADO E DO PRESENTE. PROVARAM SER EXATAMENTE O TIPO DE PESSOA QUE SEUS DISCOS DIZIAM QUE ELES SERIAM, ATÉ MAIS AINDA.

Só gostaria de acrescentar que, há muitos anos, demonstrei um tiro livre à la Roberto Baggio para Noel usando a última lata de cerveja que havia em sua casa. A lata desviou de uma pilastra, se espatifou contra a parede e a cerveja encharcou o carpete. Muito obrigado, portanto, por passar essa bola de volta para mim um ano atrás.

Agradecimentos especiais a Peggy Gallagher por dedicar um tempo a conversar tão abertamente comigo, um estranho em sua casa. Este livro teria sido tão mais pobre sem a contribuição dela. Agradecimentos importantes também a Meg Matthews e ao empresário do Oasis, Marcus Russell. Suas contribuições se provaram inestimáveis.

A todas as outras pessoas ligadas a essa história fantástica e que encarecidamente se dispuseram a falar, devo muito, de verdade. São elas: Alan McGee, Owen Morris, Tim e Chris Abbot, Tony Griffiths, Graham Lambert e Johnny Hopkins.

Também obtive informações por meio de vários bate-papos informais em que me vi com Bobby Gillespie, Jeff Barrett, Bob Stanley, Johnny Marr, Martin e Paul Kelly, Andres Lokko, Tony Meehan, Miranda Sawyer, Tony Hedley, Marc Riley e o incorrigível Gareth Crowley. Mais uma vez, um grande salve e muito obrigado por seus comentários e reflexões.

Em termos de pesquisa, eu não poderia pedir por uma abordagem mais profissional do que a que foi concedida a mim por Beatrice Venturini. Sua dedicação foi de primeira linha. Do mesmo modo, Debbie Hicks, da Go Discs Records, transcreveu minhas fitas com um cuidado tamanho que ajudou a aliviar muito do peso das minhas costas. Estou endividado com ambas por seu incentivo e trabalho duro. Agradeço também ao professor Mervyn Busteed por sua contribuição mais do que útil ao trecho sobre a história de Manchester, e a Andy Spinoza pela ajuda em detalhar a cena dos clubes da cidade.

No que diz respeito às aparições da banda no rádio e na TV, fui auxiliado grandemente por Simon Kelly, que me forneceu três fitas contendo cada aparição do Oasis na TV, do começo da banda até o início de 1996. Muito obrigado. Num segundo round, agradeço muito a Dean Powell, cuja provisão de certos CDs foi igualmente valiosa.

Obrigado ao eterno *mod* Eugene Manzi, da London Records, ao papai Nick White, da Island, a Iona, do selo Premier, da EMI, e a Matteo Sedazzi, por me fornecerem discos que faltavam na minha coleção que me ajudaram, sem medida, a compreender a forma de compor de Noel e, por conseguinte, o som do Oasis.

Agradecimentos enormes aos dois rapazes e às duas garotas da Anglo Plugging. São eles o cabeça Garry Blackburn, Dylan White, chefe do departamento de rádio, Karen Williams, chefe do departamento de TV, e a srta. Bally Cheena.

Agradeço também aos esforços da fotógrafa da banda, Jill Furmanovsky, e de sua assistente, Merle. Grandes garotas e fotógrafas felicíssimas. Mais um salve até o outro lado da cidade para Alec e Chris, da Ignition Management, pela paciência em atender minhas ligações e responder a todas as minhas perguntas.

Gostaria, ainda, de agradecer às seguintes pessoas pela ajuda ao longo do caminho: Stephanie Fetardo, Mark McNulty, Dean Marsh, Johnny Chandler, Mark Coyle, Phil Smith, David Irving, Andrew Whitelegg, Johnny e Kate, Fran e Charlotte Cutler, Digsy e todos do Smaller, Pete Johnson, Len Brown, Brian Cannon, Irvine Welsh e Anne, todos aqueles ligados às brigadas do Primal Scream, do Real People e do Ocean Colour Scene, Andy MacDonald, Mike Heneghan, Michelle Potts, Fergus e Pete, Pippa Hall, Tony Crean, Naomi – pela foto do Bobby –, Pete e Claire Barrett, George e Jenny, John e Anne Weller, Kenny Wheeler, Pete Garland e sua linda família, os garotos e garotas de Woking, Jim Le Hat, Mark Lewisohn, a BBC2, por reprisar o *Phil Silvers Show*, minhas irmãs, Frankie e Nina, além de seus maridos, Pete e Alan, minhas sobrinhas Katy, Tanya Susannah e a sempre incentivadora srta. Jess, do Cars and Bars de Fulham, e Dean Kavanagh.

As melhores notas, como sempre, vão para minha filha, Sarah Jane Baccuss, bem como para os três velhacos que atendem pelos nomes de Paul Weller, Sir Simon Halfon e Marco Nelson. Esses são PESOS-PESADOS! Obrigado também a Travis e Tash, que moram no lugar distante mais próximo, ao dr. Eyal Lederman, por resolver o deslocamento do meu ombro tão rapidamente ("Está tudo bem, vou ajeitar"), e um salve especial para o meu médico do NHS, o Dr. Le Roi Griffiths, por seu suprimento indispensável de medicamentos. Por último, mas não menos importante, muitos e grandes agradecimentos a Ruth, Patsy, Kate e sua filha Lucy.

Todos os relatos de turnê encontrados neste livro contaram com a ajuda sem fim da equipe de estrada do Oasis, que fez o possível e o impossível para que as minhas "férias" com a banda fossem tão aprazíveis. Pelo cuidado e pela zoação generalizada, muito obrigado a Maggie, Jason, Scotty, Hugh, PK, Bear, Frank, Roger (bola de futebol do Bradford já nas lojas) e Trigger.

Meus agradecimentos, ainda, a Jake Lingwood, da Boxtree, por seu olhar editorial, incentivo geral, exigências impossíveis e por conduzir este livro pela correnteza forte até a conclusão graciosa. Obrigado a Jenny Parrott por suas habilidades imensas de copidesque.

Bibliografia

Lou Reed: The Biography, Victor Bockris
The Neophiliacs, Christopher Booker
The True Adventures of the Rolling Stones, Stanley Booth
Love Me Do: The Beatles Progress, Michael Braun
Parallel Lives, Peter Burton
And God Created Manchester, Sarah Champion
Awopbopaloobop, Nik Cohn
Untouchable: Robert De Niro, Andy Dougan
Last Train to Memphis, Peter Guralnick
Sweet Soul Music, Peter Guralnick
The Dark Stuff, Nick Kent
The Complete Beatles Chronicle, Mark Lewisohn
Revolution in the Head: The Beatles Records and the Sixties, Ian MacDonald
He's a Rebel: Phil Spector, Mark Ribosky
Morrissey and Marr: The Severed Alliance, Johnny Rogan
The Lonely Londoners, Sam Selvon
Red Dirt Marijuana, Terry Southern
Dino: Living High in the Dirty Business of Dreams, Nick Tosches
Ecstasy, Irvine Welsh
The Sound of Phil Spector, Richard Williams
Wired, Bob Woodward
You Send Me: The Life and Times of Sam Cooke, Daniel Woolf, S.R. Crain, Clifton White e G. David Tenenbaum

Muitos desses livros foram comprados na Helter Skelter Bookshop, na Denmark Street, em Londres. Obrigado ao Sean e a toda a equipe: *Books Forever*.

Leia o QR Code e conheça outros
títulos do nosso catálogo

@editorabelasletras
www.belasletras.com.br
loja@belasletras.com.br
54 99927.0276

2025 - 1 reimpressão
Este livro foi composto em Minion Pro e impresso pela gráfica Coan em janeiro de 2025.